Le Petit Philosophe de Poche

TEXTES RÉUNIS
PAR GABRIEL POMERAND

LE LIVRE DE POCHE

A HENRI FILIPACCHI

dont nous avons contemplé le spectacle quotidien,
œuvre merveilleuse perpétuellement rebâtie, aussi
riche que bien des écrits pour lesquels il se dépen-
sait. Il nous laisse aujourd'hui une image de lui,
plus durable que maints de ces textes célèbres, par
le temps détruits sans même un regard.

AVANT-PROPOS

SANS m'enivrer d'illusions quant à l'utilité d'un tel travail — dont la principale raison d'être réside dans le plaisir qu'il m'a donné — j'ai recueilli, au hasard de mes lectures, des pensées, des aphorismes, des maximes et des paradoxes.

Voici mes richesses, ou, plus exactement, ce qu'il en reste, après divers criblages méticuleux. Un jour, je croyais que les aphorismes figurant dans ce volume étaient les meilleurs. Le lendemain, mon choix se modifiant avec mon humeur, je décidais d'en refaire un autre. Le surlendemain, mon état d'esprit me portait à en fabriquer un différent encore. Il s'écoula ainsi plusieurs années, pendant lesquelles je faisais une œuvre en quelque sorte négative, l'essentiel de cette forme de création consistant à éliminer de mes lectures tout ce qui n'est pas aphoristique suivant la définition de l'Encyclopédie : « Courtes maximes, dont la vérité est fondée sur l'expérience et sur la réflexion, et qui en peu de mots comprennent beaucoup de sens. »

Mais où est la vérité? Comme le dit Pascal : « La vérité est si obscurcie en ce temps et le mensonge si établi, qu'à moins d'aimer la vérité, on ne saurait la connaître. » Essayons.

GABRIEL POMERAND.

comme Angleterre

abandonner

Vive qui m'abandonne! Il me rend à moi-même.

Carnets (Gallimard), **Henry de MONTHERLANT.**

abnégation

L'abnégation de soi-même n'est pas une vertu : c'est seulement l'effet de la prudence sur la canaille.

Bréviaire du Révolutionnaire, trad. A. et H. Hamon (Aubier), **G. B. SHAW.**

aborigène

Créatures méprisables qui encombrent le sol d'un pays récemment découvert. Elles cessent bientôt de l'encombrer pour le fertiliser.

Le Dictionnaire du Diable, trad. Jacques Papy (Éd. Les Quatre Jeudis), **Ambrose BIERCE.**

absence

L'absence est aussi bien un remède à la haine qu'un appareil contre l'amour.

Contes, **LA FONTAINE.**

absent

Les amants et les maris ne doivent pas trop rester dehors. J'ai connu des absents qui avaient tort quatre fois par jour.

Lord BYRON.

absolu

Le vulgaire se plaît à l'absolu : c'est la forme naturelle de la pensée inculte.

Edmond SCHERER.

abstrait

L'homme appelle abstrait ce qui est concret. Ce n'est pas étonnant car ordinairement il confond le devant et le derrière tout en se servant de son nez, de sa bouche et de ses oreilles, c'est-à-dire de cinq de ses neuf ouvertures.

On my way (Schultz Inc.), **Hans ARP.**

Combien de gens ne sont abstraits que pour paraître profonds.

Carnets, **Joseph JOUBERT.**

absurdité

En politique, une absurdité n'est pas un obstacle.

Napoléon BONAPARTE.

Tiré de l'Expérience : l'absurdité d'une chose n'est pas une raison contre son existence, c'en est plutôt une condition.

Humain, trop humain, trad. A.-M. Desrousseaux (Mercure de France),
NIETZSCHE.

La vie est pleine d'absurdités qui peuvent avoir l'effronterie de ne pas paraître vraisemblables. Et savez-vous pourquoi? Parce que ces absurdités sont vraies.

Six personnages en quête d'auteur, trad. Benjamin Crémieux (Gallimard),
Luigi PIRANDELLO.

abus

Presque tout ce que nous appelons un abus fut un remède dans les institutions politiques.

Carnets, **Joseph JOUBERT.**

Les abus nourrissent à la fois ceux qui les exercent et ceux qui les attaquent et se font une profession de ces attaques.

Alphonse KARR.

L'époque la plus favorable pour la répression d'un abus, c'est le jour où on le découvre.

Aurélien SCHOLL.

académie

L'Académie est le chef-d'œuvre de la puérilité sénile.

Victor HUGO.

L'Académie a un grand malheur, c'est d'être la seule corporation un peu durable qui n'ait jamais cessé d'être ridicule.

Journal intime, **Alfred de VIGNY.**

Cette Académie est l'objet secret des vœux de tous les gens de lettres. C'est une maîtresse contre laquelle ils font des chansons et des épigrammes jusqu'à ce qu'ils aient obtenu ses faveurs, et qu'ils négligent dès qu'ils en ont la possession.

Lettre adressée à Monsieur Lefevre (1732), **VOLTAIRE.**

acteur (V. aussi Actrice)

Les acteurs rateraient très souvent, presque toujours, leurs entrées en scène, s'ils n'avaient pas, étant en coulisse, cette pensée constante : Il me semble qu'il y a bien longtemps qu'on ne m'a vu !

L'Esprit de Sacha Guitry, cit. Léon Treich (Gallimard), **Sacha GUITRY.**

L'acteur n'éprouve pas le sentiment qu'il exprime. Il serait perdu, s'il l'éprouvait.

La Volonté de Puissance, trad. G. Bianquis (Gallimard), **NIETZSCHE.**

action

Nos bonnes actions sont souvent plus troubles que nos péchés.

Le Capitaine in *Vogue la galère* (Grasset), **Marcel AYMÉ.**

Le plus important dans les actions des hommes est d'en trouver le terme.

Ma Vie. Propos familiers..., trad. Jean Dayré (Honoré Champion), **Jérôme CARDAN.**

L'action est consolatrice. Elle est l'ennemie de la pensée et l'amie des flatteuses illusions.

Nostromo, trad. Jean-Aubry (Gallimard), **Joseph CONRAD.**

L'action, dit-il, est un affaiblissement de la contemplation.

Plotin et le Paganisme religieux (Denoël et Steele), **Édouard KRAKOWSKY.**

L'action n'est pas la vie, mais une façon de gâcher quelque chose. La morale est la faiblesse de la cervelle.

Une Saison en Enfer, **Arthur RIMBAUD.**

Nos actions sont comme des bouts-rimés que chacun tourne comme il lui plaît. *Le Livre de l'Esprit*, **Abbé de SAINT-RÉAL.**

L'action n'est pas la vie; mais la livrée de la vie.

Voici l'Homme (Albin Michel), **André SUARÈS.**

11

actrice

Certaines actrices tiennent le haut du pavé; elles n'ont eu qu'à descendre du trottoir.

Maximes et Aphorismes d'un Directeur de Théâtre, **Pierre VEBER.**

actionnaire

Les actionnaires des grandes sociétés, ce sont généralement des moutons, quelquefois des tigres, toujours des bêtes.

Aurélien SCHOLL.

administrateur

Un administrateur administre, trois administrateurs cherchent le meilleur moyen d'administrer, cinq administrateurs discutent sur des programmes opposés, sept administrateurs bavardent.

Jeroboam ou la Finance sans méningite (La Sirène), **Paul LAFFITTE.**

administration

En administration, toutes les sottises sont mères.

Maximes et Réflexions. Maximes politiques, **DUC DE LÉVIS.**

admiration

L'admiration prend quelquefois un télescope pour regarder les choses de la terre, mais elle n'en fait pas des astres pour cela.

Littérature étrangère (Lemerre), **BARBEY D'AUREVILLY.**

Façon polie de reconnaître une ressemblance entre un autre nous-même.

Le Dictionnaire du Diable, trad. Jacques Papy (Éd. Les Quatre Jeudis),
Ambrose BIERCE.

adultère

Pour se donner les joies de l'adultère, il faut être une personne pieuse.

Le Lys rouge (Calmann-Lévy), **Anatole FRANCE.**

Le fait de coucher avec la femme d'un autre peut prêter à un développement littéraire, théâtral, romantique ou humoristique; mais si le Procureur de la République s'en mêle, ce devient un délit prévu par les articles 336 et suivants du Code Pénal.

L'Homme qui cherche l'Amour, trad. G. de Lautrec (Albin Michel),
PITIGRILLI.

Dans l'adultère, la honte du partage ne le cède qu'à ses avantages.

De l'Amour (Grasset), **Étienne REY.**

adversaire

Le grand triomphe de l'adversaire est de vous faire croire ce qu'il dit de vous.

Mauvaises Pensées et autres (Gallimard), **Paul VALÉRY.**

adversité

Quand vient l'heure de l'adversité, tous deviennent courageux contre celui qui tombe.

Sardanapale, **Lord BYRON.**

L'adversité rend aux hommes toutes les vertus que la prospérité leur enlève.

Journal intime, **Eugène DELACROIX.**

L'adversité, qui nous rend indulgents pour les autres, les rend sévères pour nous.

Jules PETIT-SENN.

affaire

Mais de quoi sont composées les affaires du monde? Du bien d'autrui.

Le Moyen de parvenir, **BEROALDE DE VERVILLE.**

Les affaires? C'est bien simple : c'est l'argent des autres.

La Question d'Argent, **Alexandre DUMAS, fils.**

Dans les affaires, comme en amour, il est un moment où l'on doit s'abandonner.

Remarques sur l'Action (Gallimard), **Bernard GRASSET.**

affection

La plupart de nos affections reposent sur des malentendus réciproques.

Vérités (Sansot), **Abel HERMANT.**

Il y a des affections que l'on appelle amour, comme il y a des tisanes que l'on baptise champagne.

De l'Amour (B. Grasset), **Étienne REY.**

affectueux

Le besoin d'aimer et de se déboutonner est plus fort chez les affectueux que la pudeur qui oblige à cacher les meurtrissures.

Nerrantsaula (Édit. de France), **Panaït ISTRATI.**

affliction

Quelque prétexte que nous donnions à nos afflictions, ce n'est souvent que l'intérêt et la vanité qui les causent.

Réflexions ou Sentences et Maximes morales, **LA ROCHEFOUCAULD.**

affront

On oublie un affront qu'on a souffert jusqu'à s'en attirer un autre par son insolence.

Réflexions et Maximes, **VAUVENARGUES.**

âge

La femme de quarante ans cherche furieusement et désespérément dans l'amour la reconnaissance qu'elle n'est pas encore vieille. Un amant lui semble une protestation contre son acte de naissance.

Journal (Flammarion-Fasquelle), **E. et J. de GONCOURT.**

Quarante ans est un âge terrible. Car c'est l'âge où nous devenons ce que nous sommes.

Victor-Marie, comte Hugo (Gallimard), **Charles PÉGUY.**

agiotage

L'agiotage se réjouit de la prospérité publique comme un insecte de l'embonpoint des corps auxquels il s'attache.

Journal politique national, **RIVAROL.**

agir

L'homme ne peut agir que parce qu'il peut ignorer. Mais il ne voudrait agir qu'en connaissance de cause. Funeste ambition.

Lexique (Gallimard), **Jean GRENIER.**

agriculteur

Un homme qui transpire beaucoup afin de faire de son fils un monsieur qui rougira de lui plus tard.

Le Livre de Chevet, cit. Bienstock et Curnonsky (G. Crès et Cie),
Adrien DECOURCELLE.

aider

Il y a une certaine façon bienveillante d'obliger son prochain, qui ne manque pas de lui briser le cœur, tout en sauvant sa carcasse.

Fortune, trad. Jean-Aubry (Gallimard), **Joseph CONRAD.**

Si quelqu'un fait pour vous aider quelque chose, mais le fait de travers, vous voyez, vous, qu'il l'a fait de travers; lui, il voit qu'il l'a fait.

Carnets (Gallimard), **Henry de MONTHERLANT.**

Les hommes ont la volonté de rendre service jusqu'à ce qu'ils en aient le pouvoir.

Réflexions et Maximes, **VAUVENARGUES.**

L'assistance des amis, tombés dans le malheur, est un usage, ce n'est pas une vertu.

Maximes, **TCHENG-KI-TONG.**

aimable

Aimable souvent est sable mouvant.

Domaine public (Gallimard), **Robert DESNOS.**

Le rôle de l'homme aimable, tout bien considéré, est dans la société ce qu'il y a de plus sûr, de plus avantageux. Il est trop dangereux de développer le germe d'un grand homme.

Considérations sur l'Esprit et les Mœurs, **SÉNAC DE MEILHAN.**

aimer

Il ne peut point dire qu'il aime véritablement celui qui n'aime pas jusqu'aux défauts de l'objet aimé.

Le Pire n'est pas toujours certain, **Calderon de la BARCA.**

Celui qui aime s'aime lui-même pour l'amour de l'objet aimé.

Sardanapale, **Lord BYRON.**

Les femmes, quand elles n'aiment pas, ont toutes le sang-froid d'un vieil avoué.

Honorine, **Honoré de BALZAC**

Nous aimons les femmes à proportion qu'elles nous sont plus étrangères. Aimer les femmes intelligentes est un plaisir de pédéraste. Ainsi la bestialité exclut la pédérastie.

Journaux intimes, **Charles BAUDELAIRE.**

Quand on n'a pas ce que l'on aime, il faut aimer ce que l'on a.

Correspondance avec Madame de Sévigné, **BUSSY-RABUTIN.**

Une femme n'aime jamais qu'un seul homme. Mais elle lui donne plusieurs noms.

Almanach des Lettres françaises et étrangères, **Le Clown CARLTON.**

L'art d'aimer? C'est savoir joindre à un tempérament de vampire la discrétion d'une anémone.

Syllogismes de l'Amertume (Gallimard), **E.-M. CIORAN.**

Il est évidemment bien dur de ne plus être aimé quand on aime, mais cela n'est pas comparable à l'être encore quand on n'aime plus.

La Philosophie de G. Courteline (Flammarion), **Georges COURTELINE.**

Pourquoi n'aimerait-on pas sa femme? On aime bien celle des autres.

Alexandre DUMAS, fils.

Les hommes s'aiment entre eux, quand ils ne se connaissent pas.

La Vie littéraire (Calmann-Lévy), **Anatole FRANCE.**

On ne respecte pas une femme qu'on aime, on l'aime.

GAVARNI.

L'homme commence par aimer l'amour et finit par aimer une femme. La femme commence par aimer un homme et finit par aimer l'amour.

Physique de l'Amour (Mercure de France), **Remy de GOURMONT.**

Aimer, c'est ne plus comparer.

Remarques sur l'Action (Gallimard), **Bernard GRASSET.**

Celui qui aime pour la première fois, même sans succès, est un dieu, mais celui qui aime pour la seconde fois, même avec succès, est un fou.

Henri HEINE.

Aimer, c'est la moitié de croire.

Les Chants du Crépuscule, **Victor HUGO.**

Aimer n'est le plus souvent que le besoin que l'on a de quelqu'un pour lui donner la comédie de soi et se donner la comédie de lui.

Algèbre des Valeurs morales (Gallimard), **Marcel JOUHANDEAU.**

Les femmes qui aiment pardonnent plus aisément les grandes indiscrétions que les petites infidélités.

Réflexions ou Sentences et Maximes morales, **LA ROCHEFOUCAULD.**

Aimer, c'est préférer un autre à soi-même. Dans ce sens-là, je n'ai jamais aimé.

Propos d'un Jour (Mercure de France), **Paul LÉAUTAUD.**

Aimer, c'est donner raison à l'être aimé qui a tort.

Note conjointe (Gallimard), **Charles PÉGUY.**

Celui qui peut dire combien il aime n'a qu'une petite ardeur.

Soneto 137, **PÉTRARQUE.**

On n'aime que ce qu'on ne possède pas.

La Prisonnière (Gallimard), **Marcel PROUST.**

Je t'aimerai le temps de voir dans ce grain de beauté une verrue.

Journal (Gallimard), **Jules RENARD.**

Aimer, c'est permettre d'abuser.

En vrac (Éd. du Rocher), **Pierre REVERDY.**

Pour la plupart des femmes, aimer un homme, c'est en tromper un autre.

De l'Amour (Grasset), **Étienne REY.**

Il suffit parfois d'aimer un peu moins ce qu'on aime pour éviter de le haïr.

Deux Angoisses (Fasquelle), **Jean ROSTAND.**

Je ne l'aimais pas assez pour oublier que je ne suis pas beau.

Souvenirs d'Égotisme, **STENDHAL.**

Dès que vous êtes assuré qu'on vous aime, préoccupez-vous d'être inoubliable quand on ne vous aimera plus.

L'Amour, les Femmes et nous (Gallimard), **Louis TEISSIER DU CROS.**

On n'aime point parce que l'on veut être aimé. On aime parce que l'on aime. Chemin faisant, l'on voudrait être payé de retour.

Tentatives (Le Divan), **Louis THOMAS.**

D'aimer son mari, c'est un fournisseur que l'on paie. Mais son amant, c'est comme de donner aux pauvres.

Les Trois Impostures (Émile-Paul), **Paul-Jean TOULET.**

air

Lorsque le lendemain de bien des bals, tous les danseurs ont disparu, il reste dans les salons plus qu'on y avait mis : de l'air.

Sans titre, **Xavier FORNERET.**

allégorie

C'est une espèce de mensonge que son obscurité sauve du mépris.

DIDEROT.

Allemagne

L'Allemagne, soit dit sans désobliger personne, est le pays du monde où l'élégance ressemble le plus aux caricatures qu'on en fait.

Vérités (Sansot), **Abel HERMANT.**

Allemand

L'Allemand, dont la musique est la femme, et la femme un bétail.

Pensées d'une Amazone (Émile-Paul), **Natalie CLIFFORD BARNEY.**

Les Allemands écrivent des livres, mais les étrangers font ce qui est nécessaire pour qu'ils puissent les écrire.

Aphorismes, trad. Marthe Robert (C. F. L.), **G. C. LICHTENBERG.**

Il doit être possible de trouver le bonheur parmi eux (les Allemands). Ce disant, ils ont l'arrière-pensée qu'il ne faut pardonner à personne qui, au milieu d'eux, serait malheureux et solitaire.

Considérations inactuelles, **NIETZSCHE.**

alliance

En politique internationale, union de deux voleurs, dont chacun a la main si profondément enfoncée dans la poche de l'autre qu'ils ne peuvent se séparer pour dépouiller un tiers.

Dictionnaire du Diable, trad. Jacques Papy (Éd. Les Quatre Jeudis),

Ambrose BIERCE.

alphabet

Le Phénicien Cadmus a inventé la guerre civile et l'alphabet. Son alphabet se composait seulement de seize lettres; il serait curieux de calculer combien de sottises on écrit tous les jours, rien qu'avec les huit lettres que les modernes y ont ajoutées.

Alphonse KARR.

Enfin, l'alphabet fut l'origine de toutes les connaissances de l'homme et de toutes ses sottises.

Dictionnaire philosophique, **VOLTAIRE.**

altruisme

L'amour abstrait de l'humanité est presque toujours de l'égoïsme.

L'Idiot, trad. V. Derély (Plon), **DOSTOIEVSKI.**

altruiste

L'altruiste est un égoïste raisonnable. Il voudrait modeler tous les hommes sur sa propre sensibilité.

Promenades philosophiques (Mercure de France), **Remy de GOURMONT.**

amant

Souvent deux amants s'éprennent l'un de l'autre pour des qualités qu'ils n'ont pas, et se quittent pour des défauts qu'ils n'ont pas davantage.

Mme d'AGOULT.

Il est plus facile d'être amant que mari, par la raison qu'il est plus difficile d'avoir de l'esprit tous les jours que de dire de jolies choses de temps en temps.

Physiologie du Mariage, **Honoré de BALZAC·**

Les amants se donnent à entendre qu'ils resteront toujours amis, pour se rassurer mutuellement sur ce qu'après s'être si bien connus, ils pourraient dire l'un de l'autre.

L'Amitié (Hachette), **Abel BONNARD.**

Pour un fou, le pire des malheurs est de ne pas être fou tout à fait, et pour un amant, de juger son amour.

Physiologie de l'Amour moderne (Plon), **Paul BOURGET.**

Une femme d'esprit m'a dit un jour un mot qui pourrait bien être le secret de son sexe : c'est que toute femme, en prenant un amant, tient plus compte de la manière dont les autres femmes voient cet homme que de la manière dont elle le voit elle-même.

Pensées, Maximes et Anecdotes, **CHAMFORT.**

On prend un amant comme un miroir, non pour le regarder, mais pour s'y regarder.

Le Veau gras (Fayard), **Henri DUVERNOIS.**

Une femme disait à un de ses amis pour s'excuser de ses amants : Qu'est-ce que vous voulez que je fasse quand il pleut et que je m'ennuie?

Idées et Sensations, **E. et J. de GONCOURT.**

Un mari ne vous doit que l'intérêt de son fonds d'amour, tandis que l'amant peut manger à vos pieds le fonds et le revenu : quand il est ruiné, il s'en va.

Alphonse KARR.

On garde longtemps son premier amant, quand on n'en prend point un second.

Réflexions ou Sentences et Maximes morales, **LA ROCHEFOUCAULD.**

Les amants font songer à ces deux soldats ennemis qui se tenaient réciproquement au collet et qui se croyaient chacun le prisonnier de l'autre.

Les plus heureux des amants sont ceux qui prennent une femme pour une divinité ou pour une cruche. Les plus à plaindre, ceux qui la prennent pour ce qu'elle est.

De l'Amour (B. Grasset), **Étienne REY.**

Un amant qu'on n'aime plus est encore bon à quelque chose; il sert souvent à cacher celui qu'on aime.

L'Amour, les Femmes et le Mariage (Sandré), **Adolphe RICARD.**

Un amant qui ne fait pas lit à part c'est un gourmand qui coucherait dans son garde-manger. L'appétit n'en aurait pas pour longtemps.

L'Art de vivre cent ans (Dentu), **Pierre VÉRON.**

ambidextre

Capable de voler de la main droite et de la main gauche avec la même habileté.

Le Dictionnaire du Diable, trad. Jacques Papy (Éd. Les Quatre Jeudis), **Ambrose BIERCE.**

ambitieux

L'esclave n'a qu'un maître. L'ambitieux en a autant qu'il y a de gens utiles à sa fortune.

Les Caractères, **LA BRUYÈRE.**

ambition

Charmante chez un adolescent, l'ambition est affreuse dans sa maturité. Il est bon d'être ambitieux, mais il ne faut pas en prendre l'habitude.

L'Homme (Hachette), **Henri DUVERNOIS.**

La plus grande ambition n'en a pas la moindre apparence lorsqu'elle se rencontre dans une impossibilité absolue d'arriver où elle aspire.

Réflexions ou Sentences et Maximes morales, **LA ROCHEFOUCAULD.**

L'ambition a des yeux d'airain que jamais le sentiment n'a rendus humides.

La Conjuration de Fiesque, **SCHILLER.**

L'ambition fait préférer une défaite à une victoire qui ternit la renommée du chef.

Troïlus et Cressida, **William SHAKESPEARE.**

L'ambition est la seule maîtresse dont l'homme ne se lasse jamais; elle lui rend le goût de lui-même. Et quand même elle nous trompe, on ne se résout pas à la tromper.

Voici l'Homme (Albin Michel), **André SUARÈS.**

L'ambition souvent fait accepter les fonctions les plus basses : c'est ainsi qu'on grimpe dans la même posture que l'on rampe.

Instructions aux Domestiques, **Jonathan SWIFT.**

L'ambition est le dernier refuge de l'insuccès.

L'Esprit d'Oscar Wilde, Cit. Louis Thomas (Éd. C. L.), **Oscar WILDE.**

âme

Lors même que nous croyons avoir délogé Dieu de notre âme, il y traîne encore; nous sentons bien qu'il s'y ennuie, mais nous n'avons plus assez de foi pour le divertir.

Syllogismes de l'Amertume (Gallimard), **E.-M. CIORAN.**

L'homme a dans le corps un habit d'arlequin : son âme.

Sans titre. Février, **Xavier FORNERET.**

Avoir une belle âme ne devrait pas être permis au-dessus d'un certain degré de fortune. C'est de l'accaparement. Contentez-vous de votre richesse, ne nous méprisez pas au point de vouloir nous faire du bien.

Lexique (Gallimard), **Jean GRENIER.**

Les maladies de l'âme peuvent provoquer la mort et cela devient le suicide.

Aphorismes, trad. Marthe Robert (C. F. L.), **G. C. LICHTENBERG.**

Notre âme est ce qui importe le plus. Cependant, c'est net, on s'aperçoit qu'on a un estomac bien avant de se douter qu'on a une âme.

Le Gant de Crin (Plon), **Pierre REVERDY.**

Amérique

L'absence de génie en Amérique doit être attribuée au continuel harcèlement des moustiques.

Marginalia, trad. V. Orban (Sansot), **Edgar Allan POE.**

amertume

L'amertume vient presque toujours de ne pas recevoir un peu plus que ce que l'on donne. Le sentiment de ne pas faire une bonne affaire.

Tel Quel (Gallimard), **Paul VALÉRY.**

ami

Voilà où je reconnais la prospérité d'un ami : il n'a plus de mémoire.

Splendeurs et Misères des Courtisanes, **Honoré de BALZAC.**

Il ne faut pas voir ses amis si on veut les conserver.

Notes d'Album (G. Crès et Cie), **Henry BECQUE.**

Le véritable ami est celui à qui on n'a rien à dire. Il contente à la fois notre sauvagerie et notre besoin de sociabilité.

La Faune des Plateaux (Flammarion), **Tristan BERNARD.**

Ce que nous aimons dans nos amis, c'est le cas qu'ils font de nous.

Deux Amateurs de Femmes (Ollendorff), **Tristan BERNARD.**

L'homme n'a pas d'amis : c'est son bonheur qui en a.

Napoléon BONAPARTE.

Les vrais amis sont les solitaires ensemble.

L'Amitié (Hachette), **Abel BONNARD.**

L'ami qui n'est pas capable, dans un moment difficile, de se rappeler une ou deux choses qui ne sont jamais arrivées, ne vaut pas mieux que l'ami qui ne sait rien oublier.

Carnets, trad. Valery Larbaud (Gallimard), **Samuel BUTLER.**

C'est une grande preuve de sagesse que d'avoir un ami éminent.

Ma Vie. Propos Familiers..., trad. J. Dayré (Honoré Champion),
Jérôme CARDAN.

Un ami est l'habit de notre corps. Nous n'en sommes que la doublure.

Sans titre. Février, **Xavier FORNERET.**

Si j'avais un ami pauvre, il cesserait de l'être puisqu'il serait mon ami intime. Mais il cesserait aussi d'être mon ami intime, puisqu'il serait mon obligé. S'il était reconnaissant, je serais gêné; et s'il était ingrat, je serais furieux.

Jusqu'à nouvel ordre (M. de Brunhoff), **Sacha GUITRY.**

Quant aux commandements du Christ, j'ai toujours pratiqué le plus important, celui qui commande d'aimer ses ennemis; car, hélas! les hommes que j'ai le plus aimés ont toujours été, sans que je m'en doutasse, mes plus cruels annemis.

Cité dans l'*Almanach des lettres françaises et étrangères* du 29 avril 1924,
(G. Crès et Cie), **Henri HEINE.**

L'une des fonctions principales d'un ami consiste à subir sous une forme plus douce et plus symbolique, les châtiments que nous désirerions, sans le pouvoir, infliger à nos ennemis.

Le Meilleur des Mondes, trad. J. Castier (Plon), **Aldous HUXLEY.**

Ceux qui épient d'un œil malin les défauts de leurs amis les découvrent avec joie. Qui n'est jamais dupe n'est pas ami.

Carnets, **Joseph JOUBERT.**

Quand mes amis sont borgnes, je les regarde de profil.

Pensées, **Joseph JOUBERT.**

C'est à nos amis sans doute qu'il appartient de nous faire le mal que leur éloignement seul empêche nos ennemis de nous faire.

Algèbre des Valeurs morales (Gallimard), **Marcel JOUHANDEAU.**

Entre deux amis, il n'y en a qu'un qui soit l'ami de l'autre.

Un ami, c'est un homme armé contre lequel on combat sans armes.

Alphonse KARR.

Un ami, en effet, n'est pas ce qu'entre philosophes, nous appelons l'Autre nécessaire; c'est l'autre superflu.

Journal, trad. K. Ferlov et J.-J. Gateau (Gallimard),
Soeren KIERKEGAARD.

Tout le monde veut un ami, mais personne ne s'occupe d'en être un.

Baronne de KRUDENER.

Nous nous consolons aisément des disgrâces de nos amis, lorsqu'elles servent à signaler notre tendresse pour eux.

> *Réflexions ou Sentences et Maximes morales*, **LA ROCHEFOUCAULD.**

Il est assez facile de trouver une maîtresse et bien aisé de conserver un ami; ce qui est difficile, c'est de trouver un ami et de conserver une maîtresse.

> *Maximes et Réflexions*, **Duc de LÉVIS.**

Ne pleurons pas nos amis, c'est une grâce que nous fait la Mort de nous séparer d'eux avant que la Vie ne les ait séparés de nous.

> *L'Esprit de Montesquiou*, cit. Louis Thomas (Mercure de France),
> **Robert de MONTESQUIOU.**

Nos amis ne connaissent jamais que les marges d'eux-mêmes qu'ils découvrent en nous.

> *Mémoires de ma Vie morte*, trad. Jean Aubry (Grasset), **George MOORE.**

Quand on lit un traité sur les maladies mentales, ce qui stupéfie le plus, c'est d'y trouver le portrait moral de ses meilleurs amis.

Les amis ne sont rien d'autre que les ennemis avec lesquels nous avons conclu un armistice, qui n'est pas toujours honnêtement observé.

> *Visages découverts*, trad. Georges Petit (Charles Dessart), **Giovanni PAPINI.**

Je mets en fait que si tous les hommes savaient ce qu'ils disent les uns des autres, il n'y aurait pas quatre amis dans le monde.

> *Pensées*, **Blaise PASCAL.**

Je connais des amis qui s'aimeraient vraiment beaucoup, s'ils pouvaient se supporter.

> *Donc...* (Sagittaire), **Henri de RÉGNIER.**

Un ami ressemble à un habit. Il faut le quitter avant qu'il ne soit usé. Sans cela, c'est lui qui nous quitte.

> *Journal* (Gallimard), **Jules RENARD.**

On n'est jamais un ami très sûr quand on a beaucoup d'esprit. Car la tentation de faire un mot est toujours plus forte que toutes les considérations d'amitié.

> *Histoires littéraires*, cit. Léon Treich (Gallimard), **Louis de ROBERT.**

Un ami, c'est un homme qui a plus de crédit que personne quand il dit du mal de nous.

> *Journal d'un Caractère* (Fasquelle), **Jean ROSTAND.**

Garantissez-moi de mes amis, écrivait Gourville proscrit et fugitif, je saurai bien me défendre de mes ennemis.

Considérations sur l'Esprit et les Mœurs, **SÉNAC DE MEILHAN.**

Parmi beaucoup de bêtes dangereuses, la Providence a placé les amis autour de nous.

La fièvre, à ce que l'on dit, nous délivre des puces, et l'infortune de nos amis.

Les Trois Impostures (Émile-Paul), **Paul-Jean TOULET.**

amitié

Les rossignols de l'amitié ne chantent pas comme ceux de l'amour. Ils ont des silences qui valent mieux que de folles paroles.

Lettres à une Amazone (Mercure de France), **BARBEY D'AUREVILLY.**

Embarcation assez grande pour porter deux personnes par beau temps, mais une seule en cas de tempête.

Le Dictionnaire du Diable, trad. Jacques Papy (Ed. Les Quatre Jeudis),
Ambrose BIERCE.

Il est sage de verser sur le rouage de l'amitié l'huile de la politesse délicate.

Le Pur et l'Impur (Ferenczi), **COLETTE.**

Les vieilles amitiés s'improvisent.

La Philosophie de G. Courteline (Flammarion), **Georges COURTELINE.**

Toute amitié doit être recherchée pour elle-même, elle a cependant l'utilité pour origine.

Doctrines et Maximes, trad. Maurice Solovine (Hermann), **ÉPICURE.**

L'amitié est un grand chemin sur lequel on détrousse les hommes et on trousse les femmes.

L'amitié de deux femmes commence ou finit par être un complot contre une troisième.

Alphonse KARR.

L'amitié est plus souvent une porte de sortie qu'une porte d'entrée de l'amour.

Aphorismes du Temps présent (Flammarion), **Gustave LEBON.**

L'amitié est un contrat par lequel nous nous engageons à rendre de petits services à quelqu'un afin qu'il nous en rende de grands.

Cahiers, **MONTESQUIEU.**

Les égoïstes sont les seuls de nos amis pour qui notre amitié soit désintéressée.

Carnets (Gallimard), **Henry de MONTHERLANT.**

Une amitié est perdue quand il faut penser à la défendre.

Les Cahiers de la Quinzaine (Gallimard), **Charles PÉGUY.**

Il faut à l'amitié six mois de congé par an pour renouveler son répertoire. L'amour devrait en faire autant.

Journal (Gallimard), **Jules RENARD.**

L'amitié est un commerce, le trafic en doit être honnête. Mais enfin, c'est un trafic. Celui qui a mis le plus, en doit retirer le plus.

SAINT-ÉVREMOND.

C'est à peine si les chiens supportent la grande amitié; bien moins encore les hommes.

Pensées et Fragments, trad. J. Bourdeau (Alcan), **SCHOPENHAUER.**

Il faut croire assez à l'amitié pour avoir de douces illusions, mais jamais ne s'abandonner assez fortement pour être surpris de n'avoir embrassé qu'un nuage.

L'Émigré, **SÉNAC DE MEILHAN.**

Toujours l'amitié, quand elle commence à s'affaiblir et à décliner, a recours à un redoublement de politesses cérémonieuses.

Jules César, **William SHAKESPEARE.**

Qu'est-ce qu'une amitié fondée sur l'estime? Ça ressemble à un amour fondé sur le mariage.

Lettre inédite 1813, **STENDHAL.**

Passe que l'amour porte des épines : il est une fleur. Mais quoi? l'amitié? Ce n'est qu'un légume.

Les Trois Impostures (Émile-Paul), **Paul-Jean TOULET.**

Un parapluie qui a le défaut de se retourner dès qu'il fait mauvais temps.

Le Carnaval du Dictionnaire (Calmann-Lévy), **Pierre VÉRON.**

amnistie

Amnistie : acte par lequel les souverains pardonnent le plus souvent les injustices qu'ils ont commises.

Le Carnaval du Dictionnaire (Calmann-Lévy), **Pierre VÉRON.**

amour

L'amour est un faux monnayeur qui change continuellement les gros sous en louis d'or, et qui souvent fait de ses louis des gros sous.

Honoré de BALZAC.

Ce qu'il y a d'ennuyeux dans l'amour, c'est que c'est un crime où l'on ne peut pas se passer d'un complice.

Fusées, **Charles BAUDELAIRE.**

En fait d'amour, vois-tu, trop n'est pas même assez.

L'amour n'est que le roman du cœur : c'est le plaisir qui en est l'histoire.

La Mariage de Figaro, **BEAUMARCHAIS.**

L'amour est un sentiment servi par les organes.

Pensées, Maximes, Réflexions, **Comte de BELVÈZE.**

En amour, la seule victoire, c'est la fuite.

L'amour est une sottise faite à deux.

Napoléon BONAPARTE.

L'amour est l'étoffe de la nature que l'imagination a brodée.

BUFFON.

O amour! Tu es le dieu du mal, car, après tout, nous ne pouvons t'appeler diable.

Don Juan, **Lord BYRON.**

Tels sont les quatre âges de l'amour : il naît dans les bras du dédain, il croît sous la protection du désir, il s'entretient avec les faveurs, et meurt empoisonné par la jalousie.

Le Pire n'est pas toujours certain, **CALDERON DE LA BARCA.**

L'amour plaît plus que le mariage, par la raison que les romans sont plus amusants que l'histoire.

L'amour rend parfaitement égoïste, puisque tous les sacrifices que l'on fait à l'objet de sa passion se rapportent à nous-mêmes.

Mémoires, **CASANOVA DE SEINGALT.**

L'amour, tel qu'il existe dans la société, n'est que l'échange de deux fantaisies, et le contact de deux épidermes.

Pensées, Maximes et Anecdotes, **CHAMFORT.**

L'amour décroît quand il cesse de croître.

CHATEAUBRIAND.

Pour les grands tempéraments de femmes, parler d'amour, c'est faire l'amour au ralenti.

Penser par Étapes (Gallimard), **Malcolm de CHAZAL.**

L'amour que l'on nous vante comme la cause de nos plaisirs, n'en est au plus que le prétexte.

Les Liaisons dangereuses, **CHODERLOS DE LACLOS.**

Vitalité de l'amour : on ne saurait médire sans injustice d'un sentiment qui a survécu au romantisme et au bidet.

Syllogismes de l'Amertume (Gallimard), **E.-M. CIORAN.**

Le plus beau moment de l'amour, c'est quand on monte l'escalier.

Les Plus Forts (Fasquelle), **Georges CLEMENCEAU.**

Si l'amour existait parmi les hommes, ils auraient déjà bien trouvé le moyen de le prouver.

Pensées d'une Amazone (Émile-Paul), **Natalie CLIFFORD BARNEY.**

L'amour, c'est l'idée qu'on s'en fait. Chacun le pratique à sa manière, au prorata des mérites qu'il lui prête et de l'estime dont il l'honore.

Ah! Jeunesse... (Flammarion), **Georges COURTELINE.**

L'amour n'est que l'amitié rendue plus vive par la différence des sexes.

Éléments d'Idéologie, **DESTUTT DE TRACY.**

On a dit que l'amour qui ôtait l'esprit à ceux qui en avaient, en donnait à ceux qui n'en avaient pas.

Paradoxe sur le Comédien, **DIDEROT.**

L'amour est une chose simple, un désir suivi d'un acte bref, et le voilà ramené à ses justes proportions; tout le reste est littérature.

Un Homme léger (Petite Illustration 6-6-1921), **Maurice DONNAY.**

En amour, il n'y a que la conquête et la rupture qui soient intéressantes; le reste n'est que du remplissage.

L'esprit de M. Donnay, recueilli par Léon Treich (Gallimard), **Maurice DONNAY.**

L'amour est comme les liqueurs spiritueuses; moins il s'exhale, plus il acquiert de force.

Charles DUCLOS.

Une femme n'est peut-être vraiment aimée pour elle-même que quand elle n'est ni laide, ni belle, ni riche, ni pauvre. La beauté attire les vaniteux comme l'argent attire les coureurs de dot.

Beauté (Flammarion), **Henri DUVERNOIS.**

Mettre des haines en commun, cela s'appelle souvent de l'amour.

L'Esprit d'Henri Duvernois, cit. Léon Treich (Gallimard), **Henri DUVERNOIS.**

En amour, on commence par la rhétorique et on finit par la philosophie.

Aphorismes dans le « Chat Noir », **Jacques DYSSORD.**

L'amour est pour celui qui a mangé et non pour celui qui a faim.

EURIPIDE.

L'amour est le plus matinal de nos sentiments.

FONTENELLE.

A proprement parler, l'amour est une maladie de foie et on n'est jamais sûr de ne pas tomber malade.

Thaïs (Calmann-Lévy), **Anatole FRANCE.**

Nous mettons l'infini dans l'amour. Ce n'est pas la faute des femmes.

Le Jardin d'Épicure (Calmann-Lévy), **Anatole FRANCE.**

Je me soucie assez peu de faire épeler l'alphabet de l'amour à de petites niaises. Je préfère les femmes qui lisent couramment, on est plus tôt arrivé à la fin du chapitre, et en toutes choses, et surtout en amour, ce qu'il faut considérer, c'est la fin.

Théophile GAUTIER.

L'amour est la plus douce erreur des vanités du monde.

GAVARNI.

L'amour est le vaccin de l'amour-propre.

Aphorismes et Réflexions (Almanach des Lettres françaises et étrangères, t. I, 1924 (G. Crès et Cie), **Friedrich HEBBEL.**

L'amant auprès de sa maîtresse attache et fixe les yeux sur elle, ses mains vont avec fureur saisir ses cuisses et ses fesses. Les dents craquent. Ils se font des morsures que la seule fureur peut rendre agréables.

L'amour refuse les baisers qu'il veut qu'on lui ravisse.

Notes, Maximes et Pensées (Mercure de France), **HELVÉTIUS.**

Amour? Le coq se montre. L'aigle se cache.

Victor HUGO.

L'amour est une tendance à se regretter. De sorte que plus on est humble, plus on aime.

> *Pensée tirée de la Revue Philosophie*, **Max JACOB.**

L'amour suppose qu'il y aura dans un autre ce qu'il importe de ne trouver qu'en soi.

> *Algèbre des Valeurs morales* (Gallimard), **Marcel JOUHANDEAU.**

L'homme et la femme, l'amour, qu'est-ce? Un bouchon et une bouteille.

> *Ulysse* (Gallimard), **James JOYCE.**

Il faudrait faire l'amour comme on mange du poisson, ne pas avaler les arêtes.

L'amour est une chasse où le chasseur doit se faire poursuivre par le gibier.

> **Alphonse KARR.**

Les amours meurent par dégoût et l'oubli les enterre.

> *Les Caractères*, **LA BRUYÈRE.**

L'amour prête son nom à un nombre infini de commerces qu'on lui attribue et où il n'a non plus de part que le Doge à ce qui se fait à Venise.

Si l'on juge de l'amour par la plupart de ses effets, il ressemble plus à la haine qu'à l'amitié.

Il est du véritable amour comme de l'apparition des esprits : tout le monde en parle, mais peu de gens en ont vu.

> *Réflexions ou Sentences et Maximes morales*, **LA ROCHEFOUCAULD.**

L'amour est souvent une partie où chacun des deux joueurs, tour à tour, croit qu'il va perdre et se hâte de corriger son jeu.

> *Propos d'un Jour* (Mercure de France), **Paul LÉAUTAUD.**

L'amour! Alors on aime un appareil respiratoire, un tube digestif, des intestins, des organes d'évacuation, un nez qu'on mouche, une bouche qui mange, une odeur corporelle? Si on pensait à cela, comme on serait moins fou!

> *Passe-Temps* (Mercure de France), **Paul LÉAUTAUD.**

L'amour craint le doute, cependant il grandit par le doute et périt souvent de la certitude.

> *Aphorismes du Temps présent* (Flammarion), **Gustave LEBON.**

Les femmes ne font tant de cas de l'amour que parce qu'elles savent que celui qui les aime ne les voit pas telles qu'elles sont.

> **Charles LEMESLE.**

Si l'amour donne de l'esprit aux sots, il rend quelquefois bien sots les gens d'esprit.

Ninon de LENCLOS.

Croire que le mérite détermine les femmes à faire un choix, c'est les connaître bien peu. Si j'en juge par ce que j'ai vu, elles s'engagent sans délibération. L'amour est un dérèglement d'esprit qui les entraîne vers un objet et les y attache malgré elles : c'est une maladie qui leur vient comme la rage aux animaux.

LESAGE.

Il en est de l'amour comme de ces montagnes en forme de pic dont le sommet n'offre point de lieu de repos; à peine monté, il faut descendre.

Maximes et Réflexions, **Duc de LÉVIS.**

En amour, il n'y a que les commencements qui soient charmants. Je ne m'étonne pas qu'on trouve du plaisir à recommencer souvent.

Prince de LIGNE.

Sentiment d'affection d'un sexe pour l'autre.

Dictionnaire, **Émile LITTRÉ.**

Où l'amour est le plus aveugle, c'est quand le bandeau tombe de ses yeux.

Evan Harrington (Gallimard), **George MEREDITH.**

En amour, il n'y a pas de plus affreux désastre que la mort de l'imagination.

L'Égoïste (Gallimard), **George MEREDITH.**

Dans la plupart des amours, il y en a un qui joue et un autre qui est joué; Cupidon est avant tout un petit régisseur de théâtre.

Œuvres posthumes, trad. Henri Jean Rolle. (Mercure de France),

NIETZSCHE.

L'amour n'est qu'une sensation dont nous avons fait un sentiment pour pouvoir l'avouer quand il vient et... recommencer quand il passe.

Almanach des Lettres françaises et etrangères 18-4-1924 (G. Crès et Cie),
Édouard PAILLERON.

En matière d'amour comme de testaments, le dernier est le seul valide et annule les précédents.

L'Homme qui cherche l'Amour, trad. G. de Lautrec (Albin Michel),
PITIGRILLI.

En amour, il ne faut qu'une nuit pour faire un dieu d'un homme.

PROPERCE.

L'Amour n'est provoqué que par le mensonge et consiste seulement dans le besoin de voir nos souffrances apaisées par l'être qui nous a fait souffrir.

En amour, il est plus facile de renoncer à un sentiment que de perdre une habitude.

La Prisonnière (Gallimard), **Marcel PROUST.**

L'amour est éternel tant qu'il dure.

Il comparait souvent l'amour à une partie de cartes où l'un des partenaires triche pour gagner et l'autre pour ne pas perdre.

Lui ou les Femmes et l'Amour (Sagittaire), **Henri de RÉGNIER.**

Il y a des femmes qui se tuent par amour. Mais ce sont toujours les mêmes.

Même pour une femme désintéressée, l'amour est un métier lucratif.

De l'Amour (Grasset), **Étienne REY.**

L'amour naquit entre deux êtres qui se demandaient le même plaisir.

Fragments et Pensées philosophiques (Mercure de France), **RIVAROL.**

L'amour, comme tout ce qui vit, commence à dégénérer sitôt conçu.

De la vanité et de quelques autres sujets (Fasquelle), **Jean ROSTAND.**

L'amour commence par l'admiration et il survit difficilement à l'estime ou du moins il n'y survit qu'en se prolongeant par des convulsions.

Mes Poisons, **SAINTE-BEUVE.**

On peut faire de l'amour l'affaire la plus sage de sa vie; Dieu qui a fait l'amour ne nous a pas interdit le discernement.

Monsieur Sylvestre, **George SAND.**

Celui-là seul connaît l'amour qui aime sans espoir.

Don Carlos, **SCHILLER.**

L'amour est un je ne sais quoi, qui vient de je ne sais où, et qui finit je ne sais comment.

Mademoiselle de SCUDÉRY.

L'amour des jeunes hommes n'a pas sa vraie résidence dans leur cœur, mais dans leurs yeux.

Roméo et Juliette, **William SHAKESPEARE.**

Voilà bien cette affection bilieuse qui fait de la chair une divinité, une déesse d'une jeune oie!

Peines d'Amour perdues, **William SHAKESPEARE.**

L'amour n'est qu'un délire et, sur ma parole, il mérite, tout autant que la folie furieuse, qu'on emploie à son égard la chambre noire et le fouet : la raison pour laquelle cette correction et ce remède ne sont point appliqués à l'amour, c'est que la maladie est tellement répandue que les correcteurs eux-mêmes sont amoureux.

Comme il vous plaira, **William SHAKESPEARE.**

Le premier amour réclame seulement un peu de sottise et beaucoup de curiosité.

L'Esprit de Bernard Shaw, cit. Léon Treich (Gallimard), **G. B. SHAW.**

L'amour est la seule passion qui se paie d'une monnaie qu'elle fabrique elle-même.

De l'Amour, **STENDHAL.**

Dans ce qu'on appelle amour, il y a parfois de l'amour; mais c'est le cas le plus rare. Quel amour, de ce genre, dans l'homme ou dans la femme, résiste à la petite vérole.

Voici l'Homme (Albin Michel), **André SUARÈS.**

Nous vivons en un temps où l'amour se fait vite, c'est-à-dire mal. La faute en est aux affaires, aux automobiles et aux fermetures Éclair.

L'Amour, les Femmes et nous (Gallimard), **Louis TEISSIER DU CROS.**

L'amour est comme ces hôtels meublés dont tout le luxe est au vestibule.

Le Carnet de Monsieur du Paur (Émile-Paul), **Paul-Jean TOULET.**

Tuer une femme, c'est qu'on l'adore. Elle aime mieux être aimée tout simplement et qu'on se tue.

Les Trois Impostures (Émile-Paul), **Paul-Jean TOULET.**

Amour consiste à sentir que l'on a cédé à l'autre malgré soi ce qui n'était que pour soi.

Tel quel (Gallimard), **Paul VALÉRY.**

Monsieur Teste, d'ailleurs, pense que l'amour consiste à être bête ensemble.

Monsieur Teste (Gallimard), **Paul VALÉRY.**

L'amour est un besoin si exclusif que, pour se satisfaire, il sacrifie même l'égoïsme. La preuve, c'est que, sitôt ce besoin passé, l'égoïsme reprend son empire.

Gens de Qualité (Plon), **Fernand VANDEREM.**

L'amour, dans sa fureur, est une chose si laide que la nature s'éteindrait si ceux qui le font se voyaient.

Léonard de VINCI.

L'amour, dans un pays d'athées, ferait adorer la divinité.

Dictionnaire philosophique, **VOLTAIRE.**

L'amour est un châtiment. Nous sommes punis de n'avoir pas pu rester seuls.

Feux (Plon), **Marguerite YOURCENAR.**

L'amour n'est pas aveugle, il est atteint de presbytie. La preuve, c'est qu'il ne commence à distinguer les défauts que lorsqu'il s'éloigne.

Almanach des Lettres françaises et étrangères 22-4-1924 (G. Crès et Cie),

Miguel ZAMACOÏS.

amoureuse

Il est aussi aisé de compter les atomes que de résoudre les propositions d'une amoureuse.

Comme il vous plaira, **William SHAKESPEARE.**

Une femme amoureuse est une esclave qui fait porter ses chaînes à son maître.

De l'Amour (Grasset), **Étienne REY.**

amoureux

Un homme amoureux est un homme qui veut être plus aimable qu'il ne peut et voilà pourquoi presque tous les amoureux sont ridicules.

Pensées, Maximes, Anecdotes, **CHAMFORT.**

On ne sait jamais pourquoi on tombe amoureux de quelqu'un : c'est même à cela qu'on reconnaît qu'on aime.

Francis de Croisset, cit. J.-M. Renaitour (Éd. de la Griffe), **Francis de CROISSET.**

Devenir amoureux, ce n'est rien. Tomber amoureux, c'est grave. La destinée d'un homme se casse presque toujours le cou dans cette chute-là.

Victor HUGO.

Il y a des gens si remplis d'eux-mêmes que lorsqu'ils sont amoureux ils trouvent moyen d'être occupés de leur passion sans l'être de la personne qu'ils aiment.

Il y a des gens qui n'auraient jamais été amoureux, s'ils n'avaient pas entendu parler d'amour.

Réflexions ou Sentences et Maximes morales, **LA ROCHEFOUCAULD.**

On est moins rendu amoureux par un être que par un abandon.

Albertine disparue (Gallimard), **Marcel PROUST.**

amour-propre

L'amour-propre est un de ces mobiles peu glorieux auxquels, par amour-propre, on n'avoue pas obéir.

Les Français de mon Temps (Plon), **Georges d'AVENEL.**

Ce qui devrait avoir le plus de tact en nous, c'est l'amour-propre, et c'est ce qui en a le moins.

Disjecta Membra, **BARBEY D'AUREVILLY.**

L'amour-propre est si naturel à l'homme qu'il n'y a pas d'imbécile qui ne puisse être modeste.

Pensées, Maximes, Réflexions, **comte de BELVÈZE.**

Si l'on veut se faire une idée de l'amour-propre des femmes dans leur jeunesse, qu'on en juge par celui qui leur reste après qu'elles ont passé l'âge de plaire.

Pensées, Maximes, Anecdotes, **CHAMFORT.**

L'amour-propre est la serrure du cœur de l'homme, la flatterie en est la clef.

Sans titre. Janvier, **Xavier FORNERET.**

Quelque bien qu'on dise de nous, on ne nous apprend rien de nouveau.

Réflexions ou Sentences et Maximes morales, **LA ROCHEFOUCAULD.**

L'amour-propre des sots excuse celui des gens d'esprit.

Maximes et Réflexions, **Duc de LÉVIS.**

On blesse l'amour-propre; on ne le tue pas.

Carnets (Gallimard), **Henry de MONTHERLANT.**

L'amour-propre est une curieuse bête qui peut dormir sous les coups les plus cruels, et puis s'éveille, blessé à mort, par une simple égratignure.

La Belle Romaine trad. J. Bertrand (Flammarion), **Alberto MORAVIA.**

L'amour-propre n'est, les trois quarts du temps, que de la dignité en plâtre.

Henri MURGER.

Pour se loger à l'étroit, il n'est tel que l'amour-propre.

Amédée PICHOT.

Nous n'avons pas assez d'amour-propre pour dédaigner le mépris d'autrui.

Réflexions et Maximes, **VAUVENARGUES.**

L'amour-propre est un ballon gonflé de vent, dont il sort des tempêtes si on lui fait une piqûre.

VOLTAIRE.

amuseur

Le premier venu, pourvu qu'il sache amuser, a le droit de parler de lui-même.

Mon Cœur mis à nu, **Charles BAUDELAIRE.**

analyse

L'analyse déforme. En quoi elle est art.

Pensées d'un Biologiste (Stock), **Jean ROSTAND.**

L'analyse est parfois un moyen de se dégoûter en détail de ce qui était supportable comme ensemble. Et vivre avec quelqu'un est une manière d'analyse, qui obtient les mêmes effets.

Mauvaises Pensées et autres (Gallimard), **Paul VALÉRY.**

anarchie

Comme le despotisme est l'abus de la royauté, l'anarchie est l'abus de la démocratie.

VOLTAIRE.

L'anarchie ramène toujours au pouvoir absolu.

Napoléon BONAPARTE.

anciennement

Ce mélancolique « anciennement » qui n'est en usage que sur les plaques des maisons de commerce.

Journal, trad. Marthe Robert (Grasset), **Franz KAFKA.**

anecdote

L'anecdote, c'est la boutique à un sou de l'histoire.

Idées et Sensations, **E. et J. de GONCOURT.**

Dans le monde, l'anecdote est à double fin. Aux gens de valeur, elle permet de dissimuler leurs pensées; aux autres, leur nullité.

Gens de Qualité (Plon), **Fernand VANDEREM.**

ange

L'ange ne diffère du démon que par une réflexion qui ne s'est pas encore présentée à lui.

Tel quel (Gallimard), **Paul VALÉRY.**

Anglais

Les Anglais, c'est drôle, quand même, comme dégaine, c'est mi-curé, mi-garçonnet.

Mort à crédit (Gallimard), **Louis-Ferdinand CÉLINE.**

Les Anglais sont le seul peuple qui ait trouvé le moyen de limiter la puissance d'un homme dont la figure est sur un petit écu.

Pensées, Maximes, Anecdotes, **CHAMFORT.**

L'Anglais est, à mon sens, de tous les hommes celui qui a le plus de tenue. Il y a en lui ce qu'il apprécie en ses chevaux : du feu et du fond.

L'Ame anglaise, trad. M. Lebreton (Aubier), **Ralph Waldo EMERSON.**

Les Anglais n'ont qu'une idée : paraître. Ils blanchissent les marches de leur perron, badigeonnent la façade de leur cottage, lavent leurs vitres, mettent des rideaux brodés à leurs fenêtres et ont des draps sales.

Victor HUGO.

Lorsqu'une Anglaise est habillée, ce n'est plus une femme, c'est une cathédrale. Il ne s'agirait pas de la séduire, mais de la démolir.

GAVARNI.

Les Anglais gardent toute leur vie l'air perplexe et pourchassé d'hommes engendrés à la hâte entre les heures de bureau.

Un de nos conquérants (Gallimard), **George MEREDITH.**

Les Anglais sont occupés ; ils n'ont pas le temps d'être polis.

Cahiers (Grasset), **MONTESQUIEU.**

Le peuple anglais est un peuple affairé. Il manque souverainement de loisirs pour tout ce qui n'est pas argent. Remarquez qu'il n'aime pas l'argent par cupidité, mais, exactement parlant, pour ne pas mourir de faim dans la rue.

De l'Angleterre et de l'Esprit anglais, **STENDHAL.**

On peut comparer assez exactement l'intérieur d'une tête anglaise à un guide de Murray : beaucoup de faits et peu d'idées.

Notes sur l'Angleterre, **Hippolyte TAINE.**

Angleterre

Je n'ai aucun respect pour l'Angleterre. Elle n'est grande que par la lâcheté des autres nations. Ce n'est même pas Machiavel. C'est Tartuffe.

Lettres à Trébutien, **BARBEY D'AUREVILLY.**

L'Angleterre, qui reproche à la Russie sa Pologne, ne voit pas l'Irlande qu'elle a dans l'œil.

Victor HUGO.

En Angleterre, le Parlement est roi ; et le roi ministre, mais ministre héréditaire, perpétuel, inviolable. C'est un monarque mutilé, borgne, boiteux et manchot, mais honoré.

Carnets, **Joseph JOUBERT.**

Si l'on devait nommer les pays d'après les mots qu'on y entend d'abord, l'Angleterre s'appellerait damn it.

Aphorismes, trad. Marthe Robert (C. F. L.), **G. C. LICHTENBERG.**

L'Angleterre n'est plus un pays industriel, c'est quelque chose entre un salon de thé qui a fait faillite et un terrain de golf.

Un Héros, trad. Rémon (Albin Michel), **J. B. PRIESTLEY.**

L'Angleterre ne peut plus se passer de ses Irlandais et de ses Écossais, parce qu'elle ne peut plus se passer d'un minimum de bon sens.

Le Seconde Ile de John Bull, trad. A. et H. Hamon (Aubier), **G. B. SHAW.**

Anglo-Saxon

Anglo-Saxons. Des neurasthéniques aux joues roses.

Journal (Plon), **Julien GREEN.**

angoisse

Dans ce monde où l'on n'a que la terreur pour se défendre contre l'angoisse.

Mes Inscriptions (Gallimard), **Louis SCUTENAIRE.**

animal

Les animaux ne manquent jamais de naturel, sauf à l'état domestique.

Sens plastique (Gallimard), **Malcolm de CHAZAL.**

Il est indispensable que les chiens et les chats soient les maîtres de leurs propres maîtres, le devoir des gens qui ont des bêtes étant d'être plus bêtes qu'elles.

La Philosophie de Georges Courteline (Flammarion), **Georges COURTELINE.**

Il y a dans la physionomie des animaux un naturel délicieux dont j'ai vainement cherché l'approchant chez l'homme et que j'appellerais : l'air bête.

Gens de Qualité (Plon), **Fernand VANDEREM.**

année

Il en est des années comme des livres sibyllins : plus on en consume, plus elles deviennent précieuses.

Maximes et Réflexions, trad. G. Bianquis (Gallimard), **GŒTHE.**

Les années ne font pas des sages, elles ne font que des vieillards.

Choix de Méditations (Éd. Mame), **Madame SWETCHINE.**

annexion

Nouveau procédé pour faire du ciment avec de la poudre.

Le Carnaval du Dictionnaire (Calmann-Lévy), **Pierre VÉRON.**

anonyme

S'il est au monde rien de plus fâcheux que d'être quelqu'un dont on parle, c'est assurément d'être quelqu'un dont on ne parle pas.

Le Portrait de Dorian Gray, trad. E. Jaloux et F. Frapereau (Stock),
Oscar WILDE.

anticlérical

Il y a des anticléricaux qui sont vraiment des chrétiens un peu excessifs.

Promenades philosophiques (Mercure de France), **Remy de GOURMONT.**

antipathie

Les antipathies sont un premier mouvement et une seconde vue.

Journal (Flammarion-Fasquelle), **E. et J. de GONCOURT.**

Antiquité

L'Antiquité est l'aristocratie de l'histoire.

Alexandre DUMAS.

L'Antiquité a peut-être été faite pour être le pain des professeurs.

Journal (Flammarion-Fasquelle), **E. et J. de GONCOURT.**

L'Antiquité! J'en aime mieux les ruines que les constructions.

Carnets, **Joseph JOUBERT.**

antithèse

L'antithèse est la porte étroite par où l'erreur se glisse le plus volontiers jusqu'à la vérité.

Humain, trop humain, trad. A.-M. Desrousseaux (Mercure de France),
NIETZSCHE.

aphorisme

Sagesse prédigérée.

Le Dictionnaire du Diable, trad. Jacques Papy (Éd. Les Quatre Jeudis),
Ambrose BIERCE.

De temps à autre, la mode de l'aphorisme revient chez les philosophes. Les aphorismes sont les hirondelles de la dialectique.

Au Grand Saint-Christophe, trad. M. et Mme Tissier de Mallerais (Corrêa),
Eugenio d'ORS.

Apollon

Il y a dans l'Apollon quelque chose de semblable à l'attitude d'un orateur qui vient de décocher une ironie.

Carnets, **Joseph JOUBERT.**

apôtre

Les apôtres deviennent rares; tout le monde est Dieu.

Alphonse KARR.

apparence

Les « apparences » sont donc bien en péril puisqu'il s'agit toujours de les sauver.

Pensées d'une Amazone (Émile-Paul), **Natalie CLIFFORD BARNEY.**

applaudir

Réfléchis longtemps avant de te faire applaudir par tes ennemis.

Victor HUGO.

apprendre

Quelle rage a-t-on d'apprendre ce qu'on craint toujours de savoir!

Le Barbier de Séville, **BEAUMARCHAIS.**

approbation

D'où vient que l'approbation fait tant de gens heureux et que la gloire en fait si peu? C'est que nous vivons avec ceux qui nous approuvent, et qu'on n'admire ni ne peut guère admirer que de loin.

Cahiers (Grasset), **MONTESQUIEU.**

argent

Quand un artiste ou un auteur se vante de gagner de l'argent, il nous avertit sans y prendre garde qu'il a changé de métier.

L'amour et l'argent sont comme ces personnes qui feignent de ne pas se connaître et qui se trouvent sans cesse dans des rendez-vous secrets.

L'Argent (Hachette), **Abel BONNARD.**

Il faut choisir dans la vie entre gagner de l'argent et le dépenser : on n'a pas le temps de faire les deux.

Jérôme in Les Temps difficiles (Stock), **Édouard BOURDET.**

L'argent, dont on dit tant de mal, remplit tout au moins un rôle bienfaisant : celui de distraire des misères du cœur.

Journal d'un pauvre Homme (Flammarion), **Henri DUVERNOIS.**

Ne parle pas d'argent; je n'adore pas un dieu qui se donne si vite au dernier des drôles.

EURIPIDE.

L'argent dans les mains d'un avare, c'est comme ces mets que l'on servait autrefois devant les morts.

Marie-Joseph de GASTON.

L'argent n'est que la fausse monnaie du bonheur.

Idées et Sensations, **E. et J. de GONCOURT.**

Nous ne pensons qu'à l'argent. Celui qui en a pense au sien, celui qui n'en a pas pense à celui des autres. C'est notre plus grande préoccupation.

Jusqu'à nouvel ordre (M. de Brunhoff), **Sacha GUITRY.**

On vit maintenant de l'art de dépenser le thaler que le voisin a dans sa poche.

Aphorismes et Réflexions. (Almanach des Lettres françaises et étrangères. T. 1 1924 (G. Crès et Cie), **Friedrich HEBBEL.**

Il n'est pas de moyen honteux qui ne soit honnêtement employé aujourd'hui pour se procurer de l'argent, parce que quelque honteux que soit ce moyen, il l'est beaucoup moins encore que de ne pas avoir d'argent.

Alphonse KARR.

Ces fafiots dérisoires et miraculeux en échange desquels on a... tout.

L'Esprit de Montesquiou, cit. Louis Thomas. (Mercure de France), **Robert de MONTESQUIOU.**

Trop de gens ignorent que l'argent est un aliment et que la seule façon de s'en assimiler la force, c'est de le manger.

Les Sept Péchés capitaux (Sagittaire), **Paul MORAND.**

C'est déjà bien ennuyeux de ne pas avoir d'argent; s'il fallait encore s'en priver!

Lewis et Irène (Grasset), **Paul MORAND.**

Il faut savoir parler d'argent quand il faut. Il y a une espèce de tartufferie à s'en taire.

Les Cahiers de la Quinzaine (Gallimard), **Charles PÉGUY.**

L'argent donne tout ce qui semble aux autres le bonheur.

Donc... (Sagittaire), **Henri de RÉGNIER.**

Il est honteux de gagner de l'argent. Comment est-ce que les medecins ne rougissent pas quand on pose un billet sur leur table? Dès qu'un monsieur se met dans le cas d'accepter d'un autre quelque argent, il peut s'attendre à ce qu'on lui demande de baisser son pantalon. Si on ne rend pas de service bénévolement, pourquoi en rendrait-on? Je vois bien que je volerais par délicatesse.

Papiers posthumes (Au Sans-Pareil), **Jacques RIGAUT.**

L'argent qui est dans la poche de ceux que je n'aime pas est mien si j'ai l'audace de le prendre et celui qui est dans ma poche est à tous ceux que j'aime.

Derrière Cinq Barreaux (Gallimard), **Maurice SACHS.**

Quand l'argent précède, toutes les portes s'ouvrent.

Les Joyeuses Commères de Windsor, **William SHAKESPEARE.**

Les honneurs peuvent, comme le coin du monnayeur, donner une valeur locale et idéale à un morceau de métal vil; mais l'or et l'argent passeront toujours dans tout l'univers, sans autre recommandation que celle du poids.

Tristram Shandy, **Laurence STERNE.**

De nos jours, tous les partis ont l'hypocrisie de l'argent. C'est que l'argent est la puissance. Ceux qui l'envient le plus s'indignent le plus qu'on les en soupçonne. Pour perdre un ennemi, on feint d'en savoir le prix : tout est à vendre.

Voici l'Homme (Albin Michel), **André SUARÈS.**

Personne n'accepte de conseils; mais tout le monde acceptera de l'argent : donc l'argent vaut mieux que les conseils.

Instructions aux Domestiques, **Jonathan SWIFT.**

Une femme pleine d'argent, de l'argent partout; autour du cou et entre les jambes.
Carnet de Notes, trad. Genia Cannac (Calmann-Lévy), **Anton TCHEKOV.**

argot

Les gueux et les voleurs ont un argot; mais quel état n'a pas le sien? Les théologiens et surtout les mystiques n'ont-ils pas leur argot? Le blason n'en est-il pas un? Est-il plus beau de dire gueules ou sinople au lieu de rouge et vert, que pitancher du pivois au lieu de dire boire du vin?

Le Sottisier, **VOLTAIRE.**

argument

Une bourse d'or me paraît toujours un argument sans réplique.
Le Barbier de Séville, **BEAUMARCHAIS.**

Évitez les arguments de n'importe quelle sorte. Ils sont toujours vulgaires et souvent convaincants.

Almanach des Lettres françaises et étrangères, 4-1-1924 (G. Crès et Cie), **Oscar WILDE.**

aristocrate

On ne peut pas dire qu'il y ait véritablement d'aristocrates, ni de démocrates, parce que l'homme qui ne possède que 6 pence traite d'aristocrate celui qui possède un shilling.

Relation d'un voyage à Bruxelles et Coblentz (Beaudouin), **LOUIS XVIII.**

aristocratie

Il faut reconnaître que les hommes de l'aristocratie française ont presque toujours su dépenser l'argent très élégamment : ils n'ont fait de bassesses que pour en avoir.

L'Argent (Hachette), **Abel BONNARD.**

Les nobles sont des monnaies plus ou moins anciennes, dont le temps a fait des médailles.

Journal politique national, **RIVAROL.**

armée

Je méprise profondément celui qui peut, avec plaisir, marcher en rang et formation derrière une musique : ce ne peut être que par erreur qu'il a reçu un cerveau; une moelle épinière lui suffirait amplement.

Comment je vois le monde, **Albert EINSTEIN.**

Nous aurions dans l'armée des poitrines plus étincelantes si chaque homme était libre de rédiger, sans témoins, ses propres communiqués.

Les Sept Piliers de la Sagesse, trad. Ch. Mauron (Payot), **T. E. LAWRENCE.**

Chaque souverain regarde son armée tristement; ce colosse assis à ses pieds, immobile et muet, le gêne et l'épouvante. Il n'en sait que faire et craint qu'il ne se tourne contre lui.

Servitude et Grandeur militaires, **Alfred de VIGNY.**

armure

Vêtement porté par un homme qui a un forgeron comme tailleur.

Dictionnaire du Diable, trad. Jacques Papy (Éd. Les Quatre Jeudis), **Ambrose BIERCE.**

arriver

Médiocre et rampant; et l'on arrive à tout.

Le Mariage de Figaro, **BEAUMARCHAIS.**

Une façon rapide de faire son chemin est de monter derrière les succès. A ce métier-là, on est bien un peu crotté; on risque bien d'attraper quelques coups de fouet; mais on arrive, comme les domestiques, à l'antichambre.

Idées et Sensations, **E. et J. de GONCOURT.**

arriver

Pour arriver, il faut mettre de l'eau dans son vin, jusqu'à ce qu'il n'y ait plus de vin.

Journal (Gallimard), **Jules RENARD.**

La carrière des lettres et des arts est plus que décevante; le moment où l'on arrive est souvent celui où on ferait bien mieux de s'en aller.

Le Gant de Crin (Plon), **Pierre REVERDY.**

arriviste

Ce qui caractérise les arrivistes, c'est que non seulement ils n'arrivent guère, mais ils ne partent pas.

L'Esprit de Montesquiou, cit. Louis Thomas (Mercure de France),
Robert de MONTESQUIOU.

art

On s'achemine vers un art entièrement nouveau qui sera à la peinture, telle qu'on l'avait envisagée jusqu'ici, ce que la musique est à la littérature.

Les Peintres cubistes (Figuière), **Guillaume APOLLINAIRE.**

Les arts, ces accompagnements, devenus si bruyants, qu'on n'entend plus ce qu'ils accompagnent.

Pensées d'une Amazone (Émile-Paul), **Natalie CLIFFORD BARNEY.**

L'art, c'est la science faite chair.

En art, toute valeur qui se prouve est vulgaire.

Le Rappel à l'ordre (Stock), **Jean COCTEAU.**

Le grand ennemi de l'art, c'est le bon goût.

Interview dans « Revista », **Marcel DUCHAMP.**

L'art est à la vie ce que le sperme est au sang.

En art, il faut que la mathématique se mette aux ordres des fantômes.

Sous la lampe (Gallimard), **Léon-Paul FARGUE.**

43

L'art est nécessaire jusques dans la manière de présenter la vérité.

L'Année littéraire 1761, **FRÉRON.**

L'art est toujours le résultat d'une contrainte. Croire qu'il s'élève d'autant plus haut qu'il est plus libre, c'est croire que ce qui retient le cerf-volant de monter, c'est sa corde.

Nouveaux Prétextes (Mercure de France), **André GIDE.**

Au fait, tout cela est inutile. La grande affaire est de vivre, de vivre par l'imagination et la poitrine, d'inventer, de savoir, de jouer. L'art est un jeu. Tant pis pour celui qui s'en fait un devoir.

Conseils à un jeune Poète (Gallimard), **Max JACOB.**

L'art est l'habileté réduite en théorie.

Carnets, **Joseph JOUBERT.**

L'art vole autour de la vérité, mais avec la volonté bien arrêtée de ne pas se brûler.

Préparatifs de Noce à la Campagne, trad. Marthe Robert (Gallimard),
Franz KAFKA.

Il est essentiel de rappeler le public à son indignité en tant que juge, et de lui apprendre que ni la peinture, ni la sculpture, pas plus que l'architecture, ne sont des « arts d'agrément » mais bien des sources d'infinis tourments, de désagréments considérables.

La Peinture libérée (Grasset), **André LHOTE.**

L'art sera remis à sa vraie place qui est d'être seulement le serviteur de la publicité.

Les Douze Douzains du Négoce (Mercure de France), **René LOBSTEIN.**

C'est quand l'Art se revêt de l'étoffe la plus râpée qu'on le reconnaît le mieux pour l'art.

L'art rend supportable l'aspect de la vie en plaçant dessus le crêpe de la pensée indécise.

Humain, trop humain, trad. A.-M. Desrousseaux (Mercure de France),
NIETZSCHE.

L'art commence où finit le hasard. C'est pourtant tout ce que lui apporte le hasard qui l'enrichit. Sans cet apport, il ne resterait que des règles.

Le Livre de mon bord (Mercure de France), **Pierre REVERDY.**

De ce que le naturel, par accident, fait de l'art, il ne s'ensuit nullement que l'art doive faire du naturel.

Pensées d'un Biologiste (Stock), **Jean ROSTAND.**

L'art lui-même est en réalité une forme d'exagération; et le choix, l'esprit même de l'art, n'est rien de plus qu'un mode intensifié d'emphase.

Intentions (Stock), **Oscar WILDE.**

artificielle

Les femmes sont délicieusement artificielles, mais elles n'ont aucun sens de l'art.

L'Esprit d'Oscar Wilde, cit. Léon Treich (Gallimard), **Oscar WILDE.**

artiste

L'artiste, c'est le vrai riche. Il roule en automobile. Le public suit en omnibus. Comment s'étonnerait-on qu'il suive à distance?

Le Rappel à l'ordre (Stock), **Jean COCTEAU.**

L'artiste contient l'intellectuel. La réciproque est rarement vraie.

Sous la lampe (Gallimard), **Léon-Paul FARGUE.**

C'est au moment où l'on triche pour le beau que l'on est artiste.

Art poétique (Émile-Paul), **Max JACOB.**

Celui qui a faim absorbe la bonne nourriture comme la grossière et il n'y voit aucune différence. L'artiste qui a certaines prétentions ne songera donc pas à inviter l'affamé à sa table.

Le Voyageur et son Ombre, trad. Henri Albert (Mercure de France), **NIETZSCHE.**

ascète

Un sage, voyant que sa sagesse le faisait mépriser, exerça contre soi des violences pour forcer le respect. Ce fut le premier ascète.

Carnets (Gallimard), **Henry de MONTHERLANT.**

assassin

Le plus lâche des assassins, c'est celui qui a des remords.

Oreste, in *Les Mouches* (Gallimard), **Jean-Paul SARTRE.**

assassinat

L'assassinat sur l'échafaud est la forme la plus exécrable d'assassinat, parce qu'il est investi de l'approbation de la Société.

Bréviaire du Révolutionnaire, trad. A. et H. Hamon (Aubier), **G. B. SHAW.**

Défiez-vous de l'assassinat : il conduit au vol et, de là, à la dissimulation.

Le Livre de Chevet, cit. Bienstock et Curnonsky (G. Crès et Cie), **Henri SOMMIER**

assassiner

Il y a différentes manières d'assassiner un homme : par le pistolet, par l'épée, par le poison ou par l'assassinat moral. C'est la même chose, au définitif, excepté que ce dernier moyen est le plus cruel.

Napoléon BONAPARTE.

assemblée

Les plus grandes assemblées se réduisent à des coteries et la coterie à une haine.

Napoléon BONAPARTE.

Les grandes assemblées possèdent les principales caractéristiques des foules : niveau intellectuel médiocre, excitabilité excessive, fureurs subites, intolérance complète; obéissance servile aux meneurs.

Aphorismes du Temps présent (Flammarion), **Gustave LEBON.**

assembler

On ne devrait assembler les hommes qu'à l'église ou sous les armes; parce que là, ils ne délibèrent point, ils écoutent et obéissent.

Pensées diverses, **Vicomte de BONALD.**

athée

Une société d'athées inventerait aussitôt une religion.

Le Catéchisme social, **Honoré de BALZAC.**

Un athée est un homme châtré du côté de l'âme.

Monsieur Godeau intime (Gallimard), **Marcel JOUHANDEAU.**

Il est des athées d'une âpreté féroce qui s'occupent en somme de Dieu bien plus profondément que beaucoup de légers et frivoles croyants.

En vrac (Éd. du Rocher), **Pierre REVERDY.**

athéisme

L'athéisme dresse contre Dieu un procès-verbal de carence.

Victor HUGO.

Si l'athéisme se propageait, il deviendrait une religion aussi intolérante que les anciennes.

Aphorismes du Temps présent (Flammarion), **Gustave LEBON.**

attentif

La grande fatigue du monde est de paraître attentif à des choses qui ne vous intéressent pas : cela courbature en dedans.

Idées et Sensations, **E. et J. de GONCOURT.**

attention

L'haleine de l'esprit, c'est l'attention.

Carnets, **Joseph JOUBERT**.

L'attention est le burin de la mémoire.

Maximes et Réflexions, **Duc de LÉVIS**.

audace

Il y a plus d'esprit dans l'audace que dans la hardiesse et l'audace est plutôt une qualité de chef.

Définitions (Gallimard), **ALAIN**.

Audace : une des qualités les plus insignes d'un homme en sécurité.

Le Dictionnaire du Diable, trad. Jacques Papy (Éd. Les Quatre Jeudis), **Ambrose BIERCE**.

Le tact dans l'audace, c'est de savoir jusqu'où on peut aller trop loin.

Le Rappel à l'ordre (Stock), **Jean COCTEAU**.

au-delà

A chaque instant correspond aussi quelque chose qui est hors du temps. A l'ici-bas ne peut succéder aucun au-delà, car l'au-delà est éternel, il ne peut donc pas avoir de contact temporel avec l'ici-bas.

Préparatifs de Noce à la Campagne, trad. M. Robert (Gallimard), **Franz KAFKA**.

auditoire

Le but de tout, en France, est de monter sur quelque chose, table ou tribune, et de parler; les auditoires ne se composent pas de gens qui écoutent, mais de gens qui attendent leur tour pour parler.

Alphonse KARR.

aujourd'hui

Il n'y a pas d'avenir, il n'y a jamais eu d'avenir. Le véritable avenir, c'est aujourd'hui.

Almanach des Lettres françaises et étrangères, 22-2-1924, (G. Crès et Cie), **Miguel de UNAMUNO**.

aumône

Ne faites que des aumônes anonymes. Elles ont ce double avantage qu'elles suppriment à la fois l'ingratitude et l'abus.

Alexandre DUMAS, fils.

On ferait beaucoup l'aumône si l'on avait des yeux pour voir le beau geste que fait la main qui reçoit.

Maximes et Réflexions, trad. G. Bianquis (Gallimard), **GŒTHE.**

Si toutes les aumônes n'étaient données que par pitié, tous les mendiants seraient déjà morts de faim. La plus grande dispensatrice d'aumônes, c'est la lâcheté.

Humain, trop humain, trad. A.-M. Desrousseaux (Mercure de France),
NIETZSCHE.

auteur

La principale qualité de l'auteur à succès est un tact spécial pour mettre la main sur les sujets qui ne sont pas trop nouveaux sans être encore défraîchis.

Auteurs, Acteurs, Spectateurs (Lafitte), **Tristan BERNARD.**

Un auteur, homme de goût, est parmi ce public blasé ce qu'une jeune femme est au milieu d'un cercle de vieux libertins.

Pensées, Maximes et Anecdotes, **CHAMFORT.**

Les auteurs les plus originaux d'aujourd'hui ne sont pas ceux qui apportent du nouveau, mais ceux qui savent dire des choses connues comme si elles n'avaient jamais été dites avant eux.

Maximes et Réflexions, trad. G. Bianquis (Gallimard), **GŒTHE.**

Gardons-nous de suivre la pensée d'un auteur.... D'ailleurs, qu'en sait-il de sa pensée?

Plume (Gallimard), **Henri MICHAUX.**

Le meilleur auteur sera celui qui a honte d'être un homme de lettres.
Humain, trop humain, trad. A.-M. Desrousseaux (Mercure de France),
NIETZSCHE.

Il y a des auteurs qui écrivent avec de la lumière, d'autres avec du sang, avec de la lave, avec du feu, avec de la terre, avec de la boue, avec de la poudre de diamant et enfin ceux qui écrivent avec de l'encre. Les malheureux, avec de l'encre tout simplement.

Le Livre de mon bord (Mercure de France), **Pierre REVERDY.**

Il y a deux sortes d'auteurs : les uns écrivent l'histoire de leur temps, les autres leur biographie.

Fragments d'un Journal, trad. R. Michaud et S. David (Boivin et Cie),
H. D. THOREAU

Je connais bien plus agaçant que les auteurs qui font constamment de l'esprit; ce sont ceux qui font constamment de l'intelligence.

Gens de qualité (Plon), **Fernand VANDEREM.**

autorité

L'autorité n'est peut-être que de faire de ses buts un idéal pour les autres.

Remarques sur l'Action (Gallimard), **Bernard GRASSET.**

Pour avoir quelque autorité sur les hommes, il faut être distingué d'eux. Voilà pourquoi les magistrats et les prêtres ont des bonnets carrés.

Le Sottisier, **VOLTAIRE.**

autrui

L'approbation des autres est un stimulant, dont il est bon quelquefois de se défier.

Correspondance. A Louis Aurenche. Le 25-1-1906 (Grasset), **Paul CÉZANNE.**

La meilleure manière de nous éloigner des autres est de les inviter à jouir de nos défaites; après, nous sommes sûrs de les haïr pour le reste de nos jours.

Syllogismes de l'Amertume (Gallimard), **E.-M. CIORAN.**

S'il fallait tolérer aux autres tout ce qu'on se permet à soi-même, la vie ne serait plus tenable.

Almanach des Lettres françaises et étrangères, 6 janvier 1924 (G. Crès et Cie), **Georges COURTELINE.**

Supposer aux autres, verbalement et avec un air de confiance, les vertus dont on a besoin en eux, afin qu'ils se les donnent au moins en apparence et pour le moment.

Codicille politique et pratique d'un jeune habitant d'Epone, **HÉRAULT DE SÉCHELLES.**

La vie entière est employée à s'occuper des autres. Nous en passons une moitié à les aimer, l'autre moitié à en médire.

Carnets, **Joseph JOUBERT.**

Il y a des gens qui ont froid aux doigts des autres, et qui, lorsqu'ils ont rempli leur estomac, souffrent encore du vide de l'estomac d'autrui.

Alphonse KARR.

Je suis persuadé que les autres ne sont pas seulement le lieu où l'on s'aime soi-même mais aussi celui où l'on se hait.

Aphorismes, trad. Marthe Robert (C. F. L.), **G. C. LICHTENBERG.**

L'homme s'intéresse si peu à autrui que même le christianisme recommande de faire le bien pour l'amour de Dieu.

Le Métier de vivre, trad. Michel Arnaud (Gallimard), **Cesare PAVESE.**

Rendre service à un misérable, c'est encore une manière délicate de jouir du malheur d'autrui.

Le Livre de mes Amis (Sansot), **Ch. REGISMANSET.**

Quoique la plupart des gens soient uniquement occupés d'eux-mêmes, ils trouvent encore le temps de s'apercevoir des défauts d'autrui.

Donc... (Sagittaire), **Henri de RÉGNIER.**

Le manque de générosité peut être une marque de considération pour autrui.

Mes Inscriptions (Gallimard), **Louis SCUTENAIRE.**

Avoir de la fermeté dans le caractère, c'est avoir éprouvé l'effet des autres sur soi-même, donc il faut les autres.

De l'Amour, **STENDHAL.**

Ne fais pas à autrui le mal que tu ne voudrais pas qu'il te fît, ni le bien que tu sais qu'il ne te ferait pas.

Gens de Qualité (Plon), **Fernand VANDEREM.**

Nous découvrons en nous-mêmes ce que les autres nous cachent et nous reconnaissons dans les autres ce que nous nous cachons nous-mêmes.

Réflexions et Maximes, **VAUVENARGUES.**

avare

Il n'est rien de plus sec et de plus aride que ses bonnes grâces et ses caresses et donner est un mot pour qui il a tant d'aversion, qu'il ne dit jamais : « Je vous donne, mais je vous prête le bonjour ».

L'Avare, **MOLIÈRE.**

On appelle avare celui qui garde son argent, non celui qui le met en meubles riches et les garde. Cependant, celui qui garde cent mille écus en espèces, ou des lustres, ou des tableaux pour la même somme, est également avare; mais l'un est utile au public, l'autre non.

Le Sottisier, **VOLTAIRE.**

Les hommes ne haïssent l'avare que parce qu'il n'y a rien à gagner avec lui.

VOLTAIRE.

avarice

Il y a des gens qui trouvent le moyen d'être gaspilleurs sans avoir jamais l'élégance d'être généreux : on aperçoit la carcasse de leur avarice à travers le feu d'artifice de leurs dépenses.

L'Argent (Hachette), **Abel BONNARD.**

L'avarice, en diminuant les besoins, simplifie la vie. C'est aussi un vice qui rapporte. Pourrait-on en dire autant des autres?

Les Sept Péchés capitaux (Sagittaire), **Paul MORAND.**

L'avarice ne ravit aux autres que pour se refuser à elle-même.

SÉNÈQUE.

avenir

L'avenir est ce qu'il y a de pire dans le présent.

Gustave FLAUBERT.

L'avenir est un miroir sans glace.

Sans titre. Décembre, Xavier FORNERET.

Les spéculations sont à la mode. En voici une qui présente un gain assuré. Lorsque vous êtes triste, tirez des lettres de change sur l'avenir : elles pourront être protestées à l'échéance. Mais qu'importe, pourvu que le présent les escompte.

Maximes et Réflexions, Duc de LÉVIS.

L'avenir est un paradis d'où, exactement comme de l'autre, personne n'est encore jamais revenu.

En vrac (Éd. du Rocher), Pierre REVERDY.

aventure

Il est nécessaire d'établir comme une loi que l'aventure n'existe pas. Elle est dans l'esprit de celui qui la poursuit, et dès qu'il peut la toucher du doigt, elle s'évanouit pour renaître bien plus loin, sous une autre forme, aux limites de l'imagination.

Petit Manuel du parfait Aventurier (La Sirène), Pierre MAC ORLAN.

aversion

L'aversion s'accroît de tous les efforts que l'on fait pour la vaincre.

Pensées, Maximes, Réflexions, Comte de BELVÈZE.

aveu

Une femme disait : les aveux vraiment flatteurs ne sont pas ceux que nous faisons, ce sont ceux qui nous échappent.

Filosofia Nova, STENDHAL.

aveugle

Les aveugles sont gais parce que leur esprit n'est pas distrait par la représentation des choses qui peuvent leur plaire et qu'ils ont encore plus d'idées que nous n'avons de spectacles. C'est un dédommagement que le Ciel leur accorde.

Carnets, Joseph JOUBERT.

aveuglement

Nous courons sans souci dans le précipice, après que nous avons mis quelque chose devant nous pour empêcher de le voir.

Pensées, PASCAL.

avilissement

L'avilissement est le changement qui se fait dans un homme qui baisse de prix à mesure qu'il se vend.

Définitions (Gallimard), **ALAIN.**

Entre les voluptés qu'à deux, l'on se doit, ce n'est pas la moindre que de s'avilir.

Les Trois Impostures (Émile-Paul), **Paul-Jean TOULET.**

avis

Comment peut-on espérer que des hommes acceptent des avis quand ils n'acceptent même pas des avertissements?

Instructions aux Domestiques, **Jonathan SWIFT.**

avocat

Ce serait beau, l'honnêteté d'un avocat qui demanderait la condamnation de son client.

Journal (Gallimard), **Jules RENARD.**

On estime davantage ses juges que ses avocats, car on juge ses avocats par cela même qu'ils nous défendent.

Derrière Cinq Barreaux (Gallimard), **Maurice SACHS.**

Les avocats d'un criminel sont rarement assez artistes pour utiliser, au profit du coupable, la beauté terrible de son acte.

Par-delà le Bien et le Mal, trad. Henri Albert (Mercure de France), **NIETZSCHE.**

Par métier, l'avocat est sans conscience. On s'attend plus à être trahi par un avocat que par un autre homme : après tout, ce n'est qu'une cause pour lui. On ne voit pas, enfin, comment il a une conscience d'homme en sortant du prétoire, où il est sans conscience par métier. La toge couvre tout : elle peut bien vêtir la traîtrise.

La vertu de l'avocat n'est pas de faire vaincre le juste où le non juste, mais d'assurer la victoire à la cause qu'il sait lui-même n'être pas juste. Il n'est point d'autre injustice ni d'autre fausseté que celle-là.

Voici l'Homme (Albin Michel), **André SUARÈS.**

avoir

De tout temps et dans toute espèce d'avantages, on met plus de passion à obtenir ce qu'on n'a pas qu'à conserver ce qu'on a.

Mélanges de Littérature, **STENDHAL.**

comme Brigand

banquier

Un banquier est un homme qui s'assoit devant un grand bureau sur lequel il n'y a rien et qui se demande par quels moyens il pourrait bien faire tomber dans sa caisse l'argent des curés.

Jeroboam ou la Finance sans méningite (La Sirène), **Paul LAFFITTE.**

baptême

Enrôlement involontaire.

Le Carnaval du Dictionnaire (Calmann-Lévy), **Pierre VÉRON.**

barbare

Barbares : pourquoi les appeler ainsi? Ils n'avaient pourtant pas inventé la poudre.

Le Carnaval du Dictionnaire (Calmann-Lévy), **Pierre VÉRON.**

barbarie

Partout où il a y un mélange de religion et de barbarie, c'est toujours la religion qui triomphe; mais partout où il y a un mélange de barbarie et de philosophie, c'est la barbarie qui l'emporte.

De l'Homme intellectuel et moral, **RIVAROL.**

La barbarie est le titre féodal que la sauvagerie se donne.

Voici l'Homme (Albin Michel), **André SUARÈS.**

barrière

Le plus solide et le plus durable trait d'union entre les êtres, c'est la barrière.

Le Livre de mon bord (Mercure de France), **Pierre REVERDY.**

bassesse

Il ne faut pas trop s'inquiéter pour l'avenir de la bassesse et de la turpitude d'une époque; il y a six mois, on a enterré du fumier au pied de ces rosiers, et ils lui doivent une partie de leur éclat et de leur parfum.

Alphonse KARR.

En France, dès qu'on a expliqué avec esprit le Pourquoi d'une bassesse, elle est oubliée.

Promenades dans Rome, **STENDHAL.**

battre

Tous les hommes battent les femmes : dans le peuple, c'est avec les poings, dans la bourgeoisie, c'est avec les lois.

Les Éclaireuses (Petite Illustration 3-5-1913), **Maurice DONNAY.**

Si vous battez une femme avec une fleur, prenez plutôt une rose. La tige a des épines.

Donc... (Sagittaire), **Henri de RÉGNIER.**

Il ne faut jamais battre une femme avec une fleur. Il faut la battre avec un bâton.

De l'Amour (Grasset), **Étienne REY.**

bavard

L'activité de la langue est généralement liée à une paresse de l'esprit.

Penser par étapes (P. Bettencourt éditeur), **Malcolm de CHAZAL.**

Rien n'est plus méprisable qu'un parleur de métier qui fait de ses paroles ce qu'un charlatan fait de ses remèdes.

Lettre à M. Dacier, **FÉNELON.**

C'est un parleur étrange et qui trouve toujours
L'Art de ne vous rien dire avec de grands discours;
Dans les propos qu'il tient, on ne voit jamais goutte,
Et ce n'est que du bruit que tout ce qu'on écoute.

Le Misanthrope, **MOLIÈRE.**

Femmes et grands parleurs. Plus une tête est vide, plus elle cherche à se désemplir.

Cahiers (Grasset), **MONTESQUIEU.**

Hippocrate, Aph. 32, Sect. 6, remarque que les gens qui bégaient sont toujours enclins à la diarrhée. Je voudrais bien que les médecins eussent le pouvoir de dériver sur les parties inférieures le flux de paroles dont beaucoup de gens sont atteints.

Instructions aux Domestiques, **Jonathan SWIFT.**

On voit tant de poètes qui ne se croiraient pas poètes, s'ils s'arrêtaient un moment de dégoiser. Pourtant les oiseaux eux-mêmes ne dégoisent pas à toute heure, eux qui se croient oiseaux très légitimement.

Rodolphe TÖPFFER.

beau

Le beau est l'unique ambition, le but exclusif du goût.

L'Art romantique, **Charles BAUDELAIRE.**

Le Beau est ce qui paraît abominable aux yeux sans éducation. Le Beau est ce que votre maîtresse et votre bonne trouvent d'instinct affreux.

Journal (Flammarion-Fasquelle), **E. et J. de GONCOURT.**

Qui a compris une fois le vrai beau a gâté pour l'avenir toutes ses joies artistiques.

Art poétique (Émile-Paul), **Max JACOB.**

Tu crois que je cours après l'étrange parce que je ne connais pas le beau, mais non, c'est parce que tu ne connais pas le beau, que je cours après l'étrange.

Aphorismes, trad. Marthe Robert (C. F. L.), **G. C. LICHTENBERG.**

Dans un temps où les arts étaient inconnus, les hommes sans goût appeloient beau tout ce qui étoit grand, tout ce qui étoit difficile, tout ce qui avoit été fait par un grand nombre de bras.

Carnets (Grasset), **MONTESQUIEU.**

On appelle beau parmi nous ce qui est vanté dans le journal et produit beaucoup d'argent.

STENDHAL.

beauté

La Beauté enfanta l'Amour, mais elle en accoucha trop tôt afin de ne pas se rider le ventre.

Pensées d'une Amazone (Émile-Paul), **Natalie CLIFFORD BARNEY.**

La symétrie est une moitié reflétée. La symétrie est un pléonasme visuel. La beauté est asymétrique. Un visage, un poème asymétriques. C'est ce que j'appelle boiter.... Les anges boitent. La beauté boite.

Essai de Critique indirecte (Grasset), **Jean COCTEAU.**

Rien n'est plus triste que la vie des femmes qui n'ont su être que belles, car rien n'est plus court que le règne de la beauté : il n'y a qu'un fort petit nombre d'années de différence entre une belle femme et une femme qui ne l'est plus.

FONTENELLE.

La Beauté n'est qu'un automate dont l'amour est les ressorts.

Sans titre. Juillet, **Xavier FORNERET.**

Ce que l'homme achète cent mille francs, chez la femme qui lui vend son corps — la beauté —, il ne l'estime pas dix mille chez la femme qu'il épouse et qui la lui donne par-dessus la dot.

Journal (Flammarion-Fasquelle), **E. et J. de GONCOURT.**

Qu'est-ce que la beauté? Une convention, une monnaie, qui n'a cours qu'en temps et lieu.

Peer Gynt (Perrin), **Henrik IBSEN.**

La beauté d'une femme — à moins d'une laideur indiscutable — peut très bien n'être qu'une affaire d'habitude. On rencontre tous les jours des femmes qu'il est bien probable qu'on trouverait parfaitement jolies, si on était leur amant.

Passe-Temps (Mercure de France), **Paul LÉAUTAUD.**

Quoi qu'en disent ses contempteurs, une belle femme a tout de même quelque chose de commun avec la vérité : toutes deux donnent plus de bonheur lorsqu'on les désire que lorsqu'on les possède.

Œuvres posthumes, trad. Henri Jean Bolle (Mercure de France), **NIETZSCHE.**

A mesure que l'on a plus d'esprit, l'on trouve plus de beauté originale, mais il ne faut pas être amoureux, car quand l'on aime, l'on n'en trouve qu'une.

Discours sur les Passions de l'Amour, **Blaise PASCAL.**

... Partie de complément qu'ajoute à une passante fragmentaire et fugitive notre imagination surexcitée par le regret.

A l'ombre des jeunes filles en fleurs (Gallimard), **Marcel PROUST.**

La vraie beauté n'est pas celle qu'on a du plaisir à contempler, mais celle devant qui on doit fermer les yeux.

De l'Amour (Grasset), **Étienne REY.**

J'ai trouvé un jour ma chemise assise sur mes genoux. Je l'ai appelée Beauté. Je suis depuis un peintre de chemises.

Papiers posthumes (Au Sans-Pareil), **Jacques RIGAUT.**

La beauté, en art, n'est souvent que de la laideur matée.

Pensées d'un Biologiste (Stock), **Jean ROSTAND.**

La beauté s'use promptement par la possession; au bout de six semaines, elle n'est plus rien pour le possesseur.

Émile ou àe l'éducation, **Jean-Jacques ROUSSEAU.**

Il a fallu que l'intelligence de l'homme fût obscurcie par l'amour pour qu'il ait appelé beau ce sexe de petite taille, aux épaules étroites, aux larges hanches, et aux jambes courtes; toute sa beauté, en effet, réside dans l'instinct de l'amour.

SCHOPENHAUER.

La beauté plus que l'or fait surgir les voleurs.

Comme il vous plaira, trad. Jules Supervielle (Gallimard), **SHAKESPEARE.**

Mais qu'est-ce que la beauté? C'est une nouvelle aptitude à vous donner du plaisir.

De l'Amour, **STENDHAL.**

On a dit de la beauté que c'était une promesse de bonheur. On n'a pas dit qu'elle fût tenue.

Les Trois Impostures (Émile-Paul), **Paul-Jean TOULET.**

La beauté, c'est l'harmonie du hasard et du bien.

La Pesanteur et la Grâce (Plon), **Simone WEIL.**

bébé

Créature difforme sans âge ni sexe bien définis, remarquable par la violence des sympathies et antipathies qu'elle suscite chez les autres, tout en n'éprouvant elle-même aucun sentiment ou émotion.

Le Dictionnaire du Diable, trad. Jacques Papy (Éd. Les Quatre Jeudis),
Ambrose BIERCE.

bégueule

Fanfaronne de vertu.

Le Carnaval du Dictionnaire (Calmann-Lévy), **Pierre VÉRON.**

belle-mère

Dans toute mère de famille, il y a une belle-mère qui sommeille.

Francis de Croisset, cit. J.-M. Renaitour (Éd. de la Griffe),
Francis de CROISSET.

besoin

Il y a des gens chez lesquels la simple certitude de pouvoir les satis-faire fait naître des besoins spontanés.

La Philosophie de Georges Courteline (Flammarion),
Georges COURTELINE.

Cette méthode stoïque de subvenir à nos besoins en supprimant nos désirs, équivaut à se couper les pieds pour n'avoir plus besoin de chaussures.

Instructions aux Domestiques, **Jonathan SWIFT.**

bêtise

En amour, il n'y a rien de plus persuasif qu'une courageuse bêtise.

Les Chouans, **Honoré de BALZAC.**

Si les bêtises des gens d'esprit sont plus grandes que celles des sots que ne sont pas celles des hommes de génie.

Littérature étrangère (Lemerre), **BARBEY D'AUREVILLY.**

La bêtise féminine est déjà bien irritante, la bêtise cléricale l'est plus encore que la bêtise féminine dont elle semble parfois le mystérieux surgeon.

Journal d'un Curé de Campagne (Plon), **Georges BERNANOS.**

C'est toujours l'âne qui braie le plus fort qui est le plus racé ; la bêtise est tonitruante.

Sens plastique (Gallimard), **Malcolm de CHAZAL.**

Peut-être est-on fondé à reprocher au bon Dieu d'avoir fait les hommes mauvais mais il faut le louer sans réserve d'avoir placé en contrepoids à leur méchanceté probable leur extraordinaire bêtise qui, elle, ne fait aucun doute.

La Philosophie de Georges Courteline (Flammarion), **Georges COURTELINE.**

La bêtise humaine me suffoque de plus en plus, ce qui est imbécile, car autant s'indigner contre la pluie!

Lettre à sa nièce Caroline, **Gustave FLAUBERT.**

Le nombre de bêtises qu'une personne intelligente peut dire dans une journée n'est pas croyable. Et j'en dirais sans doute autant que les autres, si je ne me taisais plus souvent.

Journal (Gallimard), **André GIDE.**

Ce qui entend le plus de bêtises dans le monde est peut-être un tableau de musée.

Journal (Flammarion-Fasquelle), **E. et J. de GONCOURT.**

Les bêtises sont le contraire des femmes. Les plus vieilles sont les plus adorées.

Victor HUGO.

Après avoir fait l'amour, le premier qui parle dit une bêtise.

Carnets (Gallimard), **Henry de MONTHERLANT.**

Un hasard a donné à l'homme l'intelligence. Il en fait usage : il a inventé la bêtise.

Promenades philosophiques (Mercure de France), **Henri de RÉGNIER.**

La bêtise est le meilleur des tremplins, tant pour celui qui l'observe que pour celui qui est bête.

Mes Inscriptions (Gallimard), **Louis SCUTENAIRE.**

Plus l'homme est bête et mieux son cheval le comprend.

Carnets de Notes, trad. Genia Cannac (Calmann-Lévy), **Anton TCHEKOV.**

Les femmes le savent bien que les hommes ne sont pas si bêtes qu'on croit — qu'ils le sont davantage.

Les Trois Impostures (Émile-Paul), **Paul-Jean TOULET.**

Il y a des bêtises qu'un homme d'esprit achèterait.

Abbé de VOISENON.

Bible

La Bible est aux religions ce que l'Iliade est à la poésie.

Carnets, **Joseph JOUBERT.**

bien

On a bien mal compris Épicure qui n'était qu'un pauvre chien comme moi, quand il a placé le bien suprême dans l'absence de la douleur.

Maximes et Réflexions, trad. Bianquis (Gallimard), **GŒTHE.**

Je ne vois partout que des gens qui font le bien et qui le font mal.

Mes Pensées ou le qu'en-dira-t-on, **LA BEAUMELLE.**

Il n'est pas si dangereux de faire du mal à la plupart des hommes que de leur faire trop de bien.

Réflexions ou Sentences et Maximes morales, **LA ROCHEFOUCAULD.**

L'homme s'ennuie du bien, cherche le mieux, trouve le mal, et s'y soumet, crainte du pire.

Maximes et Réflexions, **Duc de LÉVIS.**

... Tu m'apprends que le Bien est impossible, je parie donc que je ferai le Bien : c'est encore la meilleure manière d'être seul.

Goetz in *Le Diable et le Bon Dieu* (Gallimard), **Jean-Paul SARTRE.**

Le plaisir est pour le corps, le bien pour l'âme. Plaisir et Bien coïncident rarement.

Journal intime (Gallimard), **Léon TOLSTOI.**

Je ne me lasse de bien faire est une devise de carnaval.

Carnets, rec. Edward Mac Curdy, trad. L. Servicen (Gallimard),
Léonard de VINCI.

... Le désir de faire du bien aux autres enfante une abondante moisson de fats et c'est le moindre des maux qu'il cause.

Intentions (Stock), **Oscar WILDE.**

bien élevé

L'homme bien élevé vit chez sa maîtresse et meurt chez sa femme.

Notes d'Album (G. Crès et Cie), **Henri BECQUE.**

bienfait

On sollicite le premier bienfait, on exige le second, et souvent le troisième est arrivé que la reconnaissance est encore en chemin.

Maximes et Réflexions, **Duc de LÉVIS.**

Les bienfaits sont un feu qui ne brûle que de près.

Le Sottisier, **VOLTAIRE.**

bienfaiteur

Quiconque, par distraction ou incompétence, arrête tant soit peu l'humanité dans sa marche, en est le bienfaiteur.

Syllogismes de l'Amertume (Gallimard), **E.-M. CIORAN.**

bienveillance

Traiter tous les hommes avec une bienveillance égale et prodiguer sa bonté sans distinction de personnes, cela peut être tout aussi bien l'expression d'un profond mépris des hommes que l'expression d'un amour sincère à leur égard.

Le Voyageur et son Ombre, trad. Henri Albert (Mercure de France), **NIETZSCHE.**

bigamie

En Angleterre, un homme, accusé de bigamie, est sauvé par son avocat, qui prouve que son client avait trois femmes.

Aphorismes, trad. Marthe Robert (C. F. L.), **G. C. LICHTENBERG.**

bigot

Dieu sait, par exemple, ce que coûte au reste du monde le maigre cheptel bigot entretenu à grands frais par une littérature spéciale, répandue à des millions d'exemplaires sur toute la surface du globe, et dont on voudra bien reconnaître qu'elle est faite pour décourager les incroyants de bonne volonté.

Les Grands Cimetières sous la Lune (Plon), **Georges BERNANOS.**

L'anticléricalisme et l'incroyance ont leurs bigots tout comme l'orthodoxie.

Journal (Plon), **Julien GREEN.**

biographe

Race de parasites qui se choisissent un grand homme pour se nicher dedans et en vivre, pucerons tapis dans le pli de pourpre de quelque célébrité.

Littérature étrangère (Lemerre), **BARBEY D'AUREVILLY.**

blasé

Elle était revenue de bien des choses, ce qui ne l'empêchait pas d'y retourner.

Pensées d'une Amazone (Émile-Paul), **Natalie CLIFFORD BARNEY.**

bohème

La bohème n'est pas un chemin, c'est un cul-de-sac.

Henri MURGER.

bon

Ce n'est pas qu'on soit bon; on est content.

Encore un an de sans titre, **Xavier FORNERET.**

Pour pouvoir être toujours bon, il faut que les autres croient qu'ils ne peuvent jamais nous être impunément méchants.

Réflexions ou Sentences et Maximes morales, **LA ROCHEFOUCAULD.**

Il faut être bon et méchant! Et quiconque est bon autrement que par faiblesse est toujours méchant à un degré éminent.

La Volonté de Puissance, trad. G. Bianquis (Gallimard), **NIETZSCHE.**

Toutes mes idées politiques ont changé, du jour où j'ai été convaincu de ce résultat d'observation morale : « Les hommes sont une assez méchante et plate espèce; il n'y a de bons que quelques-uns, et ceux-là, il faut sans cesse les extraire et les entretenir par des soins continus, sans quoi ils se détériorent. »

Les Cahiers, **SAINTE-BEUVE.**

Véritablement bon est l'homme rare qui jamais ne blâme les gens des maux qui leur arrivent.

Tel quel (Gallimard), **Paul VALÉRY.**

J'ai peur que les gens, dont on dit qu'ils sont bons, ne fassent beaucoup de mal en ce monde. Et certes le plus grand mal qu'ils font est de donner une importance si extraordinaire aux choses mauvaises.

Almanach des Lettres françaises et étrangères, cit. Léon Treich, 3 janvier 1924 (G. Crès et Cie), **Oscar WILDE.**

Quand nous sommes heureux, nous sommes toujours bons; mais quand nous sommes bons, nous ne sommes pas toujours heureux.

Le Portrait de Dorian Gray, trad. E. Jaloux et F. Frapereau (Stock), **Oscar WILDE.**

bonheur

Un des secrets du bonheur, c'est d'être indifférent à sa propre humeur; ainsi méprisée, l'humeur retombe dans la vie animale, comme un chien rentre dans sa niche.

Propos sur le Bonheur (Gallimard), **ALAIN.**

Le bonheur est la poésie des femmes, comme la toilette en est le fard.

Le Père Goriot, **Honoré de BALZAC.**

Le bonheur est quelque chose de si vague que nous sommes réduits à le rêver.

Pensées, Maximes, Réflexions, **Comte de BELVÈZE.**

Quand on n'est pas assez fortuné pour se payer le bonheur, il ne faut pas s'en approcher trop et le regarder... Non, non, ne regardons pas les étalages.

Le Danseur inconnu (Petite Illustration 14-5-1910), **Tristan BERNARD.**

Un bonheur qui est passé par la jalousie est comme un joli visage qui a passé par la petite vérole : il reste grêlé.

Histoires littéraires, cit. Léon Treich (Gallimard), **Paul BOURGET.**

Voyez et considérez s'il y eut jamais de bonheur comparable à celui des démons lorsqu'ils eurent été chassés du corps de Marie-Madeleine.

Carnets, trad. Valery Larbaud (Gallimard), **Samuel BUTLER.**

Tu ne paieras pas le bonheur trop cher, dis-tu? Quoi! Même si tu le payais de la perte du bonheur?

Les Plus Forts (Fasquelle), **Georges CLEMENCEAU.**

Soyez heureux, c'est là le vrai bonheur.

Le Dessin humoristique, cit. Louis Morin (Laurens), **COMMERSON.**

Le bonheur n'a jamais eu la prétention d'amuser, il n'amuse même pas toujours ceux qu'il rend heureux.

Francis de Croisset, cit. J.-M. Renaitour (Éd. de la Griffe),
Francis de CROISSET.

Les gens ne connaissent pas leur bonheur, mais celui des autres ne leur échappe jamais.

Un Certain Monsieur Blot (Hachette), **Pierre DANINOS.**

Un hôte discret dont on ne constate souvent l'existence que par son acte de décès.

Le Livre de Chevet, cit. Bienstock et Curnonsky (G. Crès et Cie),
Adrien DECOURCELLE.

Le malheur ennoblit les femmes, tandis que le bonheur les rend bêtes et égoïstes. Il y a au fond d'une femme riche et aimée une béatitude imbécile.

Crapotte (Albin Michel), **Henri DUVERNOIS.**

Le bonheur ne consiste pas à acquérir et à jouir, mais à ne rien désirer, car il consiste à être libre.

Le Manuel, **ÉPICTÈTE.**

Il n'y a qu'une façon d'atteindre le bonheur : il faut cesser de se tourmenter au sujet des choses sur lesquelles notre volonté n'a aucune influence.

ÉPICTÈTE.

Le plus grand bonheur après que d'aimer, c'est de confesser son amour.

Journal (Gallimard), **André GIDE.**

Où tu ne peux pas dire tant mieux, dis : tant pis, Nathanael. Il y a là de grandes promesses de bonheur.

Les Nourritures terrestres (Gallimard), **André GIDE.**

Le bonheur, comme la richesse, a ses parasites.

Promenades philosophiques (Mercure de France), **Remy de GOURMONT.**

Ce n'est pas à la possession des biens qu'est attaché le bonheur, mais à la faculté d'en jouir. Le bonheur est une aptitude.

Remarques sur le Bonheur (Grasset), **Bernard GRASSET.**

Si le bonheur était fait des jouissances corporelles, nous dirions les bœufs heureux, quand ils trouvent du pois chiche à manger.

Fragments originaux, trad. Y. Battistini (Cahiers d'Art),
HÉRACLITE D'ÉPHÈSE.

Il y a toujours dans le bonheur, même des meilleurs gens, un peu d'insolence aimable qui défie les autres d'en faire autant.

Victor HUGO.

Le bonheur est un maître exigeant, surtout le bonheur d'autrui.

Le Meilleur des Mondes, trad. J. Castier (Plon), **Aldous HUXLEY.**

Chercher le bonheur dans cette vie, c'est là le véritable esprit de rébellion.

Les Revenants, trad. Comte Prozor (Perrin), **Henrik IBSEN.**

Théoriquement, il existe une possibilité de bonheur parfait : croire à ce qu'il y a d'indestructible en soi et ne pas s'efforcer de l'atteindre.

Préparatifs de Noce à la Campagne, trad. Marthe Robert (Gallimard),
Franz KAFKA.

Les bonheurs sont comme le gibier, quand on les vise de trop loin, on les manque.

Alphonse KARR.

Le bonheur n'est que lorsqu'il fut. Ce qui signifie que tant qu'il dure, un changement reste possible; il faut qu'il soit passé pour qu'on ait le droit de dire qu'il a existé.

Ou bien ou bien (Gallimard), **Soeren KIERKEGAARD.**

C'est une espèce de bonheur, de connaître jusqu'à quel point on doit être malheureux.

Réflexions ou Sentences et Maximes morales, **LA ROCHEFOUCAULD.**

Le bonheur ne vaut pas la peine qu'il coûte.

Journal (G. Crès et Cie), **Marie LENERU.**

Le bonheur est l'absence des peines, comme la santé est l'absence des maladies. C'est un état de calme qui n'avertit pas de même que le plaisir ou la douleur : aussi, sans les regrets, on ne saurait pas qu'on a été heureux.

Maximes et Réflexions, **Duc de LÉVIS.**

On ne dira jamais assez tout ce qu'il y a d'indifférence aux grandeurs dans le véritable état de bonheur de l'homme.

La Dentelle du Rempart (Grasset), **Charles MAURRAS.**

Le vrai bonheur est un état terne, et sans valeur. Quand nous le goûtons sciemment, il passe et meurt : le jeu des saisons.

Diane à la croisée des chemins, trad. Lucien Wolf (Gallimard),
George MEREDITH.

Il faudroit convaincre les hommes du bonheur qu'ils ignorent, lors même qu'ils en jouissent.

Cahiers (Grasset), **MONTESQUIEU.**

Nous ne sommes pour la plupart que les contemporains du bonheur ; on en parle autour de nous, mais nous mourons sans l'avoir connu.

Pensées et Maximes, **Octave PIRMEZ.**

C'est dans le mépris de l'ambition que doit se trouver l'un des principes essentiels du bonheur sur la terre.

Histoires extraordinaires et nouvelles Histoires extraordinaires, trad. Charles Baudelaire, **Edgar Allan POE.**

Il n'est pas certain que le bonheur survenu trop tard... soit tout à fait le même que celui dont le manque nous rendait jadis si malheureux.

A l'ombre des jeunes filles en fleurs (Gallimard), **Marcel PROUST.**

Ne fais part de ton bonheur à autrui qu'avec de grands ménagements : il est des gens si susceptibles !

Le Livre de mes Amis (Sansot), **Charles REGISMANSET.**

Le bonheur ne rend pas bon. C'est une remarque qu'on fait sur le bonheur des autres.

Journal (Gallimard), **Jules RENARD.**

Le bonheur était ma fatalité, mon remords, mon ver : ma vie serait toujours trop immense pour être dévouée à la force et à la beauté.

Une Saison en Enfer, **Arthur RIMBAUD.**

Le bonheur est de connaître ses limites et de les aimer.

Jean-Christophe (Albin Michel), **Romain ROLLAND.**

Il n'y a pas de bonheur intelligent.

Pensées d'un Biologiste (Stock), **Jean ROSTAND.**

L'homme se crée un bonheur à sa mesure, et ma foi ! le plus souvent, l'argent est sa petite mesure.

Derrière Cinq Barreaux (Gallimard), **Maurice SACHS.**

Celui qui désire une vie de bonheur avec une belle femme ressemble à celui qui veut jouir du goût du vin en en ayant la bouche toujours pleine.

Bréviaire du Révolutionnaire, trad. A. et H. Hamon (Aubier), **G. B. SHAW.**

Il est difficile de ne pas s'exagérer le bonheur dont on ne jouit pas.

Journal, **STENDHAL.**

Pour connaître la sensation du bonheur, il faut autant de temps que pour remonter sa montre.

Carnets de Notes, trad. Genia Cannac (Calmann-Lévy), **Anton TCHEKOV.**

Il y a un rapport de cause à effet entre une digestion heureuse et ce que les hommes nomment le bonheur.

Tablettes d'un Cynique (Société Nouvelle Éd.), **Louis THOMAS.**

Tout ainsi que les mikados d'autrefois, le bonheur est un prince irrésistible et caché à qui l'on fait sa cour sans le voir jamais face à face.

Les Trois Impostures (Émile-Paul), **Paul-Jean TOULET.**

Par le mythe vulgaire du bonheur, on peut faire des hommes à peu près ce que l'on veut, et tout ce que l'on veut des femmes.

Tel quel (Gallimard), **Paul VALÉRY.**

Nous cherchons tous le bonheur, mais sans savoir où, comme des ivrognes qui cherchent leur maison, sachant confusément qu'ils en ont une.

*

Le bonheur est un mot abstrait, composé de quelques idées de plaisir.

Le Sottisier, **VOLTAIRE.**

bonhomie

Dans la bonhomie, il n'y a pas de misanthropie, c'est pour cela qu'on y trouve tant de mépris des hommes.

Par-delà le Bien et le Mal, trad. Henri Albert (Mercure de France), **NIETZSCHE.**

Le cœur en robe de chambre.

Le Carnaval du Dictionnaire (Calmann-Lévy), **Pierre VÉRON.**

bonne foi

Il faut mesurer la bonne foi des hommes à leur intérêt, à moins qu'ils ne soient d'un caractère absolument supérieur à la chose qui est en jeu.

Ma Vie, trad. Jean Dayré (Honoré Champion), **Jérôme CARDAN.**

bon sens

Le bon sens est la chose du monde la mieux partagée : car chacun pense en être si bien pourvu que ceux même qui sont les plus difficiles à contenter en toute autre chose n'ont point coutume d'en désirer plus qu'ils en ont.

Discours de la Méthode, **DESCARTES.**

Nous ne trouvons guère de gens de bon sens que ceux qui sont de notre avis.

Réflexions ou Sentences et Maximes morales, **LA ROCHEFOUCAULD.**

bonté

La bonté civilise l'intelligence.

Sens plastique (Gallimard), **Malcolm de CHAZAL.**

La bonté est le seul charme qui soit permis aux vieillards, c'est la coquetterie des cheveux blancs.

Octave FEUILLET.

Nul ne mérite d'être loué sur sa Bonté, s'il n'a pas la force d'être méchant. Toute autre bonté n'est le plus souvent qu'une paresse ou une impuissance de la volonté.

Réflexions ou Sentences et Maximes morales, **LA ROCHEFOUCAULD.**

La bonté est de tous les vices celui qu'on pardonne le moins.

Paillettes (Sansot), **Lucie PAUL-MARGUERITTE.**

C'est à tort qu'on s'imagine que les bons ne servent qu'à divertir; ils servent encore à rendre service.

MÉNAGE.

La bonté n'est pas naturelle, c'est le fruit pierreux de la raison. Il faut se prendre par la peau des fesses pour se mener de force à la moindre bonne action.

Journal (Gallimard), **Jules RENARD.**

bon ton

Le bon ton ne serait-il point de faire semblant de faire par passion ce que l'on fait par intérêt?

Filosofia Nova, **STENDHAL.**

bordel

C'est avec les pierres de la Loi qu'on a bâti les prisons et avec les briques de la religion, les bordels.

Le Mariage du Ciel et de l'Enfer, trad. André Gide (Aveline), **William BLAKE.**

bossu

Un bossu a l'air d'un humoriste qui se moque de nous et dont nous ne pouvons nous moquer, parce que ce serait ignoble.

Échantillons (Grasset), **Ramon GOMEZ DE LA SERNA.**

bouche

Elle avait une de ces bouches à lèvres serrées construites pour dire du mal comme la pince pour en faire.

Victor HUGO.

bourgeois

Si un bourgeois demandait à l'État le droit d'avoir quelques bourgeois dans son écurie, on serait fort étonné, tandis que si un bourgeois demandait du poète rôti, on le trouverait tout naturel.

Journaux intimes, **Charles BAUDELAIRE.**

Les bourgeois, par une vanité ridicule, font de leurs filles un fumier pour les terres des gens de qualité.

Pensées, Maximes et Anecdotes, **CHAMFORT.**

J'appelle bourgeois quiconque renonce à soi-même, au combat et à l'amour pour sa sécurité. J'appelle bourgeois quiconque met quelque chose au-dessus du sentiment.

Sous la lampe (Gallimard), **Léon-Paul FARGUE.**

J'appelle bourgeois quiconque pense bassement.

Gustave FLAUBERT.

Le bourgeois qui dit ne croire à rien ne sera jamais qu'un bourgeois frauduleux.

Pensées inédites (Honoré Champion), **Remy de GOURMONT.**

Bourgeois parvenus qui tirent l'échelle après eux et ne veulent pas laisser monter le peuple.

Victor HUGO.

Bourgeois, tu règnes et tu gouvernes; bourgeois, tu as escompté le royaume du ciel qui t'était promis contre le royaume de la terre; bourgeois, tu es grand, tu es fort, tu es nombreux surtout.

Alphonse KARR.

Quand un bourgeois français inculte et grossier proclame qu'il est matérialiste, cela veut dire en gros qu'il a envie d'outrager la morale usuelle. Et quand il dit : je suis athée, cela veut dire en gros qu'il a envie d'embêter les curés.

Les Cahiers de la Quinzaine, 2 mars 1901, **Charles PÉGUY.**

Bourgeois est un de ces mots amphibies qui sont ou un éloge ou une injure, selon la personne qui s'en sert et la manière dont elle le prononce.

Le Mot et la Chose (Michel Lévy), **Francisque SARCEY.**

bourgeoisie

Dans la langue de la bourgeoisie, la grandeur des mots est en raison directe de la petitesse des sentiments.

Idées et Sensations, **E. et J. de GONCOURT.**

Sur un terrain plat, de simples buttes font l'effet de collines; aussi peut-on mesurer l'aplatissement de la bourgeoisie contemporaine d'après le calibre de ses esprits forts.

Le Capital, **Karl MARX.**

Un homme modérément honnête avec une femme modérément fidèle, tous deux buveurs modérés, dans une maison modérément saine, voilà le vrai type de la classe bourgeoise.

Bréviaire du révolutionnaire, trad. A. et H. Hamon (Aubier), **G. B. SHAW.**

bourreau

Le bourreau a prise sur tout en moi, excepté sur mon pouvoir de changer tous les supplices en apothéose.

De la Grandeur (Grasset), **Marcel JOUHANDEAU.**

Tout va bien, dit le bourreau. La situation du malheur est prospère.

Face aux Verrous (Gallimard), **Henri MICHAUX.**

Toujours l'amour-propre : le bourreau a le sien : il fait le boucher d'hommes pour gagner son pain; et mangeant la boule de son dans le panier où la tête tombe, il s'honore en lui-même d'être le bras droit de la Providence.

Voici l'Homme (Albin Michel), **André SUARÈS.**

bourse

A la Bourse, il y a un moment où, pour gagner, il faut parler hébreu.

Aurélien SCHOLL.

boursier

Les gens de bourse, en s'enrichissant, deviennent olivâtres. Ils prennent un ton de métal. Il semble qu'ils aient, sous une peau de bilieux, le reflet de l'or.

Journal (Flammarion-Fasquelle), **E. et J. de GONCOURT.**

braconnier

Chasser par plaisir est coupable. Chasser par besoin, non. Il n'y a de chasseur légitime que le braconnier.

Victor HUGO.

brave

Pour les braves, un fusil n'est que le manche d'une baïonnette.

Napoléon BONAPARTE.

Voyez-vous ces braves qui vont monter à l'assaut, comme ils courent? Quelle audace? Ne vous y trompez pas; ils n'iraient pas si vite s'ils n'avaient pas un peu peur. Tel court au danger qui n'oserait pas l'attendre.

Maximes et Réflexions, **Duc de LÉVIS.**

Il n'est point réellement brave, celui qui redoute de paraître ou d'être, quand il lui convient, un *lâche*.

Marginalia, trad. Victor Orban (Sansot), **Edgar Allan POE.**

brigand

Brigand : est-il bête de risquer sa vie en plein vent quand il pourrait fonder comme un autre sa petite société en commandite?

Le Carnaval du Dictionnaire (Calmann-Lévy), **Pierre VÉRON.**

brillant

On essaie actuellement en Angleterre d'être brillant au petit déjeuner. Quelle horreur! Il n'y a que les idiots qui soient brillants au petit déjeuner.

Opinions de Littérature et d'Art (Stock), **Oscar WILDE.**

briller

Dans les conversations et à table, j'ai toujours été ravi de trouver un homme qui voulût se donner la peine de briller : un homme de cette espèce présente toujours le flanc et tous les autres sont sous le bouclier.

Cahiers (Grasset), **MONTESQUIEU.**

bruit

Pour faire du bruit, on choisit les petites gens, les tambours.

Aphorismes, trad. Marthe Robert (C. F. L.), **G. C. LICHTENBERG.**

Pour celui qui est très solitaire, le bruit est déjà une consolation.

Œuvres posthumes, trad. Henri-Jean Bolle (Mercure de France), **NIETZSCHE.**

bureaucratie

Il semble que la bureaucratie ait, en France, pour unique fonction de ne rien faire et de tout empêcher. Si tel est en effet son rôle, il faut convenir qu'elle le remplit d'une façon irréprochable.

Émile de GIRARDIN.

Ce n'est plus la barricade aujourd'hui qui discerne, qui sépare en deux le bon peuple de France... C'est un beaucoup plus petit appareil, mais infiniment plus répandu aujourd'hui, qu'on nomme le guichet.

Les Cahiers de la Quinzaine 1907 (Gallimard), **Charles PÉGUY.**

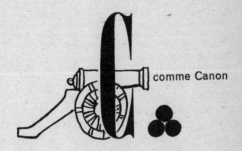 comme Canon

cabale

Cabale : mot inventé par les auteurs désireux de nous couper le sifflet.

Le Carnaval du Dictionnaire (Calmann-Lévy), **Pierre VÉRON.**

cadeau

Pour les gens qui ne peuvent pas le rendre, un cadeau n'a de prix que s'il n'a pas de valeur.

Alexandre DUMAS, fils.

La générosité incite à la jalousie. Plus les cadeaux sont acceptés avec plaisir, plus on regrette de les avoir faits. Ils vous éclipsent.

Malaisie (Stock), **Henri FAUCONNIER.**

Les petits cadeaux entretiennent l'amitié. Le premier qui a dit cela voulait se faire donner quelque chose.

Eugène SCRIBE.

Nous faisons plus facilement cadeau de notre cœur que de notre bourse.

Almanach des Lettres françaises et étrangères, 21 mai 1924. (G. Crès et Cie,) **Anton TCHEKOV.**

73

cafard

Ce qu'on nomme cafard n'est souvent qu'une éclipse de nos illusions et un éclair de notre lucidité.

Gens de Qualité (Plon), **Fernand VANDEREM.**

café

On change plus facilement de religion que de café. Le monde, d'ailleurs, se divise en deux classes : ceux qui vont au café et ceux qui n'y vont pas. De là, deux mentalités parfaitement tranchées et distinctes, dont l'une — celle de ceux qui y vont — semble assez supérieure à l'autre.

La Philosophie de Georges Courteline (Flammarion), **Georges COURTELINE.**

calamité

Il n'est de parfait en ce bas monde que les calamités. En ce qu'elles détruisent et en ce qu'elles épargnent, elles font toujours une œuvre raffinée et définitive.

Littérature (Grasset), **Jean GIRAUDOUX.**

calembour

Le calembour est la fiente de l'esprit qui vole.

Les Misérables, **Victor HUGO.**

calme

Chez la plupart des hommes, le calme est léthargie, l'émotion fureur.

Doctrines et Maximes, trad. Maurice Solovine (Hermann), **ÉPICURE.**

calomniateur

Les calomniateurs sont comme le feu, qui noircit le bois vert, ne pouvant le brûler.

Le Sottisier, **VOLTAIRE.**

calomnie

La calomnie est une guêpe qui vous importune et contre laquelle il ne faut faire aucun mouvement, à moins qu'on ne soit sûr de la tuer, sans quoi elle revient à la charge, plus furieuse que jamais.

Pensées, Maximes et Anecdotes, **CHAMFORT.**

La calomnie irrite les hommes et ne les corrige pas.

Discours sur Tite-Live, **MACHIAVEL.**

La calomnie est en politique moins gênante que la manifestation de la vérité.

Les Cahiers de la Quinzaine 1903 (Gallimard), **Charles PÉGUY.**

canaille

Il faut prendre garde de confondre le canaille avec le commun : le canaille est toujours plus distingué.

Idées et Sensations, **E. et J. de GONCOURT.**

Quant à la canaille, je ne l'ai point négligée comme élément d'observation. Mais qui mettrait la dignité de la couleur sur des trognes?

Les Idées et les Formes (Sansot), **PELADAN.**

cannibalisme

La moralité de nos actes dépend de la coutume de notre pays et de l'opinion courante de nos pairs. Le cannibalisme est moral chez une tribu d'anthropophages.

Carnets, trad. Valery Larbaud (Gallimard), **Samuel BUTLER.**

canon

Instrument utilisé dans la rectification des frontières.

Le Dictionnaire du Diable, trad. Jacques Papy (Éd. Les Quatre Jeudis), **Ambrose BIERCE.**

capital

Le capital, c'est le travail accumulé. Complétons : c'est le travail de plusieurs accumulé par un seul. Corollaire : le travail, c'est du capital qui ne s'accumule pas.

Jeroboam ou la Finance sans méningite (La Sirène), **Paul LAFFITTE.**

capitaliste

Réprouver les capitalistes comme inutiles à la Société, c'est s'emporter follement contre les instruments mêmes du travail.

Discours à l'Assemblée nationale, **MIRABEAU.**

capitulation

Une capitulation est essentiellement une opération par laquelle on se met à expliquer au lieu d'agir.

Les Cahiers de la Quinzaine, 1905 (Gallimard), **Charles PÉGUY.**

caprice

La seule différence entre un caprice et une passion éternelle est que le caprice peut durer.

L'Esprit d'Oscar Wilde, cit. Léon Treich (Gallimard), **Oscar WILDE.**

capucin

Les femmes aiment les capucins parce que les capucins aiment avec humilité et ne se refusent à rien.

La Rôtisserie de la reine Pédauque (Calmann-Lévy), **Anatole FRANCE.**

caractère

Les femmes persuadent toujours aux hommes de qui elles ont fait des moutons qu'ils sont des lions et qu'ils ont un caractère de fer.

La Cousine Bette, **Honoré de BALZAC.**

Rien ne trahit autant le caractère des gens que les choses dont ils se moquent.

Maximes et Réflexions, trad. G. Bianquis (Gallimard), **GŒTHE.**

Homme de Caractère — Un homme paraît avoir du caractère beaucoup plus souvent parce qu'il suit toujours son tempérament, que parce qu'il suit toujours ses principes.

Humain, trop humain, trad. A. M. Desrousseaux (Mercure de France), **NIETZSCHE.**

cardinal

Qu'est-ce qu'un cardinal? C'est un prêtre habillé de rouge, qui a cent mille écus du roi, pour se moquer de lui au nom du pape.

Pensées, Maximes et Anecdotes, **CHAMFORT**

caresse

La nature n'est pas caressante. La caresse est le produit d'un long polissage de la bestialité.

En vrac (Éd. du Rocher), **Pierre REVERDY.**

caricature

Rien ne ressemble plus à quelque chose que sa caricature.

Huit mille Traités de Paix (Julliard), **Gaston BOUTHOUL.**

catholicisme

Le catholicisme menacé songe même à un retour au christianisme.

Pensées d'une Amazone (Émile-Paul), **Natalie CLIFFORD BARNEY.**

« La religion catholique est une méthode pour obtenir le ciel en mendiant. Mais comme il est trop difficile à obtenir, les prêtres servent d'entremetteurs. »

La Vie, l'Amour et la Mort, **SCHOPENHAUER.**

cause

On ne reste parfois fidèle à une cause que parce que ses adversaires ne cessent pas d'être insipides.

Humain, trop humain, trad. A.-M. Desrousseaux (Mercure de France), **NIETZSCHE.**

Dans la nature, point d'effet sans cause; comprends la cause et tu n'auras qu'à faire l'expérience.

Les Carnets de Léonard de Vinci, cit. Edw. Mac Curdy, trad. Louise Servicen (Gallimard), **Léonard de VINCI.**

célébrité

Au ton qui règne depuis dix ans dans la littérature, disait M..., la célébrité littéraire me paraît une espèce de diffamation qui n'a pas encore tout à fait autant de mauvais effets que le carcan, mais cela viendra.

Pensées, Maximes et Anecdotes, **CHAMFORT.**

A Paris, le char d'Apollon est un fiacre; la célébrité s'y obtient à force de courses.

Gustave FLAUBERT.

La célébrité, c'est un nom imprimé cent fois.

Jeroboam ou la Finance sans méningite (La Sirène), **Paul LAFFITTE.**

célibat

Le mariage et le célibat ont tous deux des inconvénients; il faut préférer celui dont les inconvénients ne sont pas sans remède.

Pensées, Maximes et Anecdotes, **CHAMFORT.**

célibataire

L'avantage d'être célibataire, c'est que, lorsqu'on se trouve devant une très jolie femme, on n'a pas à se chagriner d'en avoir une laide chez soi.

Propos d'un Jour (Mercure de France), **Paul LÉAUTAUD.**

censeur

Pourvu que je ne parle ni de l'autorité, ni du culte, ni de la politique, ni de la morale, ni des gens en place, ni des corps en crédit, ni de l'opéra, ni des autres spectacles, ni des personnes qui tiennent à quelque chose, je puis tout imprimer librement, sous la direction, néanmoins, de deux ou trois censeurs.

Le Barbier de Séville, **BEAUMARCHAIS.**

censure

On crie beaucoup contre la censure — elle nous oblige souvent à avoir de l'esprit.

Eugène SCRIBE.

cercueil

Le cercueil est le salon des morts, ils y reçoivent des vers.

Sans titre. Octobre, **Xavier FORNERET.**

cérébral

Qui dit cérébral ne dit pas nécessairement intelligent. Repassez ça de temps en temps.

Sous la lampe (Gallimard), **Léon-Paul FARGUE.**

cérémonie

A chaque siècle sa messe. Celui-ci, qu'attend-il pour instituer une grandiose cérémonie du dégoût?

Face aux Verrous (Gallimard), **Henri MICHAUX.**

certificat

Fausse clé donnée au domestique que l'on renvoie pour qu'il puisse s'introduire chez autrui.

Le Carnaval du Dictionnaire (Calmann-Lévy), **Pierre VÉRON.**

certitude

Peut-être la certitude est-elle le secret des longues fidélités.

La Cousine Bette, **Honoré de BALZAC.**

La certitude n'existe pas; cela est aussi évident qu'aucune des conditions de notre nature; nous savons si peu ce que nous faisons en ce monde que je doute même si le doute est vraiment l'action de douter.

Don Juan, **Lord BYRON.**

cerveau

Tout persécute nos idées, à commencer par notre cerveau.

Syllogismes de l'Amertume (Gallimard), **E.-M. CIORAN.**

Il faut distinguer avec soin le cerveau femelle du cerveau mâle. Le premier est une sorte de matrice, il reçoit et il rend, mais il ne produit pas.

Codicille politique et pratique d'un jeune habitant d'Epone,
HÉRAULT DE SÉCHELLES.

Quand le cœur est gelé, le cerveau s'échauffe et file sa toile.

Histoires Brèves, Florilège de George Meredith par Charles-Marie Garnier (Aveline), **George MEREDITH.**

cervelle

J'aime beaucoup à considérer, à l'étal des tripiers, les cervelles de mouton. Nous avons dans la tête une éponge rougeâtre toute pareille et qui pense.

Promenades philosophiques (Mercure de France), **Remy de GOURMONT.**

chagrin

On s'accommoderait aisément des chagrins, si la raison ou le foie n'y succombait.

Syllogismes de l'Amertume (Gallimard), **E.-M. CIORAN.**

Parfois les chagrins d'amour s'insinuent si profondément dans notre cœur qu'ils deviennent en quelque sorte une partie de nous-mêmes et que nous nous plaisons à les entretenir.

Les Maîtres chanteurs, **HOFFMANN.**

Le bonheur est salutaire pour le corps, mais c'est le chagrin qui développe les forces de l'esprit.

Le Temps retrouvé (Gallimard), **Marcel PROUST.**

Le chagrin à certaine dose prouve beaucoup d'affection, mais à trop forte dose, il prouve toujours quelque faiblesse d'esprit.

Roméo et Juliette, **William·SHAKESPEARE.**

On ne se console pas des chagrins, on s'en distrait.

Armance, **STENDHAL.**

chair

La chair est dangereuse pour autant qu'elle se refuse à aimer Dieu, mais aussi pour autant qu'elle se mêle indiscrètement de l'aimer.

La Pesanteur et la Grâce (Plon), **Simone WEIL.**

chambre

La chambre où l'on se trouve enfermé est déjà une prison quand le bonheur y est avec nous.

Le Libertin raisonneur (G. Crès et Cie), **André ROUVEYRE.**

chance

Les belles chances sont plus difficiles à suivre que les mauvaises. Si les fées ont orné votre berceau, méfiez-vous.

Propos sur le Bonheur (Gallimard), **ALAIN.**

Les bonnes étoiles sont moins nombreuses que les mauvaises et celui qui n'a que sa bonne étoile pour se garer des autobus fait aussi bien de ne pas traverser la rue.

Uranie (Émile Hazan), **Pierre MAC ORLAN.**

L'humanité fait toujours la chance belle aux imbéciles qui la méprisent.

Eugène SUE.

chant

Il suffit de chanter un chant de paix avec gesticulations et grimaces pour qu'il devienne un chant de guerre.

La Guerre de Troie n'aura pas lieu (Grasset), **Jean GIRAUDOUX.**

charge

Quand il plaît au roi de créer des charges, il plaît à Dieu de créer des fous pour les acheter.

Le Sottisier, **VOLTAIRE.**

charité

Il y a beaucoup à dire contre la charité. Le reproche le plus grave qu'on puisse lui faire, c'est de n'être pas pratiquée.

La Mêlée sociale (Fasquelle), **Georges CLEMENCEAU.**

Rien de plus éloigné de l'*altruisme* que la charité chrétienne, qui, ayant pour principe l'appât d'une récompense éternelle, n'est, sous un déguisement merveilleux, qu'une manifestation de l'*égoïsme* le plus raffiné.

La Mêlée sociale (Fasquelle), **Georges CLEMENCEAU.**

Tout être cossu qui se respecte, mâle ou femelle, dit : « J'ai mes pauvres. » Ainsi qu'il dirait : « J'ai mes esclaves, mes choses, mes guenilles humaines, sur lesquelles je puis étaler le clinquant de ma charité. »

Le Pour et le Contre, cit. Tribouillois et Rousset (Publ. Papyrus),
Georges DARIEN.

La charité est un plaisir dont il faut savoir se passer.

GAVARNI.

Œuvres de charité. La bourgeoisie donne des vitamines aux corps qui la fusilleront dans trois ans.

Carnets (Gallimard), **Henry de MONTHERLANT.**

Charité hypocrite qui donne dix sous pour avoir vingt francs de gratitude.

Journal (Gallimard), **Jules RENARD.**

charlatanisme

La femme la plus simple du monde exige encore chez l'homme le plus grand un peu de charlatanisme, et le plus bel amour ne signifie rien quand il est brut : il lui faut la mise en scène de la taille et de l'orfèvrerie.

La Fausse Maîtresse, **Honoré de BALZAC.**

charme

Le charme : ce qui dans les autres nous rend plus contents de nous-mêmes.

Journal intime (Gallimard), **Henri-Frédéric AMIEL.**

charrue

Charrue (n). Instrument qui réclame à grands cris des mains habituées au porte-plume.

Le Dictionnaire du Diable, trad. Jacques Papy (Éd. Les Quatre Jeudis),
Ambrose BIERCE.

chasteté

Bien que la chasteté soit également louable dans l'un et l'autre sexe, c'est une vertu dont l'un des deux n'est point jaloux et que l'on célèbre seulement dans le plus faible.

Les Aventures de Joseph Andrews, trad. P. F. C. Desfontaines et G. Sigaux
(Éd. Latines), **Henry FIELDING.**

Il n'y a que les gens qui aiment ou qui ont aimé qui comprennent les saintes délicatesses de la chasteté. Les religieux, les prêtres n'y entendent rien : voyez les casuistes, ils ont le plus souvent la pudeur grossière et indécente.

Alphonse KARR.

L'exemple de la chasteté d'Alexandre n'a pas fait tant de continents que celui de son ivrognerie n'a fait d'intempérants. Il n'est pas honteux de n'être pas aussi vertueux que lui, et il semble excusable de n'être pas plus vicieux que lui.

Pensées, **PASCAL.**

La chasteté est assurément la plus négative des vertus, à moins que ce ne soit le plus secret de tous les vices?

Le Livre de mes Amis (Sansot), **Charles REGISMANSET.**

De toutes les vertus auxquelles l'humanité rend un culte hypocrite, la chasteté est, au fond, celle que les femmes honorent le moins chez un homme.

Les Heures de l'Amour, cit. Michel Epuy (Payot), **André THEURIET.**

châtiment

La gravité du châtiment est quelquefois moins en raison de la gravité du délit que du talent du magistrat qui en a réclamé la sanction.

La Philosophie de Georges Courteline (Flammarion), **Georges COURTELINE.**

Tout châtiment, si la faute est connue, doit être non seulement médicinal, mais exemplaire. Il doit corriger ou le coupable ou le public.

Carnets, **Joseph JOUBERT.**

On peut se demander si lorsqu'on roue un assassin, on ne tombe pas dans l'erreur des enfants qui battent la chaise à laquelle ils se sont cognés.

Aphorismes, trad. Marthe Robert (C. F. L.), **G. C. LICHTENBERG.**

Le châtiment est fait pour améliorer celui qui châtie; ce mot représente le dernier recours des défenseurs du châtiment.

Le Gai Savoir, trad. A. Vialatte (Gallimard), **NIETZSCHE.**

chef

On ne conduit le peuple qu'en lui montrant un avenir : un chef est un marchand d'espérance.

Napoléon BONAPARTE.

Les véritables chefs de cette terre ne sont nulle part mieux que dans les tombes.

Journal (Julliard), **Ernst JUNGER.**

chef-d'œuvre

On naît avec un chef-d'œuvre en soi, on le manque pour l'avoir voulu.

Histoires littéraires, cit. Léon Treich (Gallimard), **Max JACOB.**

Il y a des chefs-d'œuvre si fastidieux qu'on admire qu'il se soit trouvé quelqu'un pour les écrire.

Pensées d'un Biologiste (Stock), **Jean ROSTAND.**

chercher

S'ils savaient où se trouve ce qu'ils cherchent, ils ne chercheraient pas.

Maximes et Réflexions, trad. G. Bianquis (Gallimard), **GŒTHE.**

chercheur

Mais tout n'est pas avantage chez le chercheur. Plus il trouve, moins il a du temps pour connaître sa nouvelle ignorance.

Passages (Gallimard), **Henri MICHAUX.**

cheveux

Quand on n'a plus de cheveux, on trouve les cheveux longs ridicules.

Journal littéraire (Mercure de France), **Paul LÉAUTAUD.**

Les cheveux gris sont les archives du passé.

Manuscrit trouvé dans une Bouteille, trad. Ch. Baudelaire, **Edgar Allan POE.**

Plus l'homme est simple, plus il est sujet à perdre ses cheveux.

La Comédie des Erreurs, **William SHAKESPEARE.**

chien

Les chiens. Ce qu'il y a d'agréable en eux, c'est qu'on peut faire l'idiot avec eux et que non seulement, ils ne nous font aucun reproche, mais qu'ils font aussi les idiots avec nous.

> *Carnets*, trad. Valery Larbaud (Gallimard), **Samuel BUTLER.**

Ce qu'il y a de meilleur dans l'homme, c'est le chien.
Légende de lithographie représentant un troupier caressant un chien, **CHARLET.**

Les chiens se donnent à l'envi des femmes, fidèlement. Et s'ils changent, c'est de maître, mais non pas de servitude.

> *Les Trois Impostures* (Émile-Paul), **Paul-Jean TOULET.**

chimiste

Les chimistes se vantent de leurs transmutations, mais nous en savons plus qu'eux : nous changeons tous les jours le bois en cendre, la bougie en flamme, un dîner en M;... etc.

> *Le Sottisier*, **VOLTAIRE.**

choisir

Il faut qu'une femme choisisse : avec un homme aimé des femmes, elle n'est pas tranquille. Avec un homme que les femmes n'aiment pas, elle n'est pas heureuse.
Almanach des Lettres françaises et étrangères, 29 avril 1924 (G. Crès et Cie),
> **Anatole FRANCE.**

On ne choisit pas, on est choisi.
L'Amour, les Femmes et nous (Gallimard), **Louis TEISSIER DU CROS.**

choix

On a tort de parler en amour de mauvais choix, puisque dès qu'il y a choix, il ne peut être que mauvais.

> *A la recherche du temps perdu* (Gallimard), **Marcel PROUST.**

chose

Les petites choses ont leur importance; c'est toujours par elles qu'on se perd.

> *Crime et Châtiment*, **DOSTOIEVSKI.**

Rien ne rend un homme plus redoutable, plus implacable, plus... que la faculté de voir les choses... telles qu'elles sont.

> *Mélanges* (Gallimard), **Paul VALÉRY.**

chrétien

Il n'y a pas de chrétien plus féroce que le chrétien incrédule, celui qui, ayant rejeté tout dogme, a gardé toute la morale.

Réflexions sur la Vie (Chiberre), **Remy de GOURMONT.**

Le chrétien, cœur implacable, a poussé la haine de l'amour jusqu'à l'amour de la haine : l'Enfer, cette inclémence, est la première institution chrétienne.

Algèbre des Valeurs morales (Gallimard), **Marcel JOUHANDEAU.**

Ce n'est pas parce qu'ils sont chrétiens qu'ils sont médiocres. C'est parce qu'ils sont médiocres en tout, c'est parce qu'ils sont DES médiocres, qu'ils sont aussi de médiocres chrétiens.

Carnets (Gallimard), **Henry de MONTHERLANT.**

Ce n'est pas leur amour de l'humanité, c'est l'impuissance de leur amour qui a empêché les chrétiens d'aujourd'hui de nous faire monter sur le bûcher.

Par-delà le Bien et le Mal, trad. Henri Albert (Gallimard), **NIETZSCHE.**

... Nous étions déjà bien assez de chrétiens, juste assez pour pouvoir bien vivre les uns à côté des autres. Cette confection de chrétiens va hausser le prix du cochon : si nous devenons tous mangeurs de porc, on ne pourra plus à aucun prix avoir une couenne sur le gril.

Le Marchand de Venise, **William SHAKESPEARE.**

Le chrétien est un mauvais païen, converti par un mauvais juif.

Cité par Léon Vallée dans *La Sarabande*. 1903 (H. Welter), **WEIL.**

christianisme

Comme instrument de guerre contre le vice, ou comme outil destiné à faire de la vertu, le christianisme n'est qu'un ustensile en pierre taillée.

Le christianisme est une religion de femmes, inventée par des femmes et par des hommes efféminés, pour leur usage personnel. L'unique fondement de l'Église n'est pas le Christ, ainsi qu'on le dit communément : c'est la femme. Et appeler la Madonna la Reine des Cieux n'est qu'une façon poétique de reconnaître que les femmes sont le principal appui des prêtres.

Carnets, trad. Valery Larbaud (Gallimard), **Samuel BUTLER.**

La religion de Jésus-Christ annoncée par des ignorants a fait les premiers chrétiens. La même religion, prêchée par des savants et par des docteurs, ne fait aujourd'hui que des incrédules.

Addition aux Pensées philosophiques, **DIDEROT.**

On a beau faire, on ne peut se purger de tout son christianisme. Mérimée ne croit pas que Dieu existe, mais il n'est pas bien sûr que le diable n'existe pas.

Les Cahiers, **SAINTE-BEUVE.**

Le christianisme, cadenasseur de vulves.

Mes Inscriptions (Gallimard), **Louis SCUTENAIRE.**

Le christianisme est un caméléon éternel, il se transforme sans cesse.

Journal intime, **Alfred de VIGNY.**

chute

Il semble, selon les lois d'une secrète esthétique morale, qu'au moment de la chute il soit plus digne de tomber sur le visage que sur le dos.

Journal (Julliard), **Ernst JUNGER.**

cigarettes

Les cigarettes ont au moins le charme de vous laisser inassouvi.

Intentions (Stock), **Oscar WILDE.**

cimetière

Les cimetières sont des portefeuilles où toutes les valeurs humaines, en s'y plaçant, se réduisent à zéro.

Broussailles de la pensée de la famille de sans titre, **Xavier FORNERET.**

citation

Ne fais donc jamais de citations classiques : tu exhumes ta grand-mère en présence de ta maîtresse.

Pas trop de citations d'anglais, d'italien, d'espagnol. Tu as l'air d'un larbin d'hôtel qui colle des étiquettes sur des bagages.

Sous la lampe (Gallimard), **Léon-Paul FARGUE.**

citoyen

Que les citoyens donnent plus volontiers leur vie que leur argent, voilà un paradoxe assez fort.

Mars ou la Guerre jugée (Gallimard), **ALAIN.**

Avoir des esclaves n'est rien, mais ce qui est intolérable, c'est d'avoir des esclaves en les appelant citoyens.

DIDEROT.

Le citoyen est une variété de l'homme; variété dégénérée ou primitive, il est à l'homme ce que le chat de gouttières est au chat sauvage.

Épilogues (Mercure de France), **Remy de GOURMONT.**

civil

Le courage et la gloire d'un civil est de penser trop tôt.

Journal (Flammarion-Fasquelle), **E. et J. de GONCOURT.**

civilisation

Théorie de la vraie civilisation. Elle n'est pas dans le gaz, ni dans la vapeur, ni dans les tables tournantes, elle est dans la diminution des traces du péché originel.

Fusées, **Charles BAUDELAIRE.**

La civilisation nous donne des lumières plutôt que des vertus.

Notes d'Album (G. Crès et Cie), **Henry BECQUE.**

Tout ce qui se fait avec hâte est certain d'être vite démodé, c'est pour cela que notre civilisation industrielle moderne offre une si curieuse ressemblance avec la barbarie.

Textes, trad. Ch. Grolleau (Revue Européenne 1924), **G. K. CHESTERTON.**

L'homme succombera tué par l'excès de ce qu'il appelle la civilisation.

Souvenirs entomologiques (Delagrave), **J.-H. FABRE.**

Ce que les hommes appellent civilisation, c'est l'état actuel des mœurs et ce qu'ils appellent barbarie, ce sont les états antérieurs. Les mœurs présentes, on les appellera barbares quand elles seront des mœurs passées.

Sur la pierre blanche (Calmann-Lévy), **Anatole FRANCE.**

On ne peut avoir une civilisation durable sans une bonne quantité de vices aimables.

Le Meilleur des Mondes, trad. J. Castier (Plon), **Aldous HUXLEY.**

La civilisation est une maladie produite par la pratique de bâtir des sociétés avec des matériaux pourris.

Bréviaire du Révolutionnaire, trad. A. et H. Hamon (Aubier), **G. B. SHAW.**

civilisé

L'homme, en se civilisant, n'a-t-il pas fait vraiment que compliquer sa barbarie et raffiner sa misère?

Essais de Psychologie contemporaine (Plon), **Paul BOURGET.**

Les peuples les plus civilisés sont aussi voisins de la barbarie que le fer le plus poli l'est de la rouille. Les peuples, comme les métaux, n'ont de brillant que les surfaces.

Fragments et Pensées politiques (Mercure de France), **RIVAROL.**

civilité

La civilité est un jargon établi par les hommes pour cacher leurs mauvais sentiments.

SAINT-ÉVREMOND.

civisme

On dit « civisme » par honte de dire « patriotisme », comme on dit
« fréquenter » par peur de dire « coucher avec ».

Carnets (Gallimard), **Henry de MONTHERLANT.**

clairvoyance

Ménélas : Qué sens-tu? Quel mal te consume?
Oreste : La clairvoyance, car je sais que je suis infâme.

Oreste, **EURIPIDE.**

... A ce défaut de retouche, son œuvre (à Radiguet) devait de paraître
choquante, parce que rien ne ressemble plus au cynisme que la
clairvoyance.

Le Roman (L'Artisan du Livre), **François MAURIAC.**

clarté

La clarté, c'est une juste répartition d'ombres et de lumières.

Maximes et Réflexions, trad. G. Bianquis (Gallimard), **GŒTHE.**

classification

Terrible chose que l'esprit des classifications rigoureuses en histoire
naturelle. Ce n'est pas plus la nature que l'almanach des 25 000
adresses n'est la société.

Disjecta Membra, **BARBEY D'AUREVILLY.**

classique

Un grand classique, c'est un homme dont on peut faire l'éloge sans
l'avoir lu.

Almanach des Lettres françaises et étrangères, 23 mai 1924 (G. Crès et Cie),
G. K. CHESTERTON.

clémence

Cette clémence dont on fait une vertu, se pratique tantôt par vanité,
quelquefois par paresse, souvent par crainte, et presque toujours
par tous les trois ensemble.

Réflexions ou Sentences et Maximes morales, **LA ROCHEFOUCAULD.**

clergé

Le clergé est une compagnie qui a le privilège exclusif de voler par
séduction.

Maximes et Pensées, **HELVÉTIUS.**

cléricalisme

C'est M. Homais qui a raison. Sans M. Homais nous serions tous brûlés vifs.

Souvenirs d'Enfance et de Jeunesse, **Ernest RENAN.**

clown

L'art du clown va bien au-delà de ce qu'on pense. Il n'est ni tragique, ni comique. Il est le miroir comique de la tragédie et le miroir tragique de la comédie.

Remarques (Gallimard), **André SUARÈS.**

cochon

Quel admirable animal que le cochon. Il ne lui manque que de savoir faire lui-même son boudin.

Journal (Gallimard), **Jules RENARD.**

cocu

Ma femme? Je ne saurais mieux la comparer qu'à une invention française; c'est moi qui l'ai trouvée, ce sont les autres qui en profitent.

La Lune de Fiel (Flammarion), **Henri DUVERNOIS.**

La plus grande saleté qu'on puisse faire à un homme qui vous a pris votre femme, c'est de la lui laisser.

La Pèlerine écossaise (Fayard), **Sacha GUITRY.**

Un mari n'a guère un rival qui ne soit de sa main, et comme un présent qu'il a autrefois fait à sa femme.

Les Caractères. **LA BRUYÈRE.**

Certains maris admirent davantage leur femme, à mesure qu'ils sont plus trompés. A côté des cocus honteux, il y a les cocus émerveillés.

De l'Amour (Grasset), **Étienne REY.**

code

Il est malheureusement établi qu'il suffit, neuf fois sur dix, à un honnête homme, échoué dans les toiles d'araignée du Code, de se conduire comme un malfaiteur pour être immédiatement dans la légalité.

L'Esprit de Georges Courteline (Flammarion), **Georges COURTELINE.**

cœur

Sur le terrain du cœur, un homme médiocre peut l'emporter sur le plus grand artiste. Là est la justification des femmes qui aiment les imbéciles.

Honoré de BALZAC.

Le cœur est la fiche de consolation de l'homme impolitique.

Monographie de la Presse parisienne, **Honoré de BALZAC.**

On voit dans le cœur des femmes par des trous qu'on fait à leur amour-propre.

Disjecta Membra, **BARBEY D'AUREVILLY.**

Le cœur est un bon bourgeois, ce sont les sens qui le traînent à la noce.

Les Heures de l'Amour, cit. Michel Epuy (Payot), **Henry BATAILLE.**

Pierre (Cœur de...) (n) Minéral que l'on trouve souvent sous un corset. Soluble dans un bain d'or.

Le Dictionnaire du Diable, trad. Jacques Papy (Éd. Les Quatre Jeudis), **Ambrose BIERCE.**

Il n'y a qu'une manière d'être heureux par le cœur : c'est de ne pas en avoir.

Physiologie de l'Amour moderne (Plon), **Paul BOURGET.**

Le cœur d'une femme est une partie des cieux, mais aussi, comme le firmament, il change nuit et jour.

L'Amour, les Femmes et le Mariage, cit. A. Ricard, **Lord BYRON.**

L'amant trop aimé de sa maîtresse semble l'aimer moins et vice versa. En serait-il des sentiments du cœur comme des bienfaits? Quand on n'espère plus pouvoir les payer, on tombe dans l'ingratitude.

Pensées, Maximes et Anecdotes, **CHAMFORT.**

Il y a dans le cœur de l'homme je ne sais quoi de désordonné qu'exalte le plaisir et qu'abat la douleur.

De la République, **CICÉRON.**

Le cœur de l'homme est une bibliothèque où s'alignent les romans tragiques, les idylles, les livres gais et aussi quelques livres légers : une bibliothèque rangée sans ordre apparent, mais complète.

Edgar (Flammarion), **Henri DUVERNOIS.**

Le cœur doit se donner comme la vie doit se rendre.

Sans titre, **Xavier FORNERET.**

C'est horrible de vivre avec un être qui cache un cœur dans chaque objet de sa maison.

Sodome et Gomorrhe (Grasset), **Jean GIRAUDOUX.**

Le cœur est une bête dont il est prudent de se méfier. L'intelligence en est une autre, mais, elle au moins, ne parle pas d'amour.

La Puissance et la Gloire, trad. M. Sibon (Laffont), **Graham GREENE.**

Quand le cœur est plein, il faut que les lèvres s'ouvrent.

Maître Martin et ses Ouvriers, **HOFFMANN.**

Le cœur de la femme s'attache par ce qu'il donne; le cœur de l'homme se détache par ce qu'il reçoit.

Post-Scriptum de ma Vie, **Victor HUGO.**

Le cœur a ses prisons que l'intelligence n'ouvre pas.

De la Grandeur (Grasset), **Marcel JOUHANDEAU.**

Le cœur, c'est la foudre. On ne sait où elle tombe que quand elle est tombée.

Pensées choisies, **LACORDAIRE.**

Si vous donnez libre jeu à cet organe, vous pouvez être certain de ne récolter qu'une poignée de cendres, au lieu du grain impérissable qu'assure le travail intellectuel.

Harry Richmond (Gallimard), **George MEREDITH.**

Le cœur a ses raisons que la raison ne connaît pas.

Pensées (Brunschwicg), **Blaise PASCAL.**

Le cœur n'est jamais si bien en équilibre que sur un tranchant d'acier.

Le Livre de mon bord (Mercure de France), **Pierre REVERDY.**

Il y a des jeunesses tardives du cœur qui rendent le même son touchant, puéril et fêlé que les vieux clavecins.

De l'Amour (Grasset), **Étienne REY.**

Le cœur ne mène pas si vite à l'absurde que la raison à l'odieux.

Julien ou une Conscience (Fasquelle), **Jean ROSTAND.**

Si ton cœur est plein de perles, imite l'huître, ferme bien ton cœur.

Le Jardin des Fruits, trad. Franz Toussaint (Mercure de France), **SAADI.**

Tout ce qui est de l'esprit est du diable, tout ce qui est du cœur est de Dieu.
Le cœur est niais.

Derrière Cinq Barreaux (Gallimard), **Maurice SACHS.**

Le cœur ne vieillit pas, mais il est pénible de loger un dieu dans des ruines.

VOLTAIRE.

colère

La colère, comme toutes les passions, est d'abord un état du corps. Celui-ci est interprété ensuite. Plus tard l'interprétation provoque l'état.

Œuvres posthumes, trad. Henri Jean Bolle (Mercure de France), **NIETZSCHE.**

Il suffit de garder le silence devant une colère féminine pour qu'elle devienne ridicule.

De l'Amour (Grasset), **Étienne REY.**

Ne fais pas de psychologie dans la colère, tu verrais trop juste.

Pages d'un Moraliste (Fasquelle), **Jean ROSTAND.**

La colère est pareille à un cheval fougueux, si on lui lâche la bride, son trop d'ardeur l'a bientôt épuisé.

Henri VIII, **William SHAKESPEARE.**

Il ne faut pas se mettre en colère contre les choses : cela ne leur fait absolument rien.

Madame de STAËL.

collection

Rien ne rend l'esprit étroit et jaloux comme l'habitude de faire une collection.

Promenades dans Rome, **STENDHAL.**

colonie

Les colonies sont faites pour être perdues. Elles naissent avec la croix de mort sur le front.

Alvaro in *Le Maître de Santiago* (Gallimard), **Henry de MONTHERLANT.**

combattant

Cela devient impossible de discuter d'honneur avec ces anciens combattants. Ils abusent vraiment du fait qu'on ne peut les traiter de lâches.

La Guerre de Troie n'aura pas lieu (Grasset), **Jean GIRAUDOUX.**

combattre

Il n'y a pas cinquante manières de combattre, il n'y en a qu'une, c'est d'être vainqueur. Ni la révolution, ni la guerre ne consistent à se plaire à soi-même.

L'Espoir (Gallimard), **André MALRAUX.**

comédie

Les femmes ne sont pas plus les dupes des comédies que jouent les hommes que des leurs.

Le Cabinet des Antiques, **Honoré de BALZAC.**

Une comédie étant un plaidoyer tendant à faire reconnaître au spectateur que l'auteur de telle action est aimable ou haïssable, elle devient ennuyeuse pour lui dès qu'elle lui prouve une chose dont il convient entièrement.

Filosofia Nova, **STENDHAL.**

comédien

Il y a des comédiens, des artistes, comme eux-mêmes disent, qui empruntent du paon les façons et la voix, qui n'en diffèrent que par un peu plus de vanité. Et surtout ils s'en distinguent en cela que chez l'oiseau, la femelle lui cède en beauté; au lieu qu'au théâtre, c'est le contraire, tout le contraire.

Les Trois Impostures (Émile-Paul), **Paul-Jean TOULET.**

comestible

Comestible (adj.). Bon à manger et facile à digérer; tel est le cas d'un ver pour un crapaud, d'un crapaud pour un serpent, d'un serpent pour un porc, d'un porc pour un homme, d'un homme pour un ver.

Le Dictionnaire du Diable, trad. Jacques Papy (Éd. Les Quatre Jeudis), **Ambrose BIERCE.**

comique

Un sens du comique assez vif pour nous permettre de découvrir nos propres absurdités, aussi bien que celles des autres peut nous empêcher de commettre tous les péchés, ou presque tous, à l'exception de ceux qui valent la peine d'être commis.

Carnets, trad. Valery Larbaud (Gallimard), **Samuel BUTLER.**

commander

L'homme naturellement ambitieux et orgueilleux ne trouve jamais en lui-même pourquoi un autre lui doit commander, jusqu'à ce que son besoin propre le lui fasse sentir.

Mémoires pour l'instruction du dauphin, **LOUIS XIV.**

Le garçon de café qui commande vers le comptoir : « Un spécial, sans faux col! Un spaghetti saignant! » est content, parce qu'il commande.

Carnets (Gallimard), **Henry de MONTHERLANT.**

commerçant

Parbleu! tout est trop cher quand on n'en a pas besoin. Voilà ce qui fait le bon commerçant. Il vous fait acheter ce qu'il a besoin de vendre.

Ulysse (Gallimard), **James JOYCE.**

Le salut de la patrie, qui doit se payer à tout prix, permet au négoce des enrichissements soudains et merveilleux. Le négociant doit avoir pour la patrie un culte exalté et surtout avoir soin d'entretenir ce culte chez autrui.

Les Douze Douzains du Négoce (Mercure de France), **René LOBSTEIN.**

commerce

Le Commerce est naturel, donc il est infâme.

Journaux intimes, **Charles BAUDELAIRE.**

Le commerce unit les hommes, tout ce qui les unit les coalise, le commerce est donc essentiellement nuisible à l'autorité.

Napoléon BONAPARTE.

Le commerce est l'art d'acheter trois francs ce qui en vaut six et de vendre six francs ce qui en vaut trois.

François FOURIER.

Le commerce est l'art d'abuser du besoin ou du désir que quelqu'un a de quelque chose.

Journal (Fasquelle-Flammarion), **E. et J. de GONCOURT.**

Comme les vérités ont traversé beaucoup de siècles déguisées en paradoxe, il est bon d'affirmer qu'il y a une profonde différence entre le commerce et le vol. Le premier dépouille le client avec son consentement et le second ne consulte que sa propre volonté.

Pensées inédites (Honoré Champion), **Remy de GOURMONT.**

Le plus fructueux est le commerce oriental : rien dans la boutique, mais on peut vous procurer tout. L'important n'est pas la marchandise, mais le client.

Lexique (Gallimard), **Jean GRENIER.**

Nous vivons dans une sorte d'Arcadie malhonnête où le vol se contente de s'exercer sous la forme prudente du commerce.

Alphonse KARR.

compagnie

La mauvaise compagnie est pareille au chien qui salit le plus ceux qu'il aime le mieux.

Instructions aux Domestiques, **Jonathan SWIFT.**

comparer

Comparer en amour c'est déjà ne plus aimer.

La Paroisse du Moulin Rouge (Albin Michel), **Jacques DYSSORD.**

Comparer n'est pour l'ignorant qu'un moyen commode de se dispenser de juger.

Maximes et Réflexions, trad. G. Bianquis (Gallimard), **GŒTHE.**

complice

Mais au fond, il n'y a pas d'amis, il n'y a que des complices. Et quand la complicité cesse, l'amitié s'évanouit.

Le Livre de mon bord (Mercure de France), **Pierre REVERDY.**

compréhension

On ne parlerait guère en société si l'on se souvenait combien de fois on a été incapable de comprendre ce que disaient les autres.

Maximes et Réflexions, trad. G. Bianquis (Gallimard), **GŒTHE.**

Je suis si peu compris qu'on ne comprend même pas mes plaintes de ne pas l'être.

Journal (Gallimard), **Soeren KIERKEGAARD.**

A mesure que les femmes comprennent moins, elles se croient plus incomprises.

De l'Amour (Grasset), **Étienne REY.**

Il y a une espèce de méprise, très commune dans la nature, qu'il me semble n'avoir été vue que par Molière : c'est que les hommes ne se comprennent qu'à mesure qu'ils sont animés des mêmes passions.

Commentaires sur quelques pièces de Molière, **STENDHAL.**

comptabilité

La comptabilité est la pince-monseigneur des sociétés anonymes.

Jeroboam ou la Finance sans méningite (La Sirène), **Paul LAFFITTE.**

concubinat

Le concubinat, lui aussi, a été corrompu — par le mariage.

Par-delà le Bien et le Mal, trad. Henri Albert (Mercure de France),
NIETZSCHE.

condamnation

Une condamnation injuste est le suprême titre de noblesse.

Journal d'un Inconnu (Grasset), **Jean COCTEAU.**

conduite

Je trouve qu'avant de se mal conduire, une femme doit faire tout ce qui est possible pour se conduire bien et que l'on n'a le droit de mal tourner que lorsqu'on ne peut pas faire autrement.

Le Beau Jeune Homme (Fayard), **Alfred CAPUS.**

Les hommes n'ont pas toujours besoin de raisonner leur conduite pour la conformer à leurs intérêts.

Correspondance et Relations avec Bonaparte, **J. FIÉVÉE.**

Ce que nous appelons la conduite et les bonnes mœurs est destiné à nous procurer ce que la violence seule obtiendrait ou n'obtiendrait pas.

Maximes et Réflexions, trad. G. Bianquis (Gallimard), **GŒTHE.**

Toute préoccupation de ce qui, dans la conduite, est bien ou mal, prouve un arrêt dans le développement intellectuel.

L'Esprit d'Oscar Wilde, cit. Louis Thomas (Calmann-Lévy), **Oscar WILDE.**

confession

Ceux-là seuls vous font de belles confessions qui aiment encore leurs fautes.

La Vie littéraire (Calmann-Lévy), **Anatole FRANCE.**

A quoi sert de se confesser lorsqu'on aime le fruit de sa faute?

La Puissance et la Gloire, trad. M. Sibon (Laffont), **Graham GREENE.**

On oublie sa faute quand on l'a confessée à un autre, mais d'ordinaire l'autre ne l'oublie pas.

Humain, trop humain, trad. A.-M. Desrousseaux (Mercure de France), **NIETZSCHE.**

Les curés sont consolés de ne pas être mariés quand ils entendent les femmes se confesser.

Une Femme libre (Gallimard), **Armand SALACROU.**

confiance

C'est un excellent entraînement intellectuel que d'avoir en soi-même une confiance exagérée.

L'Enfant prodige du Vésinet (Flammarion), **Tristan BERNARD.**

Confiance est un mot trouvé par des fripons.

Sans titre, **Xavier FORNERET.**

On peut, à force de confiance, mettre quelqu'un dans l'impossibilité de nous tromper.

Carnets, **Joseph JOUBERT.**

L'envie d'être plaint ou d'être admiré fait souvent la plus grande partie de notre confiance.

Réflexions ou Sentences et Maximes morales, **LA ROCHEFOUCAULD.**

Les gens qui nous donnent leur pleine confiance croient par là avoir un droit sur la nôtre. C'est une erreur de raisonnement; des dons ne sauraient donner un droit.

Humain, trop humain, trad. A.-M. Desrousseaux (Mercure de France), **NIETZSCHE.**

Qui se confie au bavard et prête au prodigue retrouve son secret partout et son argent nulle part.

Jules PETIT-SENN.

La confiance est souvent une des formes de la paresse, car ajouter foi donne souvent moins de peine que de contrôler.

Gens de Qualité (Plon), **Fernand VANDEREM.**

L'expérience prouve que celui qui n'a jamais confiance en personne ne sera jamais déçu.

Les Carnets de Léonard de Vinci, rec. Edward Mac Curdy, trad. L. Servicen (Gallimard), **Léonard de VINCI.**

confidence

D'une confidence à une indiscrétion, il n'y a que la distance de l'oreille à la bouche.

Amédée PICHOT.

congédier

Quand je dois renvoyer un domestique, je lui dis : tu fais mon affaire, mais je ne fais pas la tienne, c'est pourquoi tu es forcé de me quitter.

Ma Vie, trad. Jean Dayré (Honoré Champion), **Jérôme CARDAN.**

conjuration

Les conjurations, lors même qu'elles réussissent, ont le plus souvent de très funestes conséquences, parce qu'elles se font presque toujours contre le tyran et non contre la tyrannie.

Contre la Tyrannie, **ALFIERI.**

S'il est vrai que les conjurations soient quelquefois tracées par des gens d'esprit elles sont toujours exécutées par des bêtes féroces.

Fragments et Pensées politiques (Mercure de France), **RIVAROL.**

connaissance

Ce qu'aiment les hommes, ce que tu aimes, ce n'est pas connaître, ce n'est pas savoir : c'est osciller entre deux vérités ou deux mensonges.

Intermezzo (Grasset), **Jean GIRAUDOUX.**

La connaissance est pour l'humanité un magnifique moyen de s'anéantir elle-même.

Œuvres posthumes, trad. Henri Jean Bolle (Mercure de France), **NIETZSCHE.**

connaître

Pour connaître la rose, quelqu'un emploie la géométrie et un autre emploie le papillon.

L'Oiseau noir dans le Soleil levant (Gallimard), **Paul CLAUDEL.**

Certains croient parfaitement connaître l'oiseau pour avoir vu l'œuf d'où il est sorti.

Pensées, **Henri HEINE.**

Si toutes choses devenaient fumée, nous connaîtrions par les narines.

Fragments originaux, trad. Y. Battistini (Cahiers d'Art), **HERACLITE D'ÉPHÈSE.**

Il est bien vrai que les gens gagnent à être connus. Ils y gagnent en mystère.

Entretien sur des Faits divers (Gallimard), **Jean PAULHAN.**

Apprends à te connaître : tu t'aimeras moins, et à connaître les autres : tu ne les aimeras plus.

Le Carnet de Monsieur du Paur (Émile-Paul), **Paul-Jean TOULET.**

conquérant

Un conquérant est un joueur déterminé qui prend un million d'hommes pour jetons et le monde entier pour tapis.

Comte de SÉGUR.

conquête

Les épées qui font les plus grandes conquêtes sont celles qui sont incrustées de diamants.

Aphorismes, trad. Marthe Robert (C. F. L.), **G. C. LICHTENBERG.**

Les conquêtes sont aisées à faire, parce qu'on les fait avec toutes ses forces; elles sont difficiles à conserver, parce qu'on ne les défend qu'avec une partie de ses forces.

Cahiers (Grasset), **MONTESQUIEU.**

conscience

N'était la vigilante pitié de Dieu, il me semble qu'à la première conscience qu'il aurait de lui-même, l'homme retomberait en poussière.

Le Journal d'un Curé de Campagne (Plon), **Georges BERNANOS.**

La conscience met une pincée de sel additionnelle au péché.

Sens plastique (Gallimard), **Malcolm de CHAZAL.**

Si on avait assez d'argent pour acheter toutes les consciences ce qu'elles valent et les revendre ce qu'elles s'estiment, ça serait, ça, une belle affaire.

GAVARNI.

La conscience est une poltronne qui, quand elle n'a pas eu assez de force pour prévenir une faute, a rarement assez de justice pour punir le coupable en l'accusant.

Le Vicaire de Wakefield, **Olivier GOLDSMITH.**

Je ne sais pas ce que peut être la conscience d'une canaille, mais je sais ce qu'est la conscience d'un honnête homme : c'est effrayant.

Le Bourgeois (Hachette), **Abel HERMANT.**

J'ai souvent pensé qu'il avait fait de sa poche sa conscience ou de sa conscience sa poche. C'était large.

Victor HUGO.

Quand l'univers l'écraserait, l'homme serait encore plus noble que ce qui le tue, parce qu'il sait qu'il meurt et l'avantage que l'univers a sur lui, l'univers n'en sait rien.

Pensées, **Blaise PASCAL.**

Tout ce que les moralistes diront de la conscience n'empêchera pas qu'elle parle autant moins haut et moins clair qu'on a le plus grand besoin de ses avis.

Histoires littéraires, cit. Léon Treich (Gallimard), **Marcel PRÉVOST.**

La mauvaise conscience, c'est pour les hommes, les femmes l'ont presque toujours bonne, quand elles en ont.

Le Livre de mon bord (Mercure de France), **Pierre REVERDY.**

L'homme, par cela seul qu'il est homme, qu'il a une conscience, est déjà, par rapport à un âne ou à un crabe, un animal malade. La conscience est une maladie.

Almanach des Lettres françaises et étrangères, février 1924 (G. Crès et Cie), **Miguel de UNAMUNO.**

La conscience est la plus changeante des règles.

Réflexions et Maximes, **VAUVENARGUES.**

conseil

Aucun homme n'a pu découvrir le moyen de donner un conseil d'ami à aucune femme, pas même à la sienne.

Petites Misères de la Vie conjugale, **Honoré de BALZAC.**

Il y a de mauvais conseils que seule une honnête femme peut donner.

Ce qui a été dit sur la femme, cit. E. Gaubert (Les Annales), **Alfred CAPUS.**

Si l'on donne à quelqu'un le conseil qu'il a déjà l'intention de ne pas suivre, il vous en veut tout de suite, et si l'on lui donne le conseil qu'il suivra certainement, il vous en veut plus tard.

L'Esprit de Maurice Donnay, cit. Léon Treich (Gallimard), **Maurice DONNAY.**

Quand votre femme vous conseille de ne pas faire une chose, il ne faut pas la faire, parce qu'elle a quelque raison pour que vous la fassiez.

On donne facilement des conseils, ça amuse beaucoup celui qui les donne, et ça n'engage à rien celui qui les reçoit.

Alphonse KARR.

On donne des conseils, mais on n'inspire point de conduite.

Réflexions ou Sentences et Maximes morales, **LA ROCHEFOUCAULD.**

On est si heureux de donner un conseil à quelqu'un qu'il peut arriver, après tout, qu'on le lui donne dans son intérêt.

Journal (Gallimard), **Jules RENARD.**

Ceux qui donnent des conseils sans les accompagner d'exemples ressemblent à ces poteaux de la campagne qui indiquent les chemins sans les parcourir.

RIVAROL.

Tout conseil vient en retard quand la volonté se révolte contre la raison.

La Vie et la Mort du roi Richard II, **William SHAKESPEARE.**

Les conseils de la vieillesse éclairent sans réchauffer comme le soleil d'hiver.

Réflexions et Maximes, **VAUVENARGUES**

Nul conseil n'est plus loyal que celui qui se donne sur un navire en péril.

Carnets de Léonard de Vinci, cit. Edward Mac Curdy, trad. Louis Servicen (Gallimard), **Léonard de VINCI.**

conseiller

Les gens incapables d'exécuter les plus petites choses sont souvent très capables de conseiller les plus grandes. Ce sont les braves de cabinet. Ils ont de la lâcheté dans le cœur et du courage dans l'esprit.

Mes Pensées ou le qu'en-dira-t-on, **LA BEAUMELLE.**

considération

La considération apporte de l'or, on ne peut se passer ni de l'un ni de l'autre.

GAVARNI.

considérer

Ne considérez pas plus de gens que vous n'avez en vous de personnes avec qui les confronter.

Passages (Gallimard), **Henri MICHAUX.**

consolation

Lors d'un décès, on a le plus souvent besoin de motifs de consolation, non pas tant pour adoucir la vivacité de sa douleur que pour avoir une excuse de se sentir consolé si facilement.

Humain, trop humain, trad. A.-M. Desrousseaux (Mercure de France), **NIETZSCHE.**

C'est un moyen de se consoler que de regarder sa douleur de près.

Journal, **STENDHAL.**

constance

On peut assez compter sur la constance des femmes quand on n'exige pas même d'elles l'apparence de la fidélité.

Confessions du Comte***, **Charles DUCLOS.**

Oui, c'est être constant que d'adorer l'amour, et c'est ne pas changer de goût que de changer de femmes, puisque les femmes changent.

Toutes Réflexions faites (Éd. L'Élan), **Sacha GUITRY.**

La constance est la paresse du cœur.

De l'Amour (Grasset), **Étienne REY.**

consulter

Consulter, demander à quelqu'un d'être de notre avis.

Le Livre de Chevet, cit. Bienstock et Curnonsky, **Adrien DECOURCELLE.**

contemplatif

Le contemplatif est celui pour qui l'envers vaut plus que l'endroit.

Le Livre de mon bord (Mercure de France), **Pierre REVERDY.**

contentement

C'est un dire commun que personne n'est content de sa condition, bien que ce soit la meilleure, ni mécontent de son esprit, quoique ce soit le pire.

L'Homme de Cour (Grasset), **Baltasar GRACIAN.**

contester

Celui qui a envie de contester, doit se garder de dire à cette occasion des choses que personne ne lui conteste.

Maximes et Réflexions, trad. G. Bianquis (Gallimard), **GŒTHE.**

Être contesté, c'est être constaté.

Victor HUGO.

conteur

Les conteurs d'histoires ressemblent aux gens qui vivent d'emprunt, leur crédit ne dure pas.

Maximes et Réflexions, **Duc de LÉVIS.**

contradiction

Il est plus facile de mourir de ses contradictions (ici, c'est l'amour de la justice) que de les vivre.

Les Justes (Gallimard), **Albert CAMUS.**

Nos contradictions font la substance de notre activité d'esprit.

Mélanges (Gallimard), **Paul VALÉRY.**

contraire

Faire exactement le contraire, s'appelle aussi imiter, c'est même expressément imiter le contraire.

Aphorismes, trad. Marthe Robert (C. F. L.), **G. C. LICHTENBERG.**

La solitude et la promiscuité sont les deux contraires les plus identiques du monde.

Mes Inscriptions (Gallimard), **Louis SCUTENAIRE.**

contraste

Les contrastes sont des analogies renversées.

NOVALIS.

contredire

Peu importe que nous disions le vrai ou le faux, on contredira l'un et l'autre.

Maximes et Réflexions, trad. G. Bianquis (Gallimard), **GŒTHE.**

convaincre

Il est bon que les prédicateurs et orateurs soient affirmatifs parce que celui qui veut imposer ses idées et ses raisons à la multitude convaincra d'autant plus les autres qu'il aura l'air plus convaincu lui-même.

Instructions aux Domestiques, **Jonathan SWIFT.**

conversation

Foire où l'on expose des denrées mentales de second ordre, chaque exposant étant trop préoccupé par l'étalage de ses propres marchandises pour regarder celles de son voisin.

Le Dictionnaire du Diable, trad. Jacques Papy (Éd. Les Quatre Jeudis), **Ambrose BIERCE.**

La conversation devient plate à proportion que ceux avec qui on la tient sont plus élevés en dignité.

Maximes et Pensées, **HELVÉTIUS.**

L'esprit de la conversation est un esprit particulier qui consiste dans des raisonnements et déraisonnements courts.

Cahiers (Grasset), **MONTESQUIEU.**

Il y a bien peu de femmes dont la conversation plaise encore après qu'on les a eues.

De l'Amour (Grasset), **Étienne REY.**

La conversation des femmes dans la société ressemble à ce duvet dont on se sert pour emballer les porcelaines : ce n'est rien et sans lui tout se brise.

Princesse de SALM-DYCK.

Il en est de la conversation comme des licences, tout est devenu lieu commun.

Le Sottisier, **VOLTAIRE.**

conversion

La conversion des criminels avant leur exécution peut se comparer à une sorte de gavage : on les engraisse spirituellement puis on leur coupe la gorge afin qu'ils ne recommencent pas à maigrir.

Aphorismes, trad. Marthe Robert (C. F. L.), **G. C. LICHTENBERG.**

conviction

La conviction est la conscience de l'esprit.

Pensées, Maximes et Anecdotes, **CHAMFORT.**

L'homme est habitué à avoir des convictions, c'est un fait. Personne de nous ne peut se passer de clients et de parasites, tout en les méprisant cependant au fond de l'âme.

Sur les confins de la vie, trad. B. de Schloezer (Éd. de la Pléiade),
Léon CHESTOV.

Il paraît que, à moins d'être des lâches, nous devrions nous exposer pour des convictions que nous n'avons pas.

Carnets (Gallimard), **Henry de MONTHERLANT.**

Les convictions sont des ennemis de la vérité plus dangereux que les mensonges.

Humain, trop humain, trad. A.-M. Desrousseaux (Mercure de France),
NIETZSCHE.

On dit qu'une conviction est solide quand elle résiste à la conscience qu'elle est fausse.

Mélange (Gallimard), **Paul VALÉRY.**

convive

Le bon convive : une personne d'esprit qui dîne en ville doit avoir la coquetterie de penser qu'elle n'est pas un convive, mais un mets.

L'Esprit de Montesquiou, cit. Louis Thomas (Mercure de France),
Robert de MONTESQUIOU.

copie

Artistes, poètes, écrivains, si vous copiez toujours, on ne vous copiera jamais.

Mémoire sur la Ménagerie, **BERNARDIN DE SAINT-PIERRE.**

Les seules bonnes copies sont celles qui nous font voir le ridicule des originaux.

Réflexions ou Sentences et Maximes morales, **LA ROCHEFOUCAULD.**

coquetterie

La coquetterie d'une femme offre quelquefois plus de bénéfices que son amour ne donne de plaisir.

Le Père Goriot, **Honoré de BALZAC.**

L'art de la coquetterie consiste à corriger par de l'audace ce que la pudeur a de négatif.

Penser par Étapes (Gallimard), **Malcolm de CHAZAL.**

L'habitude de se rajeunir est si ancrée, même chez les messieurs, que je me demande si Jésus-Christ est mort à trente-quatre ans.

Carnets (Gallimard), **Henry de MONTHERLANT.**

La coquetterie plus que la vertu sauve les femmes de la passion.

De l'Amour (Grasset), **Étienne REY.**

On n'est de bonne compagnie qu'à proportion qu'on a de la coquetterie dans l'esprit.

Le Sottisier, **VOLTAIRE.**

corps

Je suis triste; je vois tout noir; mais les événements n'y sont pour rien; mes raisonnements n'y sont pour rien; c'est mon corps qui veut raisonner, ce sont des opinions d'estomac.

Propos sur le Bonheur (Gallimard), **ALAIN.**

Le corps est la baraque où notre existence est campée.

Carnets, **Joseph JOUBERT.**

Un corps froid est celui dans lequel l'alimentation n'est pas prépondérante.

NOVALIS.

Avoir un corps, c'est la grande menace pour l'esprit.

Le Temps retrouvé (Gallimard), **Marcel PROUST.**

corriger

Il y a deux choses que l'expérience doit apprendre : la première, c'est qu'il faut beaucoup corriger; la seconde, c'est qu'il ne faut pas trop corriger.

Journal, 8 mars 1860, **Eugène DELACROIX.**

corruption

La pire des corruptions n'est pas celle qui brave les lois, mais celle qui s'en fait à elle-même.

Vicomte de BONALD.

La pire des bégueuleries est celle de la corruption. Il me semble que la société présente a sur la morale un peu de la susceptibilité des coquins sur le point d'honneur.

Idées et Sensations, **E. et J. de GONCOURT.**

couardise

J'ai souvent ouï dire que la couardise est mère de cruauté. Et ai par expérience aperçu que cette aigreur et âpreté de courage malicieux et inhumain s'accompagne coutumièrement de mollesse féminine.

Essais, **MONTAIGNE.**

coup

Je ne sais pas de spectacle plus sain, d'un comique plus réconfortant, que celui d'un monsieur recevant de main de maître une beigne qu'il avait cherchée.

La Philosophie de Georges Courteline (Flammarion), **Georges COURTELINE.**

coupable

Rien ne ressemble plus à un innocent qu'un coupable qui ne risque rien.

L'Enfant prodige du Vésinet (Flammarion), **Tristan BERNARD.**

couple

La dot des vrais couples est la même que celle des couples faux : le désaccord originel.

La Guerre de Troie n'aura pas lieu (Grasset), **Jean GIRAUDOUX.**

cour

La cour est comme un édifice bâti de marbre, je veux dire qu'elle est composée d'hommes fort durs, mais fort polis.

Les Caractères, **LA BRUYÈRE.**

Tout homme qui a eu la faveur, n'aime jamais ceux qui la possèdent après lui, quoiqu'il souffre un autre régner. La raison est qu'ayant une fois épousé la faveur, il croit que tous ceux qui la possèdent après lui en sont adultères.

Cardinal de RICHELIEU.

La cour est l'office des domestiques du souverain.

Bréviaire du Révolutionnaire, trad. A. et H. Hamon (Aubier), **G. B. SHAW.**

A la cour, les hommes agréables ont toujours l'avantage sur ceux qui ne sont que nécessaires.

Filosofia nova., **STENDHAL.**

courage

Le courage ne se contrefait pas, c'est une vertu qui échappe à l'hypocrisie.

Napoléon BONAPARTE.

A mesure qu'on s'avance dans la vie, on s'aperçoit que le courage le plus rare est celui de penser.

La Vie littéraire (Calmann-Lévy), **Anatole FRANCE.**

Les gens parlent du courage d'un condamné à mort qui marche vers le lieu de l'exécution. Il faut parfois autant de courage pour garder une façade acceptable en allant au-devant de la souffrance quotidienne d'un autre être.

Le Fond du Problème, trad. M. Sibon (Laffont), **Graham GREENE.**

Le courage est souvent l'effet d'une vue peu nette du danger qu'on affronte ou de l'ignorance entière du même danger.

Notes, Maximes et Pensées, **HELVÉTIUS.**

En accordant tant d'estime au courage, nous prouvons, en dépit de nos plaintes, le cas que nous faisons de la vie.

Maximes et Réflexions, **Duc de LÉVIS.**

Le courage est une chose qui s'organise, qui vit et qui meurt, qu'il faut entretenir comme les fusils. Le courage individuel, ça n'est plus qu'une bonne matière première pour le courage des troupes.

L'Espoir (Gallimard), **André MALRAUX.**

Quand le courage empiète sur la raison, il ronge le glaive avec lequel il combat.

Antoine et Cléopâtre, **William SHAKESPEARE.**

Courage : l'art d'avoir peur, sans que ça paraisse.

Le Carnaval du Dictionnaire (Calmann-Lévy), **Pierre VÉRON.**

Le courage n'est pas une vertu, mais une qualité commune aux scélérats et aux grands hommes.

VOLTAIRE.

courtisan

Recevoir, prendre, et demander, voilà le secret en trois mots.

Le Mariage de Figaro, **BEAUMARCHAIS.**

Les courtisans consommés doivent mépriser leur idole et être toujours prêts à la briser.

Napoléon BONAPARTE.

Les courtisans sont des pauvres enrichis dans la mendicité.

Pensées, Maximes et Anecdotes, **CHAMFORT.**

Qui est plus esclave qu'un courtisan assidu, si ce n'est un courtisan plus assidu.

Les Caractères, **LA BRUYÈRE.**

Un courtisan est semblable à ces plantes faites pour ramper, qui s'attachent à tout ce qu'elles trouvent.

Cahiers (Grasset), **MONTESQUIEU.**

Les courtisans ressemblent aux enfants qui voient si promptement, si finement, des défauts qui échappent aux yeux des personnes plus éclairées.

Considérations sur l'Esprit et les Mœurs, **SÉNAC DE MEILHAN.**

Les deux maximes de tout grand courtisan sont : toujours tenir son sérieux et ne jamais tenir sa parole.

Instructions aux Domestiques, **Jonathan SWIFT.**

courtisane

On pourrait dire des femmes galantes ce que l'on a dit d'un orateur célèbre : elles ont toujours une idée fixe, seulement elles en changent souvent.

Pensées, Maximes, Réflexions, **Comte de BELVÈZE.**

La courtisane est un mythe; jamais une femme n'a inventé une débauche.

Correspondance, **Gustave FLAUBERT.**

Elles ont autant de cœur, d'âme et d'esprit que les femmes du monde; la franchise de plus, la pruderie de moins.

Victor HUGO.

courtiser

C'est quelquefois une manière bien délicate de faire la cour aux femmes que d'avoir des torts avec elles : ça leur crée la supériorité de pardonner.

Disjecta Membra, **BARBEY D'AUREVILLY.**

Je pense que les rois sont malheureux parce qu'ils ne peuvent pas faire leur cour : car il me semble que le goût des grands est plutôt de la faire que de la recevoir.

Cahiers, **MONTESQUIEU.**

La seule manière de se conduire avec une femme, c'est de lui faire la cour, si elle est jolie, et de la faire à une autre, si elle est laide.

L'Esprit d'Oscar Wilde, cit. Léon Treich (Gallimard), **Oscar WILDE.**

coutume

La coutume est une seconde nature qui détruit la première. Mais qu'est-ce que la nature? Pourquoi la coutume est-elle plus naturelle? J'ai grand peur que cette nature ne soit elle-même qu'une première coutume, comme la coutume est une seconde nature.

Pensées, **Blaise PASCAL.**

couvent

Le couvent retire du jeu dans la mesure où la religieuse ne brûle pas d'ouvrir les jambes.

L'Alleluiah Catéchisme de Dianus (K E d.), **Georges BATAILLE.**

crainte

On ne peut pas être sans crainte quand on inspire la crainte.

ÉPICURE.

La crainte est la grâce de la débauche.

Carnets, **Joseph JOUBERT.**

Qui craint de souffrir, il souffre déjà de ce qu'il craint.

Essais, **MONTAIGNE.**

La crainte est un ressort qu'il faut ménager ; il ne faut jamais faire de loi sévère lorsqu'une plus douce suffit.

Cahiers (Grasset), **MONTESQUIEU.**

La crainte engendre l'objet redouté.

L'Affaire Maurizius, trad. J.-G. Guidau (Plon), **Jakob WASSERMANN.**

création

Créer est le seul domaine où il faut se déposséder pour s'enrichir.

Penser par étapes (Gallimard), **Malcolm de CHAZAL.**

Créer n'est pas un jeu quelque peu frivole. Le créateur s'est engagé dans une aventure effrayante, qui est d'assumer soi-même, jusqu'au bout, les périls risqués par ses créatures.

Journal du Voleur (Gallimard), **Jean GENET.**

Souffler dans la flûte, ce n'est pas en jouer, il faut mouvoir les doigts.

Maximes et Réflexions, trad. G. Bianquis (Gallimard), **GŒTHE**.

Stauffer-Bern : « La douceur de la création donne des illusions sur sa valeur absolue.

Journal, trad. Marthe Robert (Grasset), **Franz KAFKA**.

Toute création est, à l'origine, la lutte d'une forme en puissance contre une forme imitée.

Les Voix du Silence (Gallimard), **André MALRAUX**.

créer

Créer, c'est tuer la mort.

Jean-Christophe (Albin Michel), **Romain ROLLAND**.

crédulité

La crédulité se forge plus de miracles que l'imposture ne peut en inventer.

Carnets, **Joseph JOUBERT**.

La crédulité des femmes est sans bornes, parce qu'elles se croient seules à savoir bien mentir.

L'Enfant truqué (Mornay), **Jacques NATANSON**.

crier

Pamphlétaires, orateurs, violents, forcenés, qui vociférez, dites, ne sentez-vous jamais que tout homme qui crie est sur le point de faire semblant de crier?

Tel quel (Gallimard), **Paul VALÉRY**.

crime

Un point à éclaircir est celui de savoir si la maladie détermine le crime ou si le crime lui-même, en vertu de sa nature propre, n'est pas toujours accompagné de quelque phénomène morbide.

Crime et Châtiment, **DOSTOÏEVSKI**.

Lorsque le crime devient maladie, l'exécution devient opération.

Journal (Julliard), **Ernst JUNGER**.

Les crimes des sujets sont punis par des supplices et on les y condamne; les Princes ne peuvent être punis que par les remords et on les en soulage.

Cahiers (Grasset), **MONTESQUIEU**.

Punissable, jamais puni. Notre crime envers les criminels consiste en ce que nous les traitons comme feraient des coquins.

Humain, trop humain, trad. A.-M. Desrousseaux (Mercure de France), **NIETZSCHE**.

Il y a même des crimes qui deviennent respectables à force de durer.

Théâtre d'Amour (Ollendorff), **Georges de PORTO-RICHE.**

Le crime est le magasin de détail du magasin de gros que nous appelons loi pénale.

Bréviaire du Révolutionnaire, trad. A. et H. Hamon (Aubier), **G. B. SHAW.**

Le crime augmente en raison du plus grand nombre de liens que le coupable a rompus.

Filosofia Nova, **STENDHAL.**

Les raisons qui font que l'on s'abstient des crimes sont plus honteuses, plus secrètes que les crimes.

Tel quel (Gallimard), **Paul VALÉRY.**

criminel

Je crois que les saints et les criminels ont, les uns comme les autres, horreur d'être hommes.

Derrière Cinq Barreaux (Gallimard), **Maurice SACHS.**

crise de nerfs

Une crise de nerfs n'est pas une opinion.

Malaisie (Stock), **Henri FAUCONNIER.**

critique

Charmante à l'égard des stupidités et des niaiseries, la critique ne prend son fouet à lanières, elle n'embouche sa trompette à calomnies, elle ne met son masque et ne prend ses fleurets que dès qu'il s'agit des grandes œuvres. Elle n'est pas dénaturée, elle aime son semblable : elle caresse et choie la médiocrité.

Monographie de la Presse parisienne, **Honoré de BALZAC.**

Tout livre est l'homme qui l'a écrit : tête, cœur, foie et entrailles. La critique doit donc traverser le livre pour arriver à l'homme ou l'homme pour arriver au livre et clouer toujours l'un sur l'autre, … ou bien c'est… qu'elle manquerait de clous !

Les Philosophes et les Écrivains religieux (Amyot), **BARBEY D'AUREVILLY.**

La critique d'art est aussi imbécile que l'esperanto.

Dix-Neuf Poèmes élastiques (Denoël), **Blaise CENDRARS.**

La sotte occupation que celle de nous empêcher sans cesse de prendre du plaisir ou de nous faire rougir de celui que nous avons pris ! C'est celle du critique.

De la Critique, **DIDEROT.**

On fait de la critique quand on ne peut pas faire de l'art, de même qu'on se met mouchard quand on ne peut pas être soldat.

Correspondance, **Gustave FLAUBERT.**

Le métier de critique n'est que la forme aigrie du renoncement.

Le Pour et le Contre, cit. Tribouillois et Rousset (Publ. Papyrus),
Albert GUINON.

Pour faire de la critique dramatique, il faut être follement orgueilleux ou bien être assez âgé pour avoir la preuve de sa propre incapacité.

La Correspondance de Paul Aoulier-Davenel (Dorbon, aîné), **Sacha GUITRY.**

Certains critiques ressemblent assez à ces gens qui, toutes les fois qu'ils veulent rire, montrent de vilaines dents.

Carnets, **Joseph JOUBERT.**

Il n'y a point d'ouvrage si accompli qui ne fondît tout entier au milieu de la critique, si son auteur voulait en croire tous les censeurs qui ôtent chacun l'endroit qui leur plaît le moins.

Les Caractères, **LA BRUYÈRE.**

La critique est une lime qui polit ce qu'elle mord.

Ernest LEGOUVE.

La critique est un impôt que l'envie perçoit sur le mérite.

Maximes et Réflexions, **Duc de LÉVIS.**

De nos jours, la critique apporte autant de gloire à un savant allemand que la cruxifixion à un Christ espagnol.

Aphorismes, trad. Marthe Robert (C. F. L.), **G. C. LICHTENBERG.**

Les critiques sont comme ce peintre qui, ayant peint un coq, défendait à ses apprentis de laisser approcher les coqs du tableau.

Cahiers (Grasset), **MONTESQUIEU.**

La plupart du temps, le critique est un bateleur qui profite d'un rassemblement dû à de plus grandes causes, pour lui faire accepter ses acrobaties.

L'Esprit de Montesquiou, cit. Louis Thomas (Mercure de France),
Robert de MONTESQUIOU.

Les insectes piquent, non par méchanceté, mais parce que, eux aussi, veulent vivre; il en est de même des critiques; ils veulent notre sang et non pas notre douleur.

Le Voyageur et son Ombre, trad. Henri Albert (Mercure de France),
NIETZSCHE.

La critique pour moi, comme pour M. Joubert, c'est le plaisir de connaître les esprits, non de les régenter.

Les Cahiers, **SAINTE-BEUVE.**

Ce qu'il y a de réjouissant, c'est de voir les critiques juger les œuvres d'autrui dans leur style débraillé d'écrivains à gages. Cela fait l'effet d'un juge qui siégerait au tribunal en robe de chambre et en pantoufles.

Pensées et Fragments, cit. J. Bourdeau (Alcan), **SCHOPENHAUER**.

Qu'est-ce que la critique? C'est le vil serpent de la jalousie qui rampe laissant une trace visqueuse sur l'arbre de la science qu'il ne peut jamais espérer atteindre.

A la manière de Marie Coerlli
Anthologie des Humoristes anglais et américains (Delagrave), **Owen SEAMAN**.

La critique, c'est les os du gibier.

Les Trois Impostures (Émile-Paul), **Paul-Jean TOULET**.

C'est bien le moins qu'un cul-de-jatte ait le droit de critiquer un champion cycliste.

Mes Inscriptions (Gallimard), **Louis SCUTENAIRE**.

Critiques; le plus sale roquet peut faire une blessure mortelle. Il suffit qu'il ait la rage.

Tel quel (Gallimard), **Paul VALÉRY**.

Nous regrettons de voir un critique dramatique anglais faire des erreurs en citant Shakespeare. Nous avions toujours pensé que c'était un privilège réservé aux acteurs anglais.

Almanach des Lettres françaises et étrangères, 15 avril 1924 (G. Crès et Cie), **Oscar WILDE**.

croire

Croire est néant, si ce n'est un mouvement pour penser ce que l'on croit.

Propos sur le Christianisme (Rieder), **ALAIN**.

La tendance naturelle de l'esprit humain est de croire avant de savoir.

La Guerre (P. U. F.), **Gaston BOUTHOUL**.

Les hommes croient ce qu'ils désirent.

La Guerre civile, **Jules CÉSAR**.

L'homme est prêt à croire à tout, pourvu qu'on le lui dise avec mystère. Qui veut être cru, doit parler bas.

Sens plastique (Gallimard), **Malcolm de CHAZAL**.

Quand il croit, il ne croit pas qu'il croit — et quand il ne croit pas, il ne croit pas qu'il ne croit pas.

Les Frères Karamazov, **DOSTOÏEVSKI**.

L'homme ne croit pas ce qui est, il croit ce qu'il désire qui soit.

Dernières Pages inédites (Calmann-Lévy), **Anatole FRANCE.**

La maturité du jugement se connaît par la difficulté de croire. Il est très ordinaire de croire.

L'Homme de Cour, prés. André Rouveyre (Grasset), **Baltasar GRACIAN.**

Croire au progrès ne veut pas dire croire qu'un progrès s'est déjà produit. Cela ne serait pas une croyance.

Préparatifs de Noce à la Campagne, trad. Marthe Robert (Gallimard), **Franz KAFKA.**

Il est plus facile de mourir pour ce qu'on croit que d'y croire un peu moins.

Pensées d'un Biologiste (Stock), **Jean ROSTAND.**

croyance

Pour les croyants, la vérité est la croyance. On ne sait pas, mais on croit. Et ce qu'on croit fait tout le prix de ce qu'on sait.

Xénies (Émile-Paul), **André SUARÈS.**

Otez la crainte de l'enfer à un chrétien et vous lui ôterez sa croyance.

Addition aux Pensées philosophiques, **DIDEROT.**

L'homme est incapable d'abjuration. En lui, les croyances se superposent les unes aux autres comme des couches de peinture, sans se mêler, sans s'annuler.

Malaisie (Stock), **Henri FAUCONNIER.**

Incapable de vivre sans certitude, l'homme préférera toujours les croyances les moins défendables aux négations les plus justifiées.

Aphorismes du Temps présent (Flammarion), **Gustave LEBON.**

... vient d'une première méprise sur les prémisses.

Albertine disparue (Gallimard), **Marcel PROUST.**

Les hommes croient, et ils s'imaginent qu'ils pensent. La croyance est la pensée du tempérament, et si l'on veut, sa logique.

Voici l'Homme (Albin Michel), **André SUARÈS.**

cruauté

La cruauté se multiplie par la foule : et c'est par là que la foule se porte à assister à des supplices dont elle a peur.

Définitions (Gallimard), **ALAIN.**

De tous les animaux, l'homme est le plus cruel. C'est dans les tragédies, les combats de taureaux et les crucifixions qu'il s'est trouvé le mieux sur la terre. Et lorsqu'il inventa pour lui l'enfer, voyez, ce fut pour lui le ciel sur la terre.

Ainsi parlait Zarathoustra, trad. Maurice Betz (Gallimard), **NIETZSCHE.**

cul

Sur le plus beau trône du monde, on n'est jamais assis que sur son cul.
MONTAIGNE.

On comprend qu'une jeune fille, vertueuse et jolie, mais trop pauvre pour qu'aucun prétendant se décide à demander sa main, maudisse le sort si, par hasard, elle songe que ce dont elle est, à juste titre, le plus fière, ne lui servira jamais qu'à s'asseoir.

Du Cœur (Éd. du Livre), **Gabriel SOULAGES.**

culture

On appelle cultivé un esprit dans lequel on a semé l'esprit des autres.

Le Pour et le Contre, cit. Tribouillois et Rousset (Publ. Papyrus),
Comtesse DIANE.

On ne doit pas plus exhiber sa culture que ses biceps. Il faut qu'elle saille sous la phrase comme les muscles sous le vêtement.

Gens de Qualité (Plon), **Fernand VANDEREM.**

curiosité

Je suis de la nature des femmes, quand l'on me dit quelque chose en termes obscurs, je veux savoir incontinent ce que c'est.

Lettres de Louis XI, publ. Vaesen et Charavay (Soc. Histoire de France),
LOUIS XI.

Si la curiosité n'existait pas, il se ferait peu de choses pour le bien du prochain. Mais la curiosité s'insinue sous le nom de devoir ou de pitié dans la maison du malheureux et du besogneux. Peut-être même dans le fameux amour maternel y a-t-il une bonne part de curiosité.

Humain, trop humain, trad. A.-M. Desrousseaux (Mercure de France)
NIETZSCHE.

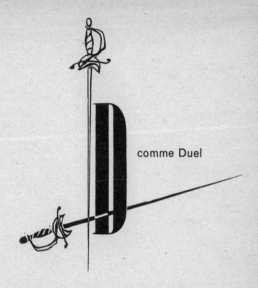

comme Duel

damnation

La damnation a ses bons côtés, le tout est de s'y faire. Je m'y suis
fait. Je ne suis pas encore en enfer et j'y ai déjà mes petites habitudes.

Heinrich in *Le Diable et le Bon Dieu* (Gallimard), **Jean-Paul SARTRE.**

danse

On appelle « danse » l'ensemble des mouvements qu'exécutent l'un
vis-à-vis de l'autre deux anthropophages de sexe différent pour
exprimer qu'ils voudraient bien goûter l'un à l'autre.

Le Pour et le Contre, cit. Tribouillois et Rousset (Publ. Papyrus),
Paul ACHARD.

débauche

Un débauché subtil trouve toujours de bonnes raisons pour justifier
ses écarts. C'est surtout dans le peuple que le poivrot se frappe et
verse des larmes en répétant qu'il est un cochon.

Auteurs, Acteurs, Spectateurs (Lafitte), **Tristan BERNARD.**

... La débauche commence où commence à se dissocier de l'amour le plaisir.

Les Dix Romans français que... (Gallimard), **André GIDE.**

La pire débauche est celle des femmes froides, les apathiques sont des louves.

Journal (Flammarion-Fasquelle), **E. et J. de GONCOURT.**

Il entre dans toute espèce de débauche beaucoup de froideur d'âme. Elle est un abus réfléchi et volontaire du plaisir.

Carnets, **Joseph JOUBERT.**

« Mon petit, dans la vie, il n'y a que deux choses qui vaillent la peine d'être pratiquées : c'est l'étude et la débauche. Car les livres sont ce que les hommes ont de mieux à nous donner et des caresses honteuses sont ce que nous pouvons attendre de meilleur des femmes. »

Barnabooth (Gallimard), **Valéry LARBAUD.**

La débauche est l'illusion de ceux qui n'en ont plus.

De l'Amour (Grasset), **Étienne REY.**

décadence

Une nation s'éteint quand elle ne réagit plus aux fanfares; la décadence est la mort de la trompette.

Syllogismes de l'Amertume (Gallimard), **E.-M. CIORAN.**

N'aimer plus que les belles femmes et supporter les méchants livres : signe de décadence.

Carnets, **Joseph JOUBERT.**

La décadence ne peut trouver d'agents que lorsqu'elle porte le masque du progrès.

Bréviaire du Révolutionnaire, trad. A. et H. Hamon (Aubier), **G. B. SHAW.**

décence

La décence est la conspiration du silence de l'indécence.

L'Esprit de Bernard Shaw, cit. Léon Treich (Gallimard), **G. B. SHAW.**

décision

La décision est souvent l'art d'être cruel à temps.

Notes d'Album (G. Crès et Cie), **Henry BECQUE.**

Une fois qu'une décision est prise, il faut fermer les oreilles aux meilleurs arguments contraires. C'est l'indice d'un caractère fort. Par occasion, il faut donc faire triompher sa volonté jusqu'à la sottise.

Par-delà le Bien et le Mal, trad. Henri Albert (Mercure de France), **NIETZSCHE.**

Un homme tirait au sort toutes ses décisions. Il ne lui arriva pas plus de mal qu'aux autres qui réfléchissent.

Tel quel (Gallimard), **Paul VALÉRY.**

décoration

On ne va pas chercher une épaulette sur un champ de bataille quand on peut l'avoir dans une antichambre.

Napoléon BONAPARTE.

défaut

Les hommes par leur conduite envers les femmes, travaillent à leur donner tous les défauts qu'ils leur reprochent.

Cit. Adolphe Ricard dans *L'amour, les Femmes et le Mariage.*
(Gustave Sandre, éd.) **Louis DESNOYERS.**

Nous vivons avec nos défauts comme avec les odeurs que nous portons; nous ne les sentons plus, elles n'incommodent que les autres.

Madame de LAMBERT.

Il y a de certains défauts, qui bien mis en œuvre, brillent plus que la vertu même.

Nous n'avouons de petits défauts que pour persuader que nous n'en avons pas de grands.

Réflexions ou Sentences et Maximes morales, **LA ROCHEFOUCAULD.**

Nos défauts sont les yeux par lesquels nous voyons l'idéal.

Le Voyageur et son Ombre, trad. Henri Albert (Mercure de France),
NIETZSCHE.

Ne pas employer ses défauts ne signifie pas qu'on ne les a pas.

Voix, trad. R. Caillois (Levis-Mano), **Antonio PORCHIA.**

On appelle défauts ce qui, chez les gens, nous déplaît, et qualités ce qui nous flatte.

Le Gant de Crin (Plon), **Pierre REVERDY.**

On porte ses défauts comme on porte son corps, sans le sentir.

La Vie et la Mort (Dentu), **SCHOPENHAUER.**

définir

Définir, c'est entourer d'un mur de mots un terrain vague d'idées.

Carnets, trad. Valery Larbaud (Gallimard), **Samuel BUTLER.**

Dire que l'homme est un composé de forces et de faiblesse, de lumière et d'aveuglement, de petitesse et de grandeur : ce n'est pas lui faire son procès, c'est le définir.

Addition aux Pensées philosophiques, **DIDEROT.**

dégoût

Les sauvages ne s'avisent point de se tuer par dégoût de la vie, c'est un raffinement des gens d'esprit.

Le Sottisier, **VOLTAIRE.**

déjeuner

Même pour l'homme pieux, le déjeuner quotidien est plus important que la sainte Cène.

Œuvres posthumes, trad. Henri Jean Bolle (Mercure de France), **NIETZSCHE.**

délicatesse

En amour, comme en art, la délicatesse est la vertu des faibles.

De l'Amour (Grasset), **Étienne REY.**

Un délit généralisé devient bientôt un droit.

Aphorismes du Temps présent (Flammarion), **Gustave LEBON.**

démagogie

Le triomphe des démagogies est passager, mais les ruines sont éternelles.

Les Suppliants (Cahiers de la Quinzaine), **Charles PÉGUY.**

démangeaison

Au fait, je ne connais point d'ennui, de torpeur morale, qui ne cède à une démangeaison.

Pensées choisies par Marianne Maurer (Payot), **Rodolphe TÖPFFER.**

démocrate

On est bon démocrate dès que l'on apporte aux citoyens des raisons nouvelles de mépriser l'expérience de leurs pères et de se haïr fermement.

La Dentelle du Rempart (Grasset), **Charles MAURRAS.**

démocratie

La démocratie, qui semble être la règle du monde moderne, et qui n'en est que la punition.

Sensations d'Histoire (Quantin), **BARBEY D'AUREVILLY.**

La démocratie est une forme politique du capitalisme dans le même sens que l'âme est la forme du corps selon Aristote, ou son idée, selon Spinosa.

Lettre aux Anglais (Charlot), **Georges BERNANOS.**

Les démocraties ne peuvent pas plus se passer d'être hypocrites que les dictatures d'être cyniques.

Nous autres Français (Gallimard), **Georges BERNANOS.**

Dans une démocratie pure, la tyrannie *populaire* est cause d'autant de violence, d'ombrages mutuels et de terreur que sous le plus absolu *despotisme*, avec cette différence qu'il est plus facile d'échapper aux agents d'un royal tyran qu'aux injures du vulgaire dont on est partout environné.

De la Démocratie, chap. XV, **Lord BROUGHAM.**

La démocratie? Savez-vous ce que c'est? Le pouvoir pour les poux de manger les lions.

Cit. Wladimir d'Ormesson dans *Le Figaro* 28-9-1944,
Georges CLEMENCEAU.

Si la liberté pouvait conduire elle-même ses affaires, ce serait la démocratie.

Bilan d'une Nation, trad. J. Castets (Éd. du Pavois), **John dos PASSOS.**

La démocratie est la fin de la littérature, chacun sera libre d'écrire aussi mal qu'il voudra, mais personne n'aura le droit d'écrire mieux que lui. Liberté et égalité du style.

Henri HEINE.

Le plus grand nombre est bête, il est vénal, il est haineux. C'est le plus grand nombre qui est tout. Voilà la démocratie.

Passe-Temps (Mercure de France), **Paul LÉAUTAUD.**

La démocratie, après avoir rendu toutes choses hideuses et insupportables au plus haut degré pour tout le monde, finit toujours par se pendre aux basques d'un général victorieux.

Derniers essais de littérature et d'esthétique, Guilderoy, cit. Oscar Wilde (Stock),
OVIDA.

A la nomination d'une petite minorité corrompue, la démocratie substitue l'élection par une masse incompétente.

Bréviaire du Révolutionnaire, trad. A. et H. Hamon (Aubier). **G. B. SHAW.**

dépenser

Presque tous les hommes savent gagner de l'argent, mais il n'y en a pas un sur un million qui sache le dépenser. Qui le saurait, n'en aurait jamais gagné.

Fragments d'un Journal, trad. R. Michaud et S. David (Boivin et Cie),
H. D. THOREAU.

déplaisir

Les déplaisirs talonnent toujours les contentements.

Lettres, publ. Berger de Xivray (Coll. Documents inédits), **HENRI IV.**

dépravation

La dépravation suit le progrès des lumières. Chose très naturelle que les hommes ne puissent s'éclairer sans se corrompre.

Le Pornographe, **RESTIF DE LA BRETONNE.**

député

Qui n'a pas été député ne saurait se faire une idée du vide humain.

Melancholia (Grasset), **Léon DAUDET.**

désert

Le désert n'ayant pas donné de concurrent au sable, grande est la paix du désert.

Face aux Verrous (Gallimard), **Henri MICHAUX**

désespoir

Tout en moi se dissout dans une éclatante et voluptueuse rage de vie que seul explique suffisamment le désespoir.

L'Alleluiah Catéchisme de Dianus (K. Éd.), **Georges BATAILLE.**

Ce que nous appelons notre désespoir n'est souvent que la douloureuse avidité d'une espérance inassouvie.

Middlemarch, **George ELIOT.**

désir

Ceux qui répriment leur désir, sont ceux dont le désir est faible assez pour être réprimé.

Le Mariage du Ciel et de l'Enfer, trad. André Gide (Aveline), **William BLAKE.**

Le désir de l'homme est brutal et sommaire. Celui de la femme rusé et lent, comme venant de plus loin.

La Femme et l'Amour (Flammarion), **Léon DAUDET.**

A propos de chaque désir, il faut se poser cette question : quel avantage résultera-t-il si je ne le satisfais pas?

ÉPICURE.

Ce qu'on a le plus ardemment désiré diminue de prix dès qu'on l'obtient, et les choses ne passent point de notre imagination à la réalité, sans qu'il n'y ait de la perte.

FONTENELLE.

Le désir est tout ce qu'il y a de plus inconnu pour celui qui l'éprouve. En voulant l'analyser ou le définir, on l'altère; surtout si l'on se presse de le satisfaire, d'en arrêter le contour.

Algèbre des Valeurs morales (Gallimard), **Marcel JOUHANDEAU.**

Le désir est le grand ressort providentiel de l'activité; tout désir est une illusion, mais les choses sont ainsi disposées qu'on ne voit l'inanité du désir qu'après qu'il est assouvi.

Dialogues et Fragments philosophiques, **Ernest RENAN.**

Son désir, c'est probablement tout ce que l'homme possède, au moins tout ce qui lui sert à oublier qu'il ne possède rien.

Papiers posthumes (Au Sans-Pareil), **Jacques RIGAUT.**

Le désir est à la passion ce que le plaisir est au bonheur : mais le désir devient souvent passion et nul plaisir n'est encore devenu bonheur.

De l'Homme intellectuel et moral, **RIVAROL.**

Le désir des autres, posé sur elle, la souille, et leur inattention la blesse.

Deux Angoisses (Fasquelle), **Jean ROSTAND.**

La seule richesse est celle qui consiste à savoir dompter ses désirs.
Le Jardin des Fruits, trad. Franz Toussaint (Mercure de France), **SAADI.**

En toute chose on est plus ardent à la poursuite qu'à la jouissance.
Le Marchand de Venise, **William SHAKESPEARE.**

désirer

Avant que de désirer fortement une chose, il faut examiner quel est le bonheur de celui qui la possède.

Réflexions ou Sentences et Maximes morales, **LA ROCHEFOUCAULD.**

désœuvrement

Ce grand ressort méconnu de tant de conduites humaines, le désœuvrement.

Carnets (Gallimard), **Henry de MONTHERLANT.**

despotisme

Quand les sauvages de la Louisiane veulent avoir du fruit, ils coupent l'arbre au pied et cueillent le fruit. Voilà le gouvernement despotique.

L'Esprit des Lois, **MONTESQUIEU.**

Les États despotiques périssent faute de despotisme, comme les gens fins faute de finesse.

Fragments et Pensées politiques (Mercure de France), **RIVAROL.**

destin

Le destin est sévère. Soyons-lui indulgents. Ce qui est noir n'est peut-être qu'obscur.

Victor HUGO.

destinée

Toute destinée est une suite d'accidents à retardement avec le coup de grâce au bout.

Malaisie (Stock), **Henri FAUCONNIER.**

dettes

Les dettes que nous avons contractées envers nous-mêmes sont les plus difficiles à payer.

Diane à la croisée des chemins, trad. Lucien Wolf (Gallimard),
George MEREDITH.

Pauvreté sans dettes, ce serait trop de solitude, dit le pauvre dans sa sagesse.

Face aux Verrous (Gallimard), **Henri MICHAUX.**

Qui meurt paie ses dettes.

La Tempête, **William SHAKESPEARE.**

devoir

Dans les crises politiques, le plus difficile pour un honnête homme n'est pas de faire son devoir, mais de le connaître.

Considérations sur la Révolution française, **Vicomte de BONALD.**

Le devoir, l'honneur! Des mots à qui on fait dire ce qu'on veut, comme aux perroquets.

Mariage bourgeois (Fayard), **Alfred CAPUS.**

Le devoir a une grande ressemblance avec le bonheur d'autrui.

Victor HUGO.

Si tu veux être sûr de faire toujours ton devoir, fais ce qui t'est désagréable.

Journal (Gallimard), **Jules RENARD.**

dévot

Les serviteurs finissent par ressembler à leur maître. Tous les « rats d'église » prennent, à la longue, visages de prêtre.

Sens plastique (Gallimard), **Malcolm de CHAZAL.**

Pas plus de sûreté dans un dévot que dans un courtisan; l'un abandonne son ami pour faire fortune auprès de son roi, l'autre pour la faire auprès de son dieu.

Maximes et Pensées, **HELVÉTIUS.**

Un dévot est celui qui sous un roi athée, serait athée.

Les Caractères, **LA BRUYÈRE.**

Les femmes dévotes ont un faible pour les hommes vigoureux; sans doute, si elles succombent au péché, prétendent-elles du moins y trouver leur compte.

De l'Amour (Grasset), **Étienne REY.**

dévotion

Je ne doute point que la vraie dévotion ne soit la source du repos. Elle fait supporter la vie et rend la mort douce : on n'en tire pas tant de l'hypocrisie.

Les Caractères, **LA BRUYÈRE.**

La dévotion trouve pour faire une mauvaise action des raisons qu'un simple honnête homme ne saurait trouver.

Cahiers (Grasset), **MONTESQUIEU.**

Au séminaire, il est une façon de manger un œuf à la coque qui annonce les progrès faits dans la vie dévote.

Le Rouge et le Noir, **STENDHAL.**

Les plaintes sont le plus grand tribut que reçoive le Ciel et la plus sincère partie de notre dévotion.

Instructions aux Domestiques, **Jonathan SWIFT.**

dévouement

En amour, le dévouement est bien près de la spéculation.

L'Interdiction, **Honoré de BALZAC.**

diable

S'il y a cent mille damnés pour un sauvé, le diable a toujours l'avantage sans avoir abandonné son fils à la mort.

Addition aux Pensées philosophiques, **DIDEROT.**

Le diable est froid, même comme amoureux, mais il n'est pas laid, car il peut prendre telle forme qui lui plaît.

De l'Allemagne, **Henri HEINE.**

Dieu fait l'aliment, le diable l'assaisonnement.

Ulysse, Tr. A. Morel, S. Gilbert et Valery Larbaud (Adrienne Monnier), **James JOYCE.**

Je me moque du diable! Il reçoit les âmes, mais ce n'est pas lui qui les damne.

Goetz in *Le Diable et le Bon Dieu* (Gallimard), **Jean-Paul SARTRE.**

diamant

J'aime assez les beaux diamants, mais j'ai horreur des pendeloques qui me montrent une femme portant à une oreille le pain de ses enfants et à l'autre l'honneur de son mari.

Alphonse KARR.

dictateur

Les dictateurs sont les domestiques du peuple, rien de plus — un foutu rôle d'ailleurs — et la gloire est le résultat de l'adaptation d'un esprit à la sottise nationale.

Journaux intimes, **BAUDELAIRE.**

Les dictateurs naissent dans les maisons où l'on n'ose pas donner un ordre à la bonne.

Le Paradis à l'ombre des épées (Gallimard), **Henry de MONTHERLANT.**

dictature

Les dictatures sont un grand effort manqué des peuples pour échapper au dégoût, à ce désœuvrement de l'âme.

Nous autres Français (Gallimard), **Georges BERNANOS.**

La dictature est la forme la plus complète de la jalousie.

Technique du Coup d'État, trad. J. Bertrand (Grasset), **Curzio MALAPARTE.**

dieu

Dieu est trop parfait pour pouvoir penser à autre chose qu'à lui-même.

Éthique à Eudème, **ARISTOTE.**

Dieu est un scandale — un scandale qui rapporte.

Dieu est le seul être qui, pour régner, n'aie même pas besoin d'exister.

Journaux intimes, **Charles BAUDELAIRE.**

La plupart des femmes se donnent à Dieu quand le diable n'en veut plus.

Le Livre de Chevet (G. Crès et Cie), **BIENSTOCK et CURNONSKY.**

Dieu est d'ordinaire pour les gros escadrons contre les petits.

Correspondance, **BUSSY-RABUTIN.**

J'ai expédié Dieu par besoin de recueillement, je me suis débarrassé d'un dernier fâcheux.

Syllogismes de l'Amertume (Gallimard), **E.-M. CIORAN.**

Il n'est pas étonnant que ses adorateurs lui restent fidèles; ils ne le voient jamais.

Pensées d'une Amazone (Émile-Paul), **Natalie CLIFFORD BARNEY.**

Demandez à Napoléon Landais ce que c'est Dieu, il vous répondra que c'est une diphtongue.

Pensées d'un Emballeur, **COMMERSON.**

Le Dieu des chrétiens est un père qui fait grand cas de ses pommes et fort peu de ses enfants.

Il y a des gens dont il ne faut pas dire qu'ils craignent Dieu, mais bien qu'ils en ont peur.

Pensées philosophiques, **DIDEROT.**

Lorsque Dieu, dont nous tenons la raison, en exige le sacrifice, c'est un faiseur de tours de gibecière qui escamote ce qu'il a donné.

Addition aux Pensées philosophiques, **DIDEROT.**

L'homme n'a fait qu'inventer Dieu pour vivre sans se tuer : voilà le résumé de l'histoire universelle jusqu'à ce moment.

Les Possédés, **DOSTOÏEVSKI.**

Un Dieu qui aurait constamment les qualités d'un honnête homme ou d'un souverain débonnaire ne conviendrait nullement à ses ministres.

Remarques sur le bon sens, **d'HOLBACH.**

Enfer chrétien, du feu. Enfer païen, du feu. Enfer mahométan, du feu. Enfer hindou, des flammes. A en croire les religions, Dieu est né rotisseur.

Victor HUGO.

Pour que Dieu soit complice, il suffit qu'il soit témoin.

Victor HUGO.

Je crois au Dieu qui a fait les hommes, et non au Dieu que les hommes ont fait.

Alphonse KARR.

L'idée que Dieu est amour, dans le sens qu'il est toujours le même, est si abstraite qu'au fond elle équivaut au scepticisme.

Journal, trad. K. Ferlov et J.-J. Gateau (Gallimard),
Soeren KIERKEGAARD.

Il n'y a que Dieu qui ait le droit de tuer son semblable.

Eugène LABICHE.

Dieu créa l'homme à son image, dit la Bible, les philosophes font le contraire, ils créent Dieu à la leur.

Aphorismes, trad. Marthe Robert (C. F. L.), **G. C. LICHTENBERG.**

Des hommes qui ne croient plus à rien écrivent de doctes volumes sur des dieux qui n'ont jamais existé. Cela fait partie du galimatias de la culture. Il suffit d'être très fort à ce jeu : on finit par décrocher son fauteuil académique, où l'on demeure tranquillement, à dégénérer en chimpanzé de tout poil.

> *Le Colosse de Maroussi* (Éd. du Chêne), **Henri MILLER.**

On dit fort bien que si les triangles faisaient un dieu, ils lui donneraient trois côtés.

> *Lettres persanes*, **MONTESQUIEU.**

Dieu est une sphère infinie, dont le centre est partout, la circonférence nulle part.

> *Pensées*, **Blaise PASCAL.**

Quand Dieu se tait, on peut lui faire dire ce que l'on veut.

> Nasty in *Le Diable et le Bon Dieu* (Gallimard), **Jean-Paul SARTRE.**

Prenez garde à l'homme dont le dieu est dans les cieux.

> *L'Esprit de Bernard Shaw*, cit. Léon Treich (Gallimard), **G. B. SHAW.**

On raconte que Dieu a créé l'homme à son image. Il nous a donné là une faible idée de ses charmes. Toutes les fois que je rencontre N... qui est bas de ventre, court-jambé, avec une tête piriforme et des aubergines pour mains, j'ai envie de lui dire : « Est-ce que vous n'avez pas honte de représenter la divinité de cette façon-là ? »

> *Monsieur du Paur, homme public* (Émile-Paul), **Paul-Jean TOULET.**

Si Dieu nous a fait à son image, nous le lui avons bien rendu.

> *Le Sottisier*, **VOLTAIRE.**

dieux

Les dieux n'ont pas de sentiments. Ils savent ce qui doit arriver et ils le font comme il se doit — ils sont utilitaires.

> *Le Métier de vivre*, trad. Michel Arnaud (Gallimard), **Cesare PAVESE.**

C'est la destinée de l'homme que de se faire des dieux toujours plus croyables où il croira de moins en moins.

> *Pensées d'un Biologiste* (Stock), **Jean ROSTAND.**

dignité

Il est remarquable que lorsqu'on se trouve avoir affaire à des ennemis fanatiques de la société bourgeoise, leur dignité ne les empêche pas d'accepter les pourboires : elle leur défend seulement de remercier.

> *L'Argent* (Hachette), **Abel BONNARD.**

La mobilité excessive empêche la souveraine dignité. Pour présider, d'abord s'asseoir.

> *Au Grand Saint-Christophe*, trad. M. et Mme Tissier de Mallerais (Corréa), **Eugenio d'ORS.**

Il arrive que des gens intelligents ont de la dignité, mais les imbéciles n'en manquent jamais.

Conjectures et nouvelles Conjectures (Armand Huart), **Hector TALVART.**

dilettante

Certains critiques m'ont reproché l'éclectisme de mes goûts et m'ont appelé dilettante, parce que je n'exige que de moi-même les qualités qu'ils n'exigent que d'autrui.

— *Les Dix Romans français que...* (Gallimard), **André GIDE.**

dîner

La raison nous conseille de dîner le moins possible dans les maisons où le personnel n'est pas traité avec égards.

Le crachat constituant la représaille instinctive du domestique mécontent, on n'y mange que des crachats accommodés à toutes les sauces, et le repas qui vous est offert manque ainsi au premier de ses devoirs : la variété des mets.

La Philosophie de Georges Courteline (Flammarion), **Georges COURTELINE.**

diplomate

Les diplomates trahissent tout, excepté leurs émotions.

Victor HUGO.

diplomatie

La diplomatie est la police en grand costume.

Napoléon BONAPARTE.

De l'incurie diplomatique, cela nous fait l'effet de simples fautes d'orthographe sur du papier à tranches d'or. Regardez mieux. De plus près, c'est du sang humain.

La Dentelle du Rempart (Grasset), **Charles MAURRAS.**

dire

Il y a mille moyens de dire ce qu'on pense et un seul de dire ce qui est.

Carnets, **Joseph JOUBERT.**

Quand quelqu'un dit : Je me tue a vous le dire! laissez-le mourir!

Spectacle (Gallimard), **Jacques PRÉVERT.**

Quand, dans ce monde, un homme a quelque chose à dire, la difficulté n'est pas de le lui faire dire, mais de l'empêcher de le dire trop souvent.

César et Cléopâtre, trad. A. et H. Hamon (Aubier), **G. B. SHAW.**

discours

Il est évident que le discours long et le discours bref aboutissent au même.

ÉPICURE.

On peut constater combien le cercle de la vie est grand à ceci, d'une part, que l'humanité déborde de discours du plus loin qu'elle se souvienne, et que, d'autre part, le discours n'est possible que là où l'on veut mentir.

Préparatifs de Noce à la Campagne, trad. Marthe Robert (Gallimard), **Franz KAFKA.**

Les discours des hommes ne sont que des masques qu'ils appliquent sur leurs actions.

Filosofia Nova, **STENDHAL.**

discret

... les gens discrets qu'on trouve quand on va les chercher et qui se font oublier le reste du temps...

A la recherche du temps perdu (Gallimard), **Marcel PROUST.**

discrétion

Il n'y a ni discrets, ni indiscrets. Les uns redisent tout de suite ce qu'on leur a conté, les autres le répètent plus tard, et tous inventent ce qu'on ne leur a pas dit.

Donc... (Sagittaire), **Henri de RÉGNIER.**

dissimulation

La science du plus grand usage est l'art de dissimuler.

L'Homme de Cour, prés. André Rouveyre (Grasset), **Baltasar GRACIAN.**

La dissimulation d'un roi ne doit aller que jusqu'au silence.

Cit. *Stanislas Leckzinski*, **LOUIS XVI.**

Dissimuler, vertu de roi et de femme de chambre.

Le Sottisier, **VOLTAIRE.**

distance

Si un homme me tient à distance, ma consolation est qu'il s'y tient aussi.

Instructions aux Domestiques, **Jonathan SWIFT.**

divorce

Le divorce est si naturel que, dans plusieurs maisons, il couche toutes les nuits entre les deux époux.

Pensées, Maximes et Anecdotes, **CHAMFORT.**

Le divorce est le sacrement de l'adultère.

> *Journal de Paris*, février 1797, **Jean-François GUICHARD.**

Avant de divorcer, examine bien si ton divorce laissera ta richesse intacte. S'il doit la réduire, abstiens-toi. Mieux vaut être cocu que pauvre.

> *Les Douze Douzains du Négoce* (Mercure de France), **René LOBSTEIN.**

doctrine

Toute doctrine traverse trois états : on l'attaque d'abord, en la déclarant absurde; puis on admet qu'elle est vraie, évidente, mais insignifiante. On reconnaît enfin sa véritable importance et ses adversaires revendiquent l'honneur de l'avoir découverte.

> *Florilège de la Culture française* (Debresse), cit. J. Pascal, **William JAMES.**

Toute doctrine se présente nécessairement comme une affaire plus avantageuse que les autres. Elle dépend donc des autres.

> *Tel quel* (Gallimard), **Paul VALÉRY.**

domestique

Aux vertus qu'on exige dans un domestique, Votre Excellence connaît-elle beaucoup de maîtres qui fussent dignes d'être valets?

> *Le Barbier de Séville*, **BEAUMARCHAIS.**

donner

Donnez de l'argent, n'en prêtez pas. Donner ne fait que des ingrats, prêter fait des ennemis.

> **Alexandre DUMAS fils.**

Ne dis pas que tu veux donner : donne. Jamais tu ne satisferas une attente.

> *Maximes et Réflexions*, trad. G. Bianquis (Gallimard), **GŒTHE.**

Donne à Dieu ce qui est à Dieu et à César ce qui est à César! — Il ne s'agit là que de donner et non de prendre.

> *Pensées*, **Henri HEINE.**

Ne rien promettre, et donner en disant que l'on refuse.

> *Carnets* (Gallimard), **Henry de MONTHERLANT.**

Donner est une passion, presque un vice. La personne à qui nous donnons nous devient nécessaire.

> *Le Métier de vivre*, trad. Michel Arnaud (Gallimard), **Césare PAVESE.**

Donner n'est pas ce que nous donnons, mais ce que nous aimerions donner, mais cela, nous ne le donnons jamais, car nous ne le possédons pas.

> *Voix*, trad. Roger Caillois (Lévis-Mano), **Antonio PORCHIA.**

S'il était possible de donner sans perdre, il se trouverait encore des hommes inaccessibles.

Réflexions et Maximes, **VAUVENARGUES.**

dormir

Il n'y a qu'une seule chose au monde qui puisse véritablement bien dormir — c'est un cadavre. Il y en aurait deux si l'honnête homme existait.

Sans titre, **Xavier FORNERET.**

Dormir, c'est regarder un point.

Papiers posthumes (Au Sans-Pareil), **Jacques RIGAUT.**

douceur

Quand tu rencontres la douceur, sois prudent, n'en abuse pas, prends garde de ne pas démasquer la violence.

En vrac (Éd. du Rocher), **Pierre REVERDY.**

douleur

La douleur est l'auxiliaire de la création.

Pages de Léon Bloy, choisies par Raïssa Maritain (Mercure de France),
Léon BLOY.

Que nos douleurs seraient supportables, s'il n'y avait pas les joies des voisins.

Notre-Dame de la Sagesse (Grasset), **Pierre DOMINIQUE.**

Dans le christianisme, l'homme parvient à la conscience de son esprit par la douleur; la maladie spiritualise même les animaux.

Pensées, **Henri HEINE.**

Lorsqu'on soutenait au père Malebranche que les animaux étaient sensibles à la douleur, il répondait en plaisantant qu'apparemment ils avaient mangé du foin défendu.

De l'Esprit, **HELVÉTIUS.**

La douleur est un aussi puissant modificateur de la réalité que l'ivresse.

Albertine disparue (Gallimard), **Marcel PROUST.**

La dent cruelle de la douleur n'est jamais plus venimeuse que lorsqu'elle mord sans déchirer la plaie.

Richard II, **William SHAKESPEARE.**

La douleur est le grand peintre des portraits. Il est bien rare que le modèle aime son peintre.

Valeurs (Grasset), **André SUARÈS.**

On dirait que la douleur donne à certaines âmes une espèce de conscience. C'est comme aux huîtres le citron.

Il faut à la douleur bien de la sincérité pour qu'elle ne soit pas flattée secrètement d'être en spectacle.

Les Trois Impostures (Émile-Paul), **P.-J. TOULET.**

Toute douleur qui ne détache pas est de la douleur perdue.

La Pesanteur et la Grâce (Plon), **Simone WEIL.**

doute

Le doute est en effet un état de balancement ou une espèce d'équilibre où les enfants ne peuvent pas se tenir.

Carnets, **Joseph JOUBERT.**

Le doute est un hommage rendu à l'espoir. Ce n'est pas un hommage volontaire. L'espoir ne consentirait pas à n'être qu'un hommage.

Poésies, **Comte de LAUTRÉAMONT.**

Le doute, pour l'homme mortel dont la vue est si bornée, qu'est-ce autre chose que l'étendue de l'esprit.

Rodolphe TÖPFFER.

douter

Douter de tout ou tout croire, ce sont deux solutions également commodes qui l'une et l'autre nous dispensent de réfléchir.

La Science et l'Hypothèse (Flammarion), **Henri POINCARÉ.**

dramaturge

Les auteurs dramatiques qui veulent plaire doivent donner soixante-dix ans aux maris bernés et soixante-cinq ans aux soupirants évincés.

L'Homme (Hachette), **Henri DUVERNOIS.**

On vante l'auteur dramatique qui s'entend à vous arracher des larmes — talent que possède également le plus misérable des oignons. L'un et l'autre ont en partage une même gloire.

Pensées, **Henri HEINE.**

drame

Les drames sont les tragédies des femmes de chambre.

Napoléon BONAPARTE.

drapeau

Un drapeau qu'on cache dans sa poche, ce n'est pas un drapeau, c'est un mouchoir.

Émile de GIRARDIN.

droit

Le droit est la plus puissante des écoles de l'imagination. Jamais poète n'a interprété la nature aussi librement qu'un juriste la réalité.

La Guerre de Troie n'aura pas lieu (Grasset), **Jean GIRAUDOUX.**

Le droit ne commence à dater que du moment où l'on détient la force nécessaire pour le faire respecter.

Aphorismes du Temps présent (Flammarion), **Gustave LEBON.**

Le droit est le jugement de valeur qu'une force porte sur une force moins forte qu'elle.

Carnets (Gallimard), **Henry de MONTHERLANT.**

Le droit est si absurde que la plus cultivée des sciences, qui sert de métier à quatre ou cinq millions d'hommes dans le monde, se consacre entièrement à l'éluder.

Voici l'Homme (Albin Michel), **André SUARÈS.**

Quand le droit n'est pas la force, il est le mal.

Intentions (Stock), **Oscar WILDE.**

duel

Nous déclarons coupables et infâmes deux hommes qui se battent avec un fer long de trois pouces; mais si le fer a trois pieds, le combat devient honorable.

Joseph de MAISTRE.

durer

Toute pensée qui dure est contradiction. Tout amour qui dure est haine.
Toute sincérité qui dure est mensonge. Toute justice qui dure est injustice.
Tout bonheur qui dure est malheur.

Le Livre de Monelle (Stock), **Marcel SCHWOB.**

comme Expérience

eau

L'eau est une flamme mouillée.

Maximes inédites, trad. G. Claretie (Stock), **NOVALIS.**

école

Des voiles, sans doute, pendent au seuil des écoles de grammaire; mais ils couvrent moins la profondeur d'un mystère que la vanité d'une erreur.

Les Confessions, **SAINT AUGUSTIN.**

économie

Je ne connais aucune exception à cette règle, qu'il est moins coûteux d'acheter son lait que d'avoir une vache.

Ainsi va toute chair, trad. Valery Larbaud (Gallimard), **Samuel BUTLER.**

Les femmes aiment beaucoup à économiser… dans leurs prodigalités.

Aphorismes et Réflexions, **Friedrich HEBBEL.**

J'ai connu une femme si économe en toutes choses, qu'en faisant l'amour, elle regardait à sa jouissance.

Passe-Temps (Mercure de France), **Paul LÉAUTAUD.**

économiste

Les économistes sont des chirurgiens qui ont un excellent scalpel et un bistouri ébréché, opérant à merveille sur le mort et martyrisant le vif.

Pensées, Maximes et Anecdotes, **CHAMFORT**.

écouter

Écouter est une politesse qu'un homme d'esprit fait souvent à un sot ; mais que celui-ci ne lui rend jamais.

La Revue pour Tous, mars 1868, **Docteur GRÉGOIRE**.

Il disait de A : « Il n'entend pas ce qu'on lui dit à force d'écouter ce qu'il va dire. »

Donc... (Sagittaire), **Henri de RÉGNIER**.

écrire

La moitié de ce que nous écrivons est nuisible, l'autre moitié est inutile.

Notes d'album (G. Crès et Cie), **Henry BECQUE**.

Le canon a tué la féodalité. L'encre tuera la société moderne.

Napoléon BONAPARTE.

Ce n'est pas ma faute, si, en écrivant, mon stylo se transforme en scalpel.

Peau d'Ours (Gallimard), **Henri CALET**.

En général, je ne commence un livre que lorsqu'il est écrit.

Propos d'Art et de Cuisine. Cas de Conscience, **Alexandre DUMAS**, père.

Il ne suffit pas, pour écrire, d'attirer l'attention et de la retenir. Il faut encore la satisfaire.

Carnets, **Joseph JOUBERT**.

C'est une triste invention que l'écriture, l'ubiquité qu'elle donne aux personnes. Tel Monsieur, s'il ne savait pas à peu près écrire, serait simplement bête à Pékin ; tandis que par une seule lettre, il est bête à la fois à Pékin et à Paris.

Alphonse KARR.

Très tôt dans ma jeunesse, je ne pouvais comprendre comment on s'y prenait pour écrire un livre, ce que je saisis très bien à présent ; par contre, je ne conçois pas maintenant qu'on puisse en avoir envie.

Journal, Extraits, 1834-1846 (Gallimard), **Soeren KIERKEGAARD**.

Écrire, c'est mentir. Mentir est peut-être trop fort. Écrire, c'est fausser. Être exact, c'est bien rare. Toujours on est au-dessus ou au-dessous.

Propos d'un Jour (Mercure de France), **Paul LÉAUTAUD**.

Il ne faut pas mettre du vinaigre dans ses écrits, il faut y mettre du sel.

Cahiers (Grasset), **MONTESQUIEU.**

Je n'ai fait celle-ci plus longue que parce que je n'ai pas eu le loisir de la faire plus courte.

Les Lettres provinciales, **Blaise PASCAL.**

Il faut pour bien écrire que la nécessité intervienne; le libre choix paralyse.

Journal (Grasset), **C. F. RAMUZ.**

Écrire, c'est une façon de parler sans être interrompu.

Journal (Gallimard), **Jules RENARD.**

Il faut écrire le plus possible comme on parle et ne pas trop parler comme on écrit.

Les Cahiers, **SAINTE-BEUVE.**

Il fut un temps où les bêtes parlaient, aujourd'hui elles écrivent.

Aurélien SCHOLL.

Il ne faut écrire qu'au moment où chaque fois que tu trempes ta plume dans l'encre un morceau de ta chair reste dans l'encrier.

Mémoires d'Alexandre Golden Veiser, trad. Wladimir Pozner (Comœdia),
Léon TOLSTOÏ.

L'art d'écrire n'est qu'une constante contre les mots triviaux et contre les mots nobles.

Gens de Qualité (Plon), **Fernand VANDEREM.**

écrivain

L'écrivain calcule ses effets pour ses livres, comme le comédien pour la scène, et ceux-là parmi les écrivains qui passent pour les plus inspirés sont ceux dont le calcul est le plus rapide mais n'en est pas moins du calcul.

Littérature épistolaire (Lemerre), **BARBEY D'AUREVILLY.**

Les grands écrivains sont des radoteurs estimés.

Napoléon BONAPARTE.

Banqueter en souvenir de nos grands écrivains est notre manière de les honorer; ils ont pensé pour nous, nous mangeons pour eux.

Almanach des Lettres françaises et étrangères, 31 mars 1924 (G. Crès et Cie),
Ferdinand BRUNETIÈRE.

La plupart des faiseurs de recueils de vers ou de bons mots ressemblent à ceux qui mangent des cerises ou des huîtres, choisissant d'abord les meilleures et finissant par tout manger.

Les gens de lettres aiment ceux qu'ils amusent, comme les voyageurs aiment ceux qu'ils étonnent.

Pensées, Maximes, Anecdotes, **CHAMFORT.**

Les sources d'un écrivain, ce sont ses hontes; celui qui n'en découvre pas en soi, ou s'y dérobe, est voué au plagiat ou à la critique.

Syllogismes de l'Amertume (Gallimard), **E.-M. CIORAN.**

Les grands écrivains n'ont jamais été faits pour subir la loi des grammairiens, mais pour imposer la leur et non pas seulement leur volonté, mais leur caprice.

Positions et Propositions (Gallimard), **Paul CLAUDEL.**

Il se prépara un grand vocabulaire et attendit toute sa vie une idée.

Pensées d'une Amazone (Émile-Paul), **Natalie CLIFFORD BARNEY.**

Les littérateurs font semblant de croire que l'oreille et l'œil jouissent dans la musique et dans la peinture comme le palais dans l'action de manger et de boire.

Journal intime, **Eugène DELACROIX.**

Il y a des écrivains dont tout le talent ne fait jamais rêver au-delà de ce qu'ils écrivent. Leur phrase emplit l'oreille d'une fanfare, c'est tout.

Journal (Flammarion-Fasquelle), **E. et J. de GONCOURT.**

Serait-il vraiment trop étrange qu'on classât les littérateurs d'après leurs parfums? Ceux qui sentent le tabac, ceux qui sentent l'oignon, etc...

Pensées, **Henri HEINE.**

Les écrivains médiocres rendent leurs idées, mais ne les expriment pas.

HÉRAULT DE SÉCHELLES.

Les vrais grands écrivains sont ceux dont la pensée occupe tous les recoins de leur style.

Victor HUGO.

L'individualité la plus répandue parmi les écrivains ne consiste-t-elle pas en ceci que chacun a une manière tout à fait particulière de cacher ce qu'il a de mauvais.

Journal, trad. Marthe Robert (Grasset), **Franz KAFKA.**

Le nombre des écrivains est déjà innombrable et ira toujours croissant, parce que c'est le seul métier avec l'art de gouverner, qu'on ose faire sans l'avoir appris.

Alphonse KARR.

Un écrivain est essentiellement un homme qui ne se résigne pas à la solitude. Chacun de nous est un désert.

Dieu et Mammon (Éd. du Siècle), **François MAURIAC.**

Comme la plupart de ceux qui ont peu de choses à dire, il était orateur, la plume à la main.

La Carrière de Beauchamp (Gallimard), **George MEREDITH.**

Il en est des hommes de lettres comme des politiciens; il est de leur intérêt que l'on parle d'eux, même en mal.

L'Écrivain (Hachette), **Pierre MILLE.**

Il est dangereux de passer trop tôt pour écrivain de bon sens, c'est le privilège des médiocrités mûres.

Théâtre, **Gérard de NERVAL.**

On devrait considérer un écrivain comme un malfaiteur, qui ne mérite que dans les cas les plus rares son acquittement ou sa grâce : ce serait un remède contre l'envahissement des livres.

Humain, trop humain, trad. A.-M. Desrousseaux (Mercure de France), **NIETZSCHE.**

Il y en a qui ne disent rien, mais le disent bien; il y en a d'autres qui disent beaucoup mais le disent mal. Les pires sont ceux qui ne disent rien et le disent mal.

Visages découverts, trad. Georges Petit (Ch. Bessart), **Giovanni PAPINI.**

Il est des écrivains profonds à la manière des puits : au fond de tous deux, il n'y a que de l'eau claire.

Jules PETIT-SENN.

Un homme habitué à écrire écrit aussi sans idées, comme un vieux médecin nommé Bouvard, qui tâtait le pouls à son fauteuil en mourant.

Fragments et Pensées littéraires (Mercure de France), **RIVAROL.**

A peine a-t-on publié un livre, on n'a qu'un souci : l'effacer, le faire oublier par le suivant. Une carrière d'écrivain est une succession d'amendes honorables.

Ignace ou l'Écrivain (Fasquelle), **Jean ROSTAND.**

L'écrivain qui veut savoir comment il doit se conduire envers la postérité n'a qu'à considérer qu'il est bien aise de trouver dans les vieux livres et ce qu'il regrette qu'on y ait mis.

Instructions aux Domestiques, **Jonathan SWIFT.**

Quel littérateur ne quitterait pas une femme pour avoir le droit de raconter ses amours avec elle.

Tablettes d'un Cynique (Éd. Société Nouvelle), **Louis THOMAS.**

Écrivains, ceux pour qui une phrase n'est pas un acte inconscient, analogue à la manducation et à la déglutition d'un homme pressé qui ne sent pas ce qu'il mange.

Littérature (Giraud-Badin), **Paul VALÉRY.**

éducation

Comment se fait-il que les petits enfants étant si intelligents, la plupart des hommes soient si bêtes? Ça doit tenir à l'éducation!

L'Esprit d'Alexandre Dumas, cit. Léon Treich (Gallimard),
Alexandre DUMAS, fils.

L'éducation qu'on donne aux filles leur rend plus facile de charmer dix amants que d'enchaîner un mari. On leur enseigne à faire des trébuchets pour prendre les oiseaux, mais non à faire des cages pour les retenir.

Alphonse KARR.

L'éducation peut tout : elle fait danser les ours.

LEIBNIZ.

L'homme doit être élevé pour la guerre et la femme pour le repos du guerrier : tout le reste est sottise.

Ainsi parlait Zarathoustra, trad Maurice Betz (Gallimard), **NIETZSCHE.**

Ce n'est pas l'éducation des enfants, c'est celle des poètes qui se fait à coups de gifles.

Le Temps retrouvé (Gallimard), **Marcel PROUST.**

Par toute son éducation, par tout ce qu'il voit et entend autour de lui, l'enfant absorbe une telle somme de mensonges et de sottises, mélangés à des vérités essentielles, que le premier devoir de l'adolescent qui veut être un homme sain est de tout dégorger.

Jean-Christophe (Albin Michel), **Romain ROLLAND.**

Nous acquérons par l'éducation des connaissances éphèmères et des répugnances tenaces.

Pensées d'un Biologiste (Stock), **Jean ROSTAND.**

L'éducation est une chose admirable, mais il est bon de se souvenir de temps en temps que rien de ce qui est digne d'être connu ne peut s'enseigner.

Intentions (Stock), **Oscar WILDE.**

effronterie

L'effronterie... il n'y a que cela dans une société qui repose tout entière sur deux conventions tacites : *primo*, accepter les gens pour ce qu'ils paraissent; *secundo*, ne pas voir à travers les vitres, tant qu'elles ne sont pas cassées.

Les Effrontés, **Émile AUGIER.**

égalité

L'égalité devant la loi ne prouve qu'une chose, c'est qu'il n'y en a pas d'autres.

Disjecta Membra, **BARBEY D'AUREVILLY.**

L'égalité, la seule égalité en ce monde, l'égalité devant l'asticot.

Souvenirs entomologiques (Delagrave), **J.-H. FABRE.**

Il y a en France un principe fort ridicule et qui est vivement enraciné, c'est que l'égalité consiste à ce que chacun puisse prétendre à tout.

Correspondance et relations avec Bonaparte, **J. FIÉVÉE.**

Dans le règne de l'égalité, et il approche, on écorchera vif tout ce qui ne sera pas couvert de verrues.

Gustave FLAUBERT.

La soif d'égalité n'est souvent qu'une forme avouable du désir d'avoir des inférieurs et pas de supérieurs.

Aphorismes du Temps présent (Flammarion), **Gustave LEBON.**

L'égalité civile et politique n'est qu'un aveu d'impuissance, l'impuissance à classer les mérites.

Pensées errantes (Figuière), **J.-H. ROSNY, aîné.**

Les Français sont satisfaits à peu de frais, un peu de familiarité dans leurs manières leur semble de l'égalité.

Journal intime, **Alfred de VIGNY.**

En ayant bien dans le cœur que tous les hommes sont égaux, et dans la tête, que l'extérieur les distingue, on peut se tirer d'affaire dans le monde.

VOLTAIRE.

église

J'ai toujours été étonné qu'on laissât les femmes entrer dans les églises. Quelle conversation peuvent-elles avoir avec Dieu?

Journaux intimes, **Charles BAUDELAIRE.**

N'est-il pas bien étrange que le peuple français prie Dieu en latin? Que dirait-il si on le prêchait dans la même langue?.

Vœux d'un Solitaire, **BERNARDIN DE SAINT-PIERRE.**

L'Église est vraiment bien charitable; elle donne des indulgences, dont elle a tant besoin.

Broussailles de la pensée de la famille de sans titre, **Xavier FORNERET.**

Ce n'est pas parce qu'on prêche dans les églises que les paratonnerres y sont inutiles.

Aphorismes, trad. Marthe Robert (C. F. L.), **G. C. LICHTENBERG.**

égoïsme

L'égoïsme, ce gros ventru, cette citrouille qui prend toute la plate-bande.

Les Ridicules du Temps, **BARBEY D'AUREVILLY.**

Elle ne cherchait pas le plaisir d'autrui. Elle s'enchantait égoïste-ment du plaisir de faire plaisir.

L'Invitée (Gallimard), **Simone de BEAUVOIR.**

Nul n'est moins disposé qu'un égoïste à tolérer l'égoïsme qui partout lui suscite d'intraitables concurrents.

Auguste COMTE.

C'est un sentiment qui m'est commun avec tous les mortels : je ne rougis pas d'avouer que ma personne m'est très chère.

Cresphonte, **EURIPIDE.**

L'égoïsme aspire à la solitude pour échapper à la dépendance.

Pensées choisies, **LACORDAIRE.**

Il y a des gens si remplis d'eux-mêmes que lorsqu'ils sont amoureux, ils trouvent moyen d'être occupés de leur passion sans l'être de la personne qu'ils aiment.

Réflexions ou Sentences et Maximes morales, **LA ROCHEFOUCAULD.**

L'égoïsme, il n'y a que ça. Ça vous conserve un homme comme la glace conserve la viande.

Le Pour et le Contre, cit. Tribouillois et Rousset (Publ. Payrus), **J. MARNI.**

L'égoïsme est cette loi de la perspective du sentiment d'après laquelle les choses les plus proches sont les plus grandes et les plus lourdes alors que toutes celles qui s'éloignent diminuent de taille et de poids.

Le Gai Savoir, trad. A. Vialatte (Gallimard), **NIETZSCHE.**

L'égoïsme inspire une telle horreur que nous avons inventé la politesse pour le cacher, mais il perce à travers tous les voiles et se trahit en toute rencontre.

La Morale, trad. J. Bourdeau (Alcan), **SCHOPENHAUER.**

Bien des gens seraient capables de tuer un homme pour prendre la graisse du mort et en frotter leurs bottes.

Pensées et Fragments, trad. J. Bourdeau (Alcan), **SCHOPENHAUER.**

Un égoïsme radical et raisonné n'est pas à la portée de tout le monde, lequel est médiocre en ceci même, comme en tout.

Mauvaises Pensées et autres (Gallimard), **Paul VALÉRY.**

Quand nous regardons chez les autres « notre instinct de conservation », nous l'appelons égoïsme.

Almanach des Lettres françaises et étrangères, 22 avril 1924 (G. Crès et Cie), **Miguel ZAMACOIS.**

égoïste

L'égoïste vit dans l'horizon le plus étroit mais il le remplit.

Pensées, Maximes, Réflexions, **Comte de BELVÈZE.**

Égoïste (n). Celui qui n'a pas la moindre considération pour l'égoïsme d'autrui.

Le Dictionnaire du Diable, trad. Jacques Papy (Éd. Les Quatre Jeudis), **Ambrose BIERCE.**

Quelqu'un disait d'un homme très personnel : il brûlerait votre maison pour se faire cuire deux œufs.

Pensées, Maximes et Anecdotes, **CHAMFORT**.

Un égoïste... un homme qui ne pense pas à moi.

Eugène LABICHE.

L'égoïste s'attendrit à l'aspect d'un naufrage en songeant qu'il aurait pu se trouver sur le navire.

Jules PETIT-SENN.

Le véritable égoïste accepte même que les autres soient heureux, s'ils le sont à cause de lui.

Journal (Gallimard), **Jules RENARD**.

Ce sont les déserts qui ont le plus soif d'une eau qui court, et les égoïstes d'être chéris.

Les Trois Impostures (Émile-Paul), **Paul-Jean TOULET**.

égotisme

Même dans la vie courante, l'égotisme n'est pas sans attraits. Quand les gens nous parlent des autres, ils sont d'habitude ennuyeux. Quand ils parlent d'eux-mêmes, ils sont presque toujours intéressants, et si l'on pouvait, quand ils nous fatiguent, les enfermer comme on le fait d'un livre dont on est las, ils seraient parfaits, absolument.

Intentions (Stock), **Oscar WILDE**.

élégance

L'effet le plus essentiel de l'élégance est de cacher les moyens. Tout ce qui révèle une économie est inélégant.

Honoré de BALZAC.

Rien ne me signifie autant l'élégance que le caleçon troué d'un milliardaire.

Papiers posthumes (Au Sans-Pareil), **Jean RIGAUT**.

élégie

... L'élégie est aussi essentiellement lymphatique que le dithyrambe est bilieux.

Le Père Goriot, **Honoré de BALZAC**.

éloge

... Sans la liberté de blâmer, il n'est point d'éloge flatteur; et qu'il n'y a que les petits hommes qui redoutent les petits écrits.

Le Mariage de Figaro, **BEAUMARCHAIS**.

On dit que l'éloge vaniteux que l'on se donne à soi-même sent mauvais; c'est fort possible, mais pour juger de l'odeur qu'exhale le blâme injuste d'autrui, le public n'a pas de nez.

Maximes et Réflexions, trad. G. Bianquis (Gallimard), **GŒTHE**.

On fait l'éloge d'un homme en disant qu'il est humain et d'une femme en disant qu'elle est inhumaine.

Victor **HUGO.**

J'ai plus piqué et plus ulcéré de gens par mes éloges que d'autres n'auraient fait par des injures.

Mes Poisons, **SAINTE-BEUVE.**

Ce qu'il y a de déplaisant dans les éloges donnés à certains autres, c'est la pensée que demain, on nous les resservira peut-être et sans avoir seulement pris la peine de les essuyer.

Gens de Qualité (Plon), **Fernand . VANDEREM.**

éloquence

Il y a plus de logiciens que d'hommes éloquents, j'entends, vraiment éloquents. L'éloquence n'est que l'art d'embellir la logique.

DIDEROT.

Tout penseur qui voudra devenir orateur, tout homme d'esprit et de cœur qui voudra se faire éloquent et être éloquent, remuer les masses, dominer les assemblées, agiter les empires, avec sa parole, n'aura qu'à passer de la région des idées dans le domaine des lieux communs.

Carnets, **Victor HUGO.**

Le style oratoire a souvent les inconvénients de ces opéras dont la musique empêche d'entendre les paroles : ici les paroles empêchent de voir les pensées.

Carnets, **Joseph JOUBERT.**

Le peuple appelle éloquence la facilité que quelques-uns ont de parler seuls et longtemps, jointe à l'emportement du geste, à l'éclat de la voix et à la force des poumons.

Les Caractères, **LA BRUYÈRE.**

L'éloquence mielleuse et acérée est comme un rasoir qu'on a huilé et aiguisé.

Instructions aux Domestiques, **Jonathan SWIFT.**

Pour être éloquent, il faut parler un bon moment. Mieux vaut ne pas parler que d'être bref.

Les Douze Douzains du Négoce (Mercure de France), **René LOBSTEIN.**

Qui a possédé jusqu'ici l'éloquence la plus convaincante? Le tambour : tant que les rois peuvent lui commander, ce sont eux qui restent les meilleurs orateurs et les meilleurs agitateurs populaires.

Le Gai Savoir, trad. A. Vialatte (Gallimard), **NIETZSCHE.**

élu

Un élu, c'est un homme que le doigt de Dieu coince contre un mur.

Heinrich in *Le Diable et le Bon Dieu* (Gallimard), **Jean-Paul SARTRE.**

embrasser

Quand deux hommes s'embrassent sans s'aimer, ils ne sont jamais plus proches de répandre leur sang.

LACORDAIRE.

émeute

Quand les journaux disent qu'il y a une émeute quelque part, les bourgeois et les ouvriers vont voir l'émeute, les gendarmes s'y transportent pour la réprimer; ceux-ci prennent les curieux pour l'émeute, et les bousculent; les curieux s'irritent et se défendent, et l'émeute se constitue.

Alphonse KARR.

émigré

Émigré : Un mari qui a divorcé, sous prétexte qu'il avait tous les torts.

Le Carnaval du Dictionnaire (Calmann-Lévy), **Pierre VÉRON.**

émotion

Nos émotions les plus hautes sont mortes. Nous sommes réduits à les simuler.

Défense de Lady Chatterley, trad. J. Benoist-Méchin (Gallimard),
D. H. LAWRENCE.

Nos émotions sont dans nos mots comme des oiseaux empaillés.

Carnets (Gallimard), **Henry de MONTHERLANT.**

Seuls les faibles mettent des années à s'affranchir d'une émotion. Celui qui est maître de soi peut étouffer un chagrin aussi aisément qu'inventer un plaisir.

Le Portrait de Dorian Gray, trad. E. Jaloux et F. Frapereau (Stock),
Oscar WILDE.

emploi

Quand on a le physique d'un emploi, on en a l'âme.

Mont-Oriol (Albin Michel), **Guy de MAUPASSANT.**

emprunteur

Généralement les emprunteurs, dans leurs cas les plus désespérés, s'adressent aux personnes qui leur ont déjà plusieurs fois rendu service, non seulement parce qu'ils comptent sur leur bonté ou sur leur faiblesse, mais qu'il leur semble qu'un chemin frayé constitue une servitude.

Pensées inédites (Honoré Champion), **Remy de GOURMONT.**

enfant

Un des plus clairs effets de la présence d'un enfant dans le ménage est de rendre complètement idiots de braves parents qui, sans lui, n'eussent peut-être été que de simples imbéciles.

La Philosophie de Georges Courteline (Flammarion), **Georges COURTELINE.**

La mère tient plus à ses petits que le père. Elle sait qu'ils sont d'elle, le père le présume.

EURIPIDE.

Je cause volontiers avec les enfants, car enfin on peut espérer qu'ils deviendront des êtres raisonnables. Quant à ceux qui le sont devenus, ah! Seigneur!

Intermèdes (Nouvelle Revue française, 1-8-1927), **Soeren KIERKEGAARD.**

Les enfants sont hautains, dédaigneux, colères, intéressés, volages, timides, intempérants, menteurs, dissimulés; ils rient et pleurent facilement... ils ne veulent point souffrir de mal et aiment en faire : ce sont déjà des hommes.

Les Caractères, **LA BRUYÈRE.**

Nos enfants porteront la peine de nos fautes : nos pères les ont vengés d'avance.

Joseph de MAISTRE.

Les enfants ne sont jamais trop tendres pour être fouettés : comme les biftecks un peu durs, plus vous les battez, plus ils deviennent tendres.

Marginalia, trad. V. Orban (Sansot), **Edgar Allan POE.**

Ce qui fait que les parents préfèrent en général les enfants maladifs, c'est que leur vue ne cesse de solliciter la pitié.

Pensées et Fragments, trad. J. Bourdeau (Alcan), **SCHOPENHAUER.**

Les enfants, ça console de tout... excepté d'en avoir...

Vie et Opinions de M. Frédéric Thomas Graindorge (Hachette),
Hippolyte TAINE.

Le moment où le petit enfant prend conscience du pouvoir de ses pleurs n'est pas différent de celui où il en fait un moyen de pression et de gouvernement.

Tel quel (Gallimard), **Paul VALÉRY.**

Les enfants commencent par aimer leurs parents; devenus grands, ils les jugent; quelquefois, ils leur pardonnent.

Le Portrait de Dorian Gray, trad. E. Jaloux et F. Frapereau (Stock),
Oscar WILDE.

enfer

Les catholiques envisagent l'enfer sans en mourir, c'est plus confortable que rien.

Malaisie (Stock), **Henri FAUCONNIER.**

Dieu aussi a son enfer : c'est son amour des hommes.

Ainsi parlait Zarathoustra, trad. H. Albert (Mercure de France), **NIETZSCHE.**

L'enfer, c'est les autres.

Garcin in *Huis Clos* (Gallimard), **Jean-Paul SARTRE.**

La peur de l'enfer a produit plus de sottises que de belles actions. Archimède ne demandait qu'un point d'appui hors du monde, pour remuer le monde. Les Jésuites ont résolu le problème d'Archimède.

Petit Volume contenant quelques aperçus des hommes et de la société (Guillaumin), **Jean-Baptiste SAY.**

ennemi

Ne repousse pas la demande d'un ennemi qui est dans le besoin, mais sois sur tes gardes, car il ne diffère en rien d'un chien.

ÉPICURE.

Ce dont nous nous glorifions devient infâme quand c'est l'ennemi qui le fait.

Dernières Pages inédites, publ. Michel Corday (Calmann-Lévy), **Anatole FRANCE.**

Entre tous les ennemis, le plus dangereux est celui dont on est l'ami.

Alphonse KARR.

Un ennemi nuit plus que cent amis ne servent.

Œuvres. Paris 1854. **Kondard de LAMOTTE.**

Il n'y a de pire malheur que de se faire un ennemi à la légère : c'est presque perdre notre trésor.

Tao Te King, trad. nouvelle (Derain, Lyon), **Lao TSEU.**

Nos ennemis approchent plus de la vérité dans les jugements qu'ils font de nous que nous n'en approchons nous-mêmes.

Réflexions ou Sentences et Maximes morales, **LA ROCHEFOUCAULD.**

Qui vit de combattre un ennemi a intérêt de le laisser en vie.

Humain, trop humain, trad. A.-M. Desrousseaux (Mercure de France), **NIETZSCHE.**

Le nombre de nos ennemis croît en proportion de l'accroissement de notre importance. Il en est de même du nombre de nos amis.

Tel quel (Gallimard), **Paul VALÉRY.**

Ayez des ennemis! Vos amis se lasseront de parler de vous; vos ennemis, jamais!

Maximes et Aphorismes d'un Directeur de Théâtre, **Pierre VEBER.**

Un homme ne sera jamais trop soigneux dans le choix de ses ennemis.

L'Esprit d'Oscar Wilde, cit. Léon Treich (Gallimard), **Oscar WILDE.**

ennui

Rosine : ... L'ennui me tue.
Figaro : Je le crois, il n'engraisse que les sots.

Le Barbier de Séville, **BEAUMARCHAIS.**

Si les singes savaient s'ennuyer, ils pourraient devenir des hommes.

Maximes et Réflexions, trad. G. Bianquis (Gallimard), **GŒTHE.**

L'ennui est peut-être un privilège. Les imbéciles ne se sentent pas s'ennuyer. Peut-être même qu'ils ne s'ennuient pas. Une révolution, tous les dix-huit ans, leur suffit pour se distraire.

Journal (Flammarion-Fasquelle), **E. et J. de GONCOURT.**

Je m'ennuie tellement ce soir que je suis allé trois fois de suite dans la salle de bains pour me laver les mains.

Journal, trad. Marthe Robert (Grasset), **Franz KAFKA.**

L'ennui est une maladie dont le travail est un remède; le plaisir n'est qu'un palliatif.

Maximes et Réflexions, **Duc de LÉVIS.**

La philosophie nous met au-dessus des grandeurs, mais rien ne nous met au-dessus de l'ennui.

Madame de MAINTENON.

L'ennui : un fruit pourri dont par veulerie on s'empoisonne.

Paillettes (Sansot), **Lucie PAUL-MARGUERITTE.**

Petit ennuy, un grand ennuy appaise; bref sans ennuy trop fade serait l'aise.

Œuvres I, **Clément MAROT.**

La vie est courte, mais l'ennui l'allonge. Aucune vie n'est assez courte pour que l'ennui n'y trouve pas sa place.

Journal (Gallimard), **Jules RENARD.**

Quand un homme s'ennuie, il a besoin d'être stimulé; quand une femme s'ennuie, elle a besoin d'être retenue.

De l'Amour (Grasset), **Étienne REY.**

Je ne me trouve pas en dehors de l'ennui. L'ennui, c'est la vérité à l'état pur.

Papiers posthumes (Au Sans-Pareil), **Jacques RIGAUT.**

L'ennui d'une femme a toujours un nom : celui de l'homme avec qui elle vit. Car si elle s'ennuie, c'est qu'il ne la désennuie pas.

Voici l'Homme (Albin Michel), **André SAURÈS.**

Les hommes n'ont guère trouvé comme distraction que la fréquentation de leurs semblables. Ce qui explique qu'on s'ennuie tant.

Gens de Qualité (Plon), **Fernand VANDEREM.**

L'ennui est la maladie de la vie. On se fait des barrières pour les sauter.

Journal intime, **Alfred de VIGNY.**

ennuyer

Les choses dont on parle le plus souvent en plaisantant sont généralement celles qui ennuient, mais dont on ne veut pas avoir l'air ennuyé.

La Prisonnière (Gallimard), **Marcel PROUST.**

Le secret d'ennuyer est celui de tout dire.

6ᵉ Discours en vers sur l'Homme, **VOLTAIRE.**

ennuyeux

Il y a des gens si ennuyeux qu'ils vous font perdre une journée en cinq minutes.

Journal (Gallimard), **Jules RENARD.**

enseignement

On est tous les jours dans le cas de se laisser enseigner des choses que l'on sait par des gens qui les ignorent.

CAZOTTE.

L'enseignement de l'araignée n'est pas pour la mouche.

Face aux Verrous (Gallimard), **Henri MICHAUX.**

enterrement

Un enterrement est une cérémonie au cours de laquelle chacun des invités juge indûment occupée par le mort une attention qu'il voudrait fixée sur lui...

L'Esprit de Montesquiou, cit. Louis Thomas (Mercure de France), **Robert de MONTESQUIOU.**

C'est commode, un enterrement; on peut avoir l'air maussade avec les gens; ils prennent cela pour de la tristesse.

Journal (Gallimard), **Jules RENARD.**

entente

Je crois sincèrement que les seules ententes internationales possibles sont des ententes gastronomiques.

Paris vécu. 1ʳᵉ *Série* (Gallimard), **Léon DAUDET.**

On s'entend toujours; il suffit de ne pas être du même avis.

Donc... (Sagittaire), **Henri de RÉGNIER.**

entêtement

L'entêtement représente le caractère, à peu près comme le tempérament représente l'amour.

Pensées, Maximes et Anecdotes, **CHAMFORT.**

enthousiasme

Ce que nous vante Rostand, en réalité, c'est moins l'enthousiasme que l'enthousiasme de l'enthousiasme. La différence est sensible. L'un est de la vertu, l'autre de la littérature.

Mes Routes (Plon), **Pierre LASSERRE**.

Faire profession d'enthousiasme est la plus écœurante des insincérités.

Le Métier de vivre, trad. Michel Arnaud (Gallimard), **Cesare PAVESE**.

Notre enthousiasme, c'est le fanatisme d'en face.

Quelques Maximes (Haumont), **André SIEGFRIED**.

envahir

Un prince ou une république qui a quelque ambition ne peut trouver une occasion plus favorable d'envahir une ville ou une province que celle où ses armées sont appelées pour la défendre.

Discours sur Tite-Live, **MACHIAVEL**.

envie

Si l'envie pouvait regarder fixement le soleil, elle ne verrait que ses taches.

Pensées, Maximes, Réflexions, **Comte de BELVÈZE**.

L'envie honore les morts pour insulter les vivants.

Maximes et Pensées, **HELVÉTIUS**.

L'envie est essentiellement le vice français. Le Gaulois se venge par la raillerie et par l'épigramme de tout ce qui l'humilie et il se sent humilié par tout ce qui le dépasse. Rabaisser est sa tendance.

Alphonse de LAMARTINE.

Notre envie dure toujours plus longtemps que le bonheur de ceux que nous envions.

Réflexions ou Sentences et Maximes morales, **LA ROCHEFOUCAULD**.

Nombre d'hommes préfèrent périr par l'envie des autres à feindre d'être malheureux pour désarmer cette envie.

Carnets (Gallimard), **Henry de MONTHERLANT**.

L'envie, le sentiment le plus fortifiant et le plus pur.

Journal (Gallimard), **Jules RENARD**.

envieux

Il y a des envieux qui paraissent tellement accablés de votre bonheur qu'ils vous inspirent presque la velléité de les plaindre.

Journal (Flammarion-Fasquelle), **E. et J. de GONCOURT**.

Voilà un envieux : ne lui souhaitez pas d'enfants; il serait jaloux d'eux parce qu'il ne peut plus avoir leur âge.

Le Gai Savoir, trad. A. Vialatte (Gallimard), **NIETZSCHE.**

Il semble à l'envieux que ce qu'on accorde de mérite aux autres est retranché du sien.

Jules PETIT-SENN.

envoi

L'envoi est un épilogue ou discours destiné à expliquer quelque chose d'obscur qui vient d'être dit.

Peines d'Amour perdues, **William SHAKESPEARE.**

épée

L'épée ne s'arrête pas juste à la limite du droit; il est de sa nature de rentrer malaisément dans le fourreau quand elle s'est une fois échauffée dans la main de l'homme.

Pensées choisies, **LACORDAIRE.**

épiderme

Nous avons tous un épiderme sensible aux tziganes et aux marches militaires.

Le Rappel à l'ordre (Stock), **Jean COCTEAU.**

épitaphe

Les feuilletons plaisantent, les biographies mentent, les portraits flattent : le tout est faux comme une épitaphe.

Rodolphe TÖPFFER.

épouvante

On trouve toujours l'épouvante en soi, il suffit de chercher assez profond. Heureusement, on peut agir.

La Condition humaine (Gallimard), **André MALRAUX.**

époux

La vie de deux époux qui s'aiment, c'est une perte de sang-froid perpétuel.

La Guerre de Troie n'aura pas lieu (Grasset), **Jean GIRAUDOUX.**

On n'a pas tort de dire que la femme est la moitié de l'homme. Car un homme marié n'est plus qu'une moitié d'homme.

Histoires littéraires, cit. Léon Treich (Gallimard), **Romain ROLLAND.**

épouser

Il y a deux sortes de femmes, c'est une folie d'épouser les unes, c'est un crime d'épouser les autres.

Almanach des Lettres françaises et étrangères, mars 1924 (G. Crès et Cie), **Le Clown CARLTON.**

Une des meilleures raisons qu'on puisse avoir de ne se marier jamais, c'est qu'on n'est pas tout à fait dupe d'une femme tant qu'elle n'est point la vôtre.

*

Pourquoi me marierais-je? Le mieux qui puisse m'arriver, en me mariant, est de n'être pas cocu, ce que j'obtiendrai plus sûrement en ne me mariant pas.

Pensées, Maximes et Anecdotes, **CHAMFORT.**

J'épouserais plus volontiers une petite femme qu'une grande, par cette raison que de deux maux, il faut choisir le moindre.

Propos d'un Emballeur, **COMMERSON.**

Il y a beaucoup d'hommes qui se marient, comme on devient fonctionnaire.

Francis de Croisset, cit. J.-M. Renaitour (Éd. de la Griffe), **Francis de CROISSET.**

On ne doit pas se marier pour tirer vengeance d'un dédain. Jamais un mariage n'est heureux quand il est motivé par un désir de vengeance.

La Petite Niaise, **Lope de VEGA.**

Lorsqu'on a épousé une méchante femme, le meilleur parti qu'on puisse prendre, c'est de s'aller jeter dans l'eau la tête la première.

George Dandin, **MOLIÈRE.**

Mariez-vous, vous ferez bien; ne vous mariez pas, vous ferez encore mieux.

Épîtres aux Corinthiens, **SAINT PAUL.**

Ils se marient, car tous les deux ne savent faire d'eux-mêmes.

Carnets de Notes, trad. Genia Cannac (Calmann-Lévy), **Anton TCHEKOV.**

Les hommes se marient parce qu'ils sont fatigués, les femmes parce qu'elles sont curieuses; tous deux sont désappointés.

L'Esprit d'Oscar Wilde, cit. Léon Treich (Gallimard), **Oscar WILDE.**

ermite

L'ermite, ce monarque qui est son sujet et son homme de peine.

Pensées d'une Amazone (Émile-Paul), **Natalie CLIFFORD BARNEY.**

L'ermite croit qu'il a trouvé Dieu, parce qu'il a trouvé la solitude.

Carnets (Gallimard), **Henry de MONTHERLANT.**

erreur

Une erreur est d'autant plus dangereuse qu'elle contient plus de vérité.

> *Fragments d'un Journal intime* (Gallimard), **Henri-Frédéric AMIEL.**

Le vieux serpent de l'erreur ne périt pas pour changer de peau. Au contraire, en changer, c'est pour lui une des conditions de la vie.

> *Les Philosophes et les Écrivains religieux* (Amyot),
> **BARBEY D'AUREVILLY.**

Il n'y a pas de cause d'erreur plus fréquente que la recherche de la vérité absolue.

> *Carnets*, trad. Valery Larbaud (Gallimard), **Samuel BUTLER.**

Nul doute : l'erreur est la règle ; la vérité est l'accident de l'erreur.

> *Le Notaire du Havre* (Mercure de France), **Georges DUHAMEL.**

Une erreur vigoureuse et vigoureusement cultivée entretient du moins les germes de la vérité.

> *Middlemarch*, **George ELIOT.**

La vérité répugne à notre nature, l'erreur, non, et pour une raison très simple : la vérité nous oblige à reconnaître que nous sommes des êtres bornés ; l'erreur nous flatte, en nous faisant croire que dans une direction au moins, nous n'avons pas de limites.

> *Maximes et Réflexions*, trad. G. Bianquis (Gallimard), **GŒTHE.**

Il y a des esprits qui vont à l'erreur par toutes les vérités ; il en est de plus heureux qui vont aux grandes vérités par toutes les erreurs.

> *Carnets*, **Joseph JOUBERT.**

Présentée sous forme mathématique, l'erreur acquiert un grand prestige. Le sceptique le plus endurci attribue volontiers aux équations de mystérieuses vertus.

> *Aphorismes du Temps présent* (Flammarion), **Gustave LEBON.**

L'erreur est humaine en ce sens aussi : les animaux ne se trompent que rarement ; jamais même — excepté les plus intelligents d'entre eux.

> *Aphorismes*, trad. Marthe Robert (C. F. L.), **G. C. LICHTENBERG.**

Une partie de nos erreurs vient de notre ignorance ; une partie plus grande en vient des vues fausses dont on nous séduit. Celui qui se borne aux erreurs de son propre esprit s'épargne au moins la moitié de celles qu'il pourrait commettre.

> *Carnets* (Gallimard), **Henry de MONTHERLANT.**

Que resterait-il de l'histoire du monde, si l'on n'admettait que l'erreur fait partie de la réalité ?

> *En vrac* (Éd. du Rocher), **Pierre REVERDY.**

Il n'est guère, en science, d'erreur si grossière qu'elle ne doive, un jour, par quelque biais, apparaître prophétique.

Pensées d'un Biologiste (Stock), **Jean ROSTAND.**

Si vous fermez la porte à toutes les erreurs, la vérité restera dehors.

Almanach des Lettres françaises et étrangères, mars 1924 (G. Crès et Cie), **Rabindranath TAGORE.**

érudition

Être au-dessus de ce qu'on sait, chose rare. L'érudition par-dessus, c'est le fardeau, par-dessous, c'est le piédestal.

Pensées détachées (Lemerre), **BARBEY D'AUREVILLY.**

esclavage

Un esclavage volontaire est l'orgueil le plus profond d'un esprit morbide.

Lexique, cit. Jean Grenier (Gallimard), **T. E. LAWRENCE.**

esclave

L'esclave a sa vanité, il ne veut obéir qu'au plus grand des despotes.

Honoré de BALZAC.

L'esclave est un tyran dès qu'il le peut.

La Case de l'oncle Tom (Hachette), **Harriet BEECHER-STOWE.**

Ne faites plus de grandes phrases avec les grands mots de joug brisé, de fers rompus. Allons donc! les hommes ne sont pas des esclaves, ce n'est pas vrai, ils se flattent; ce sont des domestiques volontaires qui aiment à changer de place et de maître.

Alphonse KARR.

Le sucre serait trop cher, si l'on ne faisait travailler la plante qui le produit par des esclaves.

L'Esprit des Lois, **MONTESQUIEU.**

espace

L'espace est la stature de Dieu.

Carnets, **Joseph JOUBERT.**

Espagne

Le catholicisme n'a créé l'Espagne que pour mieux l'étouffer. C'est un pays où l'on voyage pour admirer l'Église et pour deviner le plaisir qu'il peut y avoir à assassiner un curé.

Syllogismes de l'Amertume (Gallimard), **E.-M. CIORAN.**

espérance

L'heure viendra cependant où dans un monde organisé pour le désespoir, prêcher l'espérance équivaudra tout juste à jeter un charbon enflammé au milieu d'un baril de poudre. Alors...

Monsieur Ouine (Plon), **Georges BERNANOS.**

La vie est en général si triste que la terre serait bientôt dépeuplée par le suicide, si l'espérance ne retenait les braves, comme la peur arrête les poltrons.

Maximes et Réflexions, **Duc de LÉVIS.**

L'espérance est un aliment de notre âme, toujours mêlé du poison de la crainte.

Le Sottisier, **VOLTAIRE.**

espionnage

C'est l'abus de confiance mis au service de la patrie. Le propre de l'espion est de se faire passer pour ami et de gagner la confiance. Une bonne règle est de ne pas faire faire par d'autres ce qu'on aurait honte de faire soi-même.

Définitions (Gallimard), **ALAIN.**

Les seuls espions avoués sont les ambassadeurs.

Mémoires, **CASANOVA de SEINGALT.**

espoir

Espérons l'impossible, car c'est peut-être une bassesse que de mettre son espoir en lieu sûr.

Pensées d'une Amazone (Émile-Paul), **Natalie CLIFFORD BARNEY.**

L'espoir est un instinct que seul peut tuer un raisonnement de l'esprit. Les animaux ne connaissent pas le désespoir.

La Puissance et la Gloire, trad. M. Sibon (Laffont), **Graham GREENE.**

esprit

Les gens sans esprit ressemblent aux mauvaises herbes qui se plaisent dans les bons terrains et ils aiment d'autant plus être amusés, qu'ils s'ennuient eux-mêmes.

Le Curé de Tours, **Honoré de BALZAC.**

L'esprit qui est au talent comme la mousse est au vin, qui le rend plus piquant et qui le couronne.

A côté de la Grande Histoire (Lemerre), **BARBEY D'AUREVILLY.**

Tout ce qui entre dans un petit esprit en prend les dimensions.

Pensées, Maximes, Réflexions, **Comte de BELVÈZE.**

L'esprit ne se mange pas, soit. Il vous empêche seulement d'être mangés. On ne vous mange pas par pudeur. Grâce à l'esprit, grâce à ce rien, votre viande est encore intouchable comme celle du cochon, sauf votre respect, le reste pour les Juifs ou les Musulmans.

Nous autres Français (Gallimard), **Georges BERNANOS.**

Il ne serait pas mauvais qu'on rétablît pour l'esprit les lois de la terreur.

Histoires littéraires, cit. Léon Treich (Gallimard), **André BRETON.**

L'esprit est ce qu'il y a de plus bête au monde.

Maxime du CAMP.

Il y a des hommes chez qui l'esprit (cet instrument applicable à tout) n'est qu'un talent par lequel ils semblent dominés qu'ils ne gouvernent pas et qui n'est point aux ordres de leur raison.

Pensées, Maximes et Anecdotes, **CHAMFORT.**

Il y a entre l'esprit étendu et l'esprit cultivé la différence de l'homme et de son coffre-fort.

Pensées et fragments (Mercure de France), **DIDEROT.**

L'esprit est le premier des moyens, il sert à tout et ne supplée presque à rien.

Charles DUCLOS.

La bonté est la bêtise des gens d'esprit, la méchanceté est l'esprit des imbéciles.

L'Esprit d'Henri Duvernois, cit. Léon Treich (Gallimard),
Henri DUVERNOIS.

Avoir de l'esprit n'est pas suffisant, il faut en avoir avec esprit.

Almanach des Lettres Françaises et étrangères 2-1-1924 (G. Crès et Cie),
Louis DUMUR.

Il vaut souvent mieux donner au public l'esprit d'autrui que le sien.

Lettres sur quelques écrits de ce temps, **FRÉRON.**

L'esprit qu'on veut avoir gâte celui qu'on a.

Le Méchant, **GRESSET.**

Il a fallu plus d'esprit à ce pauvre jeune homme pour s'entendre dire, Madame, qu'il est un sot, qu'il ne vous en faut pour vous donner les gants de le croire tel.

Le Cornet à Dés (Gallimard), **Max JACOB.**

L'esprit conçoit avec douleur, mais il enfante avec délices.

Il est des esprits semblables à ces miroirs convexes ou concaves qui représentent les objets tels qu'ils les reçoivent, mais qui ne les reçoivent jamais tels qu'ils sont.

Carnets, **Joseph JOUBERT.**

L'esprit ne deveint libre que lorsqu'il cesse d'être un soutien.

Préparatifs de Noce à la Campagne. trad. Marthe Robert (Gallimard),
Franz KAFKA.

J'ai souvent lu et entendu dire que l'amour donne de l'esprit aux bêtes. C'est sans doute celui qu'il ôte aux gens d'esprit.

Alphonse KARR.

La force et la faiblesse de l'esprit sont mal nommées : elles ne sont en effet que la bonne ou la mauvaise disposition des organes du corps.

Réflexions ou Sentences et Maximes morales, **LA ROCHEFOUCAULD.**

Il en est de l'esprit comme des maisons, qui ne peuvent jamais passer pour grandes dès qu'on en voit le commencement : il ne faut pas aussi qu'on voie le bout de l'esprit.

Marquis de LASSAY.

J'ai toujours rencontré si peu d'esprit autour de moi qu'il a bien fallu que j'utilise le mien.

Journal littéraire (Mercure de France), **Paul LÉAUTAUD.**

Il en est de l'esprit comme de la musique; plus on l'entend, plus on exige de subtiles nuances.

Aphorismes, trad. Marthe Robert (C. F. L.), **G. C. LICHTENBERG.**

On ne choisit pas plus son esprit que son visage. On ne s'attache pas moins à l'un qu'à l'autre.

Les Moralistes de l'Intelligence (Hermann), **Gilbert MAUGE.**

L'esprit est tout le contraire de l'argent : moins on en a, plus on est satisfait.

Notes dans la Revue *La Plume,* **Paul MASSON.**

Il ne suffit pas d'avoir de l'esprit. Il faut en avoir encore assez pour s'abstenir d'en avoir trop.

De la Conversation (Hachette), **André MAUROIS.**

L'esprit humain se meut. Il ne supporte pas l'équilibration des cristaux.

La Dentelle du Rempart (Grasset), **Charles MAURRAS.**

Quand on court après l'esprit, on attrape la sottise.

Pensées diverses, **MONTESQUIEU.**

Personne ne sait gré à l'homme spirituel de sa courtoisie quand il se met au niveau d'une société où il n'est pas courtois de montrer de l'esprit.

Humain, trop humain, trad. A.-M. Desrousseaux (Mercure de France),
NIETZSCHE.

Du premier instant, une femme est pour nous toutes les femmes; le seul Chinois que nous connaissions, la Chine entière. L'esprit occupe à chaque instant tout l'espace dont il dispose.

Entretien sur les Faits divers (Gallimard), **Jean PAULHAN.**

Il n'y a pas pour l'esprit de demi-liberté. Il faut qu'il soit esclave ou roi. Aussi l'amour est-il son pire ennemi.

De l'Amour (Grasset), **Étienne REY.**

Les petits esprits triomphent des fautes des grands génies, comme les hiboux se réjouissent d'une éclipse de soleil.

Écrits politiques et littéraires (Grasset), **RIVAROL.**

Il en est de la pointe de l'esprit comme d'un crayon, il faut recommencer à le tailler sans cesse.

SAINTE-BEUVE.

Il n'y a pas moyen d'avoir de l'esprit sans être un peu méchant. La malice d'un bon mot est la pointe qui le fait piquer.

L'École de la Médisance, **SHERIDAN.**

Une très petite dose d'esprit est estimée dans une femme, comme nous aimons quelques mots prononcés nettement par un perroquet.

Instructions aux Domestiques, **Jonathan SWIFT.**

Il y a des esprits qui trouvent convenable un inceste et immorale une seringue.

Rodolphe TÖPFFER.

L'Esprit est si bizarre, si capricieuse fonction que l'on ne peut jamais décider si le manque de telle condition ou connaissance ne lui sert pas plus qu'elle ne le gêne.

Cahier B. 1910 (Gallimard), **Paul VALÉRY.**

L'esprit développe les simplicités du sentiment pour s'en attribuer l'honneur.

L'esprit a besoin d'être occupé et c'est une raison de parler beaucoup que de parler peu.

Réflexions et Maximes, **VAUVENARGUES.**

Il n'y a pas encore assez d'esprit. Il faut que le temps vienne d'en avoir assez pour ne faire plus de livres.

Le Sottisier, **VOLTAIRE.**

estime

On se trompe souvent en estimant trop les hommes et presque jamais en les estimant trop peu.

Marquis de LASSAY.

Il y a autant de vices qui viennent de ce qu'on ne s'estime pas assez, que de ce qu'on s'estime trop.

Cahiers, **MONTESQUIEU.**

Personne ne survit au fait d'être estimé au-dessus de sa valeur.

L'Esprit d'Oscar Wilde, cit. Léon Treich (Gallimard), **Oscar WILDE.**

État

L'État, quel qu'il soit, est le fonctionnaire de la société.

La Dentelle du Rempart (Grasset), **Charles MAURRAS.**

La société, ce n'est pas l'État. L'État n'est que le gérant d'une société anonyme qu'il a pris l'engagement de servir, mais qu'il ne se charge, en réalité, que d'exploiter.

Le Livre de mon bord (Mercure de France), **Pierre REVERDY.**

L'État n'est que la muselière dont le but est de rendre inoffensive la bête carnassière, l'homme, et de faire en sorte qu'il ait l'aspect d'un herbivore.

Pensées et Fragments, trad. J. Bourdeau (Alcan), **SCHOPENHAUER.**

Un État est d'autant plus fort qu'il peut conserver en lui ce qui vit et agit contre lui.

Mauvaises Pensées et autres (Gallimard), **Paul VALÉRY.**

éternel

A propos des choses de ce bas monde, qui vont de mal en pis, M... disait : J'ai lu quelque part qu'en politique, il n'y avait rien de si malheureux pour les peuples que les règnes trop longs. J'entends dire que Dieu est éternel; tout est dit.

Pensées, Maximes et Anecdotes, **CHAMFORT.**

étonnement

On ne devrait s'étonner que de pouvoir encore s'étonner.

Réflexions ou Sentences et Maximes morales, **LA ROCHEFOUCAULD.**

étude

L'étude est comme le glorieux soleil, qui ne veut pas être scruté par d'impudents regards.

Peines d'Amour perdues, **William SHAKESPEARE.**

Fuis l'étude qui donne naissance à une œuvre appelée à mourir en même temps que son ouvrier.

Les Carnets de Léonard de Vinci, rec. E. Mac Curdy, trad. Louis Servicen (Gallimard), **Léonard de VINCI.**

évangile

J'ai connu beaucoup d'hommes qui, si on leur avait demandé ce qu'ils pensent de l'Evangile, se seraient contentés de répondre : C'est ingénieux.

Correspondance et Relations avec Bonaparte, **J. FIÉVÉE.**

événement

Quand un événement devient un cas, il semble avoir cessé de se rapporter à un être humain.

Le Fond du Problème, trad. M. Sibon (Laffont), **Graham GREENE.**

Une des erreurs les plus communes est de prendre la suite d'un événement pour sa conséquence.

Les événements prévus par les bons esprits ne manquent guère d'arriver, mais la fortune se réserve deux secrets, l'époque et les moyens.

Maximes et Réflexions, **Duc de LÉVIS.**

éventail

L'éventail est un petit meuble qui n'est commode que pour les femmes qui ne savent plus rougir.

Pierre-Édouard LEMONTEY.

évidence

L'évidence paralyse la démonstration.

Le Gant de Crin (Plon), **Pierre REVERDY.**

évolution

Évolution : Prométhée, de nos jours, serait un député de l'opposition.

Syllogismes de l'Amertume (Gallimard), **E.-M. CIORAN.**

exactitude

Après avoir passé des années à nous efforcer d'être exacts, il nous faut en passer encore autant à découvrir quand et comment être inexacts.

Carnets, trad. Valery Larbaud (Gallimard), **Samuel BUTLER.**

L'exactitude de la femme désirée n'est pas un plaisir proportionné aux souffrances que cause son retard.

Le Carnet de Monsieur du Paur (Émile-Paul), **Paul-Jean TOULET.**

exception

L'exception est de l'art aussi bien que la règle, l'une en défend et l'autre en étend le domaine.

Carnets, **Joseph JOUBERT**

excès

Le chemin de l'excès mène au palais de la sagesse.

Le Mariage du Ciel et de l'Enfer, trad. André Gide (Aveline), **William BLAKE.**

Enfin, quand on a peu de chose à dire, il n'est pas malaisé de hurler. L'excès est souvent une marque de disette et la véritable abondance entraîne une sorte de pondération.

Divers (Gallimard), **André GIDE.**

exemple

Alléguer des exemples, ce n'est pas se laver, c'est montrer les taches des autres.

Paul-Louis COURIER.

existence

Dès que dans l'existence, ça va un tout petit peu mieux, on ne pense plus qu'aux saloperies.

Mort à Crédit (Gallimard), **Louis-Ferdinand CÉLINE.**

Notre coup de maître, c'est de sacrifier notre existence propre, afin de mieux exister.

Maximes et Réflexions, trad. G. Bianquis (Gallimard), **GŒTHE.**

exister

Le plaisir nous fait oublier que nous existons, l'ennui nous le fait sentir.

Œuvres. Tome 4, **SAINT-FOIX.**

Qu'est-ce qu'exister? Se Boire sans soif.

L'Age de Raison (Gallimard), **Jean-Paul SARTRE.**

expérience

L'expérience, ce fruit tardif — le seul fruit qui mûrisse sans devenir doux.

Les Philosophes et les Écrivains religieux (Quantin), **BARBEY D'AUREVILLY.**

Ce qui prouve que l'expérience ne sert à rien, c'est que la fin de nos anciennes amours ne nous dégoûte pas d'en commencer d'autres.

Physiologie de l'Amour moderne (Plon), **Paul BOURGET.**

L'adversité est la route qui conduit le plus sûrement à la vérité. Celui qui a connu la guerre, les orages et la fureur de la femme, qu'il compte dix-huit ou quatre-vingts hivers, a conquis l'inestimable avantage de l'expérience.

Don Juan, **Lord BYRON.**

L'expérience ne nous empêche jamais de faire une bêtise, seulement elle nous empêche de la faire gaiement.

Francis de Croisset, cit. J.-M. Renaitour (Éd. de la Griffe), **Francis de CROISSET.**

De mémoire de rose, on n'a point vu mourir de jardinier. Jolie leçon pour les jeunes personnes qui ne veulent pas se soumettre aux leçons de l'expérience.

FONTENELLE.

L'expérience a l'utilité d'un billet de loterie après le tirage.

Épreuves du Cœur humain, **A. d'HOUDETOT.**

On dit que l'expérience rend sage. Que de déraison dans ce propos! Sans rien au-dessus d'elle, c'est elle qui nous rendrait fou.

Journal, Extraits 1834-1846, trad. K. Kerlov et J.-J. Gateau (Gallimard), **Soeren KIERKEGAARD.**

L'expérience est un médecin qui n'arrive qu'après la maladie.

Cité par Tribouillois et Rousset dans *Le Pour et le Contre* (Publ. Papyrus), **LEYSENNE.**

Expérience : un cadeau utile qui ne sert à rien.

Journal (Gallimard), **Jules RENARD.**

L'expérience est dans les doigts et dans la tête. Le cœur n'a pas d'expérience.

Fragments d'un Journal, trad. R. Michaud et S. David (Boivin et Cie), **H. D. THOREAU.**

expression

La facilité d'expression est l'art d'envelopper de bonne grâce l'ignorance où l'on est des choses dont on parle.

L'Esprit de Maurice Donnay, cit. Léon Treich (Gallimard), **Maurice DONNAY.**

Une chose dont on ne parle pas n'a jamais existé. C'est l'expression seule qui donne la réalité aux choses.

Le Portrait de Dorian Gray, trad. E. Jaloux et F. Frapereau (Stock), **Oscar WILDE.**

comme Femme

facilité

La facilité est le plus beau don de la nature à la condition qu'on n'en use jamais.

Pensées, Maximes et Anecdotes, **CHAMFORT.**

faible

La haine des faibles n'est pas si dangereuse que leur amitié.

Réflexions et Maximes, **VAUVENARGUES.**

faiblesse

Rien de plus impérieux que la faiblesse qui se sent appuyée par la force.

Napoléon BONAPARTE.

Les femmes ne sont jamais plus fortes que lorsqu'elles s'arment de leur faiblesse.

Madame du DEFFAND.

La faiblesse est plus opposée à la vertu que le vice.

Réflexions ou Sentences et Maximes morales, **LA ROCHEFOUCAULD.**

Ce qui rend les faiblesses des femmes inexcusables, c'est le peu de mérite des hommes à bonnes fortunes.

Maximes et Réflexions, **Duc de LÉVIS.**

La faiblesse fait lever la haine, la faiblesse est mère du combat.

Le Paradis à l'ombre des épées (Gallimard), **Henry de MONTHERLANT.**

Le faiblesse ne plie jamais à propos.

Mémoires, **Cardinal de RETZ.**

Deux faiblesses qui s'appuient l'une à l'autre créent une force. Voilà pourquoi la moitié du monde, en s'appuyant contre l'autre moitié, se raffermit.

Les Carnets de Léonard de Vinci, rec. E. Mac Curdy, trad. Louise Cervicen (Gallimard), **Léonard de VINCI.**

faim

La faim est la force qui fait de l'homme une grande usine... à dépouiller tous les boniments de leur parure sociale.

La Faim (Éd. Carrefour), **Pierre MAC ORLAN.**

La faim est un droit pour tous ceux qui n'ont d'autre loi que l'appétit.

Voici l'Homme (Albin Michel), **André SUARÈS.**

faire

Faire et non pas subir, tel est le fond de l'agréable.

Propos sur le Bonheur (Gallimard), **ALAIN.**

Le « faire » exige du talent, faire du bien exige de la fortune.

Maximes et Réflexions, trad. G. Bianquis (Gallimard), **GŒTHE.**

Ce que je ne veux pas que vous me fassiez, pourquoi ne devrais-je pas vous le faire? Et, en vérité, ce qu'il me faut vous faire, c'est justement ce que vous ne pourriez me faire.

La Volonté de Puissance, trad. G. Bianquis (Gallimard), **NIETZSCHE.**

On fait tout ce qu'on veut. Cela se dit quand on l'a fait et qu'on vous a laissé faire.

Voici l'Homme (Albin Michel), **André SUARÈS.**

se faire

Pour te faire, choisis les plus parfaits et quand tu seras fait, fréquente les médiocres.

L'Homme de Cour, prés. André Rouveyre (Grasset), **Baltasar GRACIAN.**

fait

Tous les peuples ont de ces faits, à qui, pour être merveilleux, il ne manque que d'être vrais; avec lesquels on démontre tout, mais qu'on ne prouve point; qu'on n'ose nier sans être impie, et qu'on ne peut croire sans être imbécile.

Pensées philosophiques, **DIDEROT.**

Avoir connaissance d'un fait n'est pas avoir le droit de le publier. Et savoir un fait n'est pas en avoir la connaissance.

Carnets, **Joseph JOUBERT.**

Un même fait porte des rameaux opposites et le malheur qu'il engendre annule le bonheur qu'il avait causé.

A l'ombre des jeunes filles en fleurs (Gallimard), **Marcel PROUST.**

famille

Il faut concevoir la famille comme destinée à développer dignement l'action de la femme sur l'homme.

Auguste COMTE.

On appelle famille un groupe d'individus unis par le sang et brouillés par des questions d'argent.

Maximes morales et immorales (Grasset), **Étienne REY.**

fard

Le fard blanchit les rides, mais ne les cache pas.

Maximes et Pensées, **HELVÉTIUS.**

fataliste

Ils sont fatalistes, en ce qui concerne autrui.

Pensées d'une Amazone (Émile-Paul), **Natalie CLIFFORD BARNEY.**

fatigue

La fatigue est facile à confondre avec... l'incrédulité.

Le Fond du Problème, trad. M. Sibon (Laffont), **Graham GREENE.**

fatuité

Qui se vante des femmes qu'il a eues, fait une bassesse, et qui fait une bassesse, en peut faire deux et peut mentir.

Mémoires historiques et littéraires (Lemerre), **BARBEY D'AUREVILLY.**

Qu'est-ce qu'un fat sans fatuité? Otez les ailes à un papillon : c'est une chenille.

Pensées, Maximes et Anecdotes, **CHAMFORT.**

La fatuité s'accompagne toujours d'un peu de sottise. Ce qui permet la suffisance de certains insuffisants auteurs d'aujourd'hui, c'est leur incapacité à comprendre ce qui les dépasse, de jauger à leur juste valeur les grands écrivains du passé.

Journal (Gallimard), **André GIDE.**

Un fat est celui que les sots croient un homme de mérite.

Les Caractères, **LA BRUYÈRE.**

L'homme est fat. Il lui suffit d'être supporté pour se croire indispensable.

Lui ou les Femmes et l'Amour (Sagittaire), **Henri de RÉGNIER.**

fausseté

Les femmes ont de la fausseté. Cela vient de leur dépendance. Plus la dépendance augmente, plus la fausseté augmente. Il en est comme des droits du Roi : plus vous les haussez, plus vous augmentez la contrebande.

Cahiers, **MONTESQUIEU.**

faute

Toutes les femmes qui ont fait ce que l'on nomme des fautes, sont remarquables par la rondeur exquise de leurs mouvements.

Théorie de la Démarche, **Honoré de BALZAC.**

Les femmes d'aujourd'hui ne nous pardonnent plus nos fautes : elles ne nous pardonnent même plus les leurs.

Les Heures de l'Amour, cit. Michel Epuy (Payot), **Alfred CAPUS.**

Ce n'est pas par des crimes qu'un peuple se met en situation fausse avec son destin, mais par des fautes.

La Guerre de Troie n'aura pas lieu (Grasset), **Jean GIRAUDOUX.**

Souvent les honnêtes femmes parlent des fautes des autres femmes comme de fautes qu'on leur aurait volées.

Idées et Sensations, **E. et J. de GONCOURT.**

C'est ma faute, mais j'honore ma faute et je fais en sorte que ma faute m'honore.

Algèbre des Valeurs morales (Gallimard), **Marcel JOUHANDEAU.**

On ne vit point assez pour profiter de ses fautes. On en commet pendant tout le cours de la vie et tout ce que l'on peut faire à force de faillir, c'est de mourir corrigé.

Les Caractères, **LA BRUYÈRE.**

La répétition de certaines fautes en diminue la gravité.

Théâtre d'Amour (Ollendorff), **Georges de PORTO-RICHE.**

Oh! s'il y a une femme incapable de mettre sa faute sur le dos de son mari, qu'elle n'allaite pas son enfant, car elle en ferait un imbécile!

Comme il vous plaira, trad. **J**ules Supervielle (Gallimard),
William SHAKESPEARE.

faveur

La faveur, symbole de la souveraineté maniée par des hommes faibles.

Maximes et Réflexions, trad. G. Bianquis (Gallimard), **GOETHE.**

Les femmes s'attachent aux hommes par les faveurs qu'elles leur accordent : les hommes guérissent par ces mêmes faveurs.

Les Caractères, **La BRUYÈRE.**

Tout est grand dans le temple de la faveur, excepté les portes qui sont si basses, qu'il faut y entrer en rampant.

Maximes et Réflexions, **Duc de LÉVIS.**

Nous appelons les « dernières faveurs » d'une femme ce qu'en premier nous souhaitons d'elle.

Lui ou les Femmes et l'Amour (Sagittaire), **Henri de RÉGNIER.**

fécondité

La fécondité est la chose du monde la mieux partagée. Avec la plus modeste éjaculation convenablement diluée, on pourra engrosser toute une province.

Cent Millions de Morts (Sagittaire), **Gaston BOUTHOUL.**

feindre

Nous sommes des créatures tellement mobiles que les sentiments que nous feignons, nous finissons par les éprouver.

Adolphe, **Benjamin CONSTANT.**

Il a été convenu que les femmes feraient semblant d'être faibles et timides et que les hommes feindraient d'être forts et courageux.

Alphonse KARR.

Il arrive quelquefois qu'une femme cache à un homme toute la passion qu'elle sent pour lui, pendant que de son côté il feint pour elle toute celle qu'il ne sent pas.

Les Caractères, **LA BRUYÈRE.**

féminisme

Le féminisme ne peut être une question de sexe, puisque le Français est plus femme que l'Anglaise.

Pensées d'une Amazone (Émile-Paul), **Natalie CLIFFORD BARNEY.**

Ceci va paraître une plaisanterie, mais je suis convaincu que le jour où le féminisme triompherait, on ne tarderait pas à s'apercevoir que l'origine des maux profonds dont souffre l'humanité vient de la guerre sourde que se font les femmes maigres et les femmes grasses.

Pensées inédites (Honoré Champion), **Remy de GOURMONT.**

Féminisme. Oui, je crois qu'il est convenable, avant que de faire un enfant à une femme, de lui demander si elle veut.

Journal (Gallimard), **Jules RENARD.**

femme

La femme est une créature humaine qui s'habille, qui babille et qui se déshabille.

D'ARLINCOURT.

Les femmes sont des enfants; présentez-leur un morceau de sucre, vous leur faites danser très bien les contredanses que dansent les enfants gourmands; mais il faut toujours avoir une dragée, la leur tenir haute et que le goût des dragées ne leur passe point.

Honoré de BALZAC.

Les femmes s'attachent comme des draperies, avec des clous et un marteau.

Disjecta Membra, **BARBEY D'AUREVILLY.**

Après les blessures, ce que les femmes font le mieux, c'est la charpie.

Pensées détachées (Lemerre), **BARBEY D'AUREVILLY.**

La femme la plus aventurée sent en elle une voix qui lui dit : sois belle si tu peux, sage si tu veux, mais sois considérée, il le faut.

Le Mariage de Figaro, **BEAUMARCHAIS.**

Il n'y a que deux sortes de femmes, celles qu'on compromet et celles qui vous compromettent.

Notes d'Album (G. Crès et Cie), **Henri BECQUE.**

Les femmes, c'est comme les photographies : il y a un imbécile qui conserve précieusement le cliché, pendant que les gens d'esprit se partagent les épreuves.

Théâtre (G. Crès et Cie), **Henri BECQUE.**

Pourquoi parler mal d'une femme? Ne suffit-il pas de dire que c'est une femme?

CARCINUS, le Tragique.

La douleur et la joie tuent beaucoup plus de femmes que d'hommes, et cela démontre que si elles sont bien plus sensibles, elles sont aussi bien plus faibles.

Mémoires, **CASANOVA DE SEINGALT.**

Quelque mal qu'un homme puisse penser des femmes, il n'y a pas de femme qui n'en pense encore plus de mal que lui.

*

Les femmes ne donnent à l'amitié que ce qu'elles empruntent à l'amour.

Pensées, Maximes et Anecdotes, **CHAMFORT.**

Il y a trois hameçons auxquels se prend la femme : le torse, le sentiment, le métal.

Pensées humaines (Lemerre), **A. CHAVANNE.**

Pour se diriger parmi l'écueil des hommes, les femmes se servent de leurs yeux comme sextant, de leur sexe comme boussole et de leur bouche comme gouvernail.

Sens plastique (Gallimard), **Malcolm de CHAZAL.**

Une femme bête est une anomalie, une contradiction ; elles ne sont sottes qu'autant qu'elles ne sont pas femmes.

Pensées d'une Amazone (Émile-Paul), **Natalie CLIFFORD BARNEY.**

Être femme est terriblement malaisé, puisque cela consiste surtout à avoir affaire aux hommes.

Fortune, trad. Jean Aubry (Gallimard), **Joseph CONRAD.**

La femme est une propriété dont le mari a rarement l'usufruit.

Pensées d'un Emballeur, **COMMERSON.**

La femme ne voit jamais ce qu'on fait pour elle, elle ne voit que ce qu'on ne fait pas.

La Paix chez soi (Flammarion), **Georges COURTELINE.**

Les femmes sont sans cesse tourmentées du désir d'apprendre ce qu'elles s'obstinent à ignorer.

CREBILLON, fils.

Il y a peu de femmes qui, après avoir été idolâtrées, soutiennent l'épreuve du mariage.

Lettre adressée à son père, 3 janvier 1791, **Camille DESMOULINS.**

En général, les maigres sont plus violemment aimées que les rondes... elles sont aimées parfois jusqu'au crime ! La passion s'accroche aux angles. Les rondes, on les pelote, tandis que les maigres, on les tue.

L'Esprit de Maurice Donnay, cit. Léon Treich (Gallimard), **Maurice DONNAY.**

La femme est, selon la Bible, la dernière chose que Dieu a faite. Il a dû la faire le samedi soir. On sent la fatigue.

*

Toutes les femmes veulent qu'on les estime, elles tiennent beaucoup moins à ce qu'on les respecte.

Alexandre DUMAS, fils.

Celui qui connaît les femmes, ne connaît pas leur âme; il ne connaît même pas leur corps; il ne connaît que leurs nerfs.

Cœur (Fayard), **Henri DUVERNOIS.**

La femme est toujours femme, c'est-à-dire folle, quelque masque qu'elle prenne d'ailleurs.

Éloge de la Folie, **ÉRASME.**

Pour le reste, la femme a peur, elle est lâche devant la lutte et le fer. Mais lorsque son lit est menacé, il n'y a pas d'âme plus sanguinaire.

Médée (263-266), **EURIPIDE**

Voici le meilleur conseil pour un homme raisonnable : ne crois pas une femme, même si elle te dit la vérité.

EURIPIDE.

Une femme n'est qu'une friandise, sucrée ou acidulée, et plus ou moins bien présentée.

Malaisie (Stock), **Henri FAUCONNIER.**

Les femmes ne sont que des organes génitaux articulés et doués de la faculté de dépenser tout l'argent qu'on possède.

Moustiques (Éd. de Minuit), **William FAULKNER.**

Une femme sans poitrine, c'est un lit sans oreillers.

La Rôtisserie de la reine Pédauque (Calmann-Lévy), **Anatole FRANCE.**

Quand elles nous aiment ce n'est pas vraiment nous qu'elles aiment. Mais c'est bien nous, un beau matin, qu'elles n'aiment plus.

L'Homme et l'Amour (Hachette), **Paul GÉRALDY.**

La femme a été constituée par Dieu la garde-malade de l'homme. Son dévouement ne surmonte pas le dégoût : il l'ignore.

Idées et Sensations, **E. et J. de GONCOURT.**

La femme aime naturellement la contradiction, la salade vinaigrée, les boissons gazeuses, le gibier faisandé, les fruits verts, les mauvais sujets.

Journal (Flammarion-Fasquelle), **E. et J. de GONCOURT.**

La femme est un être parfait et elle ne cesse de l'être et ne devient odieuse, insupportable, jalouse, bête, méchante, et impossible, que le jour où on lui demande d'aimer avec autre chose que son corps.

La Correspondance de Paul Roulier-Davenel (Dorbon, aîné), **Sacha GUITRY.**

Les femmes ressemblent aux maisons espagnoles, qui ont beaucoup de portes et peu de fenêtres. Il est plus facile d'y pénétrer que d'y voir clair.

Jean-Paul RICHTER.

La femme est souvent le point faible du mari.

Ulysse, trad. Valery Larbaud (Gallimard), **James JOYCE.**

Les femmes n'ont qu'un culte, qu'une croyance, c'est ce qui leur plaît. Ce qui leur plaît est sacré; elles lui sacrifient tout avec le plus touchant héroïsme.

Les femmes devinent tout; elles ne se trompent que quand elles réfléchissent.

Il y a des créatures qui, renfermées dans un corset, dans des souliers, dans des gants, ont la forme d'une femme; comme l'eau a la forme de la carafe qui la contient. Mais otez le corset, les souliers et les gants, il en adviendra comme de l'eau, si vous cassez la carafe.

Alphonse KARR.

La femme la plus sotte peut mener un homme intelligent; mais il faut qu'une femme soit bien adroite pour mener un imbécile.

Simples Contes des Collines, trad. A. Savine (Stock), **Rudyard KIPLING.**

Il faut juger les femmes depuis la chaussure jusqu'à la coiffure exclusivement, à peu près comme on mesure le poisson entre queue et tête.

Les Caractères, **LA BRUYÈRE.**

Il y a des femmes qui servent de passage aux passants et de bouches d'égouts.

Principes et Préceptes (Denoël), **Lanza del VASTO.**

On n'est plus fort que la femme qu'à la condition d'être plus femme qu'elle.

Physiologie de l'Amour moderne (La Vie Parisienne 1888), **Claude LARCHER.**

Il y a peu de femmes dont le mérite dure plus que la beauté.

Réflexions ou Sentences et Maximes morales, **LA ROCHEFOUCAULD.**

Je n'ai jamais eu de chance avec les femmes. Il est toujours arrivé un moment où leur bêtise a dépassé mon amour.

Journal littéraire (Mercure de France), **Paul LÉAUTAUD.**

O femmes, c'est à tort qu'on vous nomme timides;
A la voix de vos cœurs, vous êtes intrépides.

Le Mérite des Femmes, **Ernest LEGOUVE.**

Une femme sans grâce est un appât sans hameçon.

Julie de LESPINASSE.

Les femmes sont comme les princes : souvent elles cèdent à l'importunité ce que la faveur n'aurait point obtenu.

Maximes et Réflexions, **Duc de LÉVIS.**

La femme est la meilleure vitrine pour étaler la richesse d'un négociant.

Les Douze Douzains du Négoce (Mercure de France), **René LOBSTEIN.**

Il est deux sortes de femmes qu'il ne faut connaître à aucun prix : d'abord celles qui ne vous aiment pas, et ensuite, celles qui vous aiment. Entre ces deux extrémités, il y a des milliers de femmes charmantes, mais nous ne savons pas les apprécier.

La Femme et le Pantin (Albin Michel), **Pierre LOUŸS.**

Toutes les femmes manquent un peu de cervelle, et lorsqu'il s'en trouve une qui sait dire deux paroles, tout le monde la cite, car dans le pays des aveugles, les borgnes sont rois.

La Mandragore, **MACHIAVEL.**

Les femmes et les parfums sont subtils, aussi faut-il les bien enfermer.

MAHOMET.

Il n'y a que deux belles choses au monde, les femmes et les roses, et que deux bons morceaux : les femmes et les melons.

Ce qui a été dit sur la femme, cit. E. Gaubert (Libr. des Annales), **MALHERBE.**

Une femme a toujours, en vérité, la situation qu'elle impose par l'illusion qu'elle sait produire.

Notre Cœur (Albin Michel), **Guy de MAUPASSANT.**

La femme moyenne et de quelque charme, habituée à la fréquentation des hommes, s'efforce toujours de détourner à son profit l'admiration dont une autre bénéficie. Elle mesure sa propre adresse aux attraits de celles qu'elle sait ainsi remplacer.

Défense des Femmes (Gallimard), **H. L. MENCKEN.**

C'est nous qui faisons les femmes ce qu'elles valent et voilà pourquoi elles ne valent rien.

MIRABEAU.

Ceux qui masquent et fardent les femmes font moins de mal, car c'est chose de peu de perte de ne les voir pas en leur naturel.

Essais, **MONTAIGNE.**

Je me demande si on peut s'intéresser à l'âme d'une femme de qui les jambes sont trop courtes irrémédiablement.

Carnets (Gallimard), **Henry de MONTHERLANT.**

Une femme est comme votre ombre, courez après, elle vous fuit; fuyez-la, elle vous court après.

> *Confessions d'un Enfant du Siècle*, **A. de MUSSET.**

Nous autres hommes, qu'aimons-nous au fond dans la femme, sinon le fait que lorsqu'elles « se donnent », elles nous donnent en même temps un spectacle.

*

Horreur de songer que mes réflexions sur la femme pourraient pousser une femme de lettres, après avoir tracassé le monde avec ses livres et après s'être tourmentée, à se venger en faisant des enfants!

Œuvres posthumes, trad. Henri-Jean Bolle (Mercure de France), **NIETZSCHE.**

La femme n'est pas encore capable d'amitié, des chattes, voilà ce que restent les femmes, des chattes et des oiseaux. Ou, en mettant les choses au mieux, des vaches.

Ainsi parlait Zarathoustra, trad. H. Albert (Mercure de France), **NIETZSCHE.**

Une femme qui n'est pas une idiote rencontre tôt ou tard un déchet humain et essaie de le sauver. Parfois elle y réussit. Mais une femme qui n'est pas une idiote trouve tôt ou tard un homme sain et le réduit à l'état de déchet. Elle y réussit toujours.

Le Métier de vivre, trad. Michel Arnaud (Gallimard), **Cesare PAVESE.**

Ceux qui disent toujours du bien des femmes ne les connaissent pas assez; ceux qui en disent toujours du mal ne les connaissent pas du tout.

> **PIGAULT-LEBRUN.**

... Les choses sont, non pas comme elles sont, mais comme on les considère : la même femme, si elle est la maîtresse d'un oisif, on la nomme son amie, s'il s'agit d'un industriel, c'est l'entretenue, d'un anarchiste, la compagne; d'un empereur, la favorite; d'un poète, la muse.

L'Homme qui cherche l'Amour, trad. G. de Lautrec (Albin Michel), **PITIGRILLI.**

Les instruments interchangeables d'un plaisir toujours identique.

> *Du côté de chez Swann* (Gallimard), **Marcel PROUST.**

Les femmes, c'est le quotidien mis au premier plan : d'où la peur qu'il faut avoir des femmes.

> *Journal* (Grasset), **C. F. RAMUZ.**

Les femmes ne sont guère changeantes; elles restent elles-mêmes, jusque dans leurs contradictions.

> *Lui ou les Femmes et l'Amour* (Sagittaire), **Henri de RÉGNIER.**

Appelons la femme un bel animal sans fourrure dont la peau est très recherchée.

La femme est un roseau dépensant.

Une femme peut être sublime en refusant de donner la vérole à celui qu'elle aime.

Journal (Gallimard), **Jules RENARD.**

Pour les femmes, le meilleur argument qu'elles puissent invoquer en leur faveur, c'est qu'on ne peut pas s'en passer.

Le Livre de mon bord (Mercure de France), **Pierre REVERDY.**

La femme la plus disgraciée peut rencontrer un homme pour qui elle sera une divinité. Et la plus divine des femmes est exposée à tomber sur celui qui fera d'elle une dinde.

De l'Amour (Grasset), **Étienne REY.**

Les femmes ne font que sauteler comme pie en haie et, pour un mot que vous dites, elles en laissent tomber vingt comme paille de pois qu'on secoue. A ce qu'il paraît qu'il y a des femmes avisées. On dit aussi qu'il y a des corneilles blanches, mais personne n'en a vu.

Les Paysans (Payot), **Ladislas REYMONT.**

Les femmes sont comme les oranges, les plus belles sont rarement les meilleures.

L'Amour, les Femmes et le Mariage, cit. A. Ricard (Sandré),
Adolphe RICARD.

Si toutes les femmes ont le même clavier, chacune, néanmoins, doit être touchée différemment.

Le Libertin raisonneur (G. Crès et Cie), **André ROUVEYRE.**

Les femmes, de par leur conformation, sont généralement étroites et profondes au propre comme au figuré.

Derrière Cinq Barreaux (Gallimard), **Maurice SACHS.**

La femme est un animal à cheveux longs et à idées courtes.

SCHOPENHAUER.

La femme, chez le sauvage, est une bête de somme, dans l'Orient, un meuble, et chez les Européens, un enfant gâté.

Considérations sur l'Esprit et les Mœurs, **SÉNAC DE MEILHAN.**

Jamais vous ne la trouverez à court de réplique, à moins de la choisir sans langue.

Comme il vous plaira, trad. Jules Supervielle (Gallimard),
William SHAKESPEARE.

Aucun homme n'est l'égal d'une femme, si ce n'est avec un tisonnier et une paire de souliers à clous. Et encore, même ainsi, ne l'est-il pas toujours.

Bernard Shaw, cit. Léon Treich (Gallimard), **G. B. SHAW.**

Elle préfère à ses flirts son mari et à celui-ci son amant, mais elle aime plus que tout ses chapeaux.

Du Cœur (Éd. du Livre), **Gabriel SOULAGES.**

Il est dit des chevaux dans la Vision que leur force était dans leurs bouches et dans leurs queues. Ce qui est dit des chevaux dans la Vision peut en réalité se dire des femmes.

Instructions aux Domestiques, **Jonathan SWIFT.**

Donner à une femme du raisonnement, des idées, de l'esprit, c'est mettre un couteau dans la main d'un enfant.

Vie et Opinions de M. Frédéric Thomas Graindorge (Hachette),
Hippolyte TAINE.

Les femmes ont une force herculéenne pour serrer les genoux.

L'Amour, les Femmes et nous (Gallimard), **Louis TEISSIER DU CROS.**

En Orient, les femmes cachent religieusement qu'elles ont un visage, en Occident, qu'elles ont des jambes. Dans les deux cas, elles montrent jusqu'à l'évidence qu'elles ont peu de cervelle.

Fragments d'un Journal 1852, trad. R. Michaud, S. David (Boivin et Cie),
H. D. THOREAU

Être une femme et se taire sont deux choses incompatibles.

Le Timide au Palais, trad. Cl. Rochel (Garnier), **TIRSO DE MOLINA.**

Il y a des femmes qui plus elles vieillissent et plus elles deviennent tendres. Il y a aussi les faisans.

Les Trois Impostures (Émile-Paul), **Paul-Jean TOULET.**

Ce qu'il y a de plus compréhensible chez les femmes laisse encore la moitié à deviner.

J. N. VERNIER.

Les femmes se défendent en attaquant et leurs attaques sont faites d'étranges et de brusques capitulations.

Le Portrait de Dorian Gray, trad. E. Jaloux et F. Frapereau (Stock),
Oscar WILDE.

fenêtre

Quand on songe aux immenses services que rendent les fenêtres aux amoureux, il est assez naturel d'en faire l'objet d'une contribution.

Honoré de BALZAC.

feuilleton

Ces feuilletons qui ne durent qu'un jour, et qui sont toujours un peu la fenêtre par laquelle on jette l'argent de son esprit à cette bête de foule, qui ne le ramasse même pas !

Les Critiques ou les Juges jugés (Frinzine), **BARBEY D'AUREVILLY.**

fidèle

Il y a des femmes qui n'aiment pas faire souffrir plusieurs hommes à la fois et qui préfèrent s'appliquer à un seul : ce sont les femmes fidèles.

> *Les Heures de l'Amour*, cit. Michel Epuy (Payot), **Alfred CAPUS.**

Les femmes fidèles sont toutes les mêmes, elles ne pensent qu'à leur fidélité, jamais à leur mari.

> *Amphitryon 38* (Grasset), **Jean GIRAUDOUX.**

La violence qu'on se fait pour demeurer fidèle à ce qu'on aime ne vaut guère mieux qu'une infidélité.

> *Réflexions ou Sentences et Maximes morales*, **LA ROCHEFOUCAULD.**

Il n'y a de mérite à être fidèle que lorsqu'on commence à devenir inconstant

> *Maximes et Réflexions*, **Duc de LÉVIS.**

... A l'être que nous avons le plus aimé nous ne sommes pas si fidèles qu'à nous-même.

> *Le Temps retrouvé* (Gallimard), **Marcel PROUST.**

fidélité

La fidélité en amour n'est que la paresse du désir.

> *Lui ou les Femmes et l'Amour* (Sagittaire), **Henri de RÉGNIER.**

Il y a dans la fidélité de la paresse, de la peur, du calcul, du pacifisme, de la fatigue, et quelquefois de la fidélité.

> *De l'Amour* (Grasset), **Étienne REY.**

La fidélité, une vive démangeaison avec défense de se gratter.

> **Aurélien SCHOLL.**

La fidélité des femmes dans le mariage, lorsqu'il n'y a pas d'amour, est probablement une chose contre nature.

> *De l'Amour*, **STENDHAL.**

On trompe toujours sa maîtresse avec sa femme. Si votre femme est convaincue de cette vérité, vous lui serez toujours fidèle.

> *L'Amour, les Femmes et nous* (Gallimard), **Louis TEISSIER DU CROS.**

fierté

La fierté, qui est le propre de l'homme, à l'égal du rire, si ce n'est plus, a ses petites exigences, d'autant plus impérieuses qu'elles sont moins justifiées.

Qu'est l'orgueil d'un Leverrier, voyant apparaître au jour dit et à la place désignée, en l'immensité des espaces, l'astre annoncé depuis vingt ans, comparé à la gloire d'une brute qui a trouvé plus bête qu'elle ?

> *La Philosophie de Georges Courteline* (Flammarion), **Georges COURTELINE.**

Les gens « fiers » acceptent d'avaler tout autant de couleuvres que ceux qui ne prétendent pas l'être; on ne voit donc pas ce qui les sépare d'eux, sinon qu'ils parlent de leur fierté.

Carnets (Gallimard), **Henry de MONTHERLANT.**

Certain paon cache sa queue devant tout le monde — et l'appelle sa fierté.

Par-delà le Bien et le Mal, trad. Henri Albert (Mercure de France),
NIETZSCHE.

figure

Comme on détesterait moins les hommes, s'ils ne portaient pas tous figure.

Face aux Verrous (Gallimard), **Henri MICHAUX.**

fille

Il y a telle fille qui trouve à se vendre et ne trouverait pas à se donner.

Pensées, Maximes et Anecdotes, **CHAMFORT.**

Chaque fois qu'une femme peut agir comme un homme, c'est une fille.

L'Escalade (L'Illustration Théâtrale), **Maurice DONNAY.**

Les hommes appellent « filles » des femmes à qui ils n'ont eu le courage ou l'esprit de donner ni le titre de mères, ni celui d'épouses, quoiqu'ils leur en fassent tenir l'emploi.

Conjectures et nouvelles Conjectures (Armand Huart), **Hector TALVART.**

financier

Au fond, les financiers ne sont que des voleurs qui ont acheté près du gouvernement le droit de voler.

Journal (Flammarion-Fasquelle), **E. et J. de GONCOURT.**

La fortune est aveugle et l'argent n'a pas d'odeur, disent des communs proverbes. C'est pourquoi les financiers s'efforcent de perfectionner le toucher.

Jeroboam ou la Finance sans méningite (La Sirène), **Paul LAFFITTE.**

finesse

La finesse est la petite monnaie de la fausseté.

Comte de SÉGUR.

fixé

Ce qui n'est pas fixé n'est rien. Ce qui est fixé est mort.

Tel quel (Gallimard), **Paul VALÉRY.**

flatterie

Flattez; vous entrerez.

Victor **HUGO**.

On croit quelquefois haïr la flatterie, mais on ne hait que la manière de flatter.

Réflexions ou Sentences et Maximes morales, **LA ROCHEFOUCAULD**.

La flatterie n'a tant de charmes que parce qu'elle nous paraît confirmer le jugement de notre amour-propre

Maximes et Réflexions, **Duc de LÉVIS**.

... Il aime à entendre qu'on prend les licornes aux arbres, les ours aux miroirs, les éléphants aux trous, les lions aux rets et les hommes aux flatteries. Mais quand je lui dis : « Vous haïssez les flatteurs », il répond : « Oui », car c'est ce qui le flatte le plus.

Jules César, trad. Ed. Fleg (Gallimard), **William SHAKESPEARE**.

L'amour de la flatterie, chez la plupart des hommes, provient de la piètre opinion qu'ils ont d'eux-mêmes : chez les femmes, c'est le contraire.

Instructions aux Domestiques, **Jonathan SWIFT**.

Les hommes sont si sensibles à la flatterie que lors même qu'ils pensent que c'est flatterie, ils ne laissent pas d'en être les dupes.

Réflexions et Maximes, **VAUVENARGUES**.

flirt

Le flirt, c'est l'aquarelle de l'amour.

Physiologie de l'Amour moderne (Plon), **Paul BOURGET**.

Le flirt est la leçon d'escrime que prend une femme avec des fleurets mouchetés avant d'aller sur le terrain avec des épées véritables.

L'Esprit de Maurice Donnay, cit. Léon Treich (Gallimard), **Maurice DONNAY**.

foi

Tout homme pensant s'appuie sur une foi invincible, c'est son réduit et son donjon.

Propos sur le Christianisme (Rieder), **ALAIN**.

La foi n'est pas une fonction, car, en dernière analyse, elle repose sur la raison. La raison n'est pas une fondation, car elle repose sur la foi.

Carnets, trad. Valery Larbaud (Gallimard), **Samuel BUTLER**.

L'homme doit avoir juste assez de foi en lui-même pour avoir des aventures et juste assez de doute de lui-même pour en jouir.

Pensées, trad. Ch. Grolleau (Revue Européenne 1924), **G. K. CHESTERTON**.

Quand je me rase, me disait un demi-fou, qui, sinon Dieu, m'empêche de me couper la gorge? — La foi ne serait, en somme, qu'un artifice de l'instinct de conservation. De la biologie partout....

Syllogismes de l'Amertume (Gallimard), **E.-M. CIORAN.**

Ce n'est pas le cierge qui fait la flamme, c'est la flamme qui a fait le cierge.

Positions et Propositions (Gallimard), **Paul CLAUDEL.**

Avec l'ignorance, la foi s'en est allée. Nous n'avons plus d'espérances et nous ne croyons plus à ce qui consolait nos pères. Cela surtout est pénible. Car il était doux de croire, même à l'enfer.

La Vie littéraire (Calmann-Lévy), **Anatole FRANCE.**

La foi est un capital particulier, secret, comparable aux caisses publiques d'épargne, et de secours, où l'on puise tous les jours de détresse de quoi donner aux gens le nécessaire : ici, c'est le créancier qui se paie lui-même discrètement ses intérêts.

Maximes et Réflexions, trad. G. Bianquis (Gallimard), **GŒTHE.**

Une foi comme un couperet, aussi lourde, aussi légère.

Préparatifs de Noce à la Campagne, trad. Marthe Robert (Gallimard),
Franz KAFKA.

Il est aisé de faire perdre sa foi à un homme, mais il est difficile, ensuite, de le convertir à une autre.

Les Sept Piliers de la Sagesse, trad. Ch. Mauron (Payot),
T. E. LAWRENCE.

Quand on a la foi, on peut se passer de la vérité.

Naissance de la Philosophie, trad. G. Bianquis (Gallimard), **NIETZSCHE.**

La foi a ceci de particulier que, disparue, elle agit encore.

Ernest RENAN.

La foi est une faculté de l'esprit ; les animaux l'ignorent ; les sauvages et les gens incultes ne connaissent que la crainte et le doute. La foi n'est accessible qu'aux organismes supérieurs.

Carnets de Notes, trad. Genia Cannac (Calmann-Lévy), **Anton TCHEKOV.**

La foi consiste à savoir se résigner au songe.

Almanach des Lettres françaises et étrangères, 22 février 1924 (G. Crès et Cie),
Miguel de UNAMUNO.

La foi est la consolation des misérables et la terreur des heureux.

Réflexions et Maximes, **VAUVENARGUES.**

folie

La plus ruineuse des folies, décidément, c'est de n'être pas un maquereau ou un imbécile.

Cit. par Giovanni Papini, trad. Henri Michel dans *Le Démon m'a dit...* (Payot),
Léon BLOY.

La folie, c'est la mort avec des veines chaudes.

Sans Titre, **Xavier FORNERET.**

La folie est une maladie du cerveau, et non une maladie de l'esprit.

Carnets, **Joseph JOUBERT.**

C'est une grande folie de vouloir être sage tout seul.

Réflexions ou Sentences et Maximes morales, **LA ROCHEFOUCAULD.**

Nous sommes tous obligés, pour rendre la réalité supportable, d'entretenir en nous quelques petites folies.

A l'ombre des jeunes filles en fleurs (Gallimard), **Marcel PROUST.**

La folie n'est pas une excuse, c'est un état mental.

Mes Inscriptions (Gallimard), **Louis SCUTENAIRE.**

La folie chez le fou n'est pas aussi saillante que chez le sage qui s'affole ; car alors, elle applique toutes les facultés d'une intelligence à rehausser par l'esprit l'éclat de la bêtise.

Peines d'Amour perdues (Gallimard), **William SHAKESPEAREE.**

La folie n'est pas un empire distinct et séparé ; notre vie ordinaire y confine et nous y entrons tous par quelque portion de nous-même. Il ne s'agit pas de la fuir, mais seulement de n'y tomber qu'à demi.

Vie et Opinions de M. Frédéric Thomas Graindorge (Hachette), **Hippolyte TAINE.**

Folie : désertion à l'intérieur.

Le Carnaval du Dictionnaire (Calmann-Lévy), **Pierre VÉRON.**

fonctionnaire

Les fonctionnaires sont comme les livres d'une bibliothèque ; les moins utiles sont les plus haut placés.

Notes (« La Plume » 1896), **Paul MASSON.**

force

Il n'y a qu'un secret pour mener le monde, c'est d'être fort, parce qu'il n'y a dans la force ni erreur, ni illusion ; c'est le vrai, mis à nu.

Napoléon BONAPARTE.

Se faire tuer ne prouve rien ; sinon qu'on n'est pas le plus fort.

Nouvelles Pensées philosophiques, **DIDEROT.**

La force naît par violence et meurt par liberté.

Nouveaux Prétextes, cit. AndréGide (Mercure de France), **Léonard de VINCI.**

forme

La forme, cette raison de l'œuvre d'art, est ce dont le public ne s'aperçoit jamais que plus tard. La forme est le secret de l'œuvre.

Préface pour : *Les Fleurs du Mal* (Pelletan, 1917), **André GIDE.**

Lorsque la forme est telle qu'on en est plus occupé que du fond, on croit que la pensée est venue pour la phrase, le fait pour le récit, le blâme pour l'épigramme, l'éloge pour le madrigal, et le jugement pour le bon mot.

Carnets, **Joseph JOUBERT.**

La forme n'est souvent qu'une mise en scène qui déforme.

Stendhal (Mercure de France), **Paul LÉAUTAUD.**

Certaines rudesses de forme sont garantes de l'intégrité de la pensée. Il n'est qu'une façon de dire, et pourquoi serait-elle plaisante?

De la Vanité et de quelques autres sujets (Fasquelle), **Jean ROSTAND.**

formule

Le contenu mystique de certaines formules leur donne un pouvoir magique redoutable. Des milliers d'hommes se firent tuer pour des paroles qu'ils ne pouvaient comprendre et d'ailleurs dépourvues de sens rationnel.

Aphorismes du Temps présent (Flammarion), **Gustave LEBON.**

L'avantage des formules, c'est d'avoir l'air profond, parce qu'elles sont vagues, claires parce qu'elles sont dogmatiques.

Rodolphe TÖPFFER.

fortune

Les grandes fortunes sont faites d'infamies, les petites de saletés.

Notes d'Album (G. Crès et Cie), **Henry BECQUE.**

Il y a des fortunes qui crient « Imbécile! » à l'honnête homme.

Journal (Flammarion-Fasquelle), **E. et J. de GONCOURT.**

La fortune se lasse de porter toujours un même homme sur son dos

L'Homme de Cour, prés. André Rouveyre (Grasset), **Baltasar GRACIAN.**

Nous vivons dans un temps où, si quelques-uns trouvent les galères à moitié chemin du pouvoir et de la fortune, il en est d'autres qui trouvent la fortune et le pouvoir à moitié chemin des galères.

Alphonse KARR.

De tous les moyens de faire sa fortune, le plus court et le meilleur est de mettre les gens à voir clairement leurs intérêts à vous faire du bien.

Les Caractères, **LA BRUYÈRE.**

La fortune ne paraît jamais si aveugle qu'à ceux à qui elle ne fait pas de bien.

Réflexions ou Sentences et Maximes morales, **LA ROCHEFOUCAULD.**

Conduisez-vous avec la fortune comme avec les mauvaises paies; ne dédaignez pas les plus faibles acomptes.

Maximes et Réflexions, **Duc de LÉVIS.**

La fortune n'est jamais seule à nous tourner le dos.

Jules PETIT-SENN.

On croyait qu'il était à la tête d'une immense fortune — on ne se doutait pas qu'il était à ses pieds.

En vrac (Éd. du Rocher), **Pierre REVERDY.**

La fortune est une divinité qui ne connut jamais d'athées.

Jean SÉNAC.

La fortune n'a pas les bras longs, elle ne s'empare que de celui qui s'attache à elle.

Lettres à Lucilius, trad. J. C. Labracherie, **SÉNÈQUE.**

Comme on fait la guerre avec le sang des autres, on fait fortune avec l'argent d'autrui.

Voici l'Homme (Albin Michel), **André SUARÈS.**

Le pouvoir de la fortune n'est reconnu que par les misérables car les heureux attribuent tous leurs succès à la prudence et au mérite.

Instructions aux Domestiques, **Jonathan SWIFT.**

fou

Si le fou persévérait dans sa folie, il rencontrerait la sagesse.

Le Mariage du Ciel et de l'Enfer, trad. André Gide (Aveline),
William BLAKE.

Le fou n'est pas l'homme qui a perdu la raison. Le fou est celui qui a tout perdu, excepté la raison.

Textes, trad. Charles Grolleau (Revue Européenne 1924),
G. K. CHESTERTON.

Les fous sont d'avis que, pour prendre le Capitole, il faudrait d'abord s'emparer des oies.

Pensées choisies, **Henri HEINE.**

On n'appelle pas fou un homme qui croit manger le bon Dieu, mais celui qui se dit Jésus-Christ.

Maximes et Pensées, **HELVÉTIUS.**

Les hommes sont si nécessairement fous que ce serait être fou par un autre tour de folie de n'être pas fou.

Pensées, **Blaise PASCAL.**

Quand un fou paraît tout à fait raisonnable, il est grandement temps, croyez-moi, de lui mettre la camisole.

Histoires extraordinaires, **Edgar Allan POE.**

Quelle pitié que les fous ne puissent parler avec sagesse des folies que font les sages!

Comme il vous plaira, trad. Jules Supervielle (Gallimard),
William SHAKESPEARE.

foule

La foule est plus susceptible d'héroïsme que de moralité.

Aphorismes du Temps présent (Flammarion), **Gustave LEBON.**

La preuve du pire, c'est la foule.

De la Vie heureuse, **SÉNÈQUE.**

La foule est la bête élémentaire, dont l'instinct est partout, la pensée nulle part.

Voici l'Homme (Albin Michel), **André SUARÈS.**

Des choses, si l'homme n'est peut-être pas la plus belle, la plus laide, c'est assurément la foule.

Les Trois Impostures (Émile-Paul), **Paul-Jean TOULET.**

Français

Il n'est rien qu'on n'obtienne des Français par l'appât du danger. Il semble leur donner de l'esprit.

Napoléon BONAPARTE.

Les Français sont persuadés que leur pays ne veut de mal à personne [...]. L'étranger devrait comprendre que, quand l'armée française pénètre dans le Palatinat ou à Saragosse, elle ne le fait pas exprès.

Les Carnets du Major Thompson (Hachette), **Pierre DANINOS.**

Les Français sont jaloux de leurs maîtresses, et jamais de leurs femmes.

Mémoires, **CASANOVA DE SEINGALT.**

Le désir du privilège et le goût de l'égalité, passions dominantes et contradictoires des Français de toute époque.

La France et son Armée (Plon), **Charles de GAULLE.**

Le naturel des Français est de n'aimer point ce qu'ils voient.

Lettres missives, publ. Berger de Xivray (Coll. documents inédits), **HENRI IV.**

Si les Français étaient Allemands de par leur nature, c'est pour lors que les Allemands les admireraient.

Journal, trad. Marthe Robert (Gallimard), **Franz KAFKA.**

Les Français... enferment quelques fous dans une maison, pour persuader que ceux qui sont dehors ne le sont pas.

Lettres persanes, **MONTESQUIEU**

C'est embêtant, dit Dieu, quand il n'y aura plus ces Français. Il y a des choses que je fais, il n'y aura plus personne pour les comprendre.

Le Mystère des Saints-Innocents (Gallimard), **Charles PÉGUY.**

Les Français n'agissent que par boutades.

Cardinal de RICHELIEU.

Quand un Français a des idées, il veut les imposer aux autres. Quand il n'en a pas, il le veut tout de même. Et quand il voit qu'il ne le peut, il se désintéresse des autres, il se désintéresse d'agir.

Almanach des Lettres françaises et étrangères, 17 janvier 1924 (G. Crès et Cie), **Romain ROLLAND.**

Si les autres parties du monde ont des singes, l'Europe a des Français. Cela se compense.

Caractères des différents Peuples, trad. J. Bourdeau (Alcan), **SCHOPENHAUER.**

Les Français sont satisfaits à peu de frais; un peu de familiarité dans les manières leur semble de l'égalité.

Journal d'un Poète, **Alfred de VIGNY.**

France

C'est une vérité incontestable qu'il y a en France sept millions d'hommes qui demandent l'aumône, et douze millions hors d'état de la leur faire.

*

En France, on laisse en repos ceux qui mettent le feu et on persécute ceux qui sonnent le tocsin.

*

Un homme d'esprit me disait un jour que le gouvernement de France était une monarchie absolue, tempérée par des chansons.

Pensées, Maximes et Anecdotes, **CHAMFORT.**

Pour avoir rangé l'intelligence parmi les vertus et la bêtise parmi les vices, la France a élargi le domaine de la morale. De là, son avantage sur les autres nations, sa vaporeuse suprématie.

Syllogismes de l'Amertume (Gallimard), **E. M. CIORAN.**

La France contient trente-six millions de sujets, sans compter les sujets de mécontentement.

La Lanterne, **Henri de ROCHEFORT.**

franchise

La franchise est le moyen le plus déguisé d'être malveillant à coup sûr.

Le Pour et le Contre, cit. Tribouillois et Rousset (Publ. Papyrus), **Henry BATAILLE**.

La franchise est souvent une faute, presque toujours une maladresse.

Les Pâtenôtres d'un Surnuméraire, **DELAROA**.

Une femme est franche quand elle ne fait pas de mensonges inutiles.

Le Lys rouge (Calmann-Lévy), **Anatole FRANCE**.

La franchise peut être utile, quand on l'emploie par artifice ou quand elle est trop rare pour qu'on y ajoute foi.

Œuvres morales (Lemerre Éd.), **LEOPARDI**.

La franchise totale, une vertu? Ce sont les goujats qui voudraient le faire croire.

Autres Contradictions (Sansot), **Charles REGISMANSET**.

En amour, la franchise est aujourd'hui l'excuse de l'impolitesse, le masque de la muflerie.

L'Amour, les Femmes et nous (Gallimard), **Louis TEISSIER DU CROS**.

La franchise est la meilleure des diplomaties, sans doute parce qu'elle ne fait pas tort à l'autre.

Trop menu, le fil casse, **TOURGUENIEV**.

fraternité

Tous les hommes sont frères et comme tels savent trop de choses sur leur compte réciproque.

Gaspar Ruiz, trad. Philippe Neel (Gallimard), **Joseph CONRAD**.

fripon

Mettez un fripon en vue, il agira comme un honnête homme.

Napoléon BONAPARTE.

La facilité avec laquelle un fripon invite un homme d'honneur à être de moitié dans une friponnerie est incroyable; mais il doit s'imaginer qu'il lui fait honneur en se confiant à lui.

Mémoires, **CASANOVA DE SEINGALT**.

Les fripons ont toujours un peu besoin de leur honneur, à peu près comme les espions de police, qui sont payés moins cher quand ils voient moins bonne compagnie.

Pensées, Maximes et Anecdotes, **CHAMFORT**.

frivole

L'homme doit s'applaudir d'être frivole; s'il ne l'était pas, il séche-
rait de douleur en pensant qu'il est né pour un jour, entre deux
éternités, et pour souffrir onze heures au moins sur douze.

VOLTAIRE.

frivolité

La frivolité est un état violent.

Du côté de chez Proust, cit. François Mauriac (La Table Ronde),
Marcel PROUST.

La frivolité est encore ce qu'il y a de plus sérieux chez les femmes.

Lui ou les Femmes et l'Amour (Sagittaire), **Henri de RÉGNIER.**

fromage

Un dessert sans fromage est une belle à qui il manque un œil.

Physiologie du Goût, **BRILLAT-SAVARIN.**

Le fromage fait tout digérer, sauf lui-même. Puissant fromage!

Ulysse, trad. A. Morel et St. Gilbert (Gallimard), **James JOYCE.**

comme Guerre

gaieté

Le sens populaire fait de « triste » un péjoratif ; la gaieté est le signe des grandes choses, mais elle peut être ironie.

Conversation avec Fr. Viélé-Griffin, repr. dans le Mercure de France,
Stéphane MALLARMÉ.

Celui qui observe, en marchant dans les rues, verra, je crois, les visages les plus gais, dans les voitures de deuil.

Opuscules humoristiques, trad. L. de Wailly, **Jonathan SWIFT.**

galanterie

La femme galante est celle qui donne souvent ce qu'elle n'a jamais eu : son cœur.

Sans titre. **Xavier FORNERET.**

On peut trouver des femmes qui n'ont jamais eu de galanterie, mais il est rare d'en trouver qui n'en aient jamais eu qu'une.

Réflexions ou Sentences et Maximes morales, **LA ROCHEFOUCAULD.**

géant

Si vous apercevez un géant, regardez d'abord la position du soleil, et voyez si le géant n'est pas l'ombre d'un pygmée.

NOVALIS.

général

Les généraux n'ont pas le goût du sang, mais de la tactique. Ce n'est pas du tout la même chose.

Derrière Cinq Barreaux (Gallimard), **Maurice SACHS.**

génération

Les générations sont solidaires à travers le temps et à travers les sottises.

Réflexions sur la Politique. (Plon), **Jacques BAINVILLE.**

généreux

La plupart de ceux qui passent pour généreux acquièrent cette réputation à bon marché. Consultez leurs créanciers.

Maximes et Réflexions, **Duc de LÉVIS.**

Il est plus facile d'être généreux que de ne pas le regretter.

Journal (Gallimard), **Jules RENARD.**

générosité

Toute générosité se paie, c'est même par là qu'elle vaut.

Pensées d'une Amazone (Émile-Paul), **Natalie CLIFFORD BARNEY.**

La générosité est le plus dangereux visage de l'erreur.

Préface à l'Évangile de la force (Plon), **Robert d'HARCOURT.**

Mieux vaut donner que prendre, mais il peut y avoir parfois plus d'humilité à recevoir qu'à donner. Peut-être trouverait-on quelqu'un de prêt, par amour, à tout donner, mais non, à rien recevoir.

Journal, trad. K. Ferlov et J.-J. Gateau (Gallimard), **Soeren KIERKEGAARD.**

génie

On sait que le propre du génie est de fournir des idées aux crétins une vingtaine d'années plus tard.

Traité du Style (Gallimard), **Louis ARAGON.**

Créer un poncif, c'est le génie. Je dois créer un poncif.

Journaux intimes, **Charles BAUDELAIRE.**

La culture trace des chemins droits, mais les chemins tortueux sans profit sont ceux-là mêmes du génie.

Le Mariage du Ciel et de l'Enfer, trad. André Gide (Aveline), **William BLAKE.**

Le génie est comme un miroir dont un côté reçoit la lumière et dont l'autre est tout rugueux et rouillé.

Le Livre de Christophe Colomb (Gallimard), **Paul CLAUDEL.**

Un homme montre quelquefois plus de génie dans son erreur qu'un autre dans la découverte d'une vérité.

Pensées et Fragments (Mercure de France), **DIDEROT.**

Un génie marié est un génie stérile. En effet, les productions de l'homme sont bornées; il faut opter de laisser à la postérité ou des ouvrages d'esprit ou des enfants.

Les Amusements sérieux et comiques d'un Siamois, **Charles du FRESNY.**

Le génie est une question de muqueuses. L'art est une question de virgules.

Sous la lampe (Gallimard), **Léon-Paul FARGUE.**

Quand un vrai génie paraît dans le monde, on le distingue à cette marque : tous les sots se soulèvent contre lui.

Lettres sur quelques écrits de ce temps, **FRÉRON.**

Un livre n'est jamais un chef-d'œuvre, il le devient. Le génie est le talent d'un homme mort.

Journal (Flammarion-Fasquelle) **E. et J. de GONCOURT.**

Dans les temps anciens, il y avait des ânes que la rencontre d'un ange faisait parler, de nos jours, il y a des hommes que la rencontre du génie fait braire.

*

Le génie ressemble au balancier qui imprime l'effigie royale aux pièces de cuivre comme aux écus d'or.

Victor HUGO.

Le génie, en définitive, n'est guère plus que la faculté de percevoir sur un mode inhabituel.

Précis de Psychologie, trad. E. Baudin et G. Berthier (Rivière),
William JAMES.

Appelons donc hommes de génie ceux qui font vite ce que nous faisons lentement.

Carnets, **Joseph JOUBERT.**

La légende du génie méconnu a été créée et soigneusement entretenue par les écrivains médiocres, qui, de tout temps, ont langui dans l'ombre et dans la pauvreté.

Critique des Critiques (Nagel), **Marcel PAGNOL.**

Le génie artistique agit à la manière de ces températures extrêmement élevées qui ont le pouvoir de dissocier les combinaisons d'atomes.

A l'ombre des jeunes filles en fleurs (Gallimard), **Marcel PROUST.**

Le génie égorge ceux qu'il pille.

Fragments et Pensées littéraires (Mercure de France), **RIVAROL.**

On n'est pas tombé d'accord encore si le génie est la perfection de ce qui va mourir, ou la singularité de ce qui va naître.

Les Trois Impostures (Émile-Paul), **Paul-Jean TOULET.**

Z s'est établi dans le génie — tel qu'on se figure le génie dans les esprits vulgaires. Il interpelle, foudroie, extermine. Se promène à grands pas dans la petite chambre de son esprit. Il ne voit que ses pas, mais non la petitesse de la chambre.

Mauvaises Pensées et les autres (Gallimard), **Paul VALÉRY.**

L'esprit, me disait un homme d'esprit, ce n'est que la bêtise en mouvement ; et le génie, c'est la bêtise en fureur.
— Agitez-vous, lui dis-je, irritez-vous, mon cher...

Tel quel (Gallimard), **Paul VALÉRY.**

gentilhomme

Un gentilhomme anglais est un homme, le matin, habillé comme son valet de chambre ; un gentilhomme français est un homme qui a un valet de chambre habillé comme lui.

Cahiers (Grasset), **MONTESQUIEU.**

géométrie

La géométrie n'est pas vraie : elle est avantageuse.

La Science et l'Hypothèse (Flammarion), **Henri POINCARÉ.**

gloire

Ah! la gloire! triste denrée. Elle se paie cher et ne se garde pas. Ne serait-elle point l'égoïsme des grands hommes, comme le bonheur est celui des sots?

La Peau de Chagrin, **Honoré de BALZAC.**

Je ne sache rien comme cette stupide raquette sur laquelle danse votre nom et qu'on appelle la gloire, pour faire aimer l'obscurité.

*

L'avantage de la gloire : avoir un nom trimballé par la bouche des sots.

*

Il n'y a que la gloire qui dispense de la politesse, et encore la gloire, quand elle s'appuie sur un tombeau.

Disjecta Membra, **BARBEY D'AUREVILLY**.

La gloire est le résultat de l'adaptation d'un esprit avec la sottise nationale.

Journaux intimes, **Charles BAUDELAIRE**.

J'ai vu aujourd'hui la gloire chez un marchand de bric-à-brac : une tête de mort couronnée de lauriers en plâtre doré.

Idées et Sensations, **E. et J. de GONCOURT**.

La gloire est le superflu de l'honneur et comme toute autre espèce de superflu, celui-là s'acquiert souvent aux dépens du nécessaire.

Madame GUIZOT.

Nous nous préparons aux occasions éminentes plus par gloire que par conscience. La plus courte façon d'arriver à la gloire, ce serait faire par conscience ce que nous faisons pour la gloire.

Essais, **MONTAIGNE**.

Quand la reconnaissance d'un grand nombre pour un seul rejette toute pudeur, c'est la naissance de la gloire.

Le Gai Savoir, trad. A. Vialatte (Gallimard), **NIETZSCHE**.

La douceur de la gloire est si grande qu'à quelque chose qu'on l'attache, même à la mort, on l'aime.

Pensées, **Blaise PASCAL**.

Gloire. Un nom, c'est fait avec du ciment, du mortier et beaucoup de goujateries.

Journal (Gallimard), **Jules RENARD**.

A la manière dont les hommes distribuent la gloire, elle n'est plus un piège pour la vertu.

De l'Homme intellectuel et moral, **RIVAROL**.

Pourquoi désirer la gloire, qu'on méprise dès qu'on l'a? Mais c'est bien ce que souhaite l'ambitieux : l'avoir pour pouvoir la mépriser.

De la Vanité et de quelques autres sujets (Fasquelle), **Jean ROSTAND**.

La gloire est un serpent. Que jamais ne m'atteigne sa morsure.

Esseulement, trad. V. Pozner et B. de Schloezer (Plon), **V. ROZANOV**.

La gloire elle-même ne saurait être, pour une femme, qu'un deuil éclatant du bonheur.

Corinne, **Madame de STAEL.**

L'amour de la gloire n'est ridicule parmi nous que comme annonçant le charlatanisme. Sans cette circonstance, il ne serait que haïssable.

Filosofia nova, **STENDHAL.**

Je verrais volontiers que ce fût de laurier-sauce que l'on ceignît la tempe de la plupart de nos gloires contemporaines, car elles relèvent secrètement de la cuisine et de l'office.

Le Pour et le Contre, cit. Tribouillois et Rousset (Publ. Papyrus),
Hector TALVART.

La gloire est une espèce de maladie que l'on prend pour avoir couché avec sa pensée.

Tel quel (Gallimard), **Paul VALÉRY.**

Le désir de la gloire prouve également et la présomption et l'incertitude où nous sommes de notre mérite.

Maximes posthumes, **VAUVENARGUES.**

goût

Ce qu'il y a d'enivrant dans le mauvais goût, c'est le plaisir aristocratique de déplaire.

Journaux intimes, **Charles BAUDELAIRE.**

Le goût est le bon sens du génie.

Essai sur la Littérature anglaise, **CHATEAUBRIAND.**

Le goût est un prince détrôné qui, de temps en temps, doit faire des protestations.

L'Année littéraire, 1755, **FRÉRON.**

Ne fais pas aux autres ce que tu voudrais qu'ils te fissent. Leurs goûts peuvent différer des tiens.

Bréviaire du Révolutionnaire, trad. A. et H. Hamon (Aubier), **G. B. SHAW.**

gouverné

Il est doux d'être gouverné, me disait M. de F... — Oui, lui dis-je, c'est un plaisir de roi.

Le Sottisier, **VOLTAIRE.**

gouvernement

On dirait, ma parole, que dans ce pays-ci, le gouvernement est le passe-temps naturel des gens qui n'ont plus rien à faire.

Le Gendre de Monsieur Poirier, **Émile AUGIER.**

On change d'optique quand on devient Chef de Gouvernement.

L'Appel, cit. Charles de Gaulle (Plon), **Léon BLUM.**

Un gouvernement serait éternel à la condition d'offrir, tous les jours, au peuple un feu d'artifice et à la bourgeoisie un procès scandaleux.

Journal (Flammarion-Fasquelle), **E. et J. de GONCOURT.**

Le gouvernement parlementaire n'est pas tant le gouvernement de la tribune; et même, il n'est pas tant le gouvernement des commissions; il est le gouvernement des couloirs.

Les Cahiers de la Quinzaine (Gallimard), **Charles PÉGUY.**

Il y a des temps où le gouvernement perd la confiance du peuple mais je n'en connais pas où le gouvernement puisse se fier au peuple.

Fragments et Pensées politiques (Mercure de France), **RIVAROL.**

Un pauvre vous demande de l'argent par pitié pour lui; un voleur vous en demande par pitié pour vous-même; et c'est en mélangeant ces deux manières que les gouvernements, tour à tour mendiants et voleurs, ont toujours l'argent des peuples.

Journal politique et national, **RIVAROL.**

Le meilleur gouvernement est celui d'un seul chef.

Somme théologique, trad. J. Chevalier, **SAINT THOMAS D'AQUIN.**

Le gouvernement a un bras long et un bras court; le long sert à prendre et arrive partout, le bras court sert à donner, mais il arrive seulement à ceux qui sont tout près.

Le Pain et le Vin, trad. J.-P. Samson (Grasset), **Ignazio SILONE.**

Pour échapper à des brigands occasionnels et que l'on tient pour brigands, nous nous livrons à des brigands permanents, organisés, et que l'on tient pour des bienfaiteurs; nous nous livrons aux gouvernements.

Journal intime (Gallimard), **Léon TOLSTOI.**

Il ne faut pas prendre les gouvernements pour des chemises et en changer sous couleur qu'ils sont sales.

Le Carnet de Monsieur du Paur (Émile-Paul), **Paul-Jean TOULET.**

Les Incas avaient des palais incrustés d'or et couverts de paille : emblème de bien des gouvernements.

Le Sottisier, **VOLTAIRE.**

gouverner

Savez-vous qu'il n'y a pas, dans une nation, plus de cinquante ou soixante têtes dangereuses, et où l'esprit soit en rapport avec l'ambition? Savoir gouverner, c'est connaître ces têtes-là pour les couper, ou pour les acheter.

Les Employés, **Honoré de BALZAC.**

On gouverne mieux les hommes par leurs vices que par leurs vertus.

Napoléon BONAPARTE.

Gouverner, c'est tendre jusqu'à casser, tous les ressorts du pouvoir. Être gouverné, c'est tout subir en silence, jusqu'au jour de la grande rébellion théâtrale.

La Mêlée sociale (Fasquelle), **Georges CLEMENCEAU.**

Jamais il n'a été aussi facile de gouverner qu'aujourd'hui. Autrefois, il fallait chercher avec finesse par quelle monnaie on devait marchander les gens; aujourd'hui tout le monde veut de l'argent.

Alphonse KARR.

Le prince habile dans l'art de gouverner les hommes se sert de leurs défauts pour réprimer leurs vices.

Maximes et Réflexions, **Duc de LÉVIS.**

On gouverne un grand État comme on fait frire un petit poisson.

Tao Te King, trad. nouvelle (Derain, Lyon), **LAO TSEU.**

grâce

La grâce imite la pudeur comme la politesse imite la bonté.

Carnets, **Joseph JOUBERT.**

grammaire

La grammaire est l'art de lever les difficultés d'une langue; mais il ne faut pas que le levier soit plus lourd que le fardeau.

Discours sur l'universalité de la langue française, **RIVAROL.**

grammairien

Les grammairiens me font l'effet de suivre le langage à la course, comme autrefois les gueux qui escortaient à toutes jambes un fiacre, pour décharger à l'arrivée les malles du voyageur.

Au Grand Saint-Christophe, trad. M. et Mme Tissier de Mallerais (Corrêa), **Eugenio d'ORS.**

Les grammairiens sont pour les auteurs ce qu'un luthier est pour un musicien.

Pensées, Remarques et Observations (Journal *Le Siècle*), **VOLTAIRE.**

grand

Un grand nous fait assez de bien quand il ne nous fait pas de mal...

Le Barbier de Séville, **BEAUMARCHAIS.**

Le privilège des grands, c'est de voir les catastrophes d'une terrasse.

La Guerre de Troie n'aura pas lieu (Grasset), **Jean GIRAUDOUX.**

Grands. Sont pour la plupart comme les faux dieux des Anciens. C'est un vil morceau de sapin d'un peu d'or revêtu.

Tous les objets sont pour les grands des miroirs où leur grandeur se réfléchit. Voilà pourquoi ils aiment souvent leurs inférieurs.

Maximes et Pensées, **HELVÉTIUS.**

Les grands sont comme les Hottentots. Nous les trouvons admirables quand nous leur trouvons le sens commun.

Quand un grand fait des bassesses, il compte bien s'en dédommager par des hauteurs.

Mes Pensées ou le qu'en-dira-t-on, **LA BEAUMELLE.**

Je n'ai rien vu de grand dans la vie que la cruauté et la bêtise.

Journal littéraire (Mercure de France), **Paul LÉAUTAUD.**

L'usage des grands est de profiter d'une action qu'ils regardent comme coupable et de prodiguer à celui qui s'est chargé de l'accomplir des récompenses et le mépris.

Le Comte de Carmagnola, **MANZONI.**

grandeur

On méconnaît les grands hommes si on les considère sous la perspective misérable d'une utilité publique. Qu'on n'en puisse tirer aucun profit, c'est peut-être le propre même de la grandeur.

Le Crépuscule des Idoles, trad. Henri Albert (Mercure de France), **NIETZSCHE.**

Calomnier un grand homme est, pour beaucoup de gens médiocres, le moyen le plus prompt de parvenir à leur tour à la grandeur. Le Scorpion ne serait probablement jamais devenu une constellation, sans le courage dont il a fait preuve en mordant Hercule au talon.

Marginalia, trad. Victor Orban (Sansot), **Edgar Allan POE.**

La grandeur, pour se faire reconnaître, doit souvent consentir à imiter la grandeur.

Pensées d'un Biologiste (Stock), **Jean ROSTAND.**

La grandeur n'est qu'une des sensations de la petitesse.

Almanach des Lettres françaises et étrangères, 7 avril 1924 (G. Crès et Cie), **G. B. SHAW.**

grand homme

Les grands hommes sont comme les plus belles fleurs. Ils croissent sous le fumier et à travers le fumier que jettent sur eux les envieux et les imbéciles.

Disjecta Membra, **BARBEY D'AUREVILLY.**

Les nations n'ont de grand homme que malgré elles. Donc, le grand homme est vainqueur de toute sa nation.

Journaux intimes, **Charles BAUDELAIRE.**

Ce qui manque souvent aux grands hommes, c'est de savoir limiter leurs objectifs.

Cit. Benoist-Méchin dans *Mustapha Kémal* (Albin Michel), **CARLYLE.**

On ne fait rien de grand sans de grands hommes, et ceux-ci le sont pour l'avoir voulu.

Le Fil de l'Épée. La Politique et le Soldat (Berger-Levrault), **Charles de GAULLE.**

On dit qu'il n'y a pas de héros pour un valet de chambre : cela tient tout simplement à ce que le grand homme ne peut être connu que par un grand homme; le valet, probablement, saurait apprécier son pareil.

Maximes et Réflexions, trad. G. Bianquis (Gallimard), **GŒTHE.**

Le privilège des grands hommes est de donner des secousses à leur siècle. La secousse donnée, sauve qui peut.

Le Songe de Maurepas, ou les Machines du Gouvernement français, **LOUIS XVIII.**

Les grands hommes qu'on met au gouvernement de l'État sont comme ceux qu'on condamne au supplice, avec cette différence seulement que ceux-ci reçoivent la peine de leur faute et les autres de leur mérite.

Cardinal de RICHELIEU.

Jadis nous étions dans l'usage de canoniser nos grands hommes, aujourd'hui nous les vulgarisons.

Pall Mall Gazette, 18 avril 1887, **Oscar WILDE.**

gratuité

Les choses gratuites sont celles qui coûtent le plus. Comment cela? Elles coûtent l'effort de comprendre qu'elles sont gratuites.

Le Métier de vivre, trad. Michel Arnaud (Gallimard), **Cesare PAVESE.**

gravité

La gravité est un mystère du corps inventé pour cacher les défauts de l'esprit.

Réflexions ou Sentences et Maximes morales, **LA ROCHEFOUCAULD.**

La gravité est le bouclier des sots.

> *Cahiers* (Grasset), **MONTESQUIEU.**

Grèce

C'est beaucoup de rois et de chèvres éparpillés sur du marbre.

> *La Guerre de Troie n'aura pas lieu* (Grasset), **Jean GIRAUDOUX.**

guerre

La guerre étant, chacun le sait, la forme collective et violente de la conversation.

> *Contacts allemands* (Albin Michel), **Alexandre ARNOUX.**

En guerre comme en amour, pour en finir, il faut se voir de près.

> **Napoléon BONAPARTE.**

La guerre représente le moindre effort psychologique : elle dénoue les situations embarrassantes et dispense de chercher des solutions complexes.

> *Cent Millions de Morts* (Sagittaire), **Gaston BOUTHOUL.**

La guerre est une simple continuation de la politique par d'autres moyens.

> *De la Guerre*, trad. D. Naville (Éd. de Minuit), **Carl von CLAUSEWITZ.**

Je ne comprends décidément pas pourquoi il est plus glorieux de bombarder de projectiles une ville assiégée que d'assassiner quelqu'un à coups de hache.

> *Crime et Châtiment*, trad. D. Ergaz (Gallimard), **Fedor DOSTOIEVSKI.**

La guerre, l'art de tuer en grand et de faire avec gloire ce qui, fait en petit, conduit à la potence.

> *Souvenirs entomologiques* (Delagrave), **J.-H. FABRE.**

Le principal attrait de la guerre, c'est qu'on n'y était pas traité de Monsieur.

> *Malaisie* (Stock), **Henri FAUCONNIER.**

Aimer la guerre, parce qu'elle fait des héros, c'est aimer le croup, parce que des médecins et des infirmières sont morts en voulant sauver un enfant.

> *Dernières pages inédites* (Calmann-Lévy), **Anatole FRANCE.**

La guerre civile est moins détestable que la guerre avec l'étranger. On sait du moins pourquoi l'on s'y bat.

> *Dernières Pages inédites* (Calmann-Lévy), **Anatole FRANCE.**

Dès que la guerre est déclarée, impossible de tenir les poètes. La rime, c'est encore le meilleur tambour.

La Guerre de Troie n'aura pas lieu (Grasset), **Jean GIRAUDOUX.**

Dans ces choses appelées guerres, on a toujours moins à se plaindre de ceux qu'on tue que de celui pour lequel on se fait tuer.

Alphonse KARR.

Dans une guerre civile, la victoire même est une défaite.

Pharsale, **LUCAIN.**

Ce n'est pas tant l'argent que les bons soldats qui sont le nerf de la guerre ; l'or ne suffit pas pour trouver de bonnes troupes, tandis que de bonnes troupes ont bientôt trouvé l'or.

Discours sur Tite-Live, **MACHIAVEL.**

Un match d'un homme de 70 kilos contre un obus du même poids est, sans discussion, une des inventions les plus sottes de notre temps.

Petit Manuel du parfait Aventurier (La Sirène), **Pierre MAC ORLAN.**

Or la guerre était presque toujours agréable au peuple, parce que, par la sage distribution du butin, on avait trouvé le moyen de la rendre utile.

Considérations sur les causes de la grandeur des Romains et de leur décadence,
MONTESQUIEU.

Nous aimons, dans les animaux, de pouvoir les tuer légalement. Dans la guerre aussi, nous aimons d'y pouvoir tuer légalement. Bien entendu, les hommes n'avouent jamais cela.

L'Équinoxe de Septembre (Gallimard), **Henry de MONTHERLANT.**

La guerre suppose une grande absence de réflexion égoïste, puisqu'après la victoire, ceux qui ont le plus contribué à la faire remporter, je veux dire les morts, n'en jouissent pas.

Ernest RENAN.

Le prétendu Dieu des armées est toujours pour la nation qui a la meilleure artillerie, les meilleurs généraux.

Dialogues et Fragments philosophiques, **Ernest RENAN.**

Quand les riches se font la guerre, ce sont les pauvres qui meurent.

Nasty in *Le Diable et le Bon Dieu* (Gallimard), **Jean-Paul SARTRE.**

On déclare la guerre à son voisin, tantôt parce qu'il est trop fort, tantôt parce qu'il est trop faible. Souvent ce voisin a des choses qui nous manquent, et nous avons aussi des choses qu'il n'a pas ; alors on se bat pour tout avoir ou rien.

SWIFT.

J'éprouve une profonde sympathie pour la guerre : elle copie si bien l'allure et le maintien de l'âme.

Fragments d'un Journal, trad. R. Michaud et S. David (Boivin et Cie),
H. D. THOREAU.

Varillas dit que les guerres civiles et les fluxions tombent toujours sur les parties faibles.

*

L'art de la guerre est, comme celui de la médecine, meurtrier et conjectural.

Le Sottisier, **VOLTAIRE.**

Tant que la guerre sera regardée comme néfaste, elle gardera sa fascination. Quand on la regardera comme vulgaire, sa popularité cessera.

Intentions (Stock), **Oscar WILDE.**

guerrier

Quand on retrouve dans le sol une ossature humaine, il y a toujours une épée près d'elle. C'est un os de la terre, un os stérile. C'est un guerrier.

La Guerre de Troie n'aura pas lieu (Grasset), **Jean GIRAUDOUX.**

guillotine

Guillotine (n) machine qui fait hausser les épaules à un Français, pour une excellente raison.

Le Dictionnaire du Diable, trad. Jacques Papy (Éd. Les Quatre Jeudis).
Ambrose BIERCE.

comme Homme

habileté

Le renom d'habileté vient souvent de maladresses dont on a su tirer parti.

Donc... (Sagittaire), **Henri de RÉGNIER.**

Nous ne sommes pas contents d'être habiles si on ne sait pas que nous le sommes; et pour ne pas en perdre le mérite, nous en perdons quelquefois le fruit. *Réflexions et Maximes,* **VAUVENARGUES.**

habillement

La plupart des gens entendent par ces mots : être bien mis, être déguisé en quelqu'un de plus riche que soi.

Alphonse KARR.

habitude

L'habitude est une seconde nature, elle nous empêche de connaître la première dont elle n'a ni les cruautés, ni les enchantements.

Sodome et Gomorrhe (Gallimard), **Marcel PROUST.**

La constance d'une habitude est d'ordinaire en rapport avec son absurdité.

> *La Prisonnière* (Gallimard), **Marcel PROUST.**

Ce n'est pas dans la nouveauté, c'est dans l'habitude que nous trouvons les plus grands plaisirs.

> *Le Diable au Corps* (Grasset), **Raymond RADIGUET.**

Il faut prendre très tôt de bonnes habitudes, surtout celle de savoir changer souvent et facilement d'habitudes.

> *En vrac* (Éd. du Rocher), **Pierre REVERDY.**

haine

En effet, la haine est une liqueur précieuse, un poison plus cher que celui des Borgia — car il est fait avec notre sang, notre santé, notre sommeil et les deux tiers de notre amour! Il faut en être avare!

L'Art romantique. Conseils aux jeunes littérateurs, **Charles BAUDELAIRE.**

La haine est ce qu'il y a de plus clairvoyant après le génie.

> **Claude BERNARD.**

Peu importe la chose que nous haïssons, pourvu que nous haïssions quelque chose.

> *Carnets*, trad. Valery Larbaud (Gallimard), **Samuel BUTLER.**

La haine n'est qu'une défaite de l'imagination.

La Puissance et la Gloire, trad. Marcelle Sibon (Laffont), **Graham GREENE.**

Le chrétien, cœur implacable, a poussé la haine jusqu'à l'amour de la haine : l'enfer, cette inclémence, est la première institution chrétienne.

> *Trop d'Amitié à la fois* (Revue « Mesures » janvier 1935),
> **Marcel JOUHANDEAU.**

La haine est l'amour qui a sombré.

> *Ou bien, ou bien...* trad. F. et D. Prior et M. H. Guignot (Gallimard),
> **Soeren KIERKEGAARD.**

Les haines sont si longues et si opiniâtres que le plus grand signe de mort dans un homme malade, c'est la réconciliation.

> *Les Caractères*, **LA BRUYÈRE.**

La haine de la femme qui fait la soupe, contre la femme qui fait l'amour.

> *Carnets* (Gallimard), **Henry de MONTHERLANT.**

La haine est la plus grande affaire de la vie. Les sages qui ne haïssent plus sont mûrs pour la stérilité et pour la mort.

> *Maximes sur la Guerre* (Grasset), **René QUINTON.**

La haine, pour celui qui ne hait point, c'est un peu comme l'odeur de l'ail pour qui n'en a pas mangé.

Pensées d'un Biologiste (Stock), **Jean ROSTAND.**

La haine aussi est créatrice. Je me demande parfois si l'homme, si l'animal, sur la terre, n'ont pas été créés par la haine, si quelque démon n'a point présidé à toute cette création fantastique et inutile que contemple parfois de son coin d'exil un Dieu excellent, impuissant et assez indifférent.

Derrière Cinq Barreaux (Gallimard), **Maurice SACHS.**

L'amour, l'amitié, l'estime ne forment pas des liens aussi solides que la haine commune.

Carnets de Notes, trad. Genia Cannac (Calmann-Lévy), **Anton TCHÉKOV.**

La haine n'est pas moins volage que l'amitié.

Réflexions et Maximes, **VAUVENARGUES.**

hasard

Le hasard, voyez-vous, ne sert que les hommes forts et c'est ce qui indigne les sots.

L'Affaire Lerouge, **Émile GABORIAU.**

Le hasard seul est merveilleux, parce qu'il est inintelligent.

GAVARNI.

hérédité

Nous tenons de notre famille aussi bien les idées dont nous vivons que la maladie dont nous mourrons.

A l'ombre des jeunes filles en fleurs (Gallimard), **Marcel PROUST**

hérésie

L'hérésie est la vie de la religion, c'est la foi qui fait les hérétiques. Dans une religion morte, il n'y a plus d'hérésies.

Péguy (Émile-Paul), **André SUARÈS.**

hérétique

Ce qu'il y a de meilleur dans les religions, ce sont leurs hérétiques.

Aphorismes et Réflexions (Almanach des Lettres françaises et étrangères, 1924, G. Crès et Cie), **Friedrich HEBBEL.**

hermine

L'hermine préfère la mort à la souillure.

Les Carnets de Léonard de Vinci, rec. Éd. Mac Curdy, trad. Louise Servicen (Gallimard), **Léonard de VINCI.**

héroïsme

Je hais l'idéalisme couard, qui détourne les yeux des misères de la vie et des faiblesses de l'âme. Il faut le dire à un peuple sensible aux illusions décevantes des paroles sonores : le mensonge héroïque est une lâcheté. Il n'y a qu'un héroïsme au monde : c'est de voir le monde tel qu'il est, et de l'aimer.

Vie de Michel-Ange (Hachette), **Romain ROLLAND.**

héros

L'homme, en temps de guerre, s'appelle le héros. Il peut ne pas en être plus brave et fuir à toutes jambes. Mais c'est du moins un héros qui détale.

La Guerre de Troie n'aura pas lieu (Grasset), **Jean GIRAUDOUX.**

Les héros populaires n'ont pas toujours le caractère qu'on leur attribue, mais ils finissent généralement par le prendre.

Aphorismes du Temps présent (Flammarion), **Gustave LEBON.**

On aime toujours avoir un héros à produire et un ami à qui le montrer.

Les Comédiens tragiques, trad. Ph. Neel (Gallimard), **George MEREDITH.**

Il est juste que les héros meurent, parce qu'ils en sont dignes.

Maximes sur la Guerre (Grasset), **René QUINTON.**

Un héros c'est celui qui fait ce qu'il peut. Les autres ne le font pas.

Jean-Christophe (Albin Michel), **Romain ROLLAND.**

hésitation

Il y a un but, mais pas de chemin; ce que nous nommons chemin est hésitation.

Préparatifs de Noce à la Campagne, trad. Marthe Robert (Gallimard), **Franz KAFKA.**

heureux

Si tu n'as eu ni richesses, ni enfants, ni amis et que tu aies d'autres biens, tu es heureux, si le reste te manque aussi, tu n'iras pas loin.

Ma Vie, trad. J. Dayré (Honoré Champion), **Jérôme CARDAN.**

Quand on soutient que les gens les moins sensibles sont à tout prendre les plus heureux, je me rappelle le proverbe indien : il vaut mieux être assis que debout, être couché qu'assis, mais il vaut mieux être mort que tout cela.

Pensées, Maximes et Anecdotes, **CHAMFORT.**

Pour vivre heureux, vivons caché.

Fables. Le Grillon, **FLORIAN.**

Si on ne voulait être qu'heureux, cela serait bientôt fait. Mais on veut être plus heureux que les autres, et cela est presque toujours difficile parce que nous croyons les autres plus heureux qu'ils ne sont.

Cahiers (Grasset), **MONTESQUIEU.**

Divertissement. Les hommes n'ayant pu guérir la mort, la misère, l'ignorance, ils se sont avisés, pour se rendre heureux, de n'y point penser.

Pensées, **Blaise PASCAL.**

Il faudrait essayer d'être heureux, ne serait-ce que pour donner l'exemple.

Spectacle (Gallimard), **Jacques PRÉVERT.**

Les femmes n'aiment pas que nous soyons trop heureux et quand elles ont tout fait pour que nous le soyons pas, elles veulent que nous considérions comme un bonheur de leur devoir de ne l'être point.

Lui ou les Femmes et l'Amour (Sagittaire), **Henri de RÉGNIER.**

Il ne suffit pas d'être heureux : il faut encore que les autres ne le soient pas.

Journal (Gallimard), **Jules RENARD.**

Nous nous tourmentons moins pour devenir heureux que pour faire croire que nous le sommes.

Le Livre de l'Esprit, **Abbé de SAINT-RÉAL.**

On veut rendre les gens heureux, mais on ne veut pas qu'ils le deviennent.

Considérations sur l'Esprit et les Mœurs, **SENAC DE MEILHAN.**

Un homme peut être heureux avec n'importe quelle femme aussi longtemps qu'il ne l'aime pas.

L'Esprit d'Oscar Wilde, cit. Léon Treich (Gallimard), **Oscar WILDE.**

histoire

Malgré ses ambitions de vérité, l'histoire n'est, après tout, que de la parole humaine, soumise à la triste condition de la parole humaine, qui est de pouvoir tromper et de pouvoir être trompée.

Sensations d'Histoire (Quantin), **BARBEY D'AUREVILLY.**

L'Histoire est le déroulement d'une trame d'éternité sous des yeux temporels et transitoires.

Pages de Léon Bloy, choisies par Raïssa Maritain (Mercure de France), **Léon BLOY.**

Il me semble voir une foule de mensonges qui se pressent et s'écrasent devant une petite porte, et qui se faufilent en même temps que les vérités dans le domaine de l'Histoire.

Carnets, trad. Valery Larbaud (Gallimard), **Samuel BUTLER.**

Il n'y a d'histoire digne d'attention que celle des peuples libres; l'histoire des peuples soumis au despotisme n'est qu'un recueil d'anecdotes.

Pensées, Maximes et Anecdotes, **CHAMFORT.**

L'histoire, en effet, se ramène à une classification des polices; car de quoi traite l'historien sinon de la conception que les hommes se sont faite du gendarme à travers les âges.

Syllogismes de l'Amertume (Gallimard), **E.-M. CIORAN.**

L'histoire n'est pas une science, c'est un art. On n'y réussit que par l'imagination.

Le Jardin d'Épicure (Calmann-Lévy), **Anatole FRANCE.**

Il n'y a que deux grands courants dans l'histoire de l'humanité : la bassesse qui fait les conservateurs et l'envie qui fait les révolutionnaires.

Journal (Flammarion-Fasquelle), **E. et J. de GONCOURT.**

L'histoire a besoin de lointain comme la perspective. Les faits et les événements trop attestés ont, en quelque sorte, cessé d'être malléables.

Carnets, **Joseph JOUBERT.**

En général, l'homme ne fait pas grand chose exprès, l'histoire n'est que l'art d'établir d'une façon à peu près plausible la préméditation des tuiles qui tombent.

Alphonse KARR.

L'histoire, ce riche trésor des déshonneurs de l'homme.

Pensées choisies, **LACORDAIRE.**

Quand il s'agit d'histoire ancienne, on ne peut pas faire d'histoire parce qu'on manque de références. Quand il s'agit d'histoire moderne, on ne peut pas faire d'histoire, parce qu'on regorge de références.

Clio (Gallimard), **Charles PÉGUY.**

Avec cette philosophie de l'histoire, il n'y aura bientôt de légitime que le droit des orangs-outangs dépossédés de la perfidie des civilisés.

Ernest RENAN.

historien

L'historien est un prophète qui regarde en arrière.

L'Esprit d'Henri Heine, cit. Léon Treich (Gallimard), **Henri HEINE.**

Les historiens se moquent des terreurs de l'empereur Claude. Puis à la fin du paragraphe, on lit que Claude a été assassiné. Ses terreurs étaient donc justifiées.

Carnets (Gallimard), **Henry de MONTHERLANT.**

A force de vouloir rechercher les origines, on devient écrevisse. L'historien voit en arrière; il finit par croire en arrière.

Le Crépuscule des Idoles, trad. Henri Albert (Mercure de France),
NIETZSCHE.

Le talent de l'historien consiste à faire un ensemble vrai avec des traits qui ne sont vrais qu'à demi.

La Vie de Jésus, **Ernest RENAN.**

Ce qu'il y a de plus heureux pour les historiens, c'est que les morts ne puissent protester.

Aurélien SCHOLL.

Un historien est un babillard qui fait des tracasseries aux morts.

Le Sottisier, **VOLTAIRE.**

hobereau

Les hobereaux hanovriens sont des ânes qui ne savent parler que de chevaux.

Pensées, **Henri HEINE.**

homéopathie

Il me semble voir dans une pharmacie homéopathique le protestantisme de la médecine.

Journal (Flammarion-Fasquelle), **E. et J. de GONCOURT.**

homme

L'homme ne sait jamais ce qu'il veut : il aspire à percer les mystères et dès qu'il les a pénétrés, il désire les rétablir. L'ignorance l'irrite et la connaissance le rassasie.

Journal intime (Gallimard), **Henri-Frédéric AMIEL.**

L'homme fait à tous les instants des déclarations définitives sur la vie, l'homme et l'art, et ne sait pas plus que le champignon ce qu'est la vie, l'homme et l'art.

On my Way (Schuster Inc.), **Jean ARP.**

L'homme aime tant l'homme que, quand il fuit la ville, c'est encore pour chercher la foule, c'est-à-dire pour refaire la ville à la campagne.

Journaux intimes, **Charles BAUDELAIRE.**

Boire sans soif et faire l'amour en tout temps, Madame: il n'y a que ça qui nous distingue des autres bêtes.

Le Mariage de Figaro, **BEAUMARCHAIS.**

Homme (n.) animal si profondément plongé dans la contemplation extatique de ce qu'il croit être, qu'il en oublie totalement ce qu'il devrait être. Son occupation principale consiste à exterminer les autres animaux et ceux de son espèce, qui, nonobstant, se multiplie avec tant de rapidité qu'elle infeste toutes les parties habitables du globe, et même le Canada.

Le Dictionnaire du Diable, trad. Jacques Papy (Éd. Les Quatre Jeudis), **Ambrose BIERCE.**

L'homme est une intelligence servie par des organes.

Vicomte de BONALD.

Nous sommes pareils à des boules de billard pendant une partie jouée par des joueurs inexpérimentés; toujours près d'être envoyés dans une blouse, mais n'y entrant presque jamais en plein, ou alors, c'est un coup de chance.

Carnets, trad. Valery Larbaud (Gallimard), **Samuel BUTLER.**

Dieu a fait l'homme et le péché l'a contrefait.

Positions et Propositions (Gallimard), **Paul CLAUDEL.**

S'il n'y avait que trois hommes au monde, ils s'organiseraient; l'un ferait la cour à l'autre, l'appellerait Monseigneur et les deux unis forceraient le troisième à travailler pour eux : car c'est là le point.

Lettre à M..., **Paul-Louis COURIER.**

L'homme est un être délicieux; c'est le roi des animaux. On le dit bouché et féroce, c'est de l'exagération. Il ne montre de férocité qu'aux gens hors d'état de se défendre, et il n'est point de question si obscure qu'elle lui demeure impénétrable : la simple menace d'un coup de pied au derrière ou d'un coup de poing en pleine figure et il comprend à l'instant même.

La Philosophie de Georges Courteline (Flammarion), **Georges COURTELINE.**

Un être qui s'habitue à tout, voilà, je pense, la meilleure définition qu'on puisse donner à l'homme.

Souvenirs de la Maison des Morts, trad. H. Mongault et L. Désormonts (Gallimard), **DOSTOIEVSKI.**

Les hommes, ma chère, c'est comme les cerfs-volants, plus on leur rend de corde, plus on les tient.

Francillon, **Alexandre DUMAS, fils.**

Les hommes et les papillons, ça ne se fixe qu'avec une épingle!

Nounette (Fayard), **Henri DUVERNOIS.**

L'homme est une intelligence desservie par des organes.

Almanach des Lettres françaises et étrangères, 13 avril 1924 (G. Crès et Cie)
FAGUS.

Les hommes sont tous frères, et ils s'entre-déchirent; les bêtes farouches sont moins cruelles. Les lions ne font point la guerre aux lions, ni les tigres aux tigres; ils n'attaquent que les animaux d'espèce différente : l'homme seul, malgré sa raison, fait ce que les animaux sans raison ne firent jamais.

Les Aventures de Télémaque, fils d'Ulysse, **FÉNELON.**

L'homme n'est qu'un amas de grimaces.

Sans titre, **Xavier FORNERET.**

L'homme est le roi de la création. Qui a dit cela? L'homme.

GAVARNI.

Cet être avec sa panoplie de biceps et de devoirs promis à toute vierge, il n'existe pas. Cette force est faiblesse, ce travail est paresse, ce devoir vanité. L'homme est la plus fausse conquête de l'homme.

Sodome et Gomorrhe (Grasset), **Jean GIRAUDOUX.**

L'homme est un animal arrivé, voilà tout.

Promenades philosophiques (Mercure de France), **Remy de GOURMONT.**

Je suis fermement persuadé que les ânes, quand ils s'insultent entre eux, n'ont pas de plus sanglante injure que de s'appeler hommes.

Correspondance inédite, oct. 1827, **Henri HEINE.**

L'homme se vante d'être sobre, quand il ne digère plus; d'être chaste quand son sang est stagnant et son cœur mort; de savoir se taire, quand il n'a plus rien à dire, et appelle vices les plaisirs qui lui échappent et vertus les infirmités qui lui arrivent.

Alphonse KARR.

Il n'y a pour l'homme que trois événements : naître, vivre et mourir. Il ne se sent pas naître, il souffre à mourir, et il oublie de vivre.

Les Caractères, **LA BRUYÈRE.**

Tout être humain est un fou qui se garde.

> *Préface du roman anglais* Haute Plainte, **Jacques de LACRETELLE.**

Il en est des hommes comme des corps chimiques, qui n'ont point de qualités, ni de défauts, mais des propriétés. On ne dit point de l'acide qu'il a le défaut, mais la propriété d'être corrosif. Que ne le dit-on de l'homme?

> *Jeroboam ou la Finance sans méningite* (La Sirène), **Paul LAFFITTE.**

Le singe le plus parfait ne peut pas dessiner un singe, seul l'homme le peut, mais il n'y a que l'homme également qui tienne cela pour un privilège.

Que l'homme soit la plus noble créature du monde, on peut le déduire de ce qu'aucune autre créature ne l'a jamais contredit sur ce point.

> *Aphorismes*, trad. Marthe Robert (C. F. L.), **G. C. LICHTENBERG.**

Le seul caractère qui distingue l'homme des autres vertébrés supérieurs est une timidité excessive, sa faculté de s'alarmer, et son incapacité de se lancer dans l'aventure sans une foule derrière lui.

> *Défense des Femmes* (Gallimard), **H. L. MENCKEN.**

L'homme est un animal raisonnable à qui la raison sert surtout à déraisonner.

> *Pensées choisies* (Figuière), **Alexandre MERCEREAU.**

Une femme au pilori! Cela restitue à l'engeance des hommes l'aboi primitif de leur horde fraternelle.

> *Diane à la croisée des chemins*, trad. Lucien Wolf (Gallimard),
> **George MEREDITH.**

Tout homme a dans son cœur un cochon qui sommeille.

> **Charles MONSELET.**

L'homme est bien insensé. Il ne saurait forger un ciron, et forge des dieux à la douzaine.

> *Essais*, **MONTAIGNE.**

L'être humain est la proie de trois maladies chroniques et inguérissables : le besoin de nourriture, le besoin de sommeil et le besoin d'égards.

> *Carnets* (Gallimard), **Henry de MONTHERLANT.**

Car enfin, qu'est-ce que l'homme dans la nature? Un néant à l'égard de l'infini, un tout à l'égard du néant, un milieu entre rien et tout.

L'homme n'est ni ange, ni bête, et le malheur est que qui veut faire l'ange, fait la bête.

> *Pensées*, **Blaise PASCAL.**

L'homme est l'être qui ne peut sortir de soi, ne connaît les autres qu'en soi, et en disant le contraire, ment.

Albertine disparue (Gallimard), **Marcel PROUST.**

Il y a plus d'animaux dans Saint-Simon que dans La Fontaine; seulement, ce sont des hommes.

Donc... (Sagittaire), **Henri de RÉGNIER.**

L'homme est un animal qui a la faculté de penser quelquefois à la mort.

Journal (Gallimard), **Jules RENARD.**

L'homme est un animal omnivore, qui absorbe des cochonneries par personnes interposées.

En vrac (Éd. du Rocher), **Pierre REVERDY.**

L'homme est une bête féroce, par elle-même apprivoisée.

Le Livre de mon bord (Mercure de France), **Pierre REVERDY.**

Tout homme est mon frère tant qu'il n'a pas parlé.

Pensées d'un Biologiste (Stock), **Jean ROSTAND.**

Il y a trois grandes écoles pour apprendre l'homme : l'église, la prison, et le deuxième bureau.

Derrière Cinq barreaux (Gallimard), **Maurice SACHS.**

On a cru que, pour les grandir, il suffisait de les vêtir, de les nourrir, de répondre à tous leurs besoins, et on a peu à peu fondé en eux le petit bourgeois de Courteline.

Terre des Hommes (Gallimard), **Antoine de SAINT-EXUPÉRY.**

L'homme n'est point la somme de ce qu'il a, mais la totalité de ce qu'il n'a pas encore, de ce qu'il pourrait avoir.

Situations I. Temporalité (Gallimard), **Jean-Paul SARTRE.**

Je ne suis pas un homme, je ne suis rien. Il n'y a que Dieu. L'homme, c'est une illusion d'optique.

Goetz in *Le Diable et le Bon Dieu* (Gallimard), **Jean-Paul SARTRE.**

Le médecin voit l'homme dans toute sa faiblesse; le juriste le voit dans toute sa méchanceté; le théologien dans toute sa bêtise.

Pensées et Fragments, trad. J. Bourdeau (Alcan), **SCHOPENHAUER.**

L'homme serait probablement un animal assez supportable, s'il consentait un peu moins à se laisser emmerder par ceux qui veulent faire son bonheur.

Mes Inscriptions (Gallimard), **Louis SCUTENAIRE.**

Ce que les mouches sont pour des enfants espiègles, nous le sommes pour les dieux : ils nous tuent pour leur plaisir.

Le Roi Lear (Gallimard), **William SHAKESPEARE.**

L'homme est le seul animal qui s'estime riche en proportion du nombre et de la voracité de ses parasites.

Bréviaire du Révolutionnaire, trad. A. et H. Hamon (Aubier), **G. B. SHAW.**

Voilà donc où nous en sommes : l'homme, un fœtus de primate que la guenon a peut-être porté un ou deux mois de trop. Un hydro-céphale, dont la boîte s'est remplie de matière grise au lieu de bonne eau. Qu'il aille se faire trépaner de l'intelligence!

Voici l'Homme (Albin Michel), **André SUARÈS.**

L'homme n'a besoin que de trois mètres de terre. L'homme? Non, le cadavre. L'homme a besoin du globe terrestre tout entier.

Carnets de Notes, trad. Genia Cannac (Calmann-Lévy), **Anton TCHÉKOV.**

L'homme a conscience d'être Dieu, et il a raison, parce que Dieu est en lui. Il a conscience d'être un cochon et il a également raison parce que le cochon est en lui. Mais il se trompe cruellement, quand il prend le cochon pour un dieu.

Journal intime (Gallimard), **Léon TOLSTOÏ.**

Les animaux supérieurs ne sont jamais atteints de cette maladie qu'on appelle le sens moral.

Aperçus de Littérature américaine, cit. E. M. Coindreau (Gallimard), **Mark TWAIN.**

L'homme est un animal enfermé — à l'extérieur de sa cage. Il s'agite hors de soi.

Moralités (Gallimard), **Paul VALÉRY.**

L'homme est le plus pauvre des esprits, parce qu'il possède un corps, et le plus triste des animaux, parce qu'il possède un esprit.

Almanach des Lettres françaises et étrangères, juin 1924 (G. Crès et Cie), **VERINE.**

L'homme et les animaux ne sont qu'un passage et un canal à aliments, une sépulture pour d'autres animaux, une auberge de morts, qui entretiennent leur vie grâce à la mort d'autrui, une gaine de corrup-tion.

Les Carnets de Léonard de Vinci, rec. Edw. Mac Curdy, trad. Louis Servicen (Gallimard), **Léonard de VINCI.**

Les hommes sont comme les animaux : les gros mangent les petits, et les petits les piquent.

Le Sottisier, **VOLTAIRE.**

L'homme est tout ce qu'on voudra, mais non pas raisonnable.

Le Portrait de Dorian Gray, trad. E. Jaloux et F. Frapereau (Stock), **Oscar WILDE.**

L'on est tenté de définir l'homme, un animal raisonnable, qui se fâche toujours quand on lui demande d'agir d'accord avec les pré-ceptes de la raison.

Intentions (Stock), **Oscar WILDE.**

honnête

Ils sont honnêtes : ils ne mentent pas sans nécessité.

Carnets de Notes, trad. Genia Cannac (Calmann-Lévy), **Anton TCHÉKOV.**

honnête femme

Quand un homme a gagné vingt mille livres de rente, sa femme est une femme honnête, quel que soit le genre de commerce auquel il a dû sa fortune.

Physiologie du Mariage, **Honoré de BALZAC.**

Celui qui, par hasard, a une honnête femme, vit heureux avec un fléau.

Les Crétois, **EURIPIDE.**

La principale difficulté avec les femmes honnêtes n'est pas de les séduire, c'est de les amener dans un endroit clos. Leur vertu est faite de portes entrouvertes.

Amphitryon 38 (Grasset), **Jean GIRAUDOUX.**

Les honnêtes femmes sont inconsolables des fautes qu'elles n'ont pas commises.

Elles et toi (Raoul Solar), **Sacha GUITRY.**

La plupart des honnêtes femmes sont des trésors cachés, qui ne sont en sûreté que parce qu'on ne les cherche pas.

Réflexions ou Sentences et Maximes morales, **LA ROCHEFOUCAULD.**

honnêtes gens

Vivent les honnêtes gens! Ils sont encore moins canailles que les autres.

Notes d'Album (G. Crès et Cie), **Henry BECQUE.**

Est-il rien de plus agaçant que les honnêtes gens qui parlent sans cesse de leur honnêteté? Vivent les coquins, qui sont muets sur leurs coquineries.

Passe-Temps (Mercure de France), **Paul LÉAUTAUD.**

Le monde est plein d'honnêtes gens. On les reconnaît à ce qu'ils font les mauvais coups avec plus de maladresse.

L'Argent (Gallimard), **Charles PÉGUY.**

Il y a beaucoup d'honnêtes gens qui mettraient le feu à une maison, s'il n'y avait que cette façon de faire rôtir leur souper.

Le Sottisier, **VOLTAIRE.**

honnête homme

Un honnête homme est souvent un fripon endimanché.

Broussailles de la pensée de la famille de sans titre, **Xavier FORNERET.**

Dès que l'honnête homme agit, il lui est impossible d'éviter le mensonge et la trahison. L'honnête homme est contemplatif.

La Branche morte (Œuvres Libres), **Edmond JALOUX.**

L'honnête homme tient le milieu entre l'habile homme et l'homme de bien, quoique dans une distance inégale de ces deux extrèmes.

Les Caractères, **LA BRUYÈRE.**

Il y a un moyen sûr, mais un peu cher, de faire prendre à un fripon toutes les apparences d'un honnête homme; c'est de lui donner cent mille livres de rente.

Maximes et Réflexions, **Duc de LÉVIS.**

Il n'y a guère d'homme au monde qui, se transforment en coquin pour mille thalers, n'eût préféré rester honnête homme pour la moitié de la somme.

Aphorismes, trad. Marthe Robert (C. F. L.), **G. C. LICHTENBERG.**

Je suis un honnête homme, dit-il, je veux dire que j'approuve la plupart de mes actions.

Tel quel (Gallimard), **Paul VALÉRY.**

honnêteté

L'honnêteté ne consiste pas à ne jamais voler, mais à savoir jusqu'à quel point on peut voler, et comment faire bon usage de ce qu'on vole.

Carnets, trad. Valery Larbaud (Gallimard), **Samuel BUTLER.**

L'honnêteté est la plus grande de toutes les malices, parce que c'est la seule que les malins ne prévoient pas.

Alexandre DUMAS, fils.

Qu'est-ce que l'honnêteté? Pour le plus grand nombre, un soin de ne rien faire de criminel dont on puisse vous donner des preuves.

Alphonse KARR.

honneur

J'ai fait ce rêve stupide : que l'honneur fût un jour à la portée de tout le monde.

Nous autres Français (Gallimard), **Georges BERNANOS.**

Dans les questions d'honneur, il n'y a de vrai et de décisif que les coups de pied au cul !

Cité par E. Mas dans *Léon Bloy, son œuvre* (Nouvelle Revue Critique), **Léon BLOY.**

L'honneur est pour les souverains un fisc moral.

Napoléon **BONAPARTE.**

Les gens de négoce l'appellent probité et les gens de métier santé. Les filles y pensent une fois par mois, aux alentours de la même date.

La Paroisse du Moulin Rouge (Albin Michel), **Jacques DYSSORD.**

Il y a des gens pour qui l'honneur est un calcul. Ne les troublons point, le public est intéressé au succès de cette spéculation.

Maximes et Réflexions, **Duc de LÉVIS.**

L'honneur, c'est comme les allumettes : ça ne sert qu'une fois.

Marius (Fasquelle), **Marcel PAGNOL.**

L'homme et la femme ne placent pas leur honneur au même endroit, et c'est cependant du même endroit que partent les offenses qu'ils lui font communément subir.

Conjectures et nouvelles Conjectures (Armand Huart), **Hector TALVART.**

honteux

Ce qui n'est pas honteux commence à le devenir quand cela est loué par la multitude.

De finibus, **CICÉRON.**

humanité

On aura beau se plaindre, il faut nécessairement que le genre humain renferme deux espèces : les charlatans et les sots ; ces derniers aiment autant à construire des tréteaux que les autres à y monter.

L'Année littéraire 1766, **FRÉRON.**

Les principes sont faits pour être violés. Être humain est aussi un devoir.

Le Troisième Homme, trad. M. Sibon (Laffont), **Graham GREENE.**

L'humanité n'a jamais dépassé l'étape de la chenille ; elle pourrit à l'état de chrysalide, et n'aura jamais d'ailes.

Femmes amoureuses, trad. Rancès (Gallimard), **D. H. LAWRENCE.**

humiliation

L'homme porte en soi tout ce qu'il faut pour l'humilier. De quoi les Pères et les théologiens ont abusé.

Mélanges (Gallimard), **Paul VALÉRY.**

Nous nous consolons rarement des grandes humiliations, nous les oublions.

Maximes, **VAUVENARGUES.**

humilité

L'humilité est l'antichambre de toutes les perfections.

Clérambard (Grasset), **Marcel AYMÉ.**

Il n'y a qu'un seul moyen de rabaisser son orgueil, c'est de s'élever plus haut que lui. Mais on ne se contorsionne pas pour devenir humble, comme un gros chat pour entrer dans la ratière. La véritable humilité, c'est d'abord la décence, l'équilibre.

Le Dialogue des Carmélites (Édit. du Seuil), **Georges BERNANOS.**

Le ver se recroqueville quand on marche dessus. C'est plein de sagesse. Par là il amoindrit la chance de se faire de nouveau marcher dessus. Dans le langage de la morale : l'humilité.

Le Crépuscule des Idoles, trad. Henri Albert (Mercure de France), **NIETZSCHE.**

humoriste

Les humoristes sont comme des enfants qui, en traversant les chambres obscures, chantent pour se donner du courage.

L'Homme qui cherche l'Amour, trad. G. de Lautrec (Albin Michel), **PITIGRILLI.**

humour

Un homme se fait écorcher vif, pour montrer comment le sourire de l'humoriste provient de l'enflure d'un muscle déterminé; après quoi, il accompagne la chose d'une conférence sur l'humour.

Journal, trad. K. Ferlov et J.-J. Gateau (Gallimard), **Soeren KIERKEGAARD.**

L'humour est une façon de se tirer d'embarras sans se tirer d'affaire.

Mes Inscriptions (Gallimard), **Louis SCUTENAIRE.**

hypocrisie

Il n'y a pas de société possible si elle n'est fondée sur l'hypocrisie.

L'Esprit de Maurice Donnay, cit. Léon Treich (Gallimard), **Maurice DONNAY.**

C'est aux plus hypocrites époques que l'art a le plus resplendi. L'hypocrisie est une des conditions de l'art. Le devoir du public c'est de contraindre l'artiste à l'hypocrisie.

De l'Importance du Public, conférence à Weimar, 1903, **André GIDE.**

Les masques à la longue collent à la peau. L'hypocrisie finit par être de bonne foi.

Idées et Sensations, **E. et J. de GONCOURT.**

L'hypocrisie est un hommage que le vice rend à la vertu.

> *Réflexions ou Sentences et Maximes morales*, **LA ROCHEFOUCAULD**

C'est une grande condition de bonheur intérieur que de ne participer à aucune hypocrisie. Mais il faut toujours être discret sur ce bonheur pour ne pas s'exposer à mourir à l'hôpital.

> *Mes Routes* (Plon), **Pierre LASSERRE.**

L'hypocrisie est l'hommage que la vérité paie à l'erreur.

> *Almanach des Lettres françaises et étrangères*, 7 avril 1924 (G. Crès et Cie),
> **G. B. SHAW.**

Mon hypocrisie est un raffinement d'outrage à la vertu.

> *Propos de M. Barnabooth* (Gallimard), **Valery LARBAUD.**

hypocrite

Hypocrite (n). Celui qui, professant des vertus pour lesquelles il n'a aucun respect en retire l'avantage d'avoir l'air d'être ce qu'il méprise.

> *Le Dictionnaire du Diable*, trad. Jacques Papy (Éd. Les Quatre Jeudis),
> **Ambrose BIERCE.**

L'hypocrite commence par voler son plaisir aux naïfs et il se dérobe à la fin à lui-même.

> *Algèbre des Valeurs morales* (Gallimard), **Marcel JOUHANDEAU.**

Le Ciel peut seul faire les dévots; les Princes font les hypocrites.

> *Cahiers* (Grasset), **MONTESQUIEU.**

I comme Intellectuel

idéal

L'idéal : ce lieu commun qui ne se trouve nulle part.

Pensées d'une Amazone (Émile-Paul), **Natalie CLIFFORD BARNEY.**

Un idéal n'est souvent qu'une vision flamboyante de la réalité.

Fortune, trad. Jean Aubry (Gallimard) **Joseph CONRAD.**

Ne vous servez donc pas de ce terme élevé d'idéal quand nous avons pour cela, dans le langage usuel, l'excellente expression de mensonge.

Le Canard sauvage, trad. Comte Prozor (Perrin), **Henrik IBSEN.**

Ce n'est pas la réalité qui est vulgaire, c'est l'idéal.

Carnets (Gallimard), **Henry de MONTHERLANT.**

Tous les idéals sont dangereux, parce qu'ils avilissent et stigmatisent le réel; tous sont des poisons, mais temporairement indispensables comme remèdes.

La Volonté de Puissance, trad. G. Bianquis (Gallimard), **Frédéric NIETZSCHE.**

L'idéal est un baume puissant qui double la force d'un homme de génie et tue les faibles.

Rome, Naples et Florence, **STENDHAL.**

idéaliste

Pour fonder quelque chose de durable, un idéaliste doit être doublé d'un intrigant.

Ernest RENAN.

idée

L'idée fait plus de mal que le fait : elle est l'ennemie capitale des souverains.

Napoléon BONAPARTE.

Il faut toujours avoir deux idées : l'une pour tuer l'autre.

Pensées sur l'Art (Éd. Confluences), **Georges BRAQUE.**

Nos idées : la plupart sont comme de mauvaises pièces de dix sous et nous passons notre vie à essayer de nous les passer les uns les autres.

Carnets, trad. Valery Larbaud (Gallimard), **Samuel BUTLER.**

Si nous croyons avec tant d'ingénuité aux idées, c'est que nous oublions qu'elles ont été conçues par des mammifères.

Syllogismes de l'Amertume (Gallimard), **E.-M. CIORAN.**

Les idées sont des vêtements sur mesure qu'on a fait passer dans la confection.

Sous la lampe (Gallimard), **Léon-Paul FARGUE.**

Une idée nouvelle est un coin que l'on ne peut faire entrer que par le gros bout.

FONTENELLE.

Les idées nettes sont les plus dangereuses, parce qu'alors on n'ose plus en changer; et c'est là une anticipation de la mort.

Prétextes (Mercure de France), **André GIDE.**

Toute idée, une fois séparée du réel, finit par le dévorer, et elle-même avec. Ainsi le crédit — (papier-monnaie) — dévore et la monnaie et le métal et lui-même.

Maximes et Réflexions, trad. G. Bianquis (Gallimard), **GŒTHE.**

C'est après dîner que l'homme a le plus d'idées. L'estomac rempli semble dégager la pensée, comme ces plantes qui suent instantanément par leurs feuilles l'eau dont on a arrosé leur terreau.

Idées et Sensations, **E. et J. de GONCOURT.**

Les sages émettent des idées nouvelles, les sots les répandent.

Pensées, **Henri HEINE.**

Les idées abordent les premières celui qui se promène le long d'elles sans les chercher, mais elles fuient celui qui les poursuit avec trop d'âpreté.

Codicille politique et pratique pour un jeune habitant d'Epone,
HÉRAULT DE SÉCHELLES.

Les idées fixes sont comme des crampes, par exemple au pied... Le meilleur remède, c'est de marcher dessus.

Journal, trad. K. Ferlov et J.-J. Gateau (Gallimard),
Soeren KIERKEGAARD.

Il ne faut pas craindre de manquer d'idées. Des idées, on en trouve toujours chez les autres. Il faut les y prendre avec d'autant plus d'empressement qu'il n'en coûte rien.

Les Douze Douzains du Négoce (Mercure de France), **René LOBSTEIN.**

Il n'est pas une idée née d'un esprit humain qui n'ait fait couler du sang sur la terre.

La Dentelle du Rempart (Grasset), **Charles MAURRAS.**

Pour la grande masse disciplinée des hommes, toutes les idées sont femmes tant qu'elles ne se virilisent pas en devenant des faits.

Florilège de George Meredith, publ. Charles-Marie Garnier (Aveline),
George MEREDITH.

Une idée qui entre dans la tête vide d'un écrivain la remplit tout entière parce qu'elle n'est détruite ni croisée par aucune idée collatérale. C'est ainsi que, dans la machine du vide, la moindre bulle d'air se répand partout et fait enfler tous les corps.

Cahiers (Grasset), **MONTESQUIEU.**

Quand une idée s'est emparée d'un homme, il faut du temps pour qu'il l'use.

Carnets (Gallimard), **Henry de MONTHERLANT.**

Il y a des idées qui sont toutes faites pendant qu'on les fait, avant qu'on les fasse.

Notes sur M. Bergson et la Philosophie bergsonienne (Cahiers de la Quinzaine, 26 avril 1914), **Charles PÉGUY.**

Une idée forte communique un peu de sa force au contradicteur.

A l'ombre des jeunes filles en fleurs (Gallimard), **Marcel PROUST.**

Ses idées ressemblent à des carreaux de vitres, entassées dans un panier de vitrier, claires une à une, et obscures toutes ensemble.

Journal (Gallimard), **Jules RENARD.**

Les femmes voient dans les idées générales des ennemis particuliers, d'autant plus redoutables qu'ils s'enfuient à leur approche.

De l'Amour (Grasset), **Étienne REY.**

Une idée dans un homme ressemble à ce pieu de fer que les sculpteurs mettent dans leurs statues : elle l'empale et le soutient.

Vie et Opinions de M. Frédéric Thomas Graindorge (Hachette),
Hippolyte TAINE.

Les idées sont comme les coqs d'Inde : quand on veut les poursuivre, elles fuient; quand on veut les fuir, elles vous poursuivent, et le mieux serait sans doute de ne les agacer jamais, comme font tant d'honnêtes gens.

Rodolphe TÖPFFER.

Idée poétique : est celle qui, mise en prose, réclame encore le vers.

Tel quel (Gallimard), **Paul VALÉRY.**

Dans les idées comme dans les dîners, si l'on désire être remarqué, ce qu'il y a souvent de mieux, c'est d'arriver le dernier.

Gens de Qualité (Plon), **Fernand VANDEREM.**

idiot

Passer pour un idiot aux yeux d'un imbécile est une volupté de fin gourmet.

La Philosophie de Georges Courteline (Flammarion), **Georges COURTELINE.**

Un idiot pauvre est un idiot, un idiot riche est un riche.

Jeroboam ou la Finance sans méningite (La Sirène), **Paul LAFFITTE.**

ignorance

L'ignorance même et la stupidité ne se couvrent-elles pas du nom de simplicité et innocence?

Les Confessions, **SAINT AUGUSTIN.**

L'ignorance est la condition nécessaire du bonheur des hommes et il faut reconnaître que le plus souvent, ils la remplissent bien. Nous ignorons de nous presque tout; d'autrui, tout. L'ignorance fait notre tranquillité; le mensonge notre félicité.

Les Dieux ont soif (Calmann-Lévy), **Anatole FRANCE.**

L'ignorance qui se sait, qui se juge et qui se condamne, ce n'est pas une entière ignorance : pour l'être, il faut qu'elle s'ignore soi-même.

Essais, **MONTAIGNE.**

L'ignorance est une bénédiction, mais pour que la bénédiction soit complète l'ignorance doit être si profonde, qu'elle ne se soupçonne pas soi-même.

Un Chapitre d'Idées, trad. Ph. Dally (Revue « Mesures », 15-7-1939),
Edgar Allan POE.

illusion

Les plus dangereux de nos calculs sont ceux que nous appelons des illusions.

Le Dialogue des Carmélites (Éd. du Seuil), **Georges BERNANOS.**

La nature a voulu que les illusions fussent pour les sages comme pour les fous afin que les premiers ne fussent pas trop malheureux par leur propre sagesse.

Maximes et Pensées, **CHAMFORT.**

La dernière illusion est de croire qu'on les a toutes perdues.

Main courante (Grasset), **Maurice CHAPELAN.**

Oter l'illusion à l'amour, c'est lui ôter l'aliment.

L'homme qui rit, **Victor HUGO.**

L'illusion est une partie intégrante de la réalité, elle y tient essentiellement comme l'effet tient à la cause.

Carnets, **Joseph JOUBERT.**

Illusion : une ombre qui vaut mieux que la proie.

Le Carnaval du Dictionnaire (Calmann-Lévy), **Pierre VÉRON.**

imagination

Imagination (n). Entrepôt de faits possédé en propriété indivise par un poète et un menteur.

Le Dictionnaire du Diable, trad. Jacques Papy (Éd. Les Quatre Jeudis),
Ambrose BIERCE.

L'imagination a plus de charmes en écrivant qu'en parlant. Les grandes ailes doivent se ployer pour entrer dans un salon.

Prince de LIGNE.

Les hommes prennent souvent leur imagination pour leur cœur; et ils croient être convertis dès qu'ils pensent à se convertir.

Pensées, **Blaise PASCAL.**

Si la vie réelle est un chaos, en revanche une terrible logique gouverne l'imagination. C'est l'imagination qui lance le remords à la poursuite du péché.

Le Portrait de Dorian Gray, trad. E. Jaloux et F. Frapereau (Stock),
Oscar WILDE.

imbécile

Le vulgaire imbécile est toujours avide de grands événements, quels qu'ils puissent être, sans prévoir s'ils lui seront utiles ou préjudiciables : il n'est ému que par sa propre curiosité.

Roland furieux, **L'ARIOSTE.**

L'imbécile est d'abord d'habitude et de parti pris.

Les Grands Cimetières sous la Lune (Plon), **Georges BERNANOS.**

On ne peut être et avoir été. Mais si! On peut avoir été un imbécile et l'être toujours.

Exégèse des Lieux communs (Mercure de France), **Léon BLOY.**

Un imbécile ne s'ennuie jamais; il se contemple.

Promenades philosophiques (Mercure de France), **Remy de GOURMONT.**

La femme la plus sotte peut mener un homme intelligent; mais il faut qu'une femme soit bien adroite pour mener un imbécile.

Simples Contes des Collines, trad. A. Savine (Stock), **Rudyard KIPLING.**

Il y a à peu près autant d'imbéciles en Angleterre qu'en France. Mais un imbécile anglais est un imbécile tout court, tandis qu'un imbécile français est un imbécile qui raisonne.

George MEREDITH.

L'imbécile est celui qui ne sait se servir, qui n'a pas l'idée de se servir de ce qu'il possède. Tout le monde en est là.

Tel quel (Gallimard), **Paul VALÉRY.**

Je sais trop que nous vivons dans un siècle où l'on ne prend au sérieux que les imbéciles et je vis dans la terreur de ne pas être *incompris*.

Intentions (Stock), **Oscar WILDE.**

imiter

Somme toute, nous copions aujourd'hui les fauteuils et les canapés du temps de Louis XIV et de Louis XV, c'est très bien. Si nous imitions quelques-uns des hommes qui s'asseyaient dessus, ce serait mieux.

Études françaises et étrangères, préface d'Henri Girard, **Émile DESCHAMPS.**

immobile

En réponse à cette question pressante : N'y a-t-il vraiment rien qui soit immobile? Zénon dit : Si! la flèche en plein vol est immobile.

Journal, trad. Marthe Robert (Grasset), **Franz KAFKA.**

immortalité

Chez aucun peuple, la croyance à l'immortalité n'a été aussi vive que chez les Celtes. On aurait pu leur emprunter de l'argent avec promesse de le rendre dans l'autre monde. Nos usuriers chrétiens devraient les prendre pour modèles.

Pensées, **Henri HEINE.**

L'homme a besoin d'immortalité personnelle : s'ensuit-il que cette immortalité existe? En d'autres termes, l'homme est désespéré de faire partie d'un monde infini, où il compte pour zéro.

Feuilles détachées. Examen de conscience philosophique, **Ernest RENAN.**

Exiger l'immortalité de l'individu, c'est vouloir perpétuer une erreur à l'infini.

Pensées et Fragments, trad. J. Bourdeau (Alcan), **SCHOPENHAUER.**

impartialité

L'impartialité est artificielle. L'homme est toujours partial et il a bien raison. Même l'impartialité est partiale.

Aphorismes, trad. Marthe Robert (C. F. L.), **G. C. LICHTENBERG.**

impossible

Le malheur de l'homme et la cause de presque toutes ses calamités est sa capacité prodigieuse de croire à l'impossible.

Défense des Femmes, trad. Jean Jardin (Gallimard), **H. L. MENCKEN.**

imposteur

On n'est imposteur que lorsqu'on l'est à demi.

Maximes et Pensées, **HELVÉTIUS.**

imprévu

L'imprévu n'est pas l'impossible : c'est une carte qui est toujours dans le jeu.

Pensées, Maximes, Réflexions, **Comte de BELVÈZE.**

imprudent

Il y a des imprudents qui, pour ne pas avoir peur de leur imprudence, préfèrent en tirer un certain orgueil.

L'Enfant prodige du Vésinet (Flammarion), **Tristan BERNARD.**

impuissance

La pure impuissance est l'achèvement du sérieux.

L'Alleluiah Catéchisme de Dianus (K. Éd.), **Georges BATAILLE.**

Si les impuissants savaient combien la nature fut maternelle pour eux, ils béniraient le sommeil des glandes et le vanteraient aux coins des rues.

Syllogismes de l'Amertume (Gallimard), **E. M. CIORAN.**

inaction

Le fer se rouille, faute de s'en servir, l'eau stagnante perd de sa pureté et se glace par le froid. De même, l'inaction sape la vigueur de l'esprit.

Les Carnets de Léonard de Vinci, rec. Edw. Mac Curdy, trad. Louise Servicen (Gallimard), **Léonard de VINCI.**

incertitude

L'incertitude est le pire de tous les maux jusqu'au moment où la réalité vient nous faire regretter l'incertitude.

Alphonse KARR.

incompris

Il est précisément correct de ne pas être compris, car par là, on est garanti contre tous les malentendus.

Post-Scriptum aux Miettes philosophiques, trad. Paul Petit (Gallimard), **Soeren KIERKEGAARD.**

Il n'y a que les médiocres et les vieilles filles qui considèrent comme une offense de n'être pas compris.

Almanach des Lettres françaises et étrangères, 15 avril 1924 (G. Crès et Cie. **Oscar WILDE.**

incrédulité

Le prophète voit les anges, mais l'incrédule les fait voir au public.

Monographie de la Presse parisienne, **Honoré de BALZAC.**

Lorsque l'incrédulité devient une foi, elle est moins raisonnable qu'une religion.

Journal (Flammarion-Fasquelle), **E. et J. de GONCOURT.**

Si, pour vivre dans la mollesse, il faut s'entourer d'hommes laborieux, il faut, pour vivre sans préjugés, s'environner d'un peuple de croyants. C'est un terrible luxe que l'incrédulité.

De l'Homme intellectuel et moral, **RIVAROL.**

Je ne vois pas bien pourquoi les hommes qui croient aux électrons se considèrent comme moins crédules que les hommes qui croient aux anges.

La Vraie et Présomptueuse Jeanne, trad. A. et H. Hamon (Aubier), **G. B. SHAW.**

incroyant

Nombre d'incroyants, voire de sacrilèges, trouvent qu'il est bien de s'entourer de soutanes, comme les pédérastes trouvent bien de s'entourer de jupons.

Carnets (Gallimard), **Henry de MONTHERLANT.**

indifférence

Est-il, une fois l'amour deviné, de plus merveilleux agent de liaison que l'indifférence.

La Paroisse du Moulin Rouge (Albin Michel), **Jacques DYSSORD.**

L'indifférence donne un faux air de supériorité.

Carnets, **Joseph JOUBERT.**

La force de l'indifférence! C'est celle qui a permis aux pierres de durer sans changer pendant des millions d'années.

Le Métier de vivre, trad. Michel Arnaud (Gallimard), **Cesare PAVESE.**

En ce qui concerne son espèce, l'homme n'est fait que pour l'amour et la haine. L'indifférence est un acquis des sociétés.

Derrière Cinq Barreaux (Gallimard), **Maurice SACHS.**

indignation

L'indignation est le déplaisir que nous cause l'idée du succès de celui que nous en jugeons indigne.

Filosofia nova, **STENDHAL.**

La plus belle indignation est la plus vaine. Elle embrasse le plus d'objets.

Voici l'Homme (Albin Michel), **André SUARÈS.**

indiscipline

L'indiscipline aveugle et de tous les instants fait la force principale des hommes libres.

Ubu enchaîné (Fasquelle), **Alfred JARRY.**

indulgence

L'indulgence est la forme la plus polie du détachement.

L'Amitié (Hachette), **Abel BONNARD.**

L'indulgence doit paraître injurieuse lorsqu'on a assez de talent pour profiter des critiques.

L'Année littéraire 1761, **FRÉRON.**

Nous réservons notre indulgence aux vices qui ne nous tentent pas.

Journal d'un Caractère (Fasquelle), **Jean ROSTAND.**

L'indulgence qu'on a pour les femmes qui font l'amour est moins une grâce à leur péché qu'une justice à leur faiblesse.

SAINT-ÉVREMOND.

Nous réservons notre indulgence pour les parfaits.

Réflexions et Maximes, **VAUVENARGUES.**

L'indulgence est la pire forme de l'indifférence...

Maximes et Aphorismes d'un Directeur de Théâtre, **Pierre VEBER.**

infidèle

Infidèle (n). A New York, celui qui ne croit pas à la religion chrétienne; à Constantinople, celui qui y croit.

Le Dictionnaire du Diable, trad. Jacques Papy (Éd. Les Quatre Jeudis), **Ambrose BIERCE.**

Une femme infidèle, si elle est connue pour telle de la personne intéressée, n'est qu'infidèle; s'il la croit fidèle, elle est perfide.

Les Caractères, **LA BRUYÈRE.**

Une femme infidèle est comme une grande boucherie de viande froide, dont on ne veut pas, parce que quelqu'un y a déjà touché.

Carnets de Notes, trad. Genia Cannac (Calmann-Lévy), **Anton TCHÉKOV.**

infidélité

Le meilleur souvenir que garde une femme d'une liaison, c'est l'infidélité qu'elle lui a faite.

Notes d'Album (G. Crès et Cie), **Henry BECQUE.**

Nous nous attachons quelquefois plus à une femme par les infidélités que nous lui faisons que par la fidélité qu'elle nous garde.

Alexandre DUMAS, fils.

Ce que certains hommes pardonnent le moins à une femme, c'est qu'elle se console d'avoir été trahie par eux.

Physiologie de l'Amour moderne (La Vie Parisienne, sept. 1888). **Claude LARCHER.**

Être abandonné, ce n'est que s'être laissé devancer dans l'infidélité.

De l'Amour (Grasset), **Étienne REY.**

La différence de l'infidélité dans les deux sexes est si réelle qu'une femme passionnée peut pardonner une infidélité, ce qui est impossible à un homme.

De l'Amour, **STENDHAL.**

influence

Incontestablement, c'est de seize à trente ans que les femmes exercent autour d'elles la plus grande influence. Puis, cette influence va toujours diminuant, à mesure qu'elles deviennent raisonnables.

Alphonse KARR.

infortune

L'infortune, dit le proverbe écossais, est saine à déjeuner, indifférente à dîner, et mortelle à souper.

Filosofia nova, **STENDHAL.**

La fièvre, à ce que l'on dit, nous délivre des puces, et l'infortune de nos amis.

Les Trois Impostures (Émile-Paul), **Paul-Jean TOULET.**

ingratitude

Dans les services d'argent, celui qui devrait se souvenir oublie, et celui qui devrait oublier, se souvient.

Notes d'Album (G. Crès et Cie), **Henry BECQUE.**

Il y a des services si grands qu'on ne peut les payer que par l'ingratitude.

Mes Mémoires, **Alexandre DUMAS, père.**

L'ingratitude est le premier devoir d'un prince. Aucun Bourbon n'y a manqué. Je le dis à la louange de la Maison de France.

Monsieur Bergeret à Paris (Calmann-Lévy), **Anatole FRANCE.**

On ne trouve guère d'ingrats tant qu'on est en état de faire du bien.

Réflexions ou Sentences et Maximes morales, **LA ROCHEFOUCAULD.**

L'ingratitude ne décourage pas la bienfaisance; mais elle sert de prétexte à l'égoïsme.

Maximes et Réflexions, **Duc de LÉVIS.**

L'ingratitude ne libère pas seulement qui l'exerce, mais celui contre qui on l'exerce. Double profit.

*

Nul n'a appris de moi le tir, qui n'ait fini par faire de moi sa cible.

Carnets (Gallimard), **Henry de MONTHERLANT.**

Il n'y a qu'un seul vice dont on ne voie personne se vanter, c'est l'ingratitude.

Fragments, **Gérard de NERVAL.**

En la plupart du monde, les prospérités n'ont point de compagne plus assurée que la méconnaissance et l'oubli des offices passés.

Maximes d'État et Fragments politiques, publ. Gabriel Hanotaux,
Cardinal de RICHELIEU.

Il y a bien moins d'ingrats qu'on ne croit, car il y a bien moins de généreux qu'on ne pense.

Sur les Ingrats. A Monsieur le Maréchal de Créqui, **SAINT-ÉVREMOND.**

injure

En fait d'injures, de sottises, de bêtises, etc..., je trouve qu'il ne faut se fâcher que lorsqu'on vous le dit en face. Faites-moi des grimaces dans le dos tant que vous voudrez, mon cul vous contemple!

Gustave FLAUBERT.

Les hommes rougissent, non des injures qui viennent d'eux, mais de celles qu'ils reçoivent. Aussi pour obtenir que les insulteurs rougissent, il n'est pas d'autre voie que de leur rendre la pareille.

Œuvres (Lemerre), LEOPARDI.

Il n'y a point d'injure qu'on ne pardonne quand on est vengé.

Réflexions et Maximes, VAUVENARGUES.

injustice

Ceux qui prétendent que l'injustice est inévitable oublient qu'elle ne l'est que parce que trop de gens leur ressemblent.

Julien ou une Conscience (Fasquelle), Jean ROSTAND.

Beau mot de Monsieur Thiers en causant, et comme il n'en a jamais quand il écrit : L'injustice est une mère qui n'est jamais stérile et qui produit des enfants dignes d'elle.

Les Cahiers, SAINTE-BEUVE.

innocence

J'ai une répulsion instinctive pour les complications du genre demi-vierge et, en revanche, je n'ai jamais cru à aucune innocence féminine. Une fille de quinze ans, amoureuse, en sait aussi long qu'une courtisane.

Le Château des deux Amants (Flammarion), RACHILDE.

innocent

Quoi? Pas d'alibi? Alors il doit être innocent!

Monsieur Lecoq, Émile GABORIAU.

Un coupable puni est un exemple pour la canaille; un innocent condamné est l'affaire de tous les honnêtes gens.

Les Caractères, LA BRUYÈRE.

Je n'appelle pas innocent celui qui est incapable de pécher, mais bien celui qui ne peut pécher sans remords.

Pensées, trad. G. Ungaretti (Giraud-Badin), L EOPARDI.

innovation

Toute innovation qui n'est pas nécessaire sent la petitesse et la manie de la singularité.

L'Année littéraire 1760, **FRÉRON.**

inquiétude

Imagination de l'inquiétude. — L'imagination de l'inquiétude est ce méchant gnome à figure de singe qui saute encore sur le dos de l'homme, juste alors qu'il a déjà le plus à porter.

Humain, trop humain, trad. A.-M. Desrousseaux (Mercure de France),
NIETZSCHE.

insatisfaction

Je trouve que la plupart des gens ne travaillent à faire une grande fortune que pour être au désespoir, quand ils l'ont faite, de ce qu'ils ne sont pas d'une illustre naissance.

Pensées diverses, **MONTESQUIEU.**

insensible

Insensible (n). Doué d'une grande force d'âme pour supporter les maux qui affligent les autres.

Le Dictionnaire du Diable, trad. Jacques Papy (Éd. Les Quatre Jeudis),
Ambrose BIERCE.

insignifiance

Une grande insignifiance obtient facilement un brevet de bon sens.

Pensées, Maximes, Réflexions, **Comte de BELVÈZE.**

insincérité

Le manque de sincérité est-il une chose si terrible? C'est simplement une méthode qui nous permet de multiplier nos personnalités.

Le Portrait de Dorian Gray, trad. E. Jaloux et F. Frapereau (Stock),
Oscar WILDE.

insolence

Ce n'est pas tant l'élévation en dignité que le pouvoir de nuire impunément qui, dans les âmes basses, produit l'insolence.

Maximes et Réflexions, **Duc de LÉVIS.**

inspiration

L'inspiration vient toujours quand l'homme le veut, mais elle ne s'en va pas toujours quand il le veut.

Journaux intimes, **Charles BAUDELAIRE.**

instant

L'instant n'a de place qu'étroite entre l'espoir et le regret et c'est la place de la vie.

Algèbre des Valeurs morales (Gallimard), **Marcel JOUHANDEAU.**

instinct

L'instinct demande à être dressé par la méthode, mais l'instinct seul nous aide à découvrir une méthode qui nous soit propre et grâce à laquelle nous pouvons dresser notre instinct.

Le Rappel à l'ordre (Stock), **Jean COCTEAU.**

L'instinct, c'est comme cet oiseau qui mourait de soif et qui a pu boire l'eau de la cruche en jetant des cailloux dedans.

Ulysse, trad. A. Morel et Stuart Gilbert (Gallimard), **James JOYCE.**

insulte

Le critique insulte l'auteur : on appelle cela de la critique. L'auteur insulte le critique : on appelle cela de l'insulte.

Carnets (Gallimard), **Henry de MONTHERLANT.**

intellectualité

La passion intellectuelle met en fuite la sensualité.

Les Carnets de Léonard de Vinci, rec. Edw. Mac Curdy, trad. Louise Servicen (Gallimard), **Léonard de VINCI.**

intellectuel

Intellectuels? Ceux qui donnent des valeurs à ce qui n'en a point.

Mélange (Gallimard), **Paul VALÉRY.**

intelligence

Dès qu'on change ses pensées d'après l'événement, l'intelligence n'est plus qu'une fille.

Histoire de mes Pensées (Gallimard), **ALAIN.**

L'intelligence est caractérisée par une incompréhension naturelle de la vie.

L'Évolution créatrice (P. U. F.), **Henri BERGSON.**

L'intelligence est l'instrument de précision que nous appliquons avec le plus de succès à ce qui nous laisse froid.

Pensées d'une Amazone (Émile-Paul), **Natalie CLIFFORD BARNEY.**

L'intelligence est un capitaine qui est toujours en retard d'une bataille. Et qui discute après la bataille.

Sous la lampe (Gallimard), **Léon-Paul FARGUE.**

Notre intelligence tient dans l'ordre des choses intelligibles le même rang que notre corps dans l'étendue de la nature.

Pensées, **Blaise PASCAL.**

L'instinct dicte le devoir et l'intelligence fournit des prétextes pour l'éluder.

Le Temps retrouvé (Gallimard), **Marcel PROUST.**

intérêt

L'intérêt et le talent sont les seuls conseillers consciencieux et lucides.

Le Curé de Tours **Honoré de BALZAC.**

L'intérêt ferait nier les propositions de géométrie les plus évidentes et croire les contes religieux les plus absurdes.

Maximes et Pensées, **HELVÉTIUS.**

L'intérêt que l'on accuse de tous nos crimes mérite souvent d'être loué de nos bonnes actions.

Réflexions ou Sentences et Maximes morales, **LA ROCHEFOUCAULD.**

Comptez rarement sur l'estime et la confiance d'un homme qui entre dans tous vos intérêts, s'il ne vous parle aussitôt des siens.

Réflexions et Maximes, **VAUVENARGUES.**

intuition

L'intuition est souvent supérieure à la raison. Elle fait deviner à des femmes raisonnant mal des choses incomprises d'hommes raisonnant très bien.

Aphorismes du Temps présent (Flammarion), **Gustave LEBON.**

inutile

Tout ce qui est inutile est toujours respectable, par exemple la religion, les vêtements à la mode, la connaissance de la grammaire latine.

Défense des Femmes, trad. Jean Jardin (Gallimard), **H. L. MENCKEN.**

inverti

Pour l'inverti le vice commence, non pas quand il noue des relations, car trop de raisons peuvent les commander, mais quand il prend son plaisir avec des femmes.

A la recherche du temps perdu (Gallimard), **Marcel PROUST.**

ironie

L'ironie est un génie qui dispense de tous les autres et même de ce dont tous les autres ne sont pas dispensés, c'est-à-dire de cœur et de bon sens.

Premier Memorandum (Lemerre), **BARBEY D'AUREVILLY.**

L'ironie est un développement anormal qui, comme celui du foie des oies de Strasbourg, finit par tuer l'individu.

Journal, trad. K. Ferlov et J.-J. Gateau (Gallimard),
Soeren KIERKEGAARD.

Les femmes préfèrent la brutalité à l'ironie. Le brutal se met nettement dans son tort à leur égard; l'ironiste les met en méfiance vis-à-vis d'elles-mêmes et cela ne se pardonne pas.

Lui ou les Femmes et l'Amour (Sagittaire), **Henri de RÉGNIER.**

L'ironie n'est souvent qu'une pudeur de la tendresse.

De l'Amour (Grasset), **Étienne REY.**

ironiste

Tout ironiste vise un lecteur prétentieux où il se mire.

Tel quel (Gallimard), **Paul VALÉRY.**

irréligion

Une preuve que l'irréligion a gagné, c'est que les bons mots ne sont plus tirés de l'Écriture, ni du langage de la religion : une impiété n'a plus de sel.

Carnets (Grasset), **MONTESQUIEU.**

comme Justice

jalousie

La jalousie, passion éminemment crédule, soupçonneuse, est celle où la fantaisie a le plus d'action; mais elle ne donne pas d'esprit, elle en ôte.

Pierrette, **Honoré de BALZAC.**

Un amour qui a passé par la jalousie est comme un joli visage qui a passé par la petite vérole : il est toujours un peu grêlé.

Les Heures de l'Amour, cit. Michel Epuy (Payot), **Paul BOURGET.**

La jalousie ne serait-elle pas un stimulant, une des ruses de la satiété?

Pensées d'une Amazone (Émile-Paul), **Natalie CLIFFORD BARNEY.**

On est sûr d'aimer quand on est jaloux, comme on est sûr de vivre quand on se fait mal.

Popote (Lafitte), **Henri DUVERNOIS.**

La jalousie ressemble au miroir qu'on approche des lèvres d'un homme mourant, pour s'assurer qu'il vit encore; s'il respire, son haleine le marque aussitôt.

La Mort d'Antoine et de Cléopâtre, **DRYDEN.**

La Jalousie voit tout, excepté ce qui est.

Sans titre, **Xavier FORNERET.**

La jalousie est une telle passion, qu'il vient un moment où sur la trace d'une trahison, on entrevoit, on pressent une telle jouissance dans la vengeance qu'on est désappointé de trouver innocente la femme que l'on soupçonnait.

Alphonse KARR.

Il est quelquefois agréable à un mari d'avoir une femme jalouse : il entend toujours parler de ce qu'il aime.

Réflexions ou Sentences et Maximes morales. **LA ROCHEFOUCAULD.**

La jalousie, comme les maladies, s'aiguise avec le soir.

Propos d'un Jour (Mercure de France), **Paul LÉAUTAUD.**

Rien n'échauffe si puissamment les esprits que la jalousie de la supériorité.

Mémoires pour servir à l'instruction du Dauphin, **LOUIS XIV.**

La jalousie est de toutes les maladies de l'esprit celle à qui le plus de choses servent d'aliment et le moins de choses de remède.

Essais, **MONTAIGNE.**

Un mari qui voudrait seul posséder sa femme serait regardé comme un perturbateur de la voie publique, et comme un insensé qui voudrait jouir de la lumière du soleil à l'exclusion des autres hommes.

Lettres persanes, **MONTESQUIEU.**

La jalousie d'autrui a, du moins, cet avantage parfois de nous faire découvrir notre propre bonheur.

Le Livre de mes Amis (Sansot), **Charles REGISMANSET.**

Les femmes ne peuvent jamais se décider entre la fierté d'inspirer de la jalousie et l'ennui d'en supporter les conséquences.

De l'Amour (Grasset), **Étienne REY.**

La jalousie est un monstre qui s'engendre lui-même et naît de ses propres entrailles.

Othello, trad. Georges Neveux (Gallimard), **William SHAKESPEARE.**

La jalousie, comme le feu, peut raccourcir des cornes, mais elle les fait sentir mauvais.

Instructions aux Domestiques, **Jonathan SWIFT.**

La jalousie est une preuve de cœur, comme la goutte de jambes.

Les Trois Impostures (Émile-Paul), **Paul-Jean TOULET.**

La jalousie est à coup sûr le plus fort agent de dépravation par les images dont elle obsède l'esprit.

Cité dans *L'Herbier d'un Beyliste* (Paris 1929), **XX...**

jaloux

Pour comprendre qu'être jaloux charnellement est une idiotie, il faut avoir été libertin.

Le Métier de vivre, trad. Michel Arnaud (Gallimard), **Cesare PAVESE.**

Le jaloux est proche du cocu, déjà il est trompé, et déjà il en souffre.

L'Amour, les Femmes et nous (Gallimard), **Louis TEISSIER DU CROS.**

Jésuite

Les jésuites font commerce de diamants aux Indes; ils les enferment dans les talons de leurs souliers et écrivent qu'ils foulent aux pieds les richesses de l'Europe.

Le Sottisier, **VOLTAIRE.**

jésus

Depuis deux mille ans, Jésus se venge sur nous de n'être pas mort sur un canapé.

Syllogismes de l'Amertume (Gallimard), **E.-M. CIORAN.**

jeu

Le jeu est une bonne chose dans le monde de province. C'est un rempart. Il est moins intéressant pour soi que préservant des autres.

Pensées détachées (Lemerre), **BARBEY D'AUREVILLY.**

L'amour du jeu honnête est une vertu du spectateur, pas du joueur.

Bréviaire du Révolutionnaire, trad. A. et H. Hamon (Aubier), **G.B. SHAW.**

jeune fille

La jeune fille, ce qu'elle est en réalité : une petite sotte et une petite salope; la plus grande imbécillité unie à la plus grande dépravation; il y a dans la jeune fille toute l'abjection du voyou et du collégien.

Journaux intimes, **Charles BAUDELAIRE.**

La jeune fille est une rose que les années effeuillent.

Sans titre, **Xavier FORNERET.**

Pour corriger à tout jamais une jeune fille romanesque, je ne lui voudrais qu'une demi-heure dè conversation entre jeunes gens; cela lui vaudrait mieux que toutes les remontrances maternelles.

Mademoiselle de Maupin, **Théophile GAUTIER.**

La jeune fille est une proie. Si elle est prise, elle se perd toute. Bref, une jeune fille est une jeune fille ou une fille.

Le Chemin de Velours (Mercure de France), **Remy de GOURMONT.**

Honorabilité et Honnêteté : Les jeunes filles qui ne veulent devoir qu'à l'attrait de leur jeunesse le moyen de pourvoir à toute leur existence et dont l'adresse est encore soufflée par des mères avisées, ont juste le même but que les courtisanes, sauf qu'elles sont plus malignes et plus malhonnêtes.

Humain, trop humain, trad. A.-M. Desrousseaux (Mercure de France),
NIETZSCHE.

On sait assez que l'inquiétude de cet âge est une soif d'aimer et le propre de la soif est de ne pas être excessivement difficile sur la nature du breuvage que le hasard lui présente.

De l'Amour, **STENDHAL.**

Avant de demander la main d'une jeune fille, regardez-la manger des artichauts.

L'Amour, les Femmes et nous (Gallimard), **Louis TEISSIER DU CROS.**

jeunesse

La jeunesse est une belle chose, une force puissante — aussi longtemps qu'on n'y pense pas.

La Ligne d'Ombre, trad. H. et H. Hoppenot (Gallimard), **Joseph CONRAD.**

Il vaut mieux gâcher sa jeunesse que de n'en rien faire du tout.

La Philosophie de Georges Courteline (Flammarion), **Georges COURTELINE.**

Après tout, il faut avoir une jeunesse. L'âge où l'on se décide à être jeune importe peu...

La Brebis galeuse (Flammarion), **Henri DUVERNOIS.**

La jeunesse a cela de beau qu'elle peut admirer sans comprendre. En avançant dans la vie, on veut saisir quelques rapports des choses et c'est une grande incommodité.

La Vie littéraire (Calmann-Lévy), **Anatole FRANCE.**

S'il est vrai que la jeunesse soit un défaut, on s'en corrige bien vite.

Maximes et Réflexions, trad. G. Bianquis (Gallimard), **GŒTHE.**

Si la jeunesse est niaise, c'est faute d'avoir été paresseuse.

Le Diable au Corps (Grasset), **Raymond RADIGUET.**

joie

Si je ne sentais pas ma misère, comment pourrais-je sentir ma joie qui est fille aînée de ma misère et qui lui ressemble à faire peur?

Pages, choisies par Raïssa Maritain (Mercure de France), **Léon BLOY.**

Et même souvent une fausse joie vaut mieux qu'une tristesse dont la cause est vraie.

Les Passions de l'Ame, **DESCARTES.**

On appelle « bonheur » un concours de circonstances qui permette la joie. Mais on appelle joie cet état de l'être qui n'a besoin de rien pour se sentir heureux.

Divers (Gallimard), **André GIDE.**

On peut éprouver une telle joie à faire plaisir à quelqu'un qu'on ait envie de le remercier.

Carnets (Gallimard), **Henry de MONTHERLANT.**

Si tu pleures de joie, ne sèche pas tes larmes : tu les voles à la douleur.

Les Trois Impostures (Émile-Paul), **Paul-Jean TOULET.**

jouer

Jouer, c'est expérimenter le hasard.

NOVALIS.

jouir

La nature veut qu'on jouisse de la vie le plus possible et qu'on meure sans y penser. Le christianisme a retourné cela.

Les Cahiers, **SAINTE-BEUVE.**

jouissance

Les jouissances les plus douces sont celles qui n'épuisent pas l'espérance.

Maximes et Réflexions, **Duc de LÉVIS.**

La jouissance n'est pas toujours le point culminant de la volupté. Mais on n'ose pas en convenir de peur de froisser son partenaire — lequel pense peut-être de même.

De l'Amour (Grasset), **Étienne REY.**

Quand il faisait l'amour, il criait son propre nom comme pour en frapper son adversaire, comme une seconde manière de jeter sa semence.

Papiers posthumes (Au Sans-Pareil), **Jacques RIGAUT.**

journal

Les journaux qui devraient être les éducateurs du public, n'en sont que les courtisans quand ils n'en sont pas les courtisanes.

Le Théâtre contemporain (Quantin), **BARBEY D'AUREVILLY.**

Les journaux sont les chemins de fer du mensonge.

Pensées détachées, **BARBEY D'AUREVILLY.**

Homère est nouveau ce matin et rien n'est peut-être aussi vieux que le journal d'aujourd'hui.

Note sur M. Bergson et la philosophie bergsonienne (Cahiers de la Quinzaine, 26 avril 1914), **Charles PÉGUY.**

Le bourgeois de Paris est un roi qui a, chaque matin à son lever, un complaisant, un flatteur qui lui conte vingt histoires. Il n'est point obligé de lui offrir à déjeuner, il le fait taire quand il veut et lui rend la parole à son gré ; cet ami docile lui plaît d'autant plus qu'il est le miroir de son âme et lui dit tous les jours son opinion en termes un peu meilleurs qu'il ne l'eût exprimée lui-même ; ôtez-lui cet ami, il lui semblera que le monde s'arrête ; cet ami, ce miroir, cet oracle, ce parasite peu dispendieux, c'est son journal.

Journal d'un poète, 1839, **Alfred de VIGNY.**

journalisme

J'appelle journalisme tout ce qui sera moins intéressant demain qu'aujourd'hui. Combien de grands artistes ne gagnent leur procès qu'en appel.

Journal (Gallimard), **André GIDE.**

journaliste

Le nouvelliste se couche le soir tranquillement sur une nouvelle qui se corrompt la nuit et qu'il est obligé d'abandonner le matin au réveil.

Les Caractères, **LA BRUYÈRE.**

Les hommes qui exercent la profession de journaliste me paraissent constitués comme les dieux du Walhalla, lesquels se taillaient en pièces tous les jours mais se relevaient en parfaite santé tous les matins.

Marginalia, trad. V. Orban (Sansot), **Edgar Allan POE.**

Michaud était journaliste jusqu'au bout des ongles. Il les avait fort noirs, les ongles. Sa femme disait de lui : Quand il va au bain, il met des gants, de peur de se laver les mains.

Causeries du Lundi, **SAINTE-BEUVE.**

Disons, si vous le voulez, que le journaliste représente l'opinion publique, mais comme un jeune héritier représente la mère qu'il a mise au tombeau.

Rodolphe TÖPFFER.

juge

Le devoir des juges est de rendre la justice; leur métier est de la différer; quelques-uns savent leur devoir et font leur métier.

Les Caractères, **LA BRUYÈRE.**

Un juge est, aux yeux d'un fripon, toujours aimable comme une dupe possible.

Derrière Cinq Barreaux (Gallimard), **Maurice SACHS.**

Les juges ne sont pas beaucoup plus vils que les autres hommes; seulement leur métier exige des qualités d'apparente dignité, de souplesse et de désinvolture dans l'ignominie qui ne sont à la portée du premier venu. On devient criminel mais on naît magistrat.

Le Pour et le Contre, cit. Tribouillois et Rousset (Publ. Papyrus),
Bernard ZIMMER.

jugement

Rien n'égale notre hâte à donner force de loi aux jugements que nous portons sur notre prochain, surtout s'ils sont défavorables.

Secrets d'État (Plon), **Tristan BERNARD.**

On se moque des Suisses, qui rient sur parole. Et presque tout le monde juge sur parole, ce qui est bien plus ridicule. Un petit nombre d'hommes fait penser tous les autres.

Marquis de LASSAY.

Nous ne sommes si enclins à bien juger autrui que parce que nous tremblons pour nous-mêmes.

Le Portrait de Dorian Gray, trad. E. Jaloux et F. Frapereau (Stock),
Oscar WILDE.

juger

Pour bien juger, il faut s'éloigner un peu de ce que l'on juge, après l'avoir aimé. Cela est vrai des pays, des êtres et de soi-même.

Divers (Gallimard), **André GIDE.**

On met du temps pour comprendre que juger un individu, une œuvre, etc. c'est se vanter soi-même, c'est se donner du poids.

Notes (Nouvelle Revue française, 1ᵉʳ août 1953), **Georges PERROS.**

Le plus souvent, nous ne jugeons pas les autres, mais nous jugeons nos propres facultés dans les autres.

Les Cahiers, **SAINTE-BEUVE.**

juif

Le goût de l'abstrait chez les Juifs se montre aussi dans leur prédilection pour l'argent — et non pour des propriétés, etc... ayant une valeur, etc... car l'argent est une pure abstraction.

Journal, trad. K. Ferlov et J.-J. Gateau (Gallimard),
Soeren KIERKEGAARD.

Les Juifs, toujours exterminés et toujours renaissants, ont réparé leurs pertes et leurs destructions continuelles par cette seule espérance qu'ont parmi eux toutes les familles, d'y voir naître un roi puissant qui sera le maître de la terre.

MONTESQUIEU.

Les Juifs sont moins faits que d'autres pour aimer, ils sont trop réfléchis.

Derrière Cinq Barreaux (Gallimard), **Maurice SACHS.**

Les Juifs sont le peuple choisi de leur Dieu et il est le Dieu choisi de son peuple, et cela ne regarde personne.

Pensées et Fragments, trad. J. Bourdeau (Alcan), **SCHOPENHAUER.**

juste

La tâche auguste du juste est d'assurer à chacun ce qui lui revient, au riche sa richesse et au pauvre sa pauvreté.

Crainquebille (Calmann-Lévy), **Anatole FRANCE.**

Voulez-vous que je vous dise encore ceci? Chez celui qui veut être profondément juste, le mensonge même devient philanthropique.

Ainsi parlait Zarathoustra, trad. Maurice Betz (Gallimard), **NIETZSCHE.**

justice

La justice est, pour ainsi dire, une belle vierge, déguisée et produite par le plaideur, poursuivie par le procureur, cajolée par l'avocat, et défendue par le juge.

Les Amusements sérieux et comiques d'un Siamois, **Charles du FRESNY.**

On fait toujours semblant de confondre les juges avec la justice, comme les prêtres avec Dieu. C'est ainsi qu'on habitue les hommes à se défier de la justice et de Dieu.

Alphonse KARR.

Le glaive de la Justice frappe parfois les innocents, mais le glaive de l'Histoire frappe toujours les faibles.

Cité par Benoist-Méchin dans *Mustapha Kemal* (Albin Michel),
Mustapha KEMAL.

La justice est une si belle chose qu'on ne saurait trop l'acheter.

Crispin rival de son maître, **LESAGE.**

La justice est ce qui est établi; et ainsi toutes nos lois établies seront nécessairement tenues pour justes sans être examinées puisqu'elles sont établies.

Pensées, **Blaise PASCAL.**

La justice est gratuite. Heureusement elle n'est pas obligatoire.

Journal (Gallimard), **Jules RENARD.**

La Cour rend des arrêts et non pas des services.

(Premier président de la Cour de Paris, éconduisant un solliciteur indiscret),
SÉGUIER.

Quand un homme veut tuer un tigre, il appelle cela du « sport ». Quand le tigre veut le tuer, l'homme appelle cela « férocité ». La distinction entre le crime et la justice n'est pas plus grande.

Bréviaire du Révolutionnaire, trad. A. et H. Hamon (Aubier), **G. B. SHAW.**

comme Liberté

lâche

Les hommes sont si lâches et si serviles que si leurs tyrans leur ordonnaient de s'aimer, ils s'adoreraient.

Alexandre DUMAS, fils.

L'homme est lâche dans le rêve, dans le réveil, dans les pensées du matin, dans les cogitations du lit. Il est lâche dans la position horizontale.

Journal (Flammarion-Fasquelle), **E. et J. de GONCOURT.**

Il n'est pas logique de punir les lâches par l'ignominie; car s'ils l'eussent redoutée, ils n'auraient pas été lâches : la mort est le châtiment qui leur convient, parce que c'est celui qu'ils craignent le plus.

Instructions aux Domestiques, **Jonathan SWIFT.**

laid

Du jour où dans le monde, on sut qu'il est beau de travailler dans le beau, on vit apparaître le laid.

Trad. Jules Besse (Ernest Leroux), **LAO TSEU.**

laide

Une laide impérieuse et qui veut plaire est un pauvre qui commande qu'on lui fasse la charité.

Pensées, Maximes, Anecdotes, **CHAMFORT.**

Nous avons contre les femmes laides qui nous font des avances une colère faite du regret des jolies que nous n'avons pas eues.

Histoires littéraires, cit. Léon Treich (Gallimard), **Louis de ROBERT.**

laideur

Infirmité qui fait le désespoir d'une femme et la joie de toutes les autres.

Le Carnaval du Dictionnaire (Calmann-Lévy), **Pierre VÉRON.**

lampiste

Le premier lampiste s'appelait Adam.

Spectacle (Gallimard), **Jacques PRÉVERT.**

langue

Défiez-vous des gens qui disent qu'il faut renouveler la langue; c'est qu'ils cherchent à produire avec des mots, des effets qu'ils ne savent pas produire avec des idées.

François ANDRIEUX.

On apprend ordinairement les langues pour pouvoir exprimer nettement ce qu'on sait. Mais il semble que les médecins n'apprennent leur jargon que pour embrouiller ce qu'ils ne savent point.

Les Amusements sérieux et comiques d'un Siamois, **Charles du FRESNY.**

Dieu nous a donné la langue pour que nous puissions dire des choses charmantes à nos amis et de dures vérités à nos ennemis.

De l'Allemagne, **Henri HEINE.**

La langue est un instrument dont il ne faut pas faire crier les ressorts.

Fragments et Pensées littéraires (Mercure de France), **RIVAROL.**

Si nous n'avions jamais eu des besoins physiques, nous aurions fort bien pu ne parler jamais, et nous entendre parfaitement par la seule langue du geste.

Essai sur l'Origine des Langues, **J.-J. ROUSSEAU.**

larme

Les larmes ne sont un aphrodisiaque qu'à vingt ans.

Sens plastique (Gallimard), **Malcolm de CHAZAL.**

La femme est meilleure qu'on le dit : elle ne blague les larmes des hommes que si elle les a elle-même fait couler.

Almanach des Lettres françaises et étrangères, 1924 (G. Crès et Cie), **Georges COURTELINE.**

Il y a certaines larmes qui nous trompent souvent nous-mêmes après avoir trompé les autres.

Réflexions ou Sentences et Maximes morales, **LA ROCHEFOUCAULD.**

Il n'est larmes si perfides que celles dont elle feindra de t'épargner le spectacle.

Pages d'un Moraliste (Fasquelle), **Jean ROSTAND.**

lassitude

C'est la pire lassitude, quand on ne veut plus vouloir.

Les Trois Impostures (Émile-Paul), **Paul-Jean TOULET.**

lecteur

Que de gens lisent et étudient non pour connaître la vérité, mais pour augmenter leur petit moi.

Journal (Plon), **Julien GREEN.**

Le papier est patient, mais le lecteur ne l'est pas.

Carnets, **Joseph JOUBERT.**

Il y a véritablement beaucoup de gens qui ne lisent que pour être dispensés de penser.

Aphorismes, trad. Marthe Robert (C. F. L.), **G. C. LICHTENBERG.**

L'écrivain souhaite des lecteurs qui lui ressemblent et lui soient tout juste inférieurs : à son image, mais plus naïfs.

De la Vanité et de quelques autres sujets (Fasquelle), **Jean ROSTAND.**

liaison

La plupart des liaisons sont faites de « laissés pour compte » qui se rencontrent et trompent ensemble leurs regrets.

Amour (Mercure de France), **Paul LÉAUTAUD.**

libéralité

La libéralité n'est souvent, chez les riches, qu'une sorte de timidité.

Le Gai Savoir, trad. A. Vialatte (Gallimard), **NIETZSCHE.**

liberté

Le despotisme fait illégalement· de grandes choses, la liberté ne se donne même pas la peine d'en faire légalement· de très petites.

*

Quand le despotisme est dans les lois, la liberté se trouve dans les mœurs, et vice versa.

La Peau de Chagrin, **Honoré de BALZAC.**

Bien analysée, la liberté politique est une fable convenue, imaginée par les gouvernants pour endormir les gouvernés.

Napoléon BONAPARTE.

Tu voudras être libre. Il n'y a pour cette liberté qu'un chemin : le mépris des choses qui ne dépendent point de nous.

Manuel, **ÉPICTÈTE.**

Ce que les Allemands considèrent aujourd'hui comme la liberté de la pensée et de la presse se réduit au droit de se mépriser réciproquement et en public.

Maximes et Réflexions, trad. G. Bianquis (Gallimard), **GŒTHE.**

La liberté consiste à choisir entre deux esclavages : l'égoïsme et la conscience, qui est l'esclavage de Dieu. Celui qui choisit cet esclavage-là, c'est l'homme libre.

Victor HUGO.

A mesure que diminue la liberté économique et politique, la liberté sexuelle a tendance à s'accroître en compensation.

Le Meilleur des Mondes, trad. J. Castier (Plon), **Aldous HUXLEY.**

La liberté est un tyran qui est gouverné par ses caprices.

Carnets, **Joseph JOUBERT.**

Il est bon d'être averti que la liberté est un mot au moyen duquel les amis du peuple (autre mot à traduire) font faire au peuple des choses qui n'ont pour résultat possible que de le conduire en prison.

Alphonse KARR.

En donnant la liberté aux esclaves, nous assurons celle des hommes libres.

Message au Congrès. Décembre 1862, **Abraham LINCOLN.**

Quand une femme réclame sa liberté à un homme, c'est qu'elle est prête à devenir l'esclave d'un autre. Être libre, pour elle, c'est seulement changer de maître.

De l'Amour (Grasset), **Étienne REY.**

La liberté ne se conquiert jamais qu'au détriment de celle des autres. Être libre, c'est dominer. Dans le dernier cas, la liberté n'est acquise qu'au détriment de soi.

En vrac (Éd. du Rocher), **Pierre REVERDY.**

La liberté, pour l'homme, consiste à faire ce qu'il veut dans ce qu'il peut, comme sa raison consiste à ne pas vouloir tout ce qu'il peut.

De l'Homme intellectuel et moral, **RIVAROL.**

L'homme est né libre et partout il est dans les fers.

Du Contrat social, **Jean-Jacques ROUSSEAU.**

... Sais-tu qu'elle ressemble beaucoup à une excuse, cette liberté dont tu te dis esclave.

Jupiter in *Les Mouches* (Gallimard), **Jean-Paul SARTRE.**

La Liberté signifie la responsabilité. C'est pourquoi la plupart des hommes la craignent.

L'Esprit de Bernard Shaw, cité. Léon Treich (Gallimard), **G. B. SHAW.**

La liberté est comme la peste. Tant qu'on n'a pas jeté à la mer le dernier pestiféré, on n'a rien fait.

Journal, **STENDHAL.**

On commence à voir en Europe que les peuples n'ont jamais que le degré de liberté que leur audace conquiert sur la peur.

Vie de Napoléon, **STENDHAL.**

Pour les femmes et les enfants, la liberté, c'est de contredire.

Les Trois Impostures (Émile-Paul), **Paul-Jean TOULET.**

libertin

Il y a deux espèces de libertins : les libertins, ceux du moins qui croient l'être, et les hypocrites ou faux dévots, c'est-à-dire ceux qui ne veulent pas être crus libertins : les derniers de ce genre sont les meilleurs.

Les Caractères, **LA BRUYÈRE.**

libre pensée

La libre pensée ne constitue souvent qu'une croyance, qui dispense de la fatigue de penser.

Aphorismes du Temps présent (Flammarion), **Gustave LEBON.**

Les libres penseurs qui se convertissent me font l'effet de ces hommes chastes qui méprisent la femme, jusqu'à ce qu'ils se fassent engluer par la première peau venue.

Journal (Gallimard), **Jules RENARD.**

lieu commun

Il ne faut pas médire des lieux communs, il faut des siècles pour en faire un.

P.-J. STAHL.

lire

Personne ne lit plus, aujourd'hui, sauf ceux qui écrivent.

Histoires littéraires, cit. Léon Treich (Gallimard), **Henry BORDEAUX.**

Aujourd'hui on ne sait plus lire. Ce grand art, qui existait encore au temps de Goethe, est mort. On parcourt en masse ce qui est imprimé et, d'une façon générale, le lecteur démoralise le livre.

Années décisives (Mercure de France), **Oswald SPENGLER.**

lit

Le lit, c'est le champ de l'esprit délivré de la pesanteur. Il faut être couché pour voir le ciel.

L'Heure qu'il est (Grasset), **Paul MORAND.**

Le lit découvre tous les secrets.

Le Sottisier, **VOLTAIRE.**

littérature

Quand on peut se regarder souffrir et raconter ce qu'on a vu, c'est qu'on est né pour la littérature.

Vient de paraître (Librairie théâtrale), **Édouard BOURDET.**

Dites-vous bien que la littérature est un des plus tristes chemins qui mènent à tout.

Manifeste du Surréalisme (Sagittaire), **André BRETON.**

C'est avec les beaux sentiments qu'on fait de la mauvaise littérature.

Lettre à François Mauriac, 24 avril 1928 (Gallimard), **André GIDE.**

En littérature, le plus sûr moyen d'avoir raison, c'est d'être mort.

Victor HUGO.

Seule la littérature ne puise en elle-même aucun secours, ne loge pas en elle-même, est à la fois jeu et désespoir.

Journal, trad. Marthe Robert (Grasset), **Franz KAFKA.**

Si les écrivains ne lisaient pas et si les lecteurs n'écrivaient pas les affaires de la littérature iraient extraordinairement mieux

Visages découverts, trad. Georges Petit (Bessart), **Giovanni PAPINI.**

La littérature est la forme la plus répugnante du commerce. Doublement répugnante parce qu'il s'y mêle un peu de talent. Et que les objets vendus sont de réelles valeurs spirituelles.

Esseulement, trad. V. Pozner et B. de Schloezer (Plon), **V. ROZANOV.**

La littérature mène à tout... à condition d'en sortir.

(D'après M. Cuvillier-Fleury, recevant M. Marmier à l'Académie le 7 décembre 1871). **VILLEMAIN.**

livre

Les livres ne ressemblent-ils pas aux chemins dont la longueur ne se mesure point au nombre de pas qu'ils nous obligent à faire, mais à l'intérêt ou à l'ennui de la pensée, pendant qu'on les fait?

Les Bas-Bleus (Palmé), **BARBEY D'AUREVILLY.**

La plupart des livres d'à présent ont l'air d'avoir été faits en un jour avec des livres lus la veille.

Pensées, Maximes, Anecdotes, **CHAMFORT.**

Dans la plupart des livres, il suffit de lire quelques lignes et de regarder quelques figures pour les connaître tout entiers. Le reste ne s'y ajoute que pour remplir le papier.

Cogitationes privatae, trad. S. de Sacy (Libraires associés), **DESCARTES.**

On dit d'une mauvaise étoffe, pour en indiquer les défauts, qu'on y voit tout au travers. Selon moi, on peut dire la même chose de quelques livres dont le lecteur peut, dès la première page, deviner la fin.

Les Aventures de Joseph Andrews, trad. P. F. G. Desfontaines et G. Sigaux (Nouvelles Éditions Latines), **Henry FIELDING.**

On peut juger de la beauté d'un livre, à la vigueur des coups de poing qu'il vous a donnés et à la longueur de temps qu'on est ensuite à en revenir.

Correspondance, **Gustave FLAUBERT.**

Qu'est-ce qu'un livre? Une suite de petits signes. Rien de plus. C'est au lecteur à tirer lui-même les formes, les couleurs et les sentiments auxquels ces signes correspondent.

Le Jardin d'Épicure (Calmann-Lévy), **Anatole FRANCE.**

Ce n'est pas tant ce qu'on dit qui fait la valeur d'un livre, que tout ce que l'on n'y peut pas dire, tout ce que l'on voudrait y dire, qui l'alimente sourdement.

Divers (Gallimard), **André GIDE.**

Certains livres semblent avoir été écrits, non pour nous instruire, mais pour qu'on sache que l'auteur savait quelque chose.

Maximes et Réflexions, trad. G. Bianquis (Gallimard), **GŒTHE.**

C'est à peine s'il existe une marchandise au monde plus étrange que les livres; imprimés par des gens qui ne les comprennent pas; vendus par des gens qui ne les comprennent pas; reliés, censurés et lus par des gens qui ne les comprennent pas; bien mieux, écrits par des gens qui ne les comprennent pas.

*

Un livre est un miroir. Si un singe s'y regarde, ce n'est évidemment pas l'image d'un apôtre qui apparaît.

Aphorismes, trad. Marthe Robert (C. F. L.), **G. C. LICHTENBERG.**

Les livres anciens sont pour les auteurs, les nouveaux pour les lecteurs.

Pensées diverses, **MONTESQUIEU.**

Le livre doit crier après la plume, l'encre et la table de travail; mais généralement c'est la plume, l'encre et la table de travail qui crient après le livre. C'est pourquoi, de nos jours, les livres sont si peu de choses.

Le Voyageur et son Ombre, trad. Henri Albert (Mercure de France),
NIETZSCHE.

Un livre est un grand cimetière où, sur la plupart des tombes, on ne peut plus lire les noms effacés.

Le Temps retrouvé (Gallimard), **Marcel PROUST.**

Qu'il prenne garde, celui qui aime plus les livres que la vie, qu'ils ne lui paraissent pas à la longue mieux faits qu'elle et plus vrais qu'elle n'est.

Conjectures et nouvelles Conjectures (Armand Huart), **Hector TALVART.**

Les livres ont les mêmes ennemis que l'homme : le feu, l'humide, les bêtes, le temps, et leur propre contenu.

Littérature (Giraud-Badin), **Paul VALÉRY.**

Un livre bien neuf et bien original serait celui qui ferait aimer de vieilles vérités.

Maximes posthumes, **VAUVENARGUES.**

Un livre est une bouteille jetée en pleine mer sur laquelle il faut coller cette étiquette : attrape qui peut.

Journal intime, **Alfred de VIGNY.**

Les livres que le monde appelle immoraux sont ceux qui lui montrent sa propre ignominie.

Le Portrait de Dorian Gray, trad. E. Jaloux et F. Frapereau (Stock),
Oscar WILDE.

logicien

Les hommes sont des logiciens malgré eux. Ils sont organisés pour conclure comme la sonnerie d'une horloge pour sonner.

Sensations d'Art (Frinzine), **BARBEY D'AUREVILLY.**

logique

Rien n'est plus illogique qu'un excès de logique car il produit des phénomènes contre nature qui finissent par se retourner contre la logique.

Maximes et Réflexions, trad. G. Bianquis (Gallimard), **GŒTHE.**

La logique est à la grammaire ce que le sens est au son dans les mots.

Carnets, **Joseph JOUBERT.**

Les véritables bonnes logiques ne servent qu'à ceux qui peuvent s'en passer, dit d'Alembert. La perspective ne permet pas aux aveugles de voir.

Aphorismes, trad. Marthe Robert (C. F. L.), **G. C. LICHTENBERG.**

La logique mène quelque part. Rigoureuse, elle a conduit assez souvent la politique à améliorer le sort des hommes en les faisant mourir.

Les Moralistes de l'Intelligence (Hermann), **Gilbert MAUGE.**

Logique : un bon outil qu'on nous vend presque toujours sans la manière de s'en servir.

Le Carnaval du Dictionnaire (Calmann-Lévy), **Pierre VÉRON.**

loi

Les lois sont les toiles d'araignées à travers lesquelles passent les grosses mouches et où restent les petites.

La Maison Nucingen, **Honoré de BALZAC.**

Il y a tant de lois qu'il n'y a personne exempt d'être pendu.

Napoléon BONAPARTE.

Les lois sont établies pour les sages, non pas afin qu'ils ne commettent pas l'injustice, mais afin qu'ils ne la subissent pas.

Doctrines et Maximes, trad. Maurice Solovine (Hermann), **ÉPICURE.**

Les lois sont faites par les vieillards et les hommes d'âge mûr. Les jeunes gens et les femmes veulent l'exception, les vieillards veulent la règle.

*

S'il fallait étudier toutes les lois, on n'aurait pas le temps de les transgresser.

Maximes et Réflexions, trad. G. Bianquis (Gallimard), **GŒTHE.**

La loi ne peut pas tenir compte des personnalités, des physiologies. Alors, dans la moitié des cas, elle est criminelle et dans l'autre moitié, imbécile.

Promenades philosophiques (Mercure de France), **Remy de GOURMONT.**

Les meilleures lois naissent des usages.

Carnets, **Joseph JOUBERT.**

Les hommes font les lois, les femmes les abrogent.

Alphonse KARR.

Il y a trois sortes de lois : les lois divines, les lois humaines et les lois sur les sociétés.

Jeroboam ou la Finance sans méningite (La Sirène), **Paul LAFFITTE.**

Les coquins contribueraient indiscutablement à la perfection des lois, s'ils les étudiaient dans le but de leur échapper sans y laisser des plumes.

Aphorismes, trad. Marthe Robert (C. F. L.), **G. C. LICHTENBERG.**

Ne perdez jamais de vue cette grande vérité : qu'une loi générale, si elle n'est injuste pour tous, ne saurait l'être pour l'individu.

Les Soirées de Saint-Pétersbourg, **Joseph de MAISTRE.**

Je commence à penser avec Horsley que le peuple n'a rien à faire avec les lois, sinon leur obéir.

Un Chapitre d'Idées, trad. Ph. Dally (Revue « Mesures » juillet 1939),
Edgar Allan POE.

Faire une loi et ne pas la faire exécuter, c'est autoriser la chose qu'on veut défendre.

Mémoires (Société de l'Histoire de France), **Cardinal de RICHELIEU.**

Les lois sont toujours utiles à ceux qui possèdent et nuisibles à ceux qui n'ont rien.

Du Contrat social, **Jean-Jacques ROUSSEAU.**

Les lois n'ont jamais rendu, si peu que ce soit, l'homme plus juste. Et c'est en respectant les lois que les hommes de bonne volonté deviennent journellement les agents de l'injustice.

Le Pour et le Contre, cit. Tribouillois et Rousset (Publ. Papyrus),
H. D. THOREAU.

louange

De toutes les pratiques du monde, la louange est la plus habilement perfide. A Paris, surtout, les politiques en tout genre savent étouffer un talent dès sa naissance sous des couronnes profusément jetées dans son berceau.

Le Médecin de Campagne, **Honoré de BALZAC.**

Louange (n). Hommage rendu par nous à des œuvres qui ressemblent aux nôtres, mais ne les égalent point.

Le Dictionnaire du Diable, trad. Jacques Papy (Éd. Les Quatre Jeudis),
Ambrose BIERCE.

Les louanges d'un sot ne devraient pas me flatter et cependant elles me flattent presque autant que celles d'un homme d'esprit. Un sot dans le moment qu'il me loue devient homme d'esprit. L'homme d'esprit qui me loue n'est qu'un juge équitable.

Mes Pensées ou le qu'en-dira-t-on, **LA BEAUMELLE.**

Le refus des louanges est un désir d'être loué deux fois.

Réflexions ou Sentences et Maximes morales, **LA ROCHEFOUCAULD.**

Quand un roi se contente de s'entendre continuellement louer et qu'il n'a pas le cœur plus délicat que les oreilles, il est souvent tout seul satisfait de lui-même.

Mémoires, **LOUIS XIV.**

Nous louons les gens à proportion de l'estime qu'ils ont pour nous.

Cahiers (Grasset), **MONTESQUIEU.**

La louange est fille du pouvoir présent.

Instructions aux Domestiques, **Jonathan SWIFT.**

La louange commence quand on prend une vue partiale des choses. Nous commençons à louer lorsque nous voyons qu'une chose a besoin de notre secours.

Fragments d'un Journal, trad. R. Michaud et S. David (Boivin et Cie), **H. D. THOREAU.**

Proverbe pour les puissants : si quelqu'un te lèche les bottes, mets-lui le pied dessus avant qu'il ne commence à te mordre.

Mauvaises Pensées et autres (Gallimard), **Paul VALÉRY.**

C'est offenser les hommes que de leur donner des louanges qui marquent les bornes de leur mérite; peu de gens sont assez modestes pour souffrir sans peine qu'on les apprécie.

Réflexions et Maximes, **VAUVENARGUES.**

lumière

Ce n'est pas une mauvaise lampe pour faire un peu de lumière, la flamme qui consume ce qu'on a aimé.

Première Olympique (Gallimard), **Henry de MONTHERLANT.**

luxe

Le luxe est moins dispendieux que l'élégance.

Traité de la Vie élégante, **Honoré de BALZAC.**

Le luxe est le pain de ceux qui vivent de brioche.

Voici l'Homme (Albin Michel), **André SUARÈS.**

luxure

Juan fut séduit par son amour et par la luxure; je ne saurais effacer les mots que j'écris et ces deux-là sont tellement mêlés à la poussière humaine que qui prononce l'un risque fort de parler de l'un et de l'autre.

Don Juan, **Lord BYRON.**

Luxure est cause de génération.

Les Carnets de Léonard de Vinci, rec. Edw. Mac Curdy, trad. Louise Servicen (Gallimard), **Léonard de VINCI.**

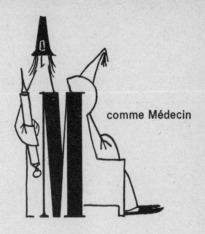

comme Médecin

maître

La bête arrache le fouet au maître et se fouette elle-même pour devenir maître, et ne sait pas que ce n'est là qu'un fantasme produit par un nouveau nœud dans la lanière du maître.

Préparatifs de Noce à la Campagne, trad. Marthe Robert (Gallimard),
Franz KAFKA.

maîtresse

C'est une immense preuve d'infériorité chez un homme que de ne pas savoir faire de sa femme sa maîtresse.

La Cousine Bette, **Honoré de BALZAC.**

Maîtresse : terme d'outrage par lequel une femme flétrit les personnes de son sexe avec qui un homme fait ce qu'il ne voudra jamais ou ne veut plus faire avec elle.

Maîtresse : terme d'outrage par lequel un homme flétrit la conduite d'une femme qui a eu l'imprudence de se donner à lui ou à quelqu'un de ses semblables.

*

Qu'est-ce qu'une maîtresse? Une femme près de laquelle on ne se souvient plus de ce qu'on sait par cœur, c'est-à-dire de tous les défauts de son sexe.

Pensées, Maximes et Anecdotes, **CHAMFORT.**

Avouez à votre maîtresse que vous ne pouvez vivre sans elle, elle n'aura de cesse qu'elle n'en ait tenté l'expérience.

La Paroisse du Moulin Rouge (Albin Michel), **Jacques DYSSORD.**

La maîtresse qui nous quitte quand nous l'aimons le mieux nous épargne des mois et des années de menues désillusions. L'homme est ingrat pour ce service comme pour les autres.

Physiologie de l'Amour moderne (La Vie Parisienne, sept. 1883), **Claude LARCHER.**

majorité

L'avis de la majorité ne peut être que l'expression de l'incompétence.

La Crise du Monde moderne (Gallimard), **René GUÉNON.**

mal

Les hommes sont naturellement mauvais. Il en est qui font le mal, parce qu'on les a payés pour le faire : on les flétrit justement. Mais un plus grand salaire reçu pour un plus grand méfait les dispose à mieux s'accommoder de ce mépris.

Bellérophon, **EURIPIDE.**

Dès que l'on aperçoit un mal, on tente aussitôt d'y remédier, c'est-à-dire d'en supprimer les symptômes.

Maximes et Réflexions, trad. G. Bianquis (Gallimard), **GŒTHE.**

On ne peut pas payer le mal à tempérament et on essaie sans relâche.

Une fois qu'on a accueilli le mal chez soi, il n'exige plus qu'on croie en lui.

Préparatifs de Noce à la Campagne trad. Marthe Robert (Gallimard), **Franz KAFKA.**

Il vaut mieux bien faire le mal que mal faire le bien.

Métamorphoses, **OVIDE.**

Jamais on ne fait le mal si pleinement et si gaiement que quand on le fait par conscience.

Pensées, **Blaise PASCAL.**

Pense du mal, tu ne te tromperas pas.

Le Métier de vivre, trad. Michel Arnaud (Gallimard), **Cesare PAVESE**.

Le mal seul fait remarquer et apprendre et permet de décomposer les mécanismes que sans cela on ne connaîtrait pas.

Sodome et Gomorrhe (Gallimard), **Marcel PROUST**.

C'est lorsqu'un mal entre en nous que nous nous croyons en danger. Dès qu'il sera installé, nous pourrons faire bon ménage avec lui, voire même ne pas soupçonner sa présence...

Le Bal du comte d'Orgel (Grasset), **Raymond RADIGUET**.

La plupart des hommes ne font les grands maux que par les scrupules qu'ils ont pour les moindres.

Mémoires, **Cardinal de RETZ**.

Le mal que font les hommes leur survit, le bien est souvent enterré avec leurs os.

Jules César, **William SHAKESPEARE**.

Qui néglige de punir le mal le sanctionne.

Carnets de Léonard de Vinci, rec. Edw. Mac Curdy, trad. Louise Servicen (Gallimard), **Léonard de VINCI**.

malade

Les malades sont toujours optimistes. Peut-être que l'optimisme lui-même est une maladie.

Promenades philosophiques (Mercure de France), **Remy de GOURMONT**.

maladie

La maladie est un des paravents que les femmes mettent le plus souvent entre elles et l'orage d'une querelle.

La Cousine Bette, **Honoré de BALZAC**.

Plusieurs maladies sont une excellente assurance contre la mort. Pendant qu'elles se font des politesses à la porte, la vie suit son cours.

La Paroisse du Moulin Rouge (Albin Michel), **Jacques DYSSORD**.

mâle

L'homme est le seul mâle qui batte sa femelle. Il est donc le plus brutal des mâles à moins que, de toutes les femelles, la femme ne soit la plus insupportable — hypothèse très soutenable en somme.

La Philosophie de Georges Courteline (Flammarion), **Georges COURTELINE**.

Le mâle qui meurt sert l'espèce, en laissant à d'autres le soin de la propager.

Maximes sur la Guerre (Grasset), **René QUINTON**.

malfaiteur

On rend service à un malfaiteur en le fourrant en prison, cela lui évite des crimes qui le torturent. Mais il n'en sait aucun gré à ses juges, ayant comme tant d'autres le préjugé de la liberté.

Derrière Cinq Barreaux (Gallimard), **Maurice SACHS.**

malheur

Le malheur a un bord et un fond. On attend que nous soyons au fond pour nous demander comment nous sommes arrivés au bord.

Sans titre, **Xavier FORNERET.**

Les femmes affectionnent le malheur : celui des autres et même le leur et tout ça pour le dramatique du malheur.

Journal (Flammarion-Fasquelle), **E. et J. de GONCOURT.**

J'ai découvert que tout le malheur des hommes vient d'une seule chose, qui est de ne savoir pas demeurer au repos dans une chambre.

Pensées, **Blaise PASCAL.**

Les malheurs particuliers font le bien général, de sorte que plus il y a de malheurs particuliers, et plus tout est bien.

Candide, **VOLTAIRE.**

Il faut s'efforcer autant qu'on peut d'éviter le malheur, afin que le malheur qu'on rencontre soit parfaitement pur et parfaitement amer.

La Pesanteur et la Grâce (Plon), **Simone WEIL.**

malheureux

On prend parfois comme une mauvaise habitude d'être malheureux.

Le Moulin sur la Floss, **George ELIOT.**

Les heureux prennent-ils donc le malheureux pour un gladiateur qui doive mourir avec grâce sous leurs yeux, comme l'exigeait la populace romaine?

Maximes et Réflexions, trad. G. Bianquis (Gallimard), **GŒTHE.**

Il faut plaindre les gens malheureux, même ceux qui ont mérité de l'être, quand ce ne serait que parce qu'ils ont mérité de l'être.

Cahiers, **MONTESQUIEU.**

manger

Les animaux se repaissent, l'homme mange, l'homme d'esprit seul sait manger.

Physiologie du Goût, **BRILLAT-SAVARIN.**

Ce n'est point parce qu'il y a une rose sur le rosier que l'oiseau s'y pose : c'est parce qu'il y a des pucerons.

Journal (Gallimard), **Jules RENARD.**

On peut juger les hommes à la quantité de sérieux qu'ils montrent dans l'acte de manger. Plus animaux ils sont, plus ils sont sérieux. Ils mastiquent.

Tel quel (Gallimard), **Paul VALÉRY.**

manœuvres

Les manœuvres inconscientes d'une âme pure sont encore plus singulières que les combinaisons du vice.

Le Bal du comte d'Orgel (Grasset), **Raymond RADIGUET.**

mante-religieuse

On s'étonne que la mante religieuse dévore son mâle après l'amour. Il ne manque pourtant pas de femmes qui en font autant.

De l'Amour (Grasset), **Étienne REY.**

marcher

Si marcher sur deux jambes n'est pas non plus naturel à l'homme, c'est pourtant certes une invention qui lui fait honneur.

Aphorismes, trad. Marthe Robert (C. F. L.), **G. C. LICHTENBERG.**

mari

Jamais un mari ne sera si bien vengé que par l'amant de sa femme.

Physiologie du Mariage, **Honoré de BALZAC.**

A certains maris, il ne suffit pas de n'être pas trompés par leur femme. Ils veulent avoir toute la gloire de ne pas l'être et courir tous les risques possibles.

Mémoires d'un Jeune Homme rangé (Albin Michel), **Tristan BERNARD.**

On marie les femmes avant qu'elles soient rien et qu'elles puissent rien être. Un mari est une espèce de manœuvre qui tracasse le corps de sa femme, ébauche son esprit, et dégrossit son âme.

Pensées, Maximes et Anecdotes, **CHAMFORT.**

Trouves-tu plus raisonnables ces maris qui abandonnent l'âme de leurs femmes à toutes les influences et ne s'émeuvent que si le corps, à son tour, les abandonne?

Malaisie (Stock), **Henri FAUCONNIER.**

Il est fort dangereux qu'une femme trouve son mari ridicule et qu'elle fasse cette découverte en collaboration avec un autre homme.

Alphonse KARR.

Un mari est un emplâtre qui guérit tous les maux des filles.

Le Médecin malgré lui, **MOLIÈRE.**

Je ne dis pas qu'une femme ne puisse avoir un caprice pour son mari, car après tout, c'est un homme.

Fragments (Gallimard), **Gérard de NERVAL.**

Sur cent maris aveugles, on en trouverait bien quatre ou cinq qui sont en effet aveugles. Les autres trichent.

De l'Amour (Grasset), **Étienne REY.**

Pour la femme l'homme ridicule est toujours le mari. Il n'est guère d'amant qui ne soit mari à son tour.

Voici l'Homme (Albin Michel), **André SUARÈS.**

Il est des hommes qui ne songent pas plus à comprendre et à déchiffrer leur femme qu'à regarder les journaux intéressants qu'ils ont mis de côté pour les lire... quand ils auront le temps. En attendant ils bouquinent ailleurs.

Almanach des Lettres françaises et étrangères, avril 1924 (G. Crès et Cie), **VÉRINE.**

mariage

Le mariage est un véritable duel où, pour triompher de son adversaire, il faut une attention de tous les moments; car si vous avez le malheur de détourner la tête, l'épée du célibat vous perce de part en part.

Physiologie du Mariage, **Honoré de BALZAC.**

La marchandise humaine que nous achetons dans les mariages d'argent, échappe presque toujours par l'adultère aux conditions de son ignominieux marché.

Dernières Polémiques (Savine), **BARBEY D'AUREVILLY.**

Grâce à la douce cérémonie, ce qu'on vous défendait hier, on vous le prescrira demain. De toutes les choses sérieuses, le mariage est la plus bouffonne!

Le Mariage de Figaro, **BEAUMARCHAIS.**

Communauté composée d'un maître, d'une maîtresse, et de deux esclaves, ce qui fait en tout deux personnes.

Le Dictionnaire du Diable, trad. Jacques Papy (Éd. Les Quatre Jeudis), **Ambrose BIERCE.**

La première et indispensable condition pour le prestige d'un bon mariage, c'est de faire passer l'argent avant toute autre considération. L'arithmétique est le sûr préliminaire, le seul prélude, la guitare unique pour les gens sérieux, qui ont décidé de coucher ensemble.

Le Pour et le Contre, cit. Tribouillois et Rousset (Publ. Papyrus), **Léon BLOY.**

Pour être heureux, le mariage exige un continuel échange de transpirations.

Napoléon BONAPARTE.

La question du mariage et du célibat n'est que la question de savoir s'il vaut mieux être endommagé d'une façon que de l'autre.

> *Carnets*, trad. Valery Larbaud (Gallimard), **Samuel BUTLER.**

L'amour et le mariage bien que nés tous deux dans le même climat sont rarement réunis; le mariage vient de l'amour comme le vinaigre du vin; c'est un breuvage de tempérance, peu agréable et âpre, à qui le temps fait perdre son céleste bouquet; pour le transformer en boisson de ménage, insipide et commune.

> *Don Juan*, **Lord BYRON.**

Se marier est toujours une sottise, mais lorsqu'un homme la fait à l'époque où ses forces physiques diminuent, elle devient mortelle....

> *Mémoires*, **CASANOVA DE SEINGALT.**

Le mariage, tel qu'il se pratique chez les grands, est une indécence convenue.

> *Pensées, Maximes et Anecdotes*, **CHAMFORT.**

Mais le mariage n'est point le plaisir, c'est le sacrifice du plaisir, c'est l'étude de deux âmes qui, pour toujours désormais et pour une fin hors d'elles-mêmes, auront à se contenter l'une de l'autre.

> *Le Père humilié* (Gallimard), **Paul CLAUDEL.**

Le pays du mariage a cela de particulier que les étrangers ont envie de l'habiter et les habitants naturels voudraient en être exilés.

Les Amusements sérieux et comiques d'un Siamois, **Charles du FRESNY.**

La chaîne du mariage est si lourde qu'il faut être deux pour la porter, quelquefois trois.

> **Alexandre DUMAS, fils.**

... le mariage, mon ami, est un petit jeu de satiété.

> *La Guitare et le Jazz Band* (L'Illustration), **Henri DUVERNOIS.**

Bienheureux si on a la chance d'épouser une honnête femme. Mais on a aussi de la chance en ne se mariant pas.

> *Pensées* (Haumont), **EURIPIDE.**

Le mariage est une pièce à deux personnages dont chacun n'étudie qu'un rôle, celui de l'autre.

> **Octave FEUILLET.**

Dans le mariage, le mari et la femme se vendent vertueusement; et de même qu'en grammaire, deux négations valent une affirmation, on peut dire qu'en négoce conjugal, deux prostitutions valent une vertu.

> **Charles FOURIER.**

Si ici parfois il y a des cafards dans le manger, chez toi il y a femme et enfant.

Lettres de Vincent Van Gogh à Théo, septembre 1889 (Grasset),
> **Vincent Van GOGH.**

La définition la plus juste du mariage dans notre état légal, c'est le passage légal d'un porte-monnaie d'une poche dans l'autre.

Pensées contemporaines, **Raoul de la GRASSERIE.**

Les femmes sont faites pour être mariées et les hommes pour être célibataires. De là vient tout le mal.

Mon Père avait raison (L'Illustration théâtrale), **Sacha GUITRY.**

Tout mariage est comme celui du Doge avec l'Adriatique. L'époux ne sait pas ce qu'il y a de perles, de trésors, de monstres et de tempêtes dans celle à qui il a donné sa bague.

L'Esprit d'Henri Heine, cit. Léon Treich (Gallimard), **Henri HEINE.**

Le mariage, tel que le catholicisme l'institue, n'est pas autre chose qu'une couture au cœur, proprement faite.

Victor HUGO.

La femme, ou pour parler avec plus de rigueur peut-être, le mariage est le représentant de la vie avec lequel tu dois t'expliquer.

Préparatifs de Noce à la Campagne, trad. Marthe Robert (Gallimard),
Franz KAFKA.

Le mariage de convenance est une union entre gens qui souvent ne se conviennent pas quand les biens de l'un sont la ressource de l'autre.

*

Il n'y a dans la pratique de la vie humaine aucun contrat, eût-il pour but d'acheter une botte de petits radis, qui se fasse aussi légèrement et avec aussi peu de garanties que le contrat qui lie indissolublement deux êtres humains pour toute la vie.

Alphonse KARR.

Il y a de bons mariages, mais il n'y en a pas de délicieux.

Réflexions ou Sentences et Maximes morales, **LA ROCHEFOUCAULD.**

Le mariage, aujourd'hui, n'est, à proprement parler, qu'une adjudication à la bougie éteinte; le dernier qui a parlé, se couche.

Pierre-Édouard LEMONTEY.

Si les hommes en âge de se marier avaient à gagner par le mariage la moitié de ce qu'y gagne la femme, ils en seraient d'ardents partisans.

Défense des Femmes, trad. Jean Jardin (Gallimard), **H. L. MENCKEN.**

En venir de but en blanc à l'union conjugale, ne faire l'amour qu'en faisant le contrat du mariage, et prendre justement le roman par la queue! Il ne se peut rien de plus marchand que ce procédé.

Les Précieuses ridicules, **MOLIÈRE.**

Le mariage est la forme la plus menteuse des relations sexuelles; c'est pourquoi il jouit de l'approbation des consciences pures.

Œuvres posthumes, trad. Henri Jean Bolle (Mercure de France), **NIETZSCHE.**

Beaucoup de brèves folies, c'est là ce que vous appelez l'amour. Et votre mariage met fin à beaucoup de brèves folies par une longue sottise.

Ainsi parlait Zarathoustra, trad. Maurice Betz (Gallimard), **NIETZSCHE.**

Le mariage est une expérience chimique dans laquelle deux corps inoffensifs peuvent, en se combinant, produire un poison.

Almanach des Lettres françaises et étrangères, 18 avril 1924 (G. Crès et Cie), **Édouard PAILLERON.**

Aucune femme ne fait un mariage d'intérêt; elles ont toutes l'habileté, avant d'épouser un millionnaire, de s'éprendre de lui.

Le Métier de vivre, trad. Michel Arnaud (Gallimard), **Cesare PAVESE.**

Quand les gens mariés font deux lits, ils ne sont pas éloignés d'en faire trois.

Théâtre d'Amour (Albin Michel), **Georges de PORTO-RICHE.**

Quand on dit d'un homme qu'il a fait un beau mariage, on peut affirmer presque à coup sûr que sa femme en a fait un mauvais.

Les Heures de l'Amour, cit. Michel Epuy (Payot), **SERGY.**

... Prends femme, prends femme! Il n'est pas de canne plus respectable que la canne à pointe de corne.

Beaucoup de bruit pour rien, **William SHAKESPEARE.**

Quand un vieux garçon épouse une jeune femme, il mérite... non, la faute porte sa punition avec elle.

L'École de la Médisance, **SHERIDAN.**

Pour l'homme qui sort de passion, il peut prendre femme comme on prend l'habit. Et tel entre en mariage comme il eût fait en religion.

Voici l'Homme (Albin Michel), **André SUARÈS.**

Une femme se marie pour entrer dans le monde, un homme pour en sortir.

On s'étudie trois semaines, on s'aime trois mois, on se dispute trois ans, on se tolère trente ans; et les enfants recommencent.

Vie et Opinions de Monsieur Frédéric Thomas Graindorge (Hachette), **Hippolyte TAINE.**

Le mariage, tel qu'il existe aujourd'hui, est le plus odieux de tous les mensonges, la forme suprême de l'égoïsme.

La Sonate à Kreutzer, **Léon TOLSTOÏ.**

Il vaut mieux encore être marié qu'être mort.

Les Fourberies de Scapin, **MOLIÈRE.**

martyr

Les martyrs ne sous-estiment pas le corps, ils le font élever sur la croix. En cela, ils sont d'accord avec leurs ennemis.

Préparatifs de Noce à la Campagne, trad. Marthe Robert (Gallimard), **Franz KAFKA.**

Il faut affirmer ici une fois de plus que ce sont les martyrs qui font la foi plutôt que la foi ne fait les martyrs.

Pages choisies, trad. Maurice Vallis (Povolozky), **Miguel de UNAMUNO.**

Le martyr : j'aime mieux mourir que de... réfléchir.

Tel quel (Gallimard), **Paul VALÉRY.**

masse

On ne convainc pas les masses avec des raisonnements, mais avec des mots.

Remarques sur l'Action (Gallimard), **Bernard GRASSET.**

matelas

C'est immoral qu'un matelas ait tant de puissance. Triomphe de ce qui plie sur ce qui foudroie. Mais c'est égal, gloire au matelas qui annule un canon.

Les Misérables, **Victor HUGO.**

maternité

Vénérez la maternité, le père n'est jamais qu'un hasard.

Ainsi parlait Zarathoustra, trad. G. Bianquis (Gallimard), **NIETZSCHE.**

mathématique

Les mathématiques rendent l'esprit juste en mathématiques, et les lettres le rendent juste en morale. Les mathématiques apprennent à faire des ponts et la morale apprend à vivre.

Carnets, **Joseph JOUBERT.**

La mathématique pure est religion.

NOVALIS.

maturité

Ces femmes atteintes de leur maturité comme d'une maladie incurable.

Pensées d'une Amazone (Émile-Paul), **Natalie CLIFFORD BARNEY.**

Dans l'âge mûr, on arrive naturellement à être moins superficiel, mais en même temps, il devient plus difficile d'être léger.

Causeries du Lundi, **SAINTE-BEUVE.**

mauvaise foi

Dans les affaires d'intérêt, les femmes ont en général moins de justice, mais plus de loyauté que les hommes; elles réservent la mauvaise foi pour des affaires d'un autre genre.

Maximes et Réflexions, **Duc de LÉVIS.**

La mauvaise foi est l'âme de la discussion.

Nestor ROQUEPLAN.

maxime

Les maximes générales sont dans la conduite de la vie ce que les routines sont dans les arts.

Pensées, Maximes et Anecdotes, **CHAMFORT.**

Les maximes, ces phrases lapidaires, ont « la valeur des œufs de porcelaine, qui incitent le penseur à couver ».

Diane à la croisée des chemins, trad. Lucien Wolf (Gallimard),
George MEREDITH.

La lecture des maximes n'est pas sans rapport avec celle de ces dictionnaires de médecine qui nous font découvrir en nous des symptômes de toutes les maladies qu'ils décrivent.

L'Esprit de Montesquiou, cit. Louis Thomas (Mercure de France),
Robert de MONTESQUIOU.

Toute maxime générale ayant du faux, c'est un mauvais genre d'écrire que les maximes.

Filosofia Nova, **STENDHAL.**

Les maximes, bien entendu celles des autres, me font souvent l'effet des noisettes. Du dehors, toutes se ressemblent et, au-dedans, les trois quarts sont creuses.

Gens de Qualité (Plon), **Fernand VANDEREM.**

méchanceté

Certains mots d'une méchanceté sublime sont donnés à des femmes sans intelligence : la vipère a la tête plate.

Journal (Flammarion-Fasquelle), **E. et J. de GONCOURT.**

Dans l'homme le plus méchant, il y a un pauvre cheval innocent qui peine.

Du côté de chez Proust, cit. François Mauriac. (La Table Ronde),
Marcel PROUST.

La méchanceté est un mythe qu'inventèrent les bons pour expliquer le délicat attrait d'autres personnes.

Almanach des Lettres françaises et étrangères, 3 janvier 1924 (G. Crès et Cie)
Oscar WILDE.

méchant

Les méchants font quelquefois de bonnes actions. On dirait qu'ils veulent voir s'il est vrai que cela fasse autant de plaisir que le prétendent les honnêtes gens.

Pensées, Maximes et Anecdotes, **CHAMFORT.**

J'aime mieux les méchants que les imbéciles, parce qu'ils se reposent.

Alexandre DUMAS, fils.

Il y a des méchants qui seraient moins dangereux s'ils n'avaient aucune bonté.

Réflexions ou Sentences et Maximes morales, **LA ROCHEFOUCAULD.**

La méchanceté est rare, la plupart des hommes sont bien trop occupés d'eux-mêmes pour être méchants.

Humain, trop humain, trad. A.-M. Desrousseaux (Mercure de France),
NIETZSCHE.

Lorsqu'un méchant fait le bien, on peut juger par un tel effort tout le mal qu'il prépare.

De l'Homme intellectuel et moral, **RIVAROL.**

D'être méchant, c'est se venger d'avance.

Les Trois Impostures (Émile-Paul), **Paul-Jean TOULET.**

médecin

Je dois plus aux mauvais médecins, parce qu'ils causent la perte de mes ennemis, qu'aux bons, quand même ils sont mes amis.

Ma Vie, trad. Jean Dayré (Honoré Champion), **Jérôme CARDAN.**

La menace du rhume négligé est pour les médecins ce que le purgatoire est pour les prêtres, un Pérou.

Pensées, Maximes, Anecdotes, **CHAMFORT.**

Il y a quelque rapport entre les médecins et les intendants. Les intendants ruinent les maisons les mieux établies et les médecins ruinent les corps les mieux constitués; les maisons ruinées enrichissent les intendants, les corps ruinés enrichissent les médecins.

*

A Paris, il en est des médecins comme des almanachs : les plus nouveaux sont les plus consultés; mais aussi leur règne, comme celui des almanachs, finit avec l'année courante.

Les Amusements sérieux et comiques d'un Siamois, **Charles du FRESNY.**

Un médecin est un homme que l'on paie pour conter des fariboles dans la chambre d'un malade, jusqu'à ce que la nature l'ait guéri ou que les remèdes l'aient tué.

FURETIÈRE.

Un homme mort n'est qu'un homme mort et ne fait point de conséquence; mais une formalité négligée porte un notable préjudice à
tout le corps des médecins.

L'Amour médecin, **MOLIÈRE.**

Les médecins ne se contentent pas d'avoir la maladie en gouvernement, ils rendent la santé malade, pour garder qu'on ne puisse en
aucune raison eschapper leur authorité. D'une santé constante et
entière, n'en tirent-ils pas l'argument d'une grande maladie future?

Essais, **MONTAIGNE.**

Ce n'est pas les médecins qui nous manquent, c'est la médecine.

Cahiers (Grasset), **MONTESQUIEU.**

Les médecins les plus dangereux sont ceux qui, comédiens-nés,
imitent le médecin-né avec un art consommé d'illusion.

Humain, trop humain, trad. A.-M. Desrousseaux (Mercure de France),
NIETZSCHE.

Dans la pathologie nerveuse, un médecin qui ne dit pas trop de
bêtises, c'est un malade à moitié guéri.

Le Côté de Guermantes (Gallimard), **Marcel PROUST.**

Les médecins sont les hommes d'affaires de la science. Quelques
médecins ont la passion de leur science. Ils en sont les poètes.

Derrière Cinq Barreaux (Gallimard), **Maurice SACHS.**

Il est amusant de songer à quel point les médecins sont des raccom-
modeurs de pantins; seulement les pantins leur disent « Docteur ».

Échantillons, prés. Valery Larbaud (Grasset), **Ramon Gomez de la SERNA.**

Les médecins ne devraient pas émettre d'avis sur la religion par la
même raison que les bouchers ne sont point admis à être jurés dans
les questions de vie et de mort.

Instructions aux domestiques, **Jonathan SWIFT.**

Un médecin croit d'abord à toute la médecine, un théologien à toute
sa philosophie. Deviennent-ils savants, ils ne croient plus à rien;
mais les malades croient et meurent trompés.

Pensées, Remarques et Observations (Journal « Le Siècle »), **VOLTAIRE.**

médecine

Bartholo : Un art dont le soleil s'honore d'éclairer les succès.
Le Comte : Et dont la terre s'empresse de couvrir les bévues.

Le Barbier de Séville, **BEAUMARCHAIS.**

La médecine, c'est un art qu'on exerce, en attendant qu'on le
découvre.

Émile DESCHAMPS.

La médecine a fait depuis un siècle des progrès sans répit, inventant par milliers des maladies nouvelles.

Mes Inscriptions (Gallimard), **Louis SCUTENAIRE.**

médiocre

Les esprits médiocres condamnent d'ordinaire tout ce qui passe à leur portée.

Réflexions ou Sentences et Maximes morales, **LA ROCHEFOUCAULD.**

Les médiocres sont très utiles, pourvu qu'ils sachent se tenir dans l'ombre, tels les zéros placés derrière les vrais chiffres.

Notes parues dans *La Plume* en 1896, **Paul MASSON.**

médiocrité

La médiocrité sera toujours égoïste. Voilà ce qui rend antinational le système actuel, qui est la déification de la médiocrité.

Monographie de la Presse parisienne, **Honoré de BALZAC.**

Selon l'opinion des hommes éclairés, il n'y a que la médiocrité qui ne soit pas exposée à l'envie.

Le Décaméron, **BOCCACE.**

Il y a dans quelques hommes une certaine médiocrité d'esprit qui contribue à les rendre sages.

Les Caractères, **LA BRUYÈRE.**

C'est un grand signe de médiocrité de louer toujours modérément.

Réflexions et Maximes, **VAUVENARGUES.**

médisance

Quand les femmes ne prêtent plus à la médisance, elles s'y adonnent.

Les Lionnes pauvres, **Émile AUGIER.**

La médisance est encore le plus grand lien des sociétés.

Idées et Sensations, **E. et J. de GONCOURT.**

On médit plus d'un ami que d'un ennemi : on le connaît mieux.

Paillettes (Sansot), **Lucie PAUL-MARGUERITTE.**

On répète les médisances, en citant leur auteur, pour s'en donner le plaisir sans danger.

Les Caractères, **Madame de PUISIEUX.**

méditation

Nous pouvons juger du degré d'abstraction d'un homme qui médite par la manière dont il accueille une interruption. S'il est très surpris, sa rêverie n'était pas très profonde, et inversement.

Un Chapitre d'Idées, trad. Ph. Dally (Revue « Mesures » 15 juillet 1939),
Edgar Allan POE.

mégalomanes

Tous les gens sont mégalomanes. Ceux qui le montrent, on les traite de malades; ceux qui le cachent, de modestes.

Gens de Qualité (Plon), **Fernand VANDEREM.**

meilleur

Il y a une infinité de choses où le moins mal est le meilleur.

Cahiers (Grasset), **MONTESQUIEU.**

Je ne veux pas me faire meilleur que je ne suis, on en abuserait.

Maximes et Aphorismes d'un Directeur de Théâtre, **Pierre VEBER.**

mélodrame

Un mélodrame n'est souvent qu'un drame vu par des confrères.

L'Esprit de Robert de Flers, cit. Léon Treich (Gallimard), **Robert de FLERS.**

Il n'y a guère que le sadisme qui donne un fondement dans la vie à l'esthétique du mélodrame.

A la recherche du temps perdu (Gallimard), **Marcel PROUST.**

mémoire

C'est comme l'écho qui continue à se répercuter après que le son s'est éteint.

Carnets, trad. Valery Larbaud (Gallimard), **Samuel BUTLER.**

La mémoire est souvent la qualité de la sottise; elle appartient généralement aux esprits lourds, qu'elle rend plus pesants par les bagages dont elle les surcharge.

Mémoires d'outre-tombe, **CHATEAUBRIAND.**

Pourquoi faut-il que nous ayons assez de mémoire pour retenir jusqu'aux moindres particularités de ce qui nous est arrivé et que nous n'en ayons pas assez pour nous souvenir combien de fois nous les avons contées à une même personne?

Réflexions ou Sentences et Maximes morales, **LA ROCHEFOUCAULD.**

Il se voit par expérience que les mémoires excellentes se joignent volontiers aux jugements débiles.

Essais, **MONTAIGNE.**

L'avantage de la mauvaise mémoire est qu'on jouit plusieurs fois des mêmes choses pour la première fois.

Humain, trop humain, trad. A.-M. Desrousseaux (Mercure de France),
NIETZSCHE.

menace

Tous les gens timides menacent volontiers. C'est qu'ils sentent que les menaces feraient sur eux une grande impression.

Cahiers, **MONTESQUIEU.**

La menace ne sert d'armes qu'aux menacés.

Carnets, rec. Edw. Mac Curdy, trad. Louise Servicen (Gallimard),
Léonard de VINCI.

ménage

Quand un mari et une femme se tiennent, le diable seul sait celui qui tient l'autre.

Pour être heureux en ménage, il faut être un homme de génie marié à une femme tendre et spirituelle, ou se trouver, par l'effet d'un hasard, qui n'est pas aussi commun qu'on pourrait le penser, tous les deux excessivement bêtes.

Petites Misères de la Vie conjugale, **Honoré de BALZAC.**

Les femmes rentrent volontiers dans leur ménage aux approches de la quarantaine; c'est l'âge où les hommes en sortent.

Cité dans *L'Herbier d'un Beyliste* (Paris 1929), **Henry BECQUE.**

Voulez-vous savoir ce qui fait la plupart des bons ménages? La conformité des goûts et des humeurs, sans doute. Erreur. Les sens dans la jeunesse, l'habitude dans l'âge mûr, le besoin réciproque dans la vieillesse.

Maximes et Réflexions, **Duc de LÉVIS.**

La vie à deux adoucit l'égoïsme en le dédoublant.

Les Heures de l'Amour, cit. Michel Epuy (Payot), **Marcel PRÉVOST.**

... l'asservissement de l'élite à la vulgarité est de règle dans bien des ménages.

A l'ombre des jeunes filles en fleurs (Gallimard), **Marcel PROUST.**

Un ménage est bien accordé où les deux époux ressentent en même temps le besoin de la querelle.

Pages d'un Moraliste (Fasquelle), **Jean ROSTAND.**

Le meilleur ménage est celui où la femme gouverne sans le vouloir et où l'homme est gouverné sans que les tiers s'en aperçoivent.

L'Amour, les Femmes et nous (Gallimard), **Louis TEISSIER DU CROS.**

mensonge

Le mensonge n'est bon à rien puisqu'il ne trompe qu'une fois.

Napoléon BONAPARTE.

Un mensonge absolu peut vivre, car c'est un vrai mensonge et le fait d'être un peu panaché de son contraire le sauve. Il n'en va pas de même de la vérité absolue.

Carnet, trad. Valery Larbaud (Gallimard), **Samuel BUTLER.**

La vérité, comme la lumière, aveugle. Le mensonge, au contraire, est un beau crépuscule qui met chaque objet en valeur.

La Chute (Gallimard), **Albert CAMUS.**

L'esprit de l'homme est ainsi fait que le mensonge a cent fois plus de prise sur lui que la vérité.

ÉRASME.

L'un des mensonges les plus fructueux, les plus intéressants qui soient, et l'un des plus faciles en outre, est celui qui consiste à faire croire à quelqu'un qui vous ment qu'on le croit.

Toutes Réflexions faites (Éd. l'Élan), **Sacha GUITRY.**

Il y a des circonstances où le mensonge est le plus saint des devoirs.

Le Voyage de Monsieur Perrichon, **Eugène LABICHE.**

Laissons dire les esprits faux ou encore ceux qui veulent se singulariser. Le mensonge compte bien plus que la vérité. La preuve : n'est-il pas répandu à bien plus d'exemplaires?

Propos d'un Jour (Mercure de France), **Paul LÉAUTAUD.**

Tout gros mensonge a besoin d'un détail bien circonstancié, moyennant quoi il passe.

Portraits historiques et littéraires : *Alexandre Pouchkine*, **Prosper MÉRIMÉE.**

Le mensonge tue l'amour, a-t-on dit. Eh bien, et la franchise, donc!

Ce qui est déshonorant, ce n'est pas de mentir, c'est de se faire prendre en flagrant délit de mensonge. Il y a des maladroits du mensonge : ceux-là on devrait les reléguer dans la vérité et leur interdire d'en sortir.

Un mensonge souvent n'est qu'une vérité qui se trompe de date.
Et cela peut se dire aussi bien de la science que de l'amour.

Éloge du Mensonge (Hachette), **Étienne REY.**

Avec l'amorce d'un mensonge, on pêche une carpe de vérité.

Hamlet, **William SHAKESPEARE.**

Le mensonge, comme l'huile, flotte à la surface de la vérité.

Quo Vadis? trad. B. Kosakievicz et J. L. Janasz. (Flammarion,
Henry SIENKIEWICZ.

Le mensonge mène l'intérêt, comme l'intérêt la politique. Le mensonge est donc la loi de la politique. On ment dès qu'on est deux.
Peut être un grand homme, maître de tout, et seul maître, ment-il
à la fin avec soi-même : il se croit seul et il est deux : lui et l'idée qu'il
en a.

Voici l'Homme (Albin Michel), **André SUARÈS.**

menteur

Il est des hommes qui incarnent le mensonge à un degré tel, qu'ils
commenceront à vous débiter un mensonge avec la certitude que
vous n'en croirez pas un traître mot.

Pensées choisies (Figuière), **Alexandre MERCEREAU.**

Le châtiment du menteur n'est pas qu'on ne le croit pas, c'est qu'il
ne peut croire personne.

L'Esprit de Bernard Shaw, cit. Léon Treich (Gallimard), **G. B. SHAW.**

mentir

Il y a une sorte de respect et de déférence dans le fait de mentir.
Chaque fois que nous mentons à quelqu'un, nous lui faisons le compliment de reconnaître sa supériorité.

Carnets, trad. Valery Larbaud (Gallimard), **Samuel BUTLER.**

J'ai eu longtemps une incapacité à mentir qui était une infirmité
véritable. En vieillissant, cela s'améliore.

Main courante (Grasset), **Maurice CHAPELAN.**

On trouvera encore des diplomates qui mentiront plus et mieux
que certaines femmes, mais on n'en trouvera pas un seul qui sache
mentir plus vite.

Sens plastique (Gallimard), **Malcolm de CHAZAL.**

On ne ment aussi peu que possible que si l'on ment aussi peu que
possible; et non si l'on a aussi peu que possible l'occasion de mentir.

Préparatifs de Noce à la Campagne, trad. Marthe Robert (Gallimard),
Franz KAFKA.

On ment bien de la bouche; mais avec la gueule qu'on fait en même temps, on dit la vérité quand même.

Par-delà le Bien et le Mal, trad. Henri Albert (Mercure de France),
NIETZSCHE.

Quoique les personnes n'aient point d'intérêt à ce qu'elles disent, il ne faut pas conclure de là absolument qu'elles ne mentent point; car il y a des gens qui mentent simplement pour mentir.

Pensées, **Blaise PASCAL**.

Combien, fatigués de mentir, se suicident dans la première vérité venue.

Voix, trad. R. Caillois (Gui Lévis-Mano Éd.), **Antonio PORCHIA**.

L'honnête homme à Paris ment dix fois par jour, l'honnête femme vingt fois par jour, l'homme du monde cent fois par jour. On n'a jamais pu compter combien de fois par jour ment une femme du monde.

Vie et Opinions de Monsieur Frédéric Thomas Graindorge (Hachette),
Hippolyte TAINE.

mépris

Je suis persuadé que les anges ne méprisent pas tant les hommes que les hommes se méprisent les uns les autres.

Cahiers, **MONTESQUIEU**.

L'homme méprise l'homme partout ailleurs qu'en celui qu'il est.

Donc... (Sagittaire), **Henri de RÉGNIER**.

mépriser

Je suis au fond du cœur un lâche et un malhonnête homme, et cependant, c'est drôle, je méprise le courage et les honnêtes gens.

Propos de Table et Anecdotes de M. Barnabooth (Gallimard), **Valery LARBAUD**.

C'est ne pas mépriser assez certaines gens que de dire tout haut qu'on les méprise. Le silence seul est le souverain mépris. Et ce que je dis ici est déjà trop.

Mes Poisons, **SAINTE-BEUVE**.

mer

La mer : une grande dame qui prend trop ses aises. Elle n'a pas besoin de tant de place pour produire la moule et l'oursin.

Paillettes (Sansot), **Lucie PAUL-MARGUERITTE**.

mérite

La vérité sur notre mérite se trouve entre ce qu'on nous en dit par politesse et ce que nous en disons par modestie.

Jules PETIT-SENN.

Tant qu'on peut se parer de son propre mérite, on n'emprunte pas celui de ses ancêtres.

SAINT-ÉVREMOND.

Vu l'impudence et la stupide arrogance de la plupart des hommes, tout être qui possède des mérites quelconques fera très bien de les mettre en vue lui-même afin de ne pas les laisser tomber dans un oubli complet.

Aphorismes sur la Sagesse (Presses Universitaires de France),
SCHOPENHAUER.

Messie

Le Messie ne viendra que lorsqu'il ne sera plus nécessaire, il ne viendra qu'un jour après son arrivée, il ne viendra pas au dernier, mais au tout dernier jour.

Préparatifs de Noce à la Campagne, trad. Marthe Robert (Gallimard),
Franz KAFKA.

mesure

On ne saurait mieux comparer l'absurdité des demi-mesures qu'à celle des mesures absolues.

La Philosophie de Georges Courteline (Flammarion), **Georges COURTELINE.**

métier

Il n'y a pas de sots métiers, c'est entendu... Mais il y a ceux qu'on laisse aux autres.

Almanach des Lettres françaises et étrangères (G. Crès et Cie),
Miguel ZAMACOÏS.

microbe

L'animal qui a le plus profité de la compagnie de l'homme est le microbe.

Penser par étapes (Pierre Bettencourt), **Malcolm de CHAZAL.**

Le microbe n'a pas le temps d'examiner le biologiste.

Face aux Verrous (Gallimard), **Henri MICHAUX.**

mieux

Le mieux est le mortel ennemi du bien.

Cahiers (Grasset), **MONTESQUIEU.**

militaire

L'habitude des faits les plus violents use moins le cœur que les abstractions : les militaires valent mieux que les avocats.

Napoléon BONAPARTE.

Il est vrai que, parfois, les militaires, s'exagérant l'impuissance relative de l'intelligence, négligent de s'en servir.

Le Fil de l'Épée (Berger-Levrault), **Charles de GAULLE.**

ministre

De mille traits que j'ai entendu raconter je conclurais que si les singes avaient le talent des perroquets, on en ferait volontiers des ministres.

Pensées, Maximes et Anecdotes, **CHAMFORT.**

Tel passe pour un grand esprit qui ne serait qu'un fou s'il n'était pas ministre.

Maximes et Pensées, **HELVÉTIUS.**

Ministre : ambitieux qui, en courant après un maroquin, ne trouve le plus souvent que du chagrin.

Le Carnaval du Dictionnaire (Clamann-Lévy), **Pierre VÉRON.**

miracle

Le merveilleux n'est pas rare, l'incrédulité est plus forte que les miracles. Les miracles ont de la peine à recruter leurs témoins tant est petit le nombre de ceux qui sont disposés à donner leur adhésion au surnaturel.

Papiers posthumes (Au Sans-Pareil), **Jacques RIGAUT.**

misanthropie

La misanthropie, espèce de vanité cachée sous une peau de hérisson, n'est pas une vertu catholique.

Le Médecin de Campagne, **Honoré de BALZAC.**

misanthrope

Les vrais misanthropes ne se trouvent pas dans la solitude.

Pensées, **LEOPARDI.**

Le misanthrope est celui qui reproche aux hommes d'être ce qu'il est.

Mes Inscriptions (Gallimard), **Louis SCUTENAIRE.**

misère

La misère a ses gestes. Le corps même à la longue prend des habitudes de pauvre.

Idées et Sensations, **E. et J. de GONCOURT.**

La misère chargée d'une idée est le plus redoutable des engins révolutionnaires.

Victor HUGO.

Le bonheur effectif paraît toujours assez sordide en comparaison des larges compensations qu'on trouve à la misère.

Le Meilleur des Mondes, trad. J. Castier (Plon), **Aldous HUXLEY.**

misogyne

Il n'est pas impossible qu'un homme n'aime qu'une femme dans sa vie : il suffit pour cela qu'il n'aime point les femmes.

Nouvelles Contradictions (Sansot), **Charles REGISMANSET.**

missionnaire

D'une certaine attitude frivole : si tu te sens la vocation de missionnaire, ne te cache pas la tête comme l'autruche; va chez les nègres et remplis tes poches de pacotille.

Le Rappel à l'Ordre (Stock), **Jean COCTEAU.**

Que j'aime ces peuples jeunes et noirs qui n'ont jamais eu l'indécence ni l'indiscrétion de nous envoyer des religieux nègres ou chinois pour nous convertir à leurs dieux.

Derrière Cinq Barreaux (Gallimard), **Maurice SACHS.**

mode

Le changement de modes est l'impôt que l'industrie du pauvre met sur la vanité du riche.

Pensées, Maximes et Anecdotes, **CHAMFORT.**

On loue et on blâme la plupart des choses parce que c'est la mode de les louer ou de les blâmer.

Réflexions ou Sentences et Maximes morales, **LA ROCHEFOUCAULD.**

A l'égard des modes, les gens raisonnables doivent changer les derniers, mais ils ne doivent pas se faire attendre.

Cahiers (Grasset), **MONTESQUIEU.**

Il n'y a qu'une chose qui se démode : la mode, et c'est la mode qui emporte le succès.

En vrac (Éd. du Rocher), **Pierre REVERDY.**

La mode est la plus excellente des farces, celle où personne ne rit car tout le monde y joue.

Voici l'Homme (Albin Michel), **André SUARÈS.**

modération

On a fait une vertu de la modération pour borner l'ambition des grands hommes et pour consoler les gens médiocres de leur peu de fortune et de leur peu de mérite.

*

La modération est comme la sobriété : on voudrait bien manger davantage, mais on craint de se faire mal.

Réflexions ou Sentences et Maximes morales, **LA ROCHEFOUCAULD.**

La modération trouve encore à glaner dans le champ du bonheur, lorsque les favoris de la fortune semblent avoir tout moissonné.

Maximes et Réflexions, **Duc de LÉVIS.**

La modération des faibles est médiocrité.

Réflexions et Maximes, **VAUVENARGUES.**

modeste

Cette femme s'avance : que son air est modeste! Elle ne lève les yeux que pour voir si les autres femmes sont aussi modestes qu'elle.

Les Amusements sérieux et comiques d'un Siamois, **Charles du FRESNY.**

Être véritablement modeste, c'est comprendre que le sentiment que nous avons de notre propre supériorité ne vaut que pour nous.

Remarques sur l'Action (Gallimard), **Bernard GRASSET.**

Les modestes, avec leurs singeries, avec leur feinte résignation à la médiocrité, avec leurs sourires désabusés, leur fausse résignation, font un mauvais calcul car nous sommes toujours disposés à ne concéder de talent à personne.

Jusqu'à nouvel ordre (Maurice de Brunhoff), **Sacha GUITRY.**

modestie

La fausse modestie est le plus décent de tous les mensonges

Pensées, Maximes et Anecdotes, **CHAMFORT.**

Sur la modestie, j'ai quelque peine, moi aussi, à me prononcer : elle est nécessaire et elle est nuisible.

Erechthée, **EURIPIDE.**

La modestie argente l'or.

Carnets, 1836-1840, **Victor HUGO.**

La modestie est au mérite ce que les ombres sont aux figures dans un tableau : elle lui donne de la force et du relief.

Les Caractères, **LA BRUYÈRE.**

La modestie, c'est la housse du talent.

Aurélien SCHOLL.

La modestie? L'art de se faire dire par les autres le bien qu'on n'ose pas dire de soi-même.

Le Pour et le Contre, cit. Tribouillois et Rousset (Publ. Papyrus),
Marie VALYÈRE.

mœurs

Les mœurs sont l'hypocrisie des nations.

Physiologie du Mariage, **Honoré de BALZAC.**

On a le courage de ses opinions, de ses mœurs point. On accepte bien de souffrir, mais pas d'être déshonoré.

Corydon (Gallimard), **André GIDE.**

moi

Moi : ... Il est bien petit ce mot pour contenir notre égoïsme si grand.

Pensées sauvages (Chiberre), **Madame AMIEL-LAPEYRE.**

Il n'est pas raisonnable de l'aimer. C'est la seule chose que l'on soit obligé de supporter jusqu'à sa mort.

Lexique (Gallimard), **Jean GRENIER.**

Jadis le moi se cachait dans le troupeau; à présent, le troupeau se cache encore au fond du moi.

La Volonté de Puissance, trad. G. Bianquis (Gallimard), **NIETZSCHE.**

Le moi est haïssable. Aimer le prochain comme soi-même, c'est tout dire.

Le Livre de mon bord (Mercure de France), **Pierre REVERDY.**

Que si le moi est haïssable, aimer son prochain comme soi-même devient une atroce ironie.

Tel quel (Gallimard), **Paul VALÉRY.**

Le moi est haïssable, ... mais il s'agit de celui des autres.

Mélanges (Gallimard), **Paul VALÉRY.**

moine

Un moine est l'étalon de la chasteté.

Main courante (Grasset), **Maurice CHAPELAN.**

Moines : ont la triste singularité de se priver des plaisirs sans faire moins de crimes.

Maximes et Pensées, **HELVÉTIUS.**

monarchie

La haine du principe monarchique va si loin de nos jours qu'on veut faire chanter à quatre voix des parties de solo.

Journal, trad. K. Ferlov et J.-J. Gateau (Gallimard),
Soeren KIERKEGAARD.

Dans une monarchie bien réglée, les sujets sont comme des poissons dans un grand filet : ils se croient libres et pourtant ils sont pris.

Cahiers (Grasset), **MONTESQUIEU.**

La monarchie constitutionnelle est un moyen de combiner l'inertie d'une idole de bois avec la crédibilité en une idole de chair et de sang.

Bréviaire du Révolutionnaire, trad. A. et H. Hamon (Aubier), **G. B. SHAW.**

monastère

Les monastères offrent un agréable spectacle aux yeux de l'erreur. C'est le théâtre de sa gloire.

Maximes et Pensées, **HELVÉTIUS.**

mondain

Les gens du monde ne sont pas plus tôt attroupés qu'ils se croient en société.

Pensées, Maximes et Anecdotes, **CHAMFORT.**

De l'homme du monde le plus impérieux la femme peut faire tout ce qu'il lui plaira, pourvu qu'elle ait beaucoup d'esprit, assez de beauté et peu d'amour.

FONTENELLE.

Les gens du monde se réunissent moins pour goûter le plaisir d'être ensemble que pour s'en répartir l'ennui.

Donc... (Sagittaire), **Henri de RÉGNIER.**

Les gens du monde peuvent avoir des amis dans le chenil, mais pas dans la cuisine.

*

De nos jours, l'homme du monde est celui qui a assez d'argent pour faire ce que feraient tous les sots, s'ils en avaient les moyens : c'est-à-dire consommer sans produire.

Bréviaire du Révolutionnaire, trad. A. et H. Hamon (Aubier), **G. B. SHAW.**

La plupart des hommes du monde, par vanité, par méfiance, par crainte du malheur, ne se livrent à aimer une femme qu'après l'intimité.

De l'Amour, **STENDHAL.**

monde

C'est Dieu qui a créé le monde, mais c'est le diable qui le fait vivre.

Sur les grands chemins (Ollendorff), **Tristan BERNARD.**

Au fond, il n'y a au monde que deux mondes : celui où l'on bâille, et celui où l'on vous emprunte vingt francs.

Journal (Flammarion-Fasquelle), **E. et J. de GONCOURT.**

N'attends rien de ce que le monde décevant t'a promis. La terre est une courtisane qui fut la maîtresse de milliers d'amants.

La Courtisane, **HAFIZ.**

Le monde est une grande écurie plus difficile à nettoyer que celle d'Augias. A chaque coup de balai donné, les bêtes restées à l'intérieur accumulent un nouveau fumier.

Pensées, **Henri HEINE.**

Le monde d'aujourd'hui est, pour les hommes, un harem, et pour les femmes, un haras.

Vérités (Sansot), **Abel HERMANT.**

C'est la vieille plaisanterie, nous tenons le monde et nous nous plaignons de ce qu'il nous tient.

Préparatifs de Noce à la Campagne, trad. Marthe Robert (Gallimard),
Franz KAFKA.

Ce bas monde est une vieille courtisane, mais qui ne cesse d'avoir de jeunes amants.

Portraits de Femmes, **SAINTE-BEUVE.**

... Le monde est iniquité; si tu l'acceptes, tu es complice, si tu le changes, tu es bourreau.

Heinrich in *Le Diable et le Bon Dieu* (Gallimard), **Jean-Paul SARTRE.**

Notre monde civilisé n'est qu'une grande mascarade. On y rencontre des chevaliers, des moines, des soldats, des docteurs, des avocats, des prêtres, des philosophes, et que ne rencontre-t-on pas encore? Mais ils ne sont pas ce qu'ils représentent : ce sont de simples masques, sous lesquels se cachent la plupart du temps des spéculateurs d'argent.

Pensées et Fragments, trav. J. Bourdeau (Alcan), **SCHOPENHAUER.**

Le monde n'est pas moins beau pour n'être vu qu'à travers une fente ou le trou d'une planche.

Un Philosophe dans les Bois, trad. R. Michaud et S. David (Boivin),
H. D. THOREAU.

Le monde est une comédie pour ceux qui réfléchissent et une tragédie pour ceux qui sentent.

Lettre à Sir Horace Mann, 1770, trad. F. Keller, **Horace WALPOLE.**

monstre

Le monstre, que l'on croit l'exception, est la règle. Allez au fond de l'histoire : Néron est un pluriel.

Victor HUGO.

moquerie

Esprit moqueur, petit esprit. La moquerie est la fiente de l'esprit critique.

En vrac (Éd. du Rocher), **Pierre REVERDY.**

morale

Le propre de toute morale c'est de considérer la vie humaine comme une partie que l'on peut gagner ou perdre, et d'enseigner à l'homme le moyen de gagner.

Pour une morale de l'ambiguïté (Gallimard), **Simone de BEAUVOIR.**

La morale n'est peut-être que la forme la plus cruelle de la méchanceté.

Notes d'Album (G. Crès et Cie), **Henry BECQUE.**

La morale n'est rien de plus que la régularisation de l'égoïsme.

Déontologie, **BENTHAM.**

La morale est bien souvent le passeport de la médisance.

Napoléon BONAPARTE.

Elles sont comme toutes les autres fondations : si on creuse trop profondément autour d'elles, tout l'édifice s'écroule.

Carnets, trad. Valery Larbaud (Gallimard), **Samuel BUTLER.**

La morale est essentiellement instable, puisqu'elle ne représente qu'une sorte de manuel idéal du bonheur; comme cet idéal, la morale se modifie.

Physique de l'Amour (Mercure de France), **Remy de GOURMONT.**

La morale est un talent de société.

Promenades philosophiques (Mercure de France), **Remy de GOURMONT.**

La morale est la science des intentions ou tendances physiques. Elle a donc pour objet les phénomènes de l'attraction et de la répulsion.

Codicile politique et pratique d'un jeune habitant d'Epone, **HÉRAULT DE SÉCHELLES.**

L'intérêt et la crainte sont les principes de la société et toute la morale consiste à vivre selon notre bon plaisir.

Le Traité du Citoyen, **Thomas HOBBES.**

Il y a des gens qui n'ont de la morale qu'en pièce. C'est une étoffe dont ils ne se font jamais d'habit.

Carnets, **Joseph JOUBERT.**

Si la morale de Cléopâtre eût été moins courte, la face du monde aurait changé. Son nez n'en serait pas devenu plus long.

Poésies II, **Comte de LAUTRÉAMONT.**

La peur du jugement des autres est un des plus sûrs soutiens de la morale.

Aphorismes du Temps présent (Flammarion), **Gustave LEBON.**

Soyez meilleurs, vous serez plus heureux. Voilà la plus puissante leçon de morale car elle est fondée sur l'intérêt.

Maximes et Réflexions, **Duc de LÉVIS.**

Ce qu'il y a d'essentiel et d'inappréciable dans toute morale, c'est qu'elle est une contrainte prolongée.

Par-delà le Bien et le Mal, trad. Henri Albert (Mercure de France),
NIETZSCHE.

Je crois bien que c'est l'ensemble des règles de vie que chacun trouve excellentes pour autrui et inutiles pour soi.

Le Livre de mes Amis (Sansot), **Charles REGISMANSET.**

La morale est la faiblesse de la cervelle.

Une Saison en Enfer, **Arthur RIMBAUD.**

Peut-on exiger que les médecins se réjouissent de la santé de tout le monde? Et ne sait-on pas que la morale est pour les prêtres ce que l'hygiène est pour les médecins?

Seconde Lettre à Necker, **RIVAROL.**

La morale, c'est ce qui reste de la peur quand on l'a oubliée.

Pensées d'un Biologiste (Stock), **Jean ROSTAND.**

Nous aimons la morale quand nous sommes vieux, parce qu'elle nous fait un mérite d'une foule de privations qui nous sont devenues une nécessité.

Princesse de SALM-DYCK.

La morale, qui devrait être l'étude des droits et des devoirs, mais qui devient finalement l'étude des devoirs d'autrui envers nous, se présente exclusivement sous la forme d'un grand recueil d'obligations.

Le Fils de la Servante, trad. Polack (Stock), **August STRINDBERG.**

La morale est l'hygiène des niais, et désormais, l'hygiène est la morale de toutes les turpitudes.

Voici l'Homme (Albin Michel), **André SUARÈS.**

La morale est le nom mal choisi, mal famé, de l'une des branches de la politique généralisée qui comprend la tactique de soi à l'égard de soi-même.

Tel quel (Gallimard), **Paul VALÉRY.**

La morale est comme les régimes : elle interdit tout ce qui est bon.

Gens de Qualité (Plon), **Fernand VANDEREM.**

Quelques auteurs traitent la morale comme on traite la nouvelle architecture, où l'on cherche avant toute chose la commodité.

Maximes et Réflexions, **VAUVENARGUES.**

moraliste

Un moraliste est le contraire d'un prédicateur de morale; c'est un penseur, qui envisage la morale comme suspecte, douteuse, bref, comme un problème. Je regrette de devoir ajouter que le moraliste, pour cette même raison, est lui-même un être suspect.

La Volonté de Puissance, trad. G. Bianquis (Gallimard), **NIETZSCHE.**

Il n'est de bons moralistes que ceux qui ne s'occupent que de la morale d'autrui.

Derrière Cinq Barreaux (Gallimard), **Maurice SACHS.**

moralité

On a davantage le sentiment de la moralité, devant une bande d'apaches obéissant à son chef que devant tel corps anarchique de braves gens.

Le Paradis à l'ombre des épées (Gallimard), **Henry de MONTHERLANT.**

La vie morale de l'homme est un des sujets que traite l'artiste, mais la moralité de l'art consiste dans le parfait usage d'un instrument imparfait.

Le Portrait de Dorian Gray, trad. E. Jaloux et F. Frapereau (Stock),
Oscar WILDE.

La moralité est l'attitude que nous adoptons vis-à-vis des personnes que nous ne pouvons pas sentir.

Almanach des Lettres françaises et étrangères, 2 janvier 1924 (G. Crès et Cie),
Oscar WILDE.

mort

Le mort le plus chargé de couronnes d'immortelles aurait souvent tort de ressusciter.

Claudia BACHI.

O la belle chose! pouvoir achever sa vie avant sa mort, tellement qu'il n'y ait plus rien à faire qu'à mourir.

De la Sagesse, **Pierre CHARRON.**

La mort, mystère inexplicable, dont une expérience journalière paraît n'avoir pas encore convaincu les hommes.

Adolphe, **Benjamin CONSTANT.**

Il est ridicule de courir à la mort par dégoût de la vie, surtout quand la mort est devenue nécessaire par le genre de vie qu'on mène.

Doctrines et Maximes, trad. Solovine (Hermann), **ÉPICURE.**

La mort apprend à vivre aux gens incorrigibles.

Sans titre. Broussailles de la pensée de la famille de sans titre,
Xavier FORNERET.

Écrire sur le mépris de la mort lorsqu'on est en santé, c'est écrire sur le mépris des riches lorsqu'on est dans l'opulence.

Lettres sur quelques écrits de ce temps, **FRÉRON.**

La mort pour certains hommes n'est pas seulement la mort : elle est la fin du propriétaire.

Idées et Sensations, **E. et J. de GONCOURT.**

La mort n'est pas la dernière fin, il nous reste encore à mourir chez les autres.

Almanach des Lettres françaises et étrangères, 28 janvier 1924 (G. Crès et Cie),
Alberto GUILLEN.

La pire de toutes les maladies c'est la vie, et la mort seule peut en guérir. La mort! remède amer, mais le dernier, du moins, et qu'on peut se procurer partout à bon marché.

Drames et Fantaisies, **Henri HEINE.**

La mort s'est tellement rapprochée qu'on tient compte d'elle-même pour de toutes petites décisions, savoir, par exemple, s'il vaut encore la peine ou non de se faire plomber une dent.

Journal (Julliard), **Ernst JUNGER.**

Une longue maladie semble être placée entre la vie et la mort, afin que la mort même devienne un soulagement et à ceux qui meurent et à ceux qui restent.

Les Caractères, **LA BRUYÈRE.**

On n'a point pour la mort de dispenses de Rome.

L'Étourdi, **MOLIÈRE.**

La mort n'est pas la recette à une seule maladie : la mort est la recette à tous les maux. C'est un port très assuré, qui n'est jamais à craindre, et souvent à rechercher.

Essais, **MONTAIGNE.**

Divertissement : la mort est plus aisée à supporter sans y penser, que la pensée de la mort sans péril.

Pensées, **Blaise PASCAL.**

La mort est un bon pasteur, car elle ne perd jamais rien de son troupeau.

Album d'un Pessimiste, publ. J. Marsan (Les Presses Françaises),
Alphonse RABBE.

L'œuvre la plus importante de chacun de nous, c'est sa mort; ce chef-d'œuvre, nous l'exécutons au milieu des géhennes et avec le quart de nos moyens.

Ernest RENAN.

Cette émulation à inventer des routes plus légitimes vers une mort que l'on a dans sa poche depuis l'âge de raison.

Papiers posthumes (Au Sans-Pareil), **Jacques RIGAUT.**

Ne pleure pas sur les morts, qui ne sont plus que des cages, dont les oiseaux sont partis.

Le Jardin des Fruits, trad. Franz Toussaint (Mercure de France), **SAADI.**

La mort, c'est un attrape-nigaud pour les familles; pour le défunt, tout continue.

Heinrich in *Le Diable et le Bon Dieu* (Gallimard), **Jean-Paul SARTRE.**

Voulez-vous que je vous dise pourquoi vous n'avez pas peur de la mort? Chacun de vous pense qu'elle tombera sur le voisin.

Goetz in *Le diable et le Bon Dieu* (Gallimard), **Jean-Paul SARTRE.**

La mort est le génie inspirateur, le musagète de la philosophie. Sans elle, on eût difficilement philosophé.

Pensées et Fragments, trad. J. Bourdeau (Alcan), **SCHOPENHAUER.**

On fera toujours peur aux hommes en leur parlant de la mort; mais leur en parler sera toujours une sottise ou un calcul de prêtre. Puisque la mort est inévitable, oublions-la.

Vie de Rossini, **STENDHAL.**

Il y a une chose dont on ne loue jamais les morts et qui est cependant la cause de toutes les louanges qu'on leur a données : c'est qu'ils sont morts.

Méditations, **STENDHAL.**

Les morts ne connaissent pas la honte, mais ils puent horriblement.

Carnets, trad. Genia Cannac (Calmann-Lévy), **Anton TCHÉKOV.**

L'homme est adossé à sa mort, comme le causeur à la cheminée.

Tel quel (Gallimard), **Paul VALÉRY.**

mot

La puissance des mots est telle qu'elle nous a empêchés d'apprendre les plus importants événements de l'histoire mondiale.

Que la Nation sache, trad. F. Keller (Gallimard), **Norman ANGELL.**

Les mots ne sont que les fragments découpés d'un ensemble qui leur est antérieur.

Positions et Propositions (Gallimard), **Paul CLAUDEL.**

Il doit y avoir dans les mots une merveilleuse puissance d'apaisement pour que tant d'hommes leur aient demandé de servir à leurs confessions.

Sous les yeux d'Occident, trad. Ph. Neel (Gallimard), **Joseph CONRAD.**

Les mots que nous avons n'ont quasi que des significations confuses auxquelles l'esprit des hommes s'étant accoutumé de longue main, cela est cause qu'il n'entend presque rien parfaitement.

Correspondance, **DESCARTES.**

Le mot lampe est commun au poète et au lampiste. Le lecteur croit que les mots ont un sens.

*

Il faut que chaque mot qui tombe soit le fruit bien mûr de la succulence intérieure, la goutte qui glisse du bec de la bécasse à point.

Sous la lampe (Gallimard), **Léon-Paul FARGUE.**

Les hommes le plus souvent se querellent pour des mots. C'est pour des mots qu'ils tuent et se font tuer le plus volontiers.

Le Mannequin d'Osier (Calmann-Lévy), **Anatole FRANCE.**

Les mots! les mots! on a brûlé au nom de la charité, on a guillotiné au nom de la fraternité. Sur le théâtre des choses humaines, l'affiche est presque toujours le contraire de la pièce.

Idées et Sensations, **E. et J. de GONCOURT.**

Si chaque mot correspondait à une chose, il n'y aurait pas tant d'affaires qui périclitent.

Remarques sur l'Action (Gallimard), **Bernard GRASSET.**

Les mots peuvent ressembler aux rayons X, si l'on s'en sert convenablement, ils transpercent n'importe quoi.

Le Meilleur des Mondes, trad. J. Castier (Plon), **Aldous HUXLEY.**

Les mots sont comme des verres qui obscurcissent tout ce qu'ils n'aident pas à mieux voir.

Carnets, **Joseph JOUBERT.**

Beaucoup de gens produisent, en se servant de mots qu'ils ne comprennent guère, un grand effet sur l'esprit d'autres gens qui ne les comprennent pas.

Alphonse KARR.

L'interprétation diverse des mêmes mots par des êtres de mentalité dissemblable a été une cause fréquente de luttes historiques.

Aphorismes du Temps présent (Flammarion), **Gustave LEBON.**

Un mot n'est pas le même dans un écrivain et dans un autre. L'un se l'arrache du ventre. L'autre le tire de la poche de son pardessus.

Victor-Marie, comte Hugo (Gallimard), **Charles PÉGUY.**

On dit d'un mot qu'il est profond, quand il n'est pas spirituel.

Journal (Gallimard), **Jules RENARD.**

Les mots sont comme les monnaies : ils ont une valeur propre avant d'exprimer tous les genres de valeur.

Fragments et Pensées littéraires (Mercure de France), **RIVAROL.**

Les mots de philosophie ne s'éventent pas moins que les mots d'argot.

Pensées d'un Biologiste (Stock), **Jean ROSTAND.**

Les mots sont des coquins depuis que les promesses les ont déshonorés. Ils sont devenus tellement imposteurs que je répugne à m'en servir pour prouver que j'ai raison.

La Douzième Nuit ou ce que vous voudrez, **William SHAKESPEARE.**

Les mots gèlent dans ta bouche et tu ferais de la gelée jusqu'au mont Etna.

Carnets, rec. Edw. Mac Curdy, trad. Louise Servicen (Gallimard),
Léonard de VINCI.

mouchoir

Mouchoir (n) : petit carré de soie ou de toile qui sert à accomplir diverses fonctions ignobles, touchant le visage, et particulièrement utile aux enterrements pour cacher l'absence des larmes.

Le Dictionnaire du Diable, trad. Jacques Papy (Éd. Les Quatre Jeudis),
Ambrose BIERCE.

mourir

Comment pourrait-on regretter de mourir, puisque, tant qu'on n'est pas mort, on peut espérer vivre, et qu'une fois mort, on ne sait pas qu'on l'est !

La Revue, novembre 1902, **Eugène BRIEUX.**

Faute de pouvoir vivre davantage, elle se disposait à aller voir, comme disait la comtesse de P, si Dieu gagne à être connu.

La Vie littéraire (Calmann-Lévy), **Anatole FRANCE.**

Tu dis que tu appréhendes de mourir; tu crains donc de faire une dernière fois ce que tu fais tous les jours, car tu commences à mourir dès que tu commences à vivre.

École du Sage, **SAINT GRÉGOIRE.**

Il est si doux de vivre. On ne meurt qu'une fois et c'est pour si longtemps !

Le Dépit amoureux, **MOLIÈRE.**

On ne veut pas mourir. Chaque homme est proprement une suite d'idées qu'on ne veut pas interrompre.

Cahiers (Grasset), **MONTESQUIEU.**

Que nous devons mourir, nous le savons, ce n'est que de l'époque et du soin d'en retarder le jour que s'inquiètent les hommes.

Jules César, **William SHAKESPEARE.**

mouvement

Si ton œil était plus aigu tu verrais tout en mouvement : comme le papier enflammé se déforme, ainsi toute chose se défait et se déforme.

Œuvres posthumes, trad. Henri Jean Bolle (Mercure de France), **NIETZSCHE.**

Je me souviens du mot de Monsieur de Talleyrand aux jeunes secrétaires d'ambassade : Méfiez-vous du premier mouvement, il est toujours généreux.

Mémoires d'un Touriste, **STENDHAL.**

mufle

Un mufle qui a de l'argent garde, sur le mufle qui n'en a pas, l'avantage de paraître mufle en plus d'occasions, avec moins d'incertitude, et de moins souffrir qu'on ne l'en excuse pas.

Conjectures et nouvelles Conjectures (Armand Huart), **Hector TALVART.**

multitude

Il faut des fêtes bruyantes aux populations, les sots aiment le bruit, et la multitude c'est les sots.

Napoléon BONAPARTE.

musique

La musique est le refuge des âmes ulcérées par le bonheur.

Syllogismes de l'Amertume (Gallimard), **E.-M. CIORAN.**

La musique, c'est du bruit qui pense.

Victor HUGO.

La musique est le langage des passions, mais toutes les passions ne gagnent pas à être mises en musique.

De l'Opéra allemand, **WIELAND.**

mutualité

Le miracle de la charité, ce fut de la faire faire par les pauvres. Cela s'appelle : mutualité.

Les Trois Impostures (Émile-Paul), **Paul-Jean TOULET.**

mystère

Les mystères s'expliquent moins par eux-mêmes qu'en expliquant tout le reste comme une lampe s'explique moins par sa mèche que par sa lumière.

Positions et Propositions (Gallimard), **Paul CLAUDEL.**

Le mystère est une position trop favorable pour qu'un esprit bien élevé s'y maintienne.

Le Rappel à l'ordre (Stock), **Jean COCTEAU.**

Dans le christianisme, et surtout dans le catholicisme, les mystères sont des vérités purement spéculatives, d'où naissent, par la réunion d'un mystère à l'autre, des vérités éminemment pratiques.

Carnets, **Joseph JOUBERT.**

Les mystères et les bornes de l'esprit ont fait leur apparition ensemble et depuis, unanimement, on n'a fait que proclamer difficile à connaître, de plus en plus difficile à connaître, la porte par où l'on pourrait s'échapper du mystérieux.

Trad. Jules Besse (Leroux), **LAO TSEU.**

mystique

Un mystique est transformable directement en être immoral... Un mystique, un être capable d'aller en chantant aux supplices, est par là même aussi capable d'aller au péché le plus noir, le plus délicieux, avec des larmes trop chaudes.

Analecta (Gallimard), **Paul VALÉRY.**

comme Nez

naïveté

En permettant aux uns de duper les autres, la naïveté est un élément trop capital du bonheur humain, pour qu'on ne lui doive pas de l'indulgence.

Carnets (Gallimard), **Henry de MONTHERLANT.**

Narcisse

Les hommes, ces Narcisses, se mirent toujours un peu eux-mêmes dans les admirations qu'ils ont.

Les Philosophes et les Écrivains religieux (Quantin),
BARBEY D'AUREVILLY.

nation

Les nations, comme les hommes, meurent d'imperceptibles impolitesses. C'est à leur façon d'éternuer ou d'éculer leurs talons que se reconnaissent les peuples condamnés.

La Guerre de Troie n'aura pas lieu (Grasset), **Jean GIRAUDOUX.**

Une nation n'a point de droits contraires à son bonheur.

Journal politique national, 1789-1790, **RIVAROL.**

NATURALISME

naturalisme

Le naturalisme, qu'on proclame le dernier mot de la littérature (et il pourrait l'être, en effet!) n'est que la cuistrerie d'un vieux peuple fini qui se croit savant parce qu'il n'a plus la force de rien inventer.

Le Roman contemporain (Lemerre), **BARBEY D'AUREVILLY.**

nature

La nature paraît se servir des hommes pour ses desseins, sans se soucier des instruments qu'elle emploie; à peu près comme les tyrans qui se défont de ceux dont ils se sont servis.

Pensées, Maximes et Anecdotes, **CHAMFORT.**

Pour haïr vraiment la nature, il faut naturellement préférer les tableaux aux paysages et les confitures aux fruits.

Journal (Flammarion-Fasquelle), **E. et J. de GONCOURT.**

Pas un prestidigitateur n'égale la nature : elle opère sous nos yeux, en pleine lumière, et cependant il n'y a pas moyen de pénétrer ses trucs.

Pensées inédites (Honoré Champion), **Remy de GOURMONT.**

C'est une triste chose de songer que la nature parle et que le genre humain n'écoute pas.

Victor HUGO.

Les primevères et les paysages ont un défaut grave : ils sont gratuits. L'amour de la nature ne fournit de travail à nulle usine.

Le Meilleur des Mondes, trad. J. Castier (Plon), **Aldous HUXLEY.**

On ne doit demander aux êtres que ce qui est conforme à leur nature, aux femmes, par exemple, l'amour et non pas l'équité.

Journal, 1941 (Julliard), **Ernst JUNGER.**

L'homme, roi de la nature, se figure, par exemple, que la violette a été créée uniquement pour que sa femelle en porte de gros bouquets.

Alphonse KARR.

La nature, une taie sur l'œil.

Aphorismes, trad. Marthe Robert (C. L. F.), **G. C. LICHTENBERG.**

Saint Siméon vit le pourceau dans la nature et prit le pourceau pour la nature.

Richard Feverel, trad. Weill-Raphaël (Gallimard), **George MEREDITH.**

La nature est une baguette magique pétrifiée.

NOVALIS.

La nature a des perfections pour montrer qu'elle est l'image de Dieu et des défauts pour montrer qu'elle n'en est que l'image.

Pensées, **Blaise PASCAL.**

Rien n'est difficile à la nature, surtout lorsqu'elle est pressée de se détruire.

Questions naturelles, **SÉNÈQUE.**

Si les méchants prospèrent et si les mieux adaptés survivent, la nature est le dieu des fripons.

Bréviaire du Révolutionnaire, trad. A. et H. Hamon (Aubier), **G. B. SHAW.**

La nature imite ce que l'œuvre d'art lui propose. Vous avez remarqué combien depuis quelque temps la nature s'est mise à ressembler aux paysages de Corot.

Intentions (Stock), **Oscar WILDE.**

naturel

Chassez le naturel, il revient au galop.

Le Glorieux, **DESTOUCHES.**

Être naturel est aussi une pose et la plus irritante que je connaisse.

L'Esprit d'Oscar Wilde, cit. Léon Treich (Gallimard), **Oscar WILDE.**

néant

Le néant se nie s'il se nomme.

Main courante (Grasset), **Maurice CHAPELAN.**

Problème métaphysique. Qu'est-ce que le néant? L'avez-vous vu? Pouvez-vous le décrire? Mais oui. Il est commandeur de la Légion d'honneur et on publie ses œuvres complètes.

Carnets (Gallimard), **Henry de MONTHERLANT.**

Le néant n'a point de centre, et ses limites sont le néant.

Carnets, rec. Edw. Mac Curdy, trad. Louise Servicen (Gallimard), **Léonard de VINCI.**

nécessaire

Quel besoin y a-t-il que le pont soit plus large que la rivière? Le nécessaire est toujours la plus juste des concessions.

Beaucoup de bruit pour rien, **William SHAKESPEARE.**

nécessité

La nécessité est un mal, il n'y a aucune nécessité de vivre sous l'empire de la nécessité.

Doctrines et Maximes, trad. M. Solovine (Hermann), **ÉPICURE.**

Les délais qu'accorde la nécessité ne servent jamais qu'à la rendre plus impérieuse.

Émile de GIRARDIN.

La nécessité est la meilleure des vertus.

La Vie et la Mort de Richard II, trad. B. Laroche (Gallimard),
William SHAKESPEARE.

La nécessité empoisonne les maux qu'elle ne peut guérir.

Réflexions et Maximes, **VAUVENARGUES.**

négociant

Le négociant imparfait est celui, qui, par moments, laisse l'argent s'absenter de sa pensée. Même quand il pense à autre chose, le négociant parfait pense à l'argent.

Les Douze Douzains du Négoce (Mercure de France), **René LOBSTEIN.**

neige

La neige est une pureté menteuse.

Maximes et Réflexions, trad. G. Bianquis (Gallimard), **GŒTHE.**

nerfs

Nerfs : ficelles... terriblement exploitées par les médecins.

Le Carnaval du Dictionnaire (Calmann-Lévy), **Pierre VÉRON.**

netteté

La netteté est le vernis des maîtres.

Maximes, **VAUVENARGUES.**

neurasthénique

Les neurasthéniques, ces fous conscients.

Pensées d'une Amazone (Émile-Paul), **Natalie CLIFFORD BARNEY.**

neutralité

La neutralité consiste à avoir même poids et même mesure pour chacun; en politique, elle est un non-sens : on a toujours intérêt au triomphe de quelqu'un.

Napoléon BONAPARTE.

Ce n'est pas chez les neutres que l'amour aurait l'idée de se ravitailler.

La Paroisse du Moulin Rouge (Albin Michel), **Jacques DYSSORD.**

La neutralité est un mensonge. Il n'y a point d'État, sans doctrine d'État.

La Dentelle du Rempart (Grasset), **Charles MAURRAS.**

Les neutres, spectateurs des peuples qui s'entr'égorgent, perçoivent toujours la dîme pour regarder.

Maximes sur la Guerre (Grasset), **René QUINTON.**

nez

Le nez du vulgaire lui tient lieu d'imagination. C'est par là qu'on peut tranquillement le mener en toute occasion.

Marginalia, trad. Victor Orban (Sansot), **Edgar Allan POE.**

niais

Il y a des gens niais qui se connaissent et qui emploient habilement leur niaiserie.

Réflexions ou Sentences et Maximes morales, **LA ROCHEFOUCAULD.**

nier

Il y a autant de façons de croire que de degrés d'intelligence; il n'y a qu'une façon de nier, celle des sots.

Les Idées et les Formes (Sansot), **Joséphin PELADAN.**

noblesse

Dans la position où je suis (1814), je ne trouve de noblesse que dans la canaille que j'ai négligée, et de canaille que dans la noblesse que j'ai faite.

Napoléon BONAPARTE.

La noblesse, disent les nobles, est un intermédiaire entre le roi et le peuple. Oui, comme le chien de chasse est un intermédiaire entre le chasseur et les lièvres.

Pensées, Maximes et Anecdotes, **CHAMFORT.**

Si la noblesse est vertu, elle se perd par tout ce qui n'est pas vertueux, et si elle n'est pas vertu, c'est peu de chose.

Les Caractères, **LA BRUYÈRE.**

La noblesse est une propriété mystique de la liqueur séminale.

Mauvaises Pensées et les autres (Gallimard), **Paul VALÉRY.**

Noël

Noël! Que de pensées, que d'émotions éveille ce petit mot! C'est le français de Christmas!

Anthologie des Humoristes anglais et américains (Delagrave), **Owen SEAMAN.**

nom

Un nom, c'est bien souvent tout ce qui reste pour nous d'un être, non pas même quand il est mort, mais de son vivant.

Le Temps retrouvé (Gallimard), **Marcel PROUST.**

... Ce que nous nommons rose
Sous un tout autre nom sentirait aussi bon.

Roméo et Juliette, trad. P.-J. Jouve et G. Pitoëff (Gallimard),
William SHAKESPEARE.

notaire

L'argent est pour le notaire ce que les âmes sont pour le curé ou la vie pour le médecin. Il est le médecin de notre argent.

Carnets, trad. Valery Larbaud (Gallimard), **Samuel BUTLER.**

notoriété

La notoriété est à la gloire ce que le moineau de Paris est à l'oiseau de Paradis.

Les Profondeurs de la Mer (Plon), **Edmond JALOUX.**

nouveau

Il n'y a de nouveau que ce qui a vieilli.

Geoffrey CHAUCER.

Le nouveau n'a d'attraits irrésistibles que pour les esprits qui demandent au simple changement leur excitation maxima.

Tel quel (Gallimard), **Paul VALÉRY.**

nouvelle

En annonçant de bonnes nouvelles, on se rend aimable. En en annonçant de mauvaises, on se rend important. Choisissez.

Carnets (Gallimard), **Henry de MONTHERLANT.**

nouveauté

La grâce de la nouveauté est à l'amour ce que la fleur est sur les fruits : elle y donne un lustre qui s'efface aisément, et qui ne revient jamais.

Réflexions ou Sentences et Maximes morales, **LA ROCHEFOUCAULD.**

novembre

Novembre (n) : le onzième douzième d'une lassitude.

Le Dictionnaire du Diable, trad. Jacques Papy (Éd. Les Quatre Jeudis),
Ambrose BIERCE.

nu

Pott : Une dame nue sera simplement immodeste, comme disent les ecclésiastiques; mais si vous lui mettez un arbre derrière le dos, elle devient une nymphe. Si vous lui mettez un cygne entre les jambes, elle devient Léda; si vous lui mettez des légumes dans les mains, elle devient Cérès, un miroir, c'est la Vérité, une épée, la Victoire; si vous lui attachez aux pieds un fragment de chaîne, elle devient la Liberté. Avec une chemise de nuit boutonnée sur les épaules, c'est la tragédie. Enfilez-lui une jarretière, elle devient une cocotte.

L'Homme qui cherche l'Amour, trad. G. de Lautrec (Albin Michel),
PITIGRILLI.

Le nu n'avait en somme que deux significations dans les esprits : tantôt le symbole du Beau, et tantôt celui de l'Obscène.

Degas, Danse, Dessin (Gallimard), **Paul VALÉRY.**

nuire

Contre maint défenseur. La plus perfide façon de nuire à une cause est de la défendre intentionnellement avec de mauvaises raisons.

Le Gai Savoir, trad. A. Vialatte (Gallimard), **NIETZSCHE.**

Voulez-vous nuire à quelqu'un? N'en dites pas de mal, dites-en trop de bien.

Quelques Maximes (Haumont), **André SIEGFRIED.**

nuit

Chaque nuit doit avoir son menu.

Physiologie du Mariage, **Honoré de BALZAC.**

Nuit : temps qu'on peut également consacrer au sommeil.

Le Carnaval du Dictionnaire (Calmann-Lévy), **Pierre VÉRON.**

comme Orgueil

obéissance

L'obéissance simule la subordination, exactement comme la crainte de la police simule l'honnêteté.

Bréviaire du Révolutionnaire, trad. A. et H. Hamon (Aubier), **G. B. SHAW.**

objection

Les objections naissent souvent de cette simple cause que ceux qui les font n'ont pas trouvé eux-mêmes l'idée qu'ils attaquent.

Tel quel (Gallimard), **Paul VALÉRY.**

obliger

Avant d'obliger un homme, assurez-vous bien d'abord que cet homme n'est pas un imbécile.

Le Voyage de Monsieur Perrichon, **Eugène LABICHE.**

Il y a des gens qui obligent, comme d'autres insultent; il faut y prendre garde, car on serait forcé de leur demander raison de leurs bienfaits.

Napoléon BONAPARTE.

obscurité

Celui qui prétend reprocher à un auteur son obscurité ferait bien de regarder d'abord en lui-même pour voir s'il y fait bien clair. Dans la pénombre, une écriture même fort nette devient illisible.

Maximes et Réflexions, trad. G. Bianquis (Gallimard), **GŒTHE.**

Chez l'écrivain, comme chez le médium, l'obscurité favorise la fraude.

De la Vanité et de quelques autres sujets (Fasquelle), **Jean ROSTAND.**

observation

L'observation est la mémoire d'un vieillard.

Instructions aux Domestiques, **Jonathan SWIFT.**

observer

Observer est le plus durable des plaisirs de la vie.

Diane à la croisée des chemins, trad. Lucien Wolf (Gallimard),
George MEREDITH.

obstination

L'obstination est le parent pauvre de la volonté.

Penser par étapes (Gallimard), (Éd. L'Air du Temps), **Malcolm de CHAZAL.**

L'obstination et ardeur d'opinion est la plus sûre preuve de bêtise; est-il rien de certain, résolu, dédaigneux, contemplatif, grave, sérieux, comme l'âne?

Essais, **MONTAIGNE.**

odeur

Les dahlias sont sans odeur, et l'odeur est l'intelligence des fleurs. Voilà qui fait une belle pensée d'album et va me rendre l'estime du sexe.

Carnets (Gallimard), **Henry de MONTHERLANT.**

œil

Les peintres ne doivent pas oublier qu'en règle générale l'œil est un brave organe, sans malice, crédule, toujours prêt à ajouter foi à ce qu'on lui dit, si on le lui dit avec assez d'assurance.

Carnets, trad. Valery Larbaud (Gallimard), **Samuel BUTLER.**

Et qu'est-ce à votre avis que des yeux? lui dit Monsieur de...
C'est, lui répondit l'aveugle, un organe sur lequel l'air fait l'effet de mon bâton sur ma main.

Addition aux Pensées philosophiques, **DIDEROT.**

L'œil ne se voit pas lui-même; il lui faut son reflet dans quelque autre chose.

Jules César, trad. E. Fleg (Gallimard), **William SHAKESPEARE.**

œillade

L'œillade de l'homme, c'est pour faire voir son désir; et chez les femmes, leurs yeux.

Les Trois Impostures (Émile-Paul), **Paul-Jean TOULET.**

œuvre

Lorsqu'une œuvre semble en avance sur son époque, c'est simplement que son époque est en retard sur elle.

Le Rappel à l'ordre (Stock), **Jean COCTEAU.**

Ce qu'on appelle une œuvre sincère, est celle qui est douée d'assez de force pour donner de la réalité à une illusion.

Art poétique (Émile-Paul), **Max JACOB.**

Mettre la dernière main à son œuvre, c'est la brûler.

Aphorismes, trad. Marthe Robert (C. F. L.), **G. C. LICHTENBERG.**

Les œuvres, comme dans les puits artésiens, montent d'autant plus haut que la souffrance a plus creusé le cœur.

Le Temps retrouvé (Gallimard), **Marcel PROUST.**

La grande séduction des œuvres inintelligibles, c'est que les sots y entendent aussi bien que les gens d'esprit.

De la Vanité et de quelques autres sujets (Fasquelle), **Jean ROSTAND.**

Une œuvre est parfaite, où ne demeure nulle trace des moyens y employés.

Almanach des Lettres françaises et étrangères, adapt. P.-J. Toulet (G. Crès et Cie), **WHISTLER.**

On peut pardonner à un homme de faire œuvre utile tant qu'il s'abstient de l'admirer. Pour faire œuvre inutile, il n'est d'autre excuse que de l'admirer infiniment.

Le Portrait de Dorian Gray, trad. E. Jaloux et F. Frapereau (Stock), **Oscar WILDE.**

œuvre d'art

Fantasmes de désir comme des rêves, les œuvres d'art constituent pour leur créateur — comme ensuite pour ceux qui en jouissent — une sorte de soupape de sûreté à la pression trop forte des instincts refoulés.

Edgar Poe (Denoël), **Marie BONAPARTE.**

L'œuvre d'art ne s'obtient que par contrainte et par la soumission du réalisme à l'idée de beauté préconçue.

Prétextes (Mercure de France), **André GIDE.**

Une œuvre d'art est un coin de la création vu à travers un tempérament.

Mes Haines (Fasquelle), **Émile ZOLA.**

offense

Le commun des hommes va de la colère à l'injure. Quelques-uns en usent autrement : ils offensent, et puis ils se fâchent; la surprise où l'on est toujours de ce procédé ne laisse pas de place au ressentiment.

Les Caractères, **LA BRUYÈRE.**

Si vous offensez votre prochain, il vaut mieux ne pas le faire à demi.

Bréviaire du Révolutionnaire, trad. A. et H. Hamon (Aubier), **G. B. SHAW.**

officier

Voyez les officiers : braves devant l'ennemi, lâches devant la guerre, c'est la devise des vrais généraux.

La Guerre de Troie n'aura pas lieu (Grasset), **Jean GIRAUDOUX.**

oisif

Il y a beaucoup de gens qui ne savent pas perdre leur temps tout seuls; ils sont les fléaux des gens occupés.

Vicomte de BONALD.

Plus on fait de choses, plus on a de temps pour en faire. Moins on en fait, moins on en a : les oisifs n'ont jamais une minute à eux.

Derrière Cinq Barreaux (Gallimard), **Maurice SACHS.**

oisiveté

L'oisiveté est le commencement de tous les vices, le couronnement de toutes les vertus.

Préparatifs de Noce à la Campagne, trad. Marthe Robert (Gallimard), **Franz KAFKA.**

opinion

On se fait communément une étrange idée de ce que c'est qu'une opinion neuve et hardie. C'est toujours une opinion vieille comme les rues, mais expliquée.

Propos sur le Christianisme (Rieder), **ALAIN.**

Quand on a des opinions courantes, on les laisse courir.

Pensées détachées (Lemerre), **BARBEY D'AUREVILLY.**

L'opinion est la reine du monde, parce que la sottise est la reine des sots.

Pensées, Maximes et Anecdotes, **CHAMFORT.**

Ne discutez jamais, vous ne convaincrez personne. Les opinions sont comme des clous; plus on tape dessus, plus on les enfonce.

Alexandre DUMAS, fils.

Tu dis « Mon opinion » comme ce tapis dirait « ma place ».

Malaisie (Stock), **Henri FAUCONNIER.**

Il y a des sots qui sont de toutes les opinions, positivement parce qu'ils ne comprennent les conséquences d'aucune.

Correspondance et Relations de J. Fiévée avec Bonaparte, **J. FIÉVÉE.**

Il est rare que les faiseurs de l'opinion en art et en littérature ne subissent pas la tyrannie des imbéciles : les guides du goût public en sont généralement les domestiques.

Journal (Flammarion-Fasquelle), **E. et J. de GONCOURT.**

Une opinion n'est choquante que lorsqu'elle est une conviction.

Promenades philosophiques (Mercure de France), **Remy de GOURMONT.**

Les opinions sont comme les modes, belles quand on les prend, laides quand on les quitte.

JOUFFROY.

La plupart des hommes sont incapables de se former une opinion personnelle mais le groupe social auquel ils appartiennent leur en fournit de toutes faites.

Aphorismes du Temps présent (Flammarion), **Gustave LEBON.**

Rien ne contribue davantage à la sérénité de l'âme que de n'avoir aucune opinion.

Aphorismes, trad. Marthe Robert (C. F. L.), **G. C. LICHTENBERG.**

Les fausses opinions ressemblent à la fausse monnaie qui est frappée d'abord par de grands coupables et dépensée ensuite par d'honnêtes gens qui perpétuent le crime sans savoir ce qu'ils font.

Les Soirées de Saint-Pétersbourg, **Joseph de MAISTRE.**

Un mal d'opinion ne touche que les sots.

Amphitryon, **MOLIÉRE.**

C'est mon opinion et je la partage.

Mémoires de Joseph Prudhomme, **Henri MONNIER.**

Quand il nous faut changer d'opinion au sujet de quelqu'un, nous lui comptons cher l'embarras qu'il nous cause.

Par-delà le Bien et le Mal, trad. Henri Albert (Mercure de France),
NIETZSCHE.

Le serpent qui ne peut changer de peau, meurt. Il en va de même des esprits que l'on empêche de changer d'opinion : ils cessent d'être esprit.

Aurore (Mercure de France), **NIETZSCHE.**

Toutes les opinions sont respectables. Bon. C'est vous qui le dîtes. Moi, je dis le contraire. C'est mon opinion : respectez-la donc!

Spectacle (Gallimard), **Jacques PRÉVERT.**

Il faut attaquer l'opinion avec ses armes : on ne tire pas des coups de fusil aux idées.

Fragments et Pensées politiques (Mercure de France), **RIVAROL.**

La peste soit de l'opinion! Un homme peut la porter dans les deux sens, à l'endroit et à l'envers, comme un pourpoint de cuir.

Troïlus et Cressida, **William SHAKESPEARE.**

Le mensonge et la crédulité s'accouplent et engendrent l'opinion.

Mélange (Gallimard), **Paul VALÉRY.**

opinion publique

J'ai entendu résumer ainsi la décadence de l'opinion publique : de l'estime pour les honnêtes gens et de la sympathie pour les coquins.

Idées et Sensations, **E. et J. de GONCOURT.**

opportunisme

Tout le monde est opportuniste, mais chacun ne le sait être avec opportunité.

Main courante (Grasset), **Maurice CHAPELAN.**

opposition

Avec l'opposition taquine et bourdonnante qui est de mode, le gouvernement ne peut guère que passer son temps à chasser les mouches.

Victor HUGO.

L'opposition systématique se donne bien garde de demander quelque chose qu'elle pourrait obtenir, car alors il lui faudrait être contente; et être contente pour l'opposition, c'est cesser d'être.

Alphonse KARR.

oppression

Une même loi pour le lion et pour le bœuf, c'est l'oppression.

Le mariage du Ciel et de l'Enfer, trad. André Gide (Aveline), **William BLAKE.**

optimiste

L'humanité ne produit des optimistes que lorsqu'elle a cessé de produire des heureux.

Textes, trad. Charles Grolleau (Revue Européenne 1924),

G. K. CHESTERTON.

orateur

Un orateur : un monsieur qui dit des choses vagues avec la dernière violence.

> *L'Esprit de Maurice Donnay*, cit. Léon Treich (Gallimard),
> **Maurice DONNAY.**

Ce qui manque aux orateurs en profondeur, ils vous le donnent en longueur.

> *Cahiers* (Grasset), **MONTESQUIEU.**

Ceux qui ont le don de la parole et qui sont orateurs ont en main un grand instrument de charlatanisme : heureux s'ils n'en abusent pas.

> *Causeries du Lundi*, **SAINTE-BEUVE.**

Tous les orateurs de talent sont enclins à considérer leurs auditeurs comme des mineurs.

> *L'Affaire Maurizius*, trad. J.-G. Guideau (Plon), **Jakob WASSERMANN.**

ordre

Comme dit magnifiquement Bacon — Novum organum L,I — 45 alpha) : « Là où l'homme aperçoit un tout petit peu d'ordre, il en suppose immédiatement beaucoup trop. »

> *Aphorismes*, trad. Marthe Robert (C. F. L.), **G. C. LICHTENBERG.**

oreille

Les oreilles dans l'homme sont mal défendues. On dirait que les voisins n'ont pas été prévus.

> *Face aux Verrous* (Gallimard), **Henri MICHAUX.**

L'oreille est le sens préféré de l'attention. Elle garde, en quelque sorte, la frontière du côté où la vue ne voit pas.

> *Tel quel* (Gallimard), **Paul VALÉRY.**

organe

Les organes sont des cages nécessaires où sont enfermés des êtres rudimentaires jusqu'à ce qu'ils soient garnis de toutes leurs plumes.

> *Histoires extraordinaires*, trad. Charles Baudelaire, **Edgar Allan POE.**

organisme

Comme une batterie électrique, l'organisme se charge par les contrariétés et se décharge par le rire.

> *Penser par étapes* (Gallimard), **Malcolm de CHAZAL.**

orgueil

Il y a deux degrés d'orgueil : l'un où l'on s'approuve soi-même; l'autre où l'on ne peut s'accepter. Celui-ci est probablement le plus raffiné.

Journal intime (Gallimard), **Henri-Frédéric AMIEL.**

Les orgueils blessés sont plus dangereux que les intérêts lésés.

Pensées choisies, **Vicomte de BONALD.**

L'orgueil nous divise encore davantage que l'intérêt.

Auguste COMTE.

L'orgueil fait partie de cette tendresse infinie que l'on doit avoir pour soi-même et sans laquelle tout bonheur me paraît improbable.

Jusqu'à nouvel ordre (Maurice de Brunhoff), **Sacha GUITRY.**

On est orgueilleux quand on a quelque chose à perdre, et humble quand on a quelque chose à gagner.

L'Américain à Paris, trad. Bochet (Hachette), **Henry JAMES.**

L'orgueil ne veut pas devoir et l'amour-propre ne veut pas payer.

Réflexions ou Sentences et Maximes morales, **LA ROCHEFOUCAULD.**

Du désir d'être estimé de ceux avec qui on est : L'orgueil nous tient d'une possession si naturelle au milieu de nos misères, erreurs, etc., nous perdons encore la vie avec joie pourvu qu'on en parle.

*

Il faut faire mourir l'orgueil sans le blesser. Car si on le blesse, il ne meurt pas.

De l'Homme intellectuel et moral, **RIVAROL.**

La qualité de mon orgueil lui mériterait d'être légitime.

Journal d'un Caractère (Fasquelle), **Jean ROSTAND.**

Depuis trente-cinq ans, je crève d'orgueil, c'est ma façon de mourir de honte.

Goetz in *Le Diable et le Bon Dieu* (Gallimard), **Jean-Paul SARTRE.**

L'amour-propre trouve sa jouissance dans le suffrage et l'approbation des hommes; mais le dernier degré de l'orgueil est de jouir de leur mépris.

Considérations sur l'Esprit et les Mœurs, **SÉNAC DE MEILHAN.**

Le plus farouche orgueil naît surtout à l'occasion d'une impuissance.

Moralités (Giraud-Badin), **Paul VALÉRY.**

originalité

Nous naissons tous originaux : nous plairions tous par cette originalité même si nous ne nous donnions des peines infinies pour devenir copies et fades copies.

STENDHAL.

orthographe

Orthographe (n.) : science qui consiste à écrire les mots d'après l'œil et non d'après l'oreille.

Le Dictionnaire du Diable, trad. Jacques Papy (Éd. Les Quatre Jeudis), **Ambrose BIERCE.**

L'orthographe est plus qu'une mauvaise habitude, c'est une vanité.

Bâtons, Chiffres et Lettres (Gallimard), **Raymond QUÉNEAU.**

oubli

On n'est vraiment guéri d'une femme que lorsqu'on n'est même plus curieux de savoir avec qui elle vous oublie.

Physiologie de l'Amour moderne (Lemerre), **Paul BOURGET.**

Oubli : une éponge qu'on ne trouve jamais quand on en a besoin.

Le Carnaval du Dictionnaire (Calmann-Lévy), **Pierre VÉRON.**

oui

Oui : ce seul mot qui cimente tous les mariages n'est peut-être si court que parce qu'on craint la réflexion.

Le Livre de Chevet, cit. Bienstock et Curnonsky (G. Crès et Cie), **Ad. DUPUIS.**

ouvrage

Rien n'est pire au monde qu'un ouvrage médiocre, qui fait semblant d'être excellent.

Carnets, **Joseph JOUBERT.**

Un ouvrage original en fait presque toujours construire cinq ou six cents autres; ces derniers se servent du premier à peu près comme les géomètres se servent de leurs formules.

Cahiers (Grasset), **MONTESQUIEU.**

Cent fois sur le métier remettez votre ouvrage à demain, si on ne vous paie pas le salaire d'aujourd'hui.

Spectacle (Gallimard), **Jacques PRÉVERT.**

ouvrier

Il n'y a que les ouvriers qui sachent le prix du temps; ils se le font toujours payer.

Le Sottisier, **VOLTAIRE.**

comme
Prestidigitation

paix

La seule garantie d'une longue paix entre deux États est l'impuissance réciproque de se nuire.

Maximes et Réflexions, **Duc de LÉVIS.**

Paix! Les seuls traités qui compteraient sont ceux qui se concluraient entre les arrière-pensées. Tout ce qui est avouable est comme destitué de tout avenir.

Regards sur le Monde actuel (Stock), **Paul VALÉRY.**

Le vice fomente la guerre; la vertu combat. S'il n'y avait aucune vertu, nous aurions pour toujours la guerre.

Réflexions et Maximes, **VAUVENARGUES.**

panégyrique

Tous les panégyriques sont mélangés d'une infusion de pavots.

Instructions aux Domestiques, **Jonathan SWIFT.**

pape

Le pape est une idole à qui on lie les mains et dont on baise les pieds.

Le Sottisier, **VOLTAIRE.**

paradis

Quand l'homme essaie d'imaginer le Paradis sur terre, ça fait tout de suite un enfer très convenable.

Conversations dans le Loir-et-Cher (Gallimard), **Paul CLAUDEL.**

On vendra du Paradis tant qu'il y aura des larmes de mères. Des femmes gagnent leur vie à peindre à la gouache des ailes d'anges sur des photographies d'enfants morts.

Idées et Sensations, **E. et J. de GONCOURT.**

Le chercheur de tares en trouvera même au paradis.

Henry Thoreau sauvage, cit. Léon Bazalgette (Rieder),
Henry David THOREAU.

paradoxe

Paradoxe est le nom que les préjugés, qui ne sont pas si bêtes qu'ils sont faux, ont donné à beaucoup d'idées vraies.

Romanciers d'hier et d'avant-hier (Lemerre), **BARBEY D'AUREVILLY.**

Il faut éviter le paradoxe, comme une fille publique qu'il est, avec laquelle on couche à l'occasion, pour rire, mais qu'un fou, seul, épouserait.

La Philosophie de Georges Courteline (Flammarion), **Georges COURTELINE.**

Le paradoxe, je ne sais pas ce que c'est. Je crois que c'est le nom que les imbéciles donnent à la vérité.

Almanach des Lettres françaises et étrangères, janvier 1924 (G. Crès et Cie),
Jean MORÉAS.

paraître

Dans un pays où tout le monde cherche à paraître, beaucoup de gens doivent croire, et croient en effet, qu'il vaut mieux être banque-routier que n'être rien.

Pensées, Maximes et Anecdotes, **CHAMFORT.**

pardon

La plupart des pardons peuvent être acceptés à titre de haines rentrées.

Pensées, Maximes, Réflexions, **Comte de BELVÈZE.**

On pardonne tant que l'on aime.

Réflexions ou Sentences et Maximes morales, **LA ROCHEFOUCAULD.**

Le pardon n'est parfois qu'une figure de la vengeance.

Les Trois Impostures (Émile-Paul), **Paul-Jean TOULET.**

pardonner

— Oui, il faut pardonner à ses ennemis, mais pas avant qu'ils soient pendus.

Pensées, **Henri HEINE.**

Que le Ciel pardonne aux méchants, après qu'il les aura punis.

Carnets, **Joseph JOUBERT.**

Ce que les hommes vous pardonnent le moins, c'est le mal qu'ils ont dit de vous.

De la Conversation (Hachette), **André MAUROIS.**

parent

Les parents qui attendent de la reconnaissance de leurs enfants (il y en a même qui l'exigent), sont comme ces usuriers qui risquent volontiers le capital pour toucher les intérêts.

Journal, trad. Marthe Robert (Grasset), **Franz KAFKA.**

paresse

Il semble que c'est le diable qui a tout exprès placé la paresse à la frontière de plusieurs vertus.

Réflexions ou Sentences et Maximes morales, **LA ROCHEFOUCAULD.**

La paresse est le refus de faire non seulement ce qui vous ennuie, mais encore cette multitude d'actes — tissu de la vie, qui sans être à proprement parler ennuyeux, sont tous inutiles; alors la paresse doit être tenue pour une des manifestations les plus sûres de l'intelligence.

Carnets (Gallimard), **Henry de MONTHERLANT.**

Paresse : habitude prise de se reposer avant la fatigue.

Journal (Gallimard), **Jules RENARD.**

C'est pour parvenir au repos que chacun travaille; c'est encore la paresse qui nous rend laborieux.

Essai sur l'Origine des Langues, **J.-J. ROUSSEAU.**

Si tu veux avoir peu de temps, ne fais rien.

Carnet de Notes, trad. Genia Cannac (Calmann-Lévy), **Anton TCHÉKOV.**

paresseux

Il y a des paresseux qui trouvent dans la couleur des rideaux de leur chambre une raison pour ne jamais travailler.

Argument du Livre sur la Belgique, **Charles BAUDELAIRE.**

Le paresseux sans ambition se refuse entièrement à la lutte et se décerne le nom de philosophe.

Barry Lyndon, **THACKERAY.**

parfait

Pourquoi voulons-nous la possession de ce qui est parfait? Le vin est-il moins bon dans une tasse parce qu'il est plus beau dans le cristal?

Malaisie (Stock), **Henri FAUCONNIER.**

pari

Tout pari est une opération dans laquelle chacun des opérants a la douce conviction qu'il est en train de voler l'autre. Rien ne donne mieux la mesure de l'honnêteté moyenne que la joie avec laquelle on envisage cette perspective canaille.

L'Art de vivre 100 ans (Dentu), **Pierre VÉRON**

Paris

Dans Paris, il y a deux cavernes, l'une de voleurs, l'autre de meurtriers. Celle de voleurs, c'est la Bourse, celle de meurtriers, c'est le Palais de Justice.

Petrus BOREL.

Paris, singulier pays où il faut trente sous pour dîner; quatre francs pour prendre l'air : cent louis pour le superflu dans le nécessaire; et quatre cents louis pour n'avoir que le nécessaire dans le superflu.

Pensées, Maximes et Anecdotes, **CHAMFORT.**

Paris, point le plus éloigné du Paradis, n'en demeure pas moins le seul endroit où il fasse bon désespérer.

Syllogismes de l'Amertume (Gallimard), **E.-M. COIRAN.**

parlement

Une chambre est bonne pour obtenir du peuple ce que le roi ne peut pas lui demander.

Napoléon BONAPARTE.

parlementarisme

Le parlementarisme électoral est une maladie; quand nous l'étudierons, nous nous apercevrons sans doute qu'elle présente une singulière analogie avec la prostitution.

Les Cahiers de la Quinzaine, avril 1902 (Gallimard), **Charles PÉGUY.**

parler

Parler pour ne rien dire, c'est pour les trois quarts et demi des gens exprimer tout ce qu'ils pensent.

Oscar COMMETTANT.

Nous sommes volontiers meilleurs pour les bêtes qui nous aiment que pour les femmes qui nous aiment. Est-ce parce que les bêtes ne parlent pas?

Adam Bede, **George ELIOT.**

Parle si tu as des mots plus forts que le silence, ou garde le silence.

Pensées (Hautmont), **EURIPIDE.**

Il faut user de sa langue avec certaines gens comme on se sert d'éperons pour les chevaux; rarement, mais toujours vigoureusement.

Sans titre, **Xavier FORNERET.**

Tout homme se croit, parce qu'il parle, en état de parler sur la parole.

Maximes et Pensées, trad. Henri Richelot (Charpentier), **GŒTHE.**

Parler plus bas pour se faire mieux écouter d'un public sourd.

Carnets, **Joseph JOUBERT.**

Il n'est jamais plus difficile de bien parler que quand on a honte de se taire.

Réflexions ou Sentences et Maximes morales, **LA ROCHEFOUCAULD.**

Le solitaire : c'est seulement quand on a pris son parti de ne pas être entendu et que l'on continue à parler, que l'on commence à dire des choses qui méritent d'être écoutées.

L'Esprit de Montesquiou, cit. L. Thomas (Mercure de France), **Robert de MONTESQUIOU.**

Je parle avec la pensée que je devrais me taire. Et je parle.

Voix, trad. Roger Caillois (Levis-Mano), **Antonio PORCHIA.**

Ne dites que des choses fortes de comique ou de raison, et il vous sera permis de parler lentement.

Filosofia Nova, **STENDHAL.**

N'est-ce pas le défaut naturel à tous les hommes de se plaire naturellement à parler et à raisonner sur ce qu'ils entendent le moins.

Voyages de Gulliver, **Jonathan SWIFT.**

parole

En France, la parole est trop souvent prise, et par ceux qui parlent, et par ceux qui écoutent, pour la forme supérieure de l'action.

La Politique (Hachette), **Louis BARTHOU.**

Chez beaucoup d'hommes, la parole précède la pensée. Ils savent seulement ce qu'ils pensent après avoir entendu ce qu'ils disent.

Aphorismes du Temps présent (Flammarion), **Gustave LEBON.**

Telle est l'étroite dépendance où la parole met la pensée, qu'il n'est pas de courtisan un peu habile qui n'ait éprouvé qu'à force de dire du bien d'un sot ou d'un fripon en place, on finit par en penser.

Discours sur l'universalité de la langue française, **RIVAROL.**

Ceux qui me voient se fient rarement à ma parole : je dois avoir l'air trop intelligent pour la tenir.

Goetz in *Le Diable et le Bon Dieu* (Gallimard), **Jean-Paul SARTRE.**

Les paroles sont aux pensées ce que l'or est aux diamants; il est nécessaire pour les mettre en œuvre, mais il en faut peu.

Le Sottisier, **VOLTAIRE.**

partie

Toute partie tient à se réunir à son tout pour échapper ainsi à sa propre imperfection.

Carnets, rec. Edw. Mac Curdy, trad. Louise Servicen (Gallimard), **Léonard de VINCI.**

parti

Dans tous les partis, plus un homme a d'esprit, moins il est de son parti.

Préface de la Vie de Napoléon, **STENDHAL.**

La plupart des partis qu'on prend ne sont guère que des ressources.

Le Sottisier, **VOLTAIRE.**

parure

Regardez la beauté et vous verrez qu'elle s'acquiert au poids de la parure; de là ce miracle, nouveau dans la nature, que les femmes les plus chargées sont aussi les plus légères.

Le Marchand de Venise, **William SHAKESPEARE.**

parvenir

Pour atteindre à de hautes places, ce sont deux choses : il faut être aigle ou reptile.

Le Catéchisme social, **Honoré de BALZAC.**

Après la présomption, le meilleur défaut pour parvenir, c'est une complète ineptie.

Madame de GIRARDIN.

Une façon rapide de faire son chemin est de monter derrière les succès. A ce métier-là, on est bien un peu crotté, on risque bien d'attraper quelques coups de fouet, mais on arrive, comme les domestiques, à l'antichambre.

Journal (Flammarion-Fasquelle), **E. et J. de GONCOURT.**

Dans les monarchies, le grand art pour parvenir à une place éminente, ne consiste souvent qu'à savoir s'ennuyer.

Considérations sur l'Esprit et les Mœurs, **SÉNAC DE MEILHAN.**

parvenu

Le nouveau riche crève d'indigestion après toute une jeunesse de pauvreté enragée. Car c'est ça, un rêve réalisé : une indigestion.

Beauté (Flammarion), **Henri DUVERNOIS.**

passé

Le passé non seulement n'est pas fugace, il reste sur place.

Le Côté de Guermantes (Gallimard), **Marcel PROUST.**

Quand nous réfléchissons aux choses du passé, telles que guerres, négociations, factions, etc... nous entrons si peu dans ces intérêts que nous nous demandons comment on a pu s'agiter et s'émouvoir pour quelque chose de si peu durable; le présent produit sur nous la même impression, à l'étonnement près.

Instructions aux Domestiques, **Jonathan SWIFT.**

passion

La passion nous persuade toujours qu'elle fait nos affaires, et ne fait jamais que les siennes.

Pensées, Maximes, Réflexions, **Comte de BELVÈZE.**

Toutes les passions sont exagératrices et elles ne sont des passions que parce qu'elles exagèrent.

Pensées, Maximes et Anecdotes, **CHAMFORT.**

La passion sans témoins a courte vie. Roméo et Juliette, dans une île déserte, s'établiraient bien vite en ménage bourgeois.

Sens plastique (Gallimard), **Malcolm de CHAZAL.**

Il est des heures où la passion ressemble un peu à la rancune.

Morte la Bête... (Flammarion), **Henri DUVERNOIS.**

La passion, c'est l'amour des autres...

L'Esprit d'Henri Duvernois, cit. Léon Treich (Gallimard),
Henri DUVERNOIS.

La passion a tous les droits, parce qu'elle va au-devant de tous les châtiments. Elle n'est pas immorale, quelque mal qu'elle fasse, car elle porte en elle-même sa punition terrible.

La Vie littéraire (Calmann-Lévy), **Anatole FRANCE.**

Rien n'est plus dangereux que les passions dont la raison conduit l'emportement.

Maximes et Pensées, **HELVÉTIUS.**

L'illusion est un effet nécessaire des passions, dont la force se mesure presque toujours au degré d'aveuglement où elles nous plongent.

De l'Esprit, **HELVÉTIUS.**

Rien ne coûte moins à la passion que de se mettre au-dessus de la raison : son grand triomphe est de l'emporter sur l'intérêt.

*

Il arrive quelquefois qu'une femme cache à un homme toute la passion qu'elle sent pour lui, pendant que, de son côté, il feint pour elle toute celle qu'il ne sent pas.

Les Caractères, **LA BRUYÈRE.**

Toutes les passions ne sont autre chose que les divers degrés de la chaleur et de la froideur du sang.

Réflexions ou Sentences et Maximes morales, **LA ROCHEFOUCAULD.**

La passion est une hypertrophie du sentiment de la propriété.

De l'Amour (Grasset), **Étienne REY.**

Si la passion de Pétrarque avait été satisfaite, son chant se serait arrêté comme celui de l'oiseau dès que ses œufs sont pondus.

SCHOPENHAUER.

La passion s'accroît en raison des obstacles qu'on lui oppose.

Tout est bien qui finit bien, **William SHAKESPEARE.**

Les passions sont l'effet des objets extérieurs sur nous. Il ne faut donc pas s'étonner que le même archet produise des sons différents sur des violons dont les caisses ne se ressemblent pas.

Filosofia Nova, **STENDHAL.**

La véritable passion est celle de connaître et d'éprouver. Elle n'a jamais été satisfaite.

Journal 1804, **STENDHAL.**

Les passions sont au goût ce que la faim canine est à l'appétit.

Le Sottisier, **VOLTAIRE.**

Ce sont les passions dont nous méconnaissons l'origine qui nous tyrannisent le plus.

Le Portrait de Dorian Gray, trad. E. Jaloux et F. Frapereau (Stock),
Oscar WILDE.

patience

Rien ne fait autant honneur à une femme que sa patience et rien ne lui fait si peu honneur que la patience de son mari.

Carnets, **Joseph JOUBERT.**

patrie

Un ensemble de *préjugés* et *d'idées bornées*; voilà la patrie.

Ernest RENAN.

Je donnerais bien quelque chose pour savoir exactement pour qui ont été réellement accomplies ces actions dont on proclame publiquement qu'elles ont été accomplies pour la patrie.

Aphorismes, trad. Marthe Robert (C. F. L.), **G. C. LICHTENBERG.**

La vraie patrie est celle où l'on rencontre le plus de gens qui vous ressemblent.

Rome, Naples, Florence 1817, **STENDHAL.**

patriotisme

Le mariage fait des cocus et le patriotisme des imbéciles.

Passe-Temps (Mercure de France), **Paul LÉAUTAUD.**

Si l'on retranchait du patriotisme de la plupart des hommes la haine et le mépris des autres nations, il resterait peu de choses.

Maximes et Réflexions, **Duc de LÉVIS.**

Je ne demande à ma patrie ni pensions, ni honneurs, ni distinctions : je me trouve amplement récompensé par l'air que j'y respire; je voudrais simplement qu'on ne l'y corrompît point.

Cahiers (Grasset), **MONTESQUIEU.**

Les Boétiens, pour n'être pas troublés dans leurs plaisirs, décrétèrent le patriotisme un crime d'État.

Démétrius, **PLUTARQUE.**

Le patriotisme est votre conviction que ce pays est supérieur à tous les autres, parce que vous y êtes né...

L'Esprit de Bernard Shaw, cit. Léon Treich (Gallimard), **G. B. SHAW.**

Le bourgeois de Paris jouit tous les matins en regardant ses meubles. Ce serait là la base de son patriotisme.

Mélanges intimes, **STENDHAL.**

Selon les latitudes, la haine de l'étranger change de nom. En Europe, elle s'appelle patriotisme, en Chine xénophobie .

Gens de Qualité (Plon), **Fernand VANDEREM.**

pauvre

... Les pauvres sont si malheureux que quand ça sera la mode de chier de l'argent, hé bien, eux, ils seront constipés.

Bahia de Tous les saints (Gallimard), **Jorge AMADO.**

Les pauvres sont les nègres de l'Europe.

Pensées, Maximes et Anecdotes, **CHAMFORT.**

Quand on est pauvre, le difficile, ce n'est pas de découvrir en soi comment l'on pourrait être vertueux, mais avec quoi.

Derrière Cinq Barreaux (Gallimard), **Maurice SACHS.**

Il y a deux espèces de pauvres, ceux qui sont pauvres ensemble, et ceux qui le sont tout seuls. Les premiers sont les vrais, les autres sont des riches qui n'ont pas eu de chance.

Nasty in *Le Diable et le Bon Dieu* (Gallimard), **Jean-Paul SARTRE.**

La réelle tragédie du pauvre, c'est qu'il ne peut se permettre rien d'autre que l'abnégation.

L'Esprit d'Oscar Wilde, cit. Louis Thomas (club Français du Livre), **Oscar WILDE.**

pauvreté

La pauvreté met le crime au rabais.

Pensées, Maximes et Anecdotes, **CHAMFORT.**

Pauvreté n'est pas vice! Parbleu! Un vice est agréable.

Passe-Temps (Mercure de France), **Paul LÉAUTAUD.**

payer

Il n'y a que deux endroits où l'on paie pour avoir le droit de dépenser : les latrines publiques et les femmes.

Journaux intimes, **Charles BAUDELAIRE.**

péché

Le péché est comme une montagne qui se présente sous deux aspects différents, selon qu'on la voit avant d'y être arrivé, ou après; et cependant ces deux aspects sont réels.

Carnets, trad. Valery Larbaud (Gallimard), **Samuel BUTLER.**

Si tu ne sais pas porter ton péché, ce n'est pas la faute de ton péché; si tu renies ton péché, ce n'est pas toujours ton péché qui est indigne de toi, mais toi de lui.

Algèbre des Valeurs morales (Gallimard), **Marcel JOUHANDEAU.**

Le péché originel, cette vieille injustice que l'homme a commise, consiste dans le reproche que l'homme fait et auquel il ne renonce pas, à savoir qu'une injustice a été commise à son égard, qu'il a été victime du péché originel.

Préparatifs de Noce à la Campagne, trad. Marthe Robert (Gallimard), **Franz KAFKA.**

Le péché dans l'homme est comme le feu grégeois, qu'on n'éteint pas avec de l'eau, mais ici-bas avec des larmes.

Journal, trad. K. Ferlov et J.-J. Gateau (Gallimard), **Soeren KIERKEGAARD.**

C'est dommage, disait un Italien, que ce ne soit pas un péché de boire de l'eau. Comme elle semblerait bonne!

Aphorismes, trad. Marthe Robert (C. F. L.), **G. C. LICHTENBERG.**

Une femme en présence de ses péchés, ce n'est pas de les avouer qu'il lui coûte. C'est d'en convenir.

Passantes (Éd. Le Divan), **Eugène MARSAN.**

Nous ne saurions nous passer de nos péchés, ils sont la grande route de la vertu.

Fragments d'un Journal, trad. R. Michaud et S. David (Boivin et Cie), **H. D. THOREAU.**

Peut-être que Dieu n'eût pas souffert le péché, s'il ne faisait ses délices de notre repentir.

Les Trois Impostures (Émile-Paul), **Paul-Jean TOULET.**

pécher

...et mal n'est jamais que dans l'éclat qu'on fait,
Le scandale du monde est ce qui fait l'offense,
Et ce n'est pas pécher que pécher en silence.

Tartuffe, **MOLIÈRE.**

peindre

Je suis en train de peindre avec l'entrain d'un Marseillais mangeant la bouillabaisse, ce qui ne t'étonnera pas lorsqu'il s'agit de peindre de grands tournesols.

Lettres de Vincent Van Gogh à Théo, 15-8-1888 (Grasset), **Vincent Van GOGH.**

peine

La plupart des peines n'arrivent si vite que parce que nous faisons la moitié du chemin.

Maximes et Réflexions, **Duc de LÉVIS.**

peine de mort

Il est à peu près évident que ceux qui soutiennent la peine de mort ont plus d'affinités avec les assassins que ceux qui la combattent.

Pensées inédites (Honoré Champion), **Remy de GOURMONT.**

Peine de mort. On tue les tigres pour la peau, les meurtriers pour l'exemple.

Victor HUGO.

Si l'on veut abolir la peine de mort, en ce cas que Messieurs les assassins commencent.

Les Guêpes, **Alphonse KARR.**

peintre

Dire au peintre qu'il faut prendre la nature comme elle est, vaut de dire au virtuose qu'il peut s'asseoir sur le piano.

Le Ten o'clock de M. Whistler (Librairie Universelle), **Stéphane MALLARMÉ.**

Le peintre original procède à la façon des oculistes.

Le Côté de Guermantes (Gallimard), **Marcel PROUST.**

Le peintre ne doit pas faire ce qu'il voit, mais ce qui sera vu.

Mauvaises Pensées et autres (Gallimard), **Paul VALÉRY.**

peinture

Peinture (n) : art de protéger des surfaces plates contre les intempéries et de les exposer aux critiques.

Le Dictionnaire du Diable, trad. Jacques Papy (Éd. Les Quatre Jeudis), **Ambrose BIERCE.**

Quelle vanité que la peinture qui attire l'admiration par la ressemblance des choses dont on n'admire point les originaux!

Pensées, **Blaise PASCAL.**

penchant

On n'aime, en définitive, que ses penchants et non pas ce vers quoi on penche.

Par-delà le Bien et le Mal, trad. Henri Albert (Mercure de France), **NIETZSCHE.**

Celui qui se livre sans réserve à ses penchants agit contre l'intérêt même des penchants, puisque ce n'est que grâce à une résistance appropriée qu'ils peuvent avoir une action complète et durable.

NOVALIS.

pénitence

La pénitence est le dernier péché des femmes.

Alphonse KARR.

pensée

La pensée d'une femme est douée d'une incroyable élasticité. Quand elle reçoit un coup d'assommoir, elle plie, paraît écrasée, et reprend sa forme dans un temps donné.

Une Fille d'Ève, **Honoré de BALZAC.**

Un recueil de pensées ressemble à ces lignes militaires trop étendues que l'ennemi peut percer en mille endroits...

Vicomte de BONALD.

Les livres présument que la pensée siège dans le cerveau, la vie prouve que l'homme pense avec ses autres viscères.

Main courante (Grasset), **Maurice CHAPELAN.**

Les nouvelles pensées, même les nôtres, ne conquièrent pas immédiatement nos sympathies. Il faut d'abord que nous nous y habituions.

Sur les confins de la vie, trad. B. de Schloezer (Éd. de la Pléiade),
Léon CHESTOV.

La pensée est la plus grande ennemie de la perfection. L'habitude de réfléchir profondément est, je suis obligé de le dire, la plus pernicieuse de toutes les habitudes prises par l'homme civilisé.

Une Victoire, trad. Ph. Neel (Gallimard), **Joseph CONRAD.**

Si ces pensées ne plaisent à personne, elles pourront n'être que mauvaises; mais je les tiens pour détestables si elles plaisent à tout le monde.

DIDEROT.

La pensée est une maladie particulière à quelques individus et qui ne se propagerait pas sans amener promptement la fin de l'espèce.

Les Opinions de M. Jérôme Coignard (Calmann-Lévy), **Anatole FRANCE.**

La pensée d'une jolie femme n'a rien de mieux à faire que de s'humilier devant son instinct.

GAVARNI.

La pensée fait mal aux reins. On ne peut à la fois porter des fardeaux et des idées.

Promenades philosophiques (Mercure de France), **Remy de GOURMONT.**

Le chien qu'on muselle aboie avec le derrière, la pensée, forcée de prendre une voie détournée, devient malodorante par la perfidie de l'expression.

Pensées, **Henri HEINE.**

Il règne, dans le monde de la pensée, un marchandage, une pseudo-compréhension qui mène aux parlotes aussi sûrement que les bonnes intentions de l'enfer.

Journal, trad. K. Ferlov et J.-J. Gateau (Gallimard),
Soeren KIERKEGAARD.

La pensée ne s'achève que lorsqu'elle a trouvé son expression : les défauts de la forme sont les défauts du fond.

Histoire de la Littérature française (Hachette), **Gustave LANSON.**

Une pensée prisonnière de son expression n'est pas de la pensée. Cette pensée-là est néanmoins — comme de juste — celle que produit le plus naturellement un écrivain.

Carnets (Gallimard), **Henry de MONTHERLANT.**

La pensée qu'on avait écartée et qui revient, il faut y prendre garde : elle veut vivre.

Journal d'un Caractère (Fasquelle), **Jean ROSTAND.**

Les pensées, les émotions toutes nues sont aussi faibles que les hommes tout nus. Il faut donc les vêtir.

Tel quel (Gallimard), **Paul VALÉRY.**

On tourne une pensée comme un habit, pour s'en servir plusieurs fois.

*

Ce que nous appelons une pensée brillante n'est ordinairement qu'une expression captieuse qui, à l'aide d'un peu de vérité, nous impose une erreur qui nous étonne.

Réflexions et Maximes, **VAUVENARGUES.**

penser

Le plus difficile au monde est de dire en y pensant ce que tout le monde dit sans y penser.

Histoire de mes Pensées (Gallimard), **ALAIN.**

Ceux qui ne pensent pas, pensent comme *L'Echo de Paris*. Ceux qui pensent ne savent pas ce qu'ils doivent penser.

Pensées d'une Amazone (Émile-Paul), **Natalie CLIFFORD BARNEY.**

Une dame disait un jour devant moi, d'elle-même, comme la chose la plus naturelle du monde : « Je ne pense jamais, cela me fatigue ; ou, si je pense, je ne pense à rien. »

La Philosophie de Georges Courteline (Flammarion), **Georges COURTELINE.**

Ne prends pas la peine de penser pour moi : j'y suffis moi-même.

Andromède, **EURIPIDE.**

Dire que l'on ne pense vraiment que lorsqu'on n'arrive plus à concevoir ce que l'on pense !

Maximes et Réflexions, trad. G. Bianquis (Gallimard), **GŒTHE.**

On pense avec précipitation et on s'exprime avec soin, avec étude, avec effort. C'est un défaut du siècle.

Carnets, **Joseph JOUBERT.**

Quand les autos penseront, les Rolls-Royce seront plus angoissées que les taxis.

Passages (Gallimard), **Henri MICHAUX.**

Penser est le moins cher des plaisirs. L'opulence le trouve insipide et monte en voiture pour courir à l'Opéra. Elle ne se donne pas le temps de penser.

Mélanges de Littérature, **STENDHAL.**

Quand les hommes accoucheront, les femmes penseront : ce qui s'appelle penser, comme accoucher s'appelle accoucher, sans équivoque ni méprise.

Conjectures et nouvelles Conjectures (Armand Huart), **Hector TALVART.**

Penser est la chose la plus malsaine du monde; et l'on en meurt, tout comme de quelque autre maladie. Heureusement, en Angleterre au moins, la pensée n'est pas contagieuse. Le magnifique aspect de notre race vient uniquement de notre stupidité nationale.

Opinions de Littérature et d'Art (Ambert Éd.), **Oscar WILDE.**

penseur

La félicité suprême du penseur, c'est de sonder le sondable et de vénérer en paix l'insondable.

Maximes et Réflexions, trad. G. Bianquis (Gallimard), **GŒTHE.**

perfection

Si la perfection n'était pas chimérique, elle n'aurait pas tant de succès.

Napoléon BONAPARTE.

La perfection, ce serait, tout en observant un quiétisme intensif, d'être vide de toute idée.

Trad. Jules Besse (E. Leroux), **LAO TSEU.**

perfidie

On tire ce bien de la perfidie des femmes qu'elle guérit de la jalousie.

Les Caractères, **LA BRUYÈRE.**

La perfidie est la forme de méchanceté des délicats.

Donc... (Sagittaire), **Henri de RÉGNIER.**

personnalité

Une personnalité n'est qu'une erreur persistante.

Art poétique (Émile-Paul), **Max JACOB.**

Notre personnalité sociale est une création de la pensée des autres.

Du côté de chez Swann (Gallimard), **Marcel PROUST.**

persuader

Il y a des gens qu'il faut étourdir pour les persuader.

Maximes et Pensées, **HELVÉTIUS.**

pessimisme

Avec le pessimisme, on s'arrange toutes sortes de petites joies égoïstes.

Derrière Cinq Barreaux (Gallimard), **Maurice SACHS.**

Le pessimiste? Un homme qui en veut à tous les autres hommes parce qu'il les trouve aussi dégoûtants que lui!

Bréviaire du Révolutionnaire, trad. A. et H. Hamon (Aubier), **G. B. SHAW.**

petitesse

Les femmes sachant toujours bien expliquer leurs grandeurs, c'est leurs petitesses qu'elles nous laissent à deviner.

Petites Misères de la Vie conjugale, **Honoré de BALZAC.**

Lorsque de petits hommes tentent une grande entreprise, ils finissent toujours par la rabaisser au niveau de leurs petits moyens.

Napoléon BONAPARTE.

peuple

C'est dans l'arrogance de la valetaille qu'il faut chercher le secret de la haine du peuple pour les aristocraties aimables et polies.

L'Affaire Lerouge, **Émile GABORIAU.**

Le peuple, c'est tous ceux qui ne comprennent pas. Il y a des ducs parmi le peuple; il y a des académiciens. Le peuple, c'est très bien composé.

Promenades philosophiques (Mercure de France), **Remy de GOURMONT.**

Il ne faut pas espérer que les peuples arrivent jamais à perdre le respect et l'amour qu'ils ressentent pour ceux qui leur font du mal.

Alphonse KARR.

On domine plus facilement les peuples en excitant leurs passions qu'en s'occupant de leurs intérêts.

Aphorismes du Temps présent (Flammarion), **Gustave LEBON.**

Être peuple, il n'y a encore que ça qui permette de n'être pas démocrate.

Victor Marie, comte Hugo (Gallimard), **Charles PÉGUY.**

Je commence à croire avec Horsley que le peuple n'a rien à voir dans les lois si ce n'est pour leur obéir.

Marginalia, trad. V. Orban (Sansot), **Edgar Allan POE.**

Quand le peuple ne subit pas, quand il veut discuter, c'est l'épaisse poussière de la bêtise qui s'élève. On lui fait des discours, on ne cause pas avec lui.

Journal (Gallimard), **Jules RENARD.**

Qu'est-ce que le peuple? Mais, comme toujours, ceux qui ne sont pas du côté du manche. A condition, bien entendu, qu'on n'entende pas celui de l'outil.

En vrac (Éd. du Rocher), **Pierre REVERDY.**

Quand les peuples cessent d'estimer, ils cessent d'obéir. Règle générale : les nations que les rois assemblent ou consultent commencent par des vœux et finissent par des volontés.

Journal politique national, **RIVAROL.**

Le peuple donne sa faveur, jamais sa confiance.

Fragments et Pensées politiques (Mercure de France), **RIVAROL.**

Le meilleur ciment d'un peuple est la bêtise de ceux qui en font partie.

Mes Inscriptions (Gallimard), **Louis SCUTENAIRE.**

En France, le peuple n'a de force que lorsque, tout entier, il est en colère. Dès qu'il a fait un effort, il ne demande qu'un prétexte pour se rendormir et sa léthargie dure quinze ans.

Mémoires d'un Touriste, **STENDHAL.**

Il n'est pire misère, parce qu'on veut faire le bonheur d'un peuple, que de croire en lui.

Voici l'Homme (Albin Michel), **André SUARÈS.**

Un peuple est ignorant, simple, grossier et faible; on l'attaque, on en massacre la moitié, on réduit l'autre à l'esclavage, et cela pour le civiliser.

Voyages de Gulliver, **Jonathan SWIFT.**

Non, le peuple n'est pas meilleur que les riches, mais moins riche, il ne peut pas autant se permettre.

Gens de Qualité (Plon), **Fernand VANDEREM.**

Le peuple reçoit la religion, les lois, comme la monnaie, sans l'examiner.

Le Sottisier, **VOLTAIRE.**

peur

Toutes les passions aiment ce qui les nourrit : la peur aime l'idée du danger.

Carnets, **Joseph JOUBERT.**

La peur naît à la vie plus vite que tout autre chose.

Carnets, rec. Edw. Mac Curdy, trad. Louise Servicen (Gallimard),
Léonard de VINCI.

phallus

Le phallus en ce siècle devient doctrinaire.

Face aux Verrous (Gallimard), **Henri MICHAUX.**

philosophe

Les philosophes ne sont vraiment forts que les uns contre les autres. Sans leurs erreurs mutuelles, que seraient-ils?

Les Philosophes et les Écrivains religieux (Amyot),
BARBEY D'AUREVILLY.

C'est un nom que se donnent dans le monde les gens qui évitent de penser.

Mémoires d'un Jeune Homme rangé (Fasquelle), **Tristan BERNARD.**

Je ne sais comment il ne se peut rien dire de si absurde qui n'ait été avancé par quelque philosophe.

De la Divination, **CICÉRON.**

Il était philosophe tout comme un autre et il savait, quand il lui plaisait, passer de l'intelligible à l'inintelligible et cesser de se faire comprendre.

Dernières Pages inédites (Calmann-Lévy), **Anatole FRANCE.**

On représente les philosophes comme ayant de grosses têtes, le front large, et la barbe ample et magnifique, la mine austère. Au premier éclat de rire, on ne croirait plus à leurs dogmes !

Maximes et Pensées, **HELVÉTIUS.**

J'ai déjà dit cent fois qu'il est bon qu'il y ait des philosophes, pourvu que le peuple ne se mêle pas de l'être.

Réponse à M. Bordes, **Jean-Jacques ROUSSEAU.**

Chez tous les philosophes, voire les plus fameux, on retrouve ce même point faible : leur croyance à la philosophie.

Gens de Qualité (Plon), **Fernand VANDEREM.**

Ce qui fait qu'on goûte médiocrement les philosophes, c'est qu'ils ne nous parlent pas assez des choses que nous savons.

Réflexions et Maximes, **VAUVENARGUES.**

Denys le Tyran traitait les philosophes comme des bouteilles de vin ; tant qu'il y avait de la liqueur, il s'en servait. N'y avait-il plus rien, il les cassait. Ainsi font tous les grands.

Pensées (Journal « Le Siècle » 1868), **VOLTAIRE.**

philosopher

Philosopher, c'est apprendre à mourir.

Essais, **MONTAIGNE.**

Se moquer de la philosophie, c'est vraiment philosopher.

Pensées, **Blaise PASCAL.**

Quand un homme se met à philosopher, cela donne de la philosophistique ou, disons de la sophistique ; mais si c'est une femme qui se met à philosopher, ou deux femmes, alors, ça tourne au mords-moi le doigt.

Les Trois Sœurs, trad. Elsa Triolet (Gallimard), **Anton TCHÉKOV.**

Philosopher en vers, ce fut, et c'est encore, vouloir jouer aux échecs selon les règles du jeu de dame.

Tel quel (Gallimard), **Paul VALÉRY.**

philosophie

Les chaires de professeurs n'ont pas été faites pour la philosophie, mais bien la philosophie pour les chaires.

La Peau de Chagrin, **Honoré de BALZAC.**

Philosophie (n) : itinéraire composé de plusieurs routes qui mènent de nulle part à rien.

Le Dictionnaire du Diable, trad. Jacques Papy (Éd. Les Quatre Jeudis), **Ambrose BIERCE.**

La meilleure philosophie relativement au monde est d'allier à son égard le sarcasme de la gaieté avec l'indulgence du mépris.

Pensées, Maximes et Anecdotes, **CHAMFORT.**

La philosophie a cela d'utile, qu'elle sert à nous consoler de son inutilité.

Pensées d'un Emballeur, **COMMERSON.**

On se doit consoler de ne point avancer dans ce pays, car ceux qui n'y ont jamais été en savent presque autant que ceux qui en reviennent.

Les Amusements sérieux et comiques d'un Siamois, **Charles du FRESNY.**

A y regarder de plus près, toute philosophie n'est que le sens commun traduit en langage amphigourique.

Maximes et Réflexions, trad. G. Bianquis (Gallimard), **GŒTHE.**

L'art de trouver de mauvaises raisons à ce que l'on croit, en vertu d'autres mauvaises raisons, c'est de la philosophie.

Le Meilleur des Mondes, trad. J. Castier (Plon), **Aldous HUXLEY.**

La philosophie est la nourrice sèche de la vie, elle veille sur nos pas, mais ne peut nous allaiter.

*

La philosophie, à chaque pas, laisse tomber une vieille peau où se gîtent à qui mieux mieux ses mauvais élèves.

Journal, trad. K. Ferlov et J.-J. Gateau (Gallimard), **Soeren KIERKEGAARD.**

La philosophie triomphe aisément des maux passés et des maux à venir. Mais les maux présents triomphent d'elle.

Réflexions, **LA ROCHEFOUCAULD.**

Se moquer de la philosophie, c'est vraiment philosopher.

Les Pensées, **Blaise PASCAL.**

La recherche philosophique se poursuit normalement par la rencontre fortuite, mais analogique du même être, accompagné de sa réplique inessentielle et couturière, laquelle lui conseille nouménalement de transposer sur le plan de l'entendement le concept de bouton de pardessus situé sociologiquement trop bas...

Exercices de Style (Gallimard), **Raymond QUENEAU.**

phrase

Le plus grand nombre des phrases dont nous nous servons pour exprimer nos émotions sont comparables à des chèques sans provision. Mais celui-là les accepte volontiers, qui n'est pas mieux nanti que l'autre.

Divers (Gallimard), **André GIDE.**

Les bonnes phrases sont au sens qu'elles contiennent ce que la musique est aux paroles de l'opéra. Elles permettent de supposer qu'elles disent une chose plus rare et plus belle que la chose qu'elles expriment réellement.

Propos de Table et Anecdotes de M. Barnabooth (Gallimard),
Valery LARBAUD.

physique

Les observations sont l'histoire de la physique, et les systèmes en sont la fable.

Cahiers (Grasset), **MONTESQUIEU.**

piège

C'est une grande bêtise de la part de la souris, une fois prise au piège, de ne pas dévorer le lard qui la leurra.

Aphorismes et Réflexions, Almanach des Lettres françaises et étrangères.
T. I. 1924 (G. Crès et Cie), **Friedrich HEBBEL.**

piété

L'homme pieux se sent supérieur à celui qui ne l'est pas : je ne croirai à l'humilité chrétienne que quand je verrai un homme pieux s'humilier devant un homme qui ne l'est pas.

Œuvres posthumes, trad. Henri Jean Bolle (Mercure de France), **NIETZSCHE.**

pipe

La pipe est la pierre de touche des nerfs.

Album d'un pessimiste, publ. J. Marsan (Les Presses Françaises),
Alphonse RABBE.

pitié

Le sentiment que l'homme supporte le plus difficilement, c'est la pitié, surtout quand il la mérite. La haine est un sentiment tonique, elle fait vivre, elle inspire la vengeance; mais la pitié tue, elle affaiblit encore notre faiblesse.

La Peau de Chagrin, **Honoré de BALZAC.**

Les gens ont pitié des autres dans la mesure où ils auraient pitié d'eux-mêmes. Le malheur ou la laideur sont des miroirs qu'ils ne supportent pas.

La Guerre de Troie n'aura pas lieu (Grasset), **Jean GIRAUDOUX.**

On doit avoir pitié les uns des autres. Mais on doit avoir pour les uns une pitié qui naît de la tendresse, et pour les autres, une pitié qui naît du mépris.

Pensées, **Blaise PASCAL.**

Ah! gardons le plus longtemps possible la pitié, c'est le plus bel assaisonnement de la vie pour nous autres milliardaires.

Propos de Table et Anecdotes de M. Barnabooth (Gallimard),
Valery LARBAUD.

place

Il y a des gens propres à tout sauf à ce qu'ils font, et qui ne se trouvent déplacés qu'à leur place.

Jules PETIT-SENN.

Il y a de la place au soleil pour tout le monde, surtout quand tout le monde veut rester à l'ombre.

Journal (Gallimard), **Jules RENARD.**

plagiat

Le plagiat est la base de toutes les littératures, excepté de la première, qui est d'ailleurs inconnue.

Siegfried (Grasset), **Jean GIRAUDOUX.**

Après tout, il y a un avantage à piller les écrits d'autrui : on n'est jamais forcé d'exiger de son travail plus qu'il ne vaut.

Marginalia, trad. V. Orban (Sansot), **Edgar Allan POE.**

plaire

Quand on veut plaire dans le monde, il faut se résoudre à se laisser apprendre beaucoup de choses qu'on sait par des gens qui les ignorent.

Pensées, Maximes et Anecdotes, **CHAMFORT.**

Ne jamais parler de soi aux autres et leur parler toujours d'eux-mêmes, c'est tout l'art de plaire. Tout le monde le sait et tout le monde l'oublie.

Idées et Sensations, **E. et J. de GONCOURT.**

Un homme à qui personne ne plaît est bien plus malheureux que celui qui ne plaît à personne.

Réflexions ou Sentences et Maximes morales, **LA ROCHEFOUCAULD.**

plaisir

La recherche du plaisir est d'un côté sottise misérable. Elle poursuit l'apaisement, quand le désir ne peut être apaisé, est avide de n'être pas assouvi.

L'Alleluiah Catéchisme de Dianus (K Éd.), **Georges BATAILLE.**

On dirait que les survivants de ces générations formées par le plaisir, en ne se refusant rien, ont appris à se passer de tout.

Le Dialogue des Carmélites (Éd. du Seuil), **Georges BERNANOS.**

La consolation du vieillard, c'est de multiplier le plaisir qu'il prend par le dégoût qu'il inspire.

Main courante (Grasset), **Maurice CHAPELAN.**

Si les hommes souffrent tout aux femmes, n'est-ce pas uniquement dans la vue du plaisir qu'ils en attendent.

Éloge de la Folie, **ÉRASME.**

Les plaisirs de la vie que l'on croit faits pour les grands du monde et pour les riches, sont plutôt le partage des gueux, qui en savourent la douceur avec plus de licence, plus de goût et plus de tranquillité qu'eux.

Guzman d'Alfarache, **LESAGE.**

La saveur du premier baiser m'avait déçu comme un fruit que l'on goûte pour la première fois. Ce n'est pas dans la nouveauté, c'est dans l'habitude que nous trouvons les plus grands plaisirs.

Le Diable au Corps (Grasset), **Raymond RADIGUET.**

Les unions ne sont pas rares où l'on s'accorde pour le plaisir, mais où, avant comme après, l'on reste l'un pour l'autre comme des étrangers. Il y a ainsi des fonctionnaires qui ne se parlent jamais en dehors du service.

De l'Amour (Grasset), **Étienne REY.**

Il y a un plaisir délicieux à serrer dans ses bras une femme qui vous a fait beaucoup de mal, qui a été votre cruelle ennemie pendant longtemps et qui est prête à l'être encore.

De l'Amour, **STENDHAL.**

Tous les excès de plaisir sont compensés par une somme égale de peine ou de langueur; c'est comme lorsqu'on dépense cette année une partie de son revenu de l'année suivante.

Instructions aux Domestiques, **Jonathan SWIFT.**

Les plaisirs enseignent aux princes à se familiariser avec les hommes.

Réflexions et Maximes, **VAUVENARGUES.**

pleurer

Mais on a beau pleurer très sincèrement, il y a toujours un moment où il faut remettre de la poudre.

Cœur (Fayard), **Henri DUVERNOIS.**

pleurs

Les pleurs sont la lessive des sentiments.

Penser par étapes (Gallimard), **Malcolm de CHAZAL.**

poème

Le poème — cette hésitation prolongée entre le son et le sens.

Tel quel (Gallimard), **Paul VALÉRY.**

Il y a deux moyens de ne pas comprendre un poème. L'un est de ne pas le comprendre et l'autre est de le louer pour des mérites qu'il ne possède pas.

Almanach des Lettres françaises et étrangères, 15 avril 1924 (G. Crès et Cie), **Oscar WILDE.**

poésie

Dans toute poésie, quelle qu'en soit la forme ou l'étendue, il y a une lutte secrète entre l'infini du sentiment et le fini de la langue dans laquelle cet infini se renferme sans se limiter.

Les Poètes (Amyot), **BARBEY D'AUREVILLY.**

La poésie n'a de rôle à jouer qu'au-delà de la philosophie et par suite, elle manque à sa mission chaque fois qu'elle tombe sous le coup d'un arrêt quelconque de cette dernière.

Les Pas perdus (Gallimard), **André BRETON.**

La poésie est une religion sans espoir. Le poète s'y épuise en sachant que le chef-d'œuvre n'est, après tout, qu'un numéro de chien savant sur une terre peu solide.

Journal d'un Inconnu (Grasset), **Jean COCTEAU.**

Voici mon opinion sur la poésie : les vers sont de petites prisons cellulaires où la pensée est coffrée.

Pensées d'un Emballeur, **COMMERSON.**

Que la poésie soit image, mais qu'elle ne fasse pas étalage d'images, on ne fait point une glace en juxtaposant des miroirs.

Aphorismes et Réflexions, Almanach des Lettres françaises et étrangères. T. I. 1924 (G. Crès et Cie), **Friedrich HEBBEL.**

La poésie moderne ou le dessous des cartes.

Art poétique (Émile-Paul), **Max JACOB.**

On ne peut trouver de poésie nulle part quand on n'en porte pas en soi.

Carnets, **Joseph JOUBERT.**

En Perse, les femmes sont exclues de la poésie. Ils disent que quand la poule veut chanter, il faut lui couper la gorge.

Aphorismes, trad. Marthe Robert (C. F. L.), **G. C. LICHTENBERG.**

La poésie est aux sentiments ce que la philosophie est aux pensées.

NOVALIS.

La poésie n'est ni dans la pensées, ni dans les choses, ni dans les mots; elle n'est ni philosophie, ni description, ni éloquence : elle est inflexion.

Journal (Grasset), **C. F. RAMUZ.**

Rien ne vaut d'être dit en poésie que l'indicible, c'est pourquoi l'on compte beaucoup sur ce qui se passe entre les lignes.

Le Livre de mon bord (Mercure de France), **Pierre REVERDY.**

La plupart des hommes ont de la poésie une idée si vague que ce vague même de leur idée est pour eux la définition de la poésie.

Tel quel (Gallimard), **Paul VALÉRY.**

poète

... Les poètes du mot seul, jaloux comme des bouteilles vides contre des bouteilles pleines.

Littérature étrangère (Lemerre), **BARBEY D'AUREVILLY.**

Le poète est semblable au prince des nuées
Qui hante la tempête et se rit de l'archer;
Exilé sur le sol, au milieu des huées,
Ses ailes de géant l'empêchent de marcher.

Les Fleurs du Mal, **Charles BAUDELAIRE.**

Les grands poètes sont obscurs pour deux raisons opposées : tantôt parce qu'ils parlent de choses trop grandes pour que n'importe qui les comprenne, tantôt parce qu'ils parlent de choses trop petites pour que n'importe qui les voie.

Textes, trad. Ch. Grolleau (Revue Européenne 1924), **G. K. CHESTERTON.**

Les poètes ont cent fois plus de bon sens que les philosophes. En cherchant le beau, ils rencontrent plus de vérités que les philosophes n'en trouvent en cherchant le vrai.

Carnets, **Joseph JOUBERT.**

Je n'aurais pas pu faire un poète lyrique. Je ne suis pas assez bête pour cela.

> *Passe-Temps* (Mercure de France), **Paul LÉAUTAUD.**

La démangeaison de lire ses ouvrages est un vice attaché à la qualité de poète.

> *La Comtesse d'Escarbagnas*, **MOLIÈRE.**

Idées dans la poésie — le poète mène triomphalement ses idées dans le char du rythme : ordinairement parce que celles-ci ne sont pas capables d'aller à pied.

> *Humain, trop humain*, trad. A.-M. Desrousseaux (Mercure de France), **NIETZSCHE.**

Le poète est un géant qui passe sans effort par le trou d'une aiguille et, à la fois, un nain qui remplit l'univers.

> *Le Gant de Crin* (Plon), **Pierre REVERDY.**

Est poète celui auquel la difficulté inhérente à son art donne des idées — et ne l'est pas celui auquel elle les retire.

> *Tel quel* (Gallimard), **Paul VALÉRY.**

poison

Le poison est l'ami de l'homme, puisqu'il le tue...

> *Sans titre*, **Xavier FORNERET.**

polémiste

Je répète une fois de plus qu'un polémiste est amusant jusqu'à la vingtième année, tolérable jusqu'à la trentième, assommant vers la cinquantaine, et obscène au-delà.

> *Les Grands Cimetières sous la Lune* (Plon), **Georges BERNANOS.**

politesse

La politesse, ce n'est qu'une gymnastique contre les passions.

> *Propos sur le Bonheur* (Gallimard), **ALAIN.**

La Politesse : c'est le meilleur bâton de longueur qu'il y ait entre soi et les sots. Un bâton qui vous épargne même la peine de frapper. Être poli avec un sot, c'est s'en isoler. Quelle bonne politique !

> *Disjecta Membra*, **BARBEY D'AUREVILLY.**

La politesse est à la fois la fille de la grâce française et du génie jésuite.

> *Journal* (Flammarion-Fasquelle), **E. et J. de GONCOURT.**

Qu'est-ce que la politesse ? Une convention tacite entre deux hommes, par laquelle chacun dissimule sa vanité au bénéfice de celle de l'autre.

> **Alphonse KARR.**

La politesse n'inspire pas toujours la bonté, l'équité, la complaisance, la gratitude; elle en donne du moins les apparences et fait paraître l'homme au-dehors comme il devrait être intérieurement.

Les Caractères, **LA BRUYÈRE**.

Plusieurs personnes sentent mauvais : obligées de vivre ensemble, elles conviennent de porter des odeurs fortes. Voilà en partie la politesse.

Considérations sur l'Esprit et les Mœurs, **SÉNAC DE MEILHAN**.

La politesse ne permet pas que l'on mette son voisin un peu plus bas que le gorille.

Tablettes d'un Cynique (Éd. La Société Nouvelle), **Louis THOMAS**.

La politesse n'est en elle-même qu'une ingénieuse contrefaçon de la bonté.

Alexandre VINET.

politicien

Tous ces prétendus hommes politiques sont les pions, les cavaliers, les tours ou les fous d'une partie d'échecs qui se jouera tant qu'un hasard ne renversera pas le damier.

Monographie de la Presse parisienne, **Honoré de BALZAC**.

Les politiques eux-mêmes pensent comme nous de la politique; ils sont les premiers à l'estimer ce qu'elle vaut; c'est-à-dire à la mépriser.

Les Cahiers de la Quinzaine, mars 1904 (Gallimard), **Charles PÉGUY**.

L'ennui avec nos hommes politiques, c'est qu'on croit faire leur caricature, alors qu'on fait leur portrait.

Potins de la Commère (France-Soir 18 juin 1958), **SENNEP**.

Certains politiques vieillis se fixent enfin à une opinion, girouettes que l'hiver, en les rouillant, fait immobiles.

Le Carnet de Monsieur du Paur (Émile-Paul), **Paul-Jean TOULET**.

politique

En politique, il n'y a pas de primeurs. Brusquer s'appelle avorter.

Réflexions sur la Politique (Plon), **Jacques BAINVILLE**.

Un grand politique doit être un scélérat abstrait sans quoi les sociétés sont mal menées. Un politique honnête homme est une machine à vapeur qui sentirait ou un pilote qui ferait l'amour en tenant la barre.

La Maison Nucingen, **Honoré de BALZAC**.

A la campagne et dans les petites villes, faire de la politique, ce n'est, le plus souvent, que haïr son voisin.

Pensées, Maximes, Réflexions, **Comte de BELVÈZE.**

Tout homme qui possède trente millions et qui n'y tient pas est dangereux pour un gouvernement.

Napoléon BONAPARTE.

La politique n'étant qu'un enchaînement de conséquences, toute vérité isolée devient un mensonge dans l'ordre social.

Correspondance et Relations avec Bonaparte, **J. FIÉVÉE.**

La politique dépend des hommes d'État, à peu près comme le temps dépend des astronomes.

Promenades philosophiques (Mercure de France), **Remy de GOURMONT.**

Comme il importe plus, en politique, de se justifier que de faire, les mots y ont plus d'importance que les choses.

Remarques sur l'Action (Gallimard), **Bernard GRASSET.**

En politique, il faut toujours laisser un os à ronger aux frondeurs.

Carnets, **Joseph JOUBERT.**

En démocratie, la politique est l'art de faire croire au peuple qu'il gouverne.

La Politique (Hachette), **Louis LATZARUS.**

En politique internationale, les coups d'épingle répétés finissent par engendrer des coups de canon.

Les Incertitudes de l'Heure présente (Flammarion), **Gustave LE BON.**

L'Élysée des Anciens était une agréable fiction, une heureuse idée poétique; mais l'invention du Tartare était un chef-d'œuvre de politique.

Maximes et Réflexions, **Duc de LÉVIS.**

Tout l'art de la politique est de servir des conjonctures. Nous devons aux règles mêmes et aux exemples l'avantage de nous pouvoir passer des exemples et des règles.

Mémoires pour l'instruction du dauphin, **LOUIS XIV.**

Juste erreur : la politique la moins relative n'est-elle pas celle des gens qui prennent la Bosnie et l'Herzégovine pour deux danseuses?

L'Esprit de Montesquiou, cit. Louis Thomas (Mercure de France),
Robert de MONTESQUIOU.

En politique, les insensés peuvent faire de sorte que ce soient les sages qui aient tort.

Pensées d'un Biologiste (Stock), **Jean ROSTAND.**

En politique, la sagesse est de ne point répondre aux questions. L'art, de ne pas se le les laisser poser.

Voici l'Homme (Albin Michel), **André SUARÈS.**

La politique, dans le sens le plus usuel du mot, n'est que corruption, et par conséquent, d'aucun usage pour un bon roi ou un bon ministre ; c'est pourquoi les cours sont si pleines de politique.

Instructions aux Domestiques, **Jonathan SWIFT.**

La politique est l'art d'empêcher les gens de se mêler de ce qui les regarde.

Tel quel (Gallimard), **Paul VALÉRY.**

On a trouvé, en bonne politique, le secret de faire mourir de faim ceux qui, en cultivant la terre, font vivre les autres.

Le Sottisier, **VOLTAIRE.**

polygamie

Rien ne favorise le mariage, et, par suite, la stabilité sociale, comme l'indulgence en fait de polygamie temporaire.

Physique de l'Amour (Mercure de France), **Remy de GOURMONT.**

popularité

La popularité est faite de deux bassesses : la bassesse de qui l'a et la bassesse de qui la fait.

Les Historiens (Quantin), **BARBEY D'AUREVILLY.**

La popularité, c'est la gloire en gros sous.

Casimir DELAVIGNE.

La popularité est une maladie qui menace d'être d'autant plus chronique qu'elle attaque le patient tard dans la vie.

Journal (Julliard), **Ernst JUNGER.**

Chaque fois qu'on produit un effet, on se donne un ennemi. Il faut rester médiocre, pour être populaire.

Le Portrait de Dorian Gray, trad. E. Jaloux et F. Frapereau (Stock),
Oscar WILDE.

portrait

En règle générale, aucun écrivain ne devrait faire figurer son portrait dans ses ouvrages. Quand les lecteurs ont jeté un coup d'œil sur la physionomie de l'auteur, ils sont rarement capables de garder leur sérieux.

Marginalia, trad. V. Orban (Sansot), **Edgar Allan POE.**

posséder

.Les hommes sont conservateurs de ce qu'ils possèdent et communistes du bien d'autrui.

Penser par étapes (Gallimard), **Malcolm de CHAZAL.**

possession

La possession diminue souvent au lieu de la compléter la connaissance que l'on avait l'un de l'autre.

De l'Amour (Grasset), **Étienne REY.**

Il est certain que la possession d'une chose donne des idées plus justes que le désir. L'homme a plus d'ardeur pour acquérir que pour conserver.

Fragments et Pensées philosophiques (Mercure de France), **RIVAROL.**

Le moment de la possession est une crise de l'amour. Le plus puissant de tous les obstacles à la durée des feux de l'amour est de n'en avoir plus à vaincre, et de se nourrir uniquement d'eux-mêmes. L'univers n'a jamais vu de passion soutenir cette épreuve.

Les Pensées, **Jean-Jacques ROUSSEAU.**

postérité

Celui qui parle de l'avenir est un coquin, c'est l'actuel qui compte. Invoquer la postérité, c'est faire un discours aux asticots.

Voyage au bout de la nuit (Gallimard), **Louis-Ferdinand CÉLINE.**

La postérité, c'est un écolier qui est condamné à apprendre cent vers par cœur. Il en apprend dix, bredouille quelques syllabes, du reste : les dix, c'est la gloire, le reste, c'est l'histoire littéraire.

Promenades philosophiques (Mercure de France), **Remy de GOURMONT.**

Il faut que ces gens-là reçoivent des coups de bâton, car après leur mort, il sera impossible de les punir en insultant leur nom, en le flétrissant, en le stigmatisant — pour cette raison qu'ils n'en laissent pas.

Pensées, **Henri HEINE.**

Postérité. En vain, on fatigue les dieux par les offrandes. Pour avoir une postérité, il faut des couilles et non pas des offrandes.

Maximes et Pensées, **HELVÉTIUS.**

Cent ans après sa mort, le plus grand bonheur qui puisse arriver à un grand homme, c'est d'avoir des ennemis.

Armance, **STENDHAL.**

Où est le risque d'en appeler à la postérité : on n'y est jugé que par contumace.

Les Trois Impostures (Émile-Paul), **Paul-Jean TOULET.**

poudre

L'invention de la poudre en Europe donna un si médiocre avantage à la nation qui s'en servit la première, qu'il n'est pas encore décidé laquelle eut ce premier avantage.

Cahiers, **MONTESQUIEU.**

pouvoir

Il n'y a jamais eu qu'un moyen de se hisser au pouvoir, c'est de crier : Peuple, on te trompe!

Éloge de la Bêtise (Hachette), **Louis LATZARUS.**

Ce n'est pas sans de grands efforts que l'on parvient au sommet des montagnes escarpées : mais il est encore plus pénible, souvent même dangereux, d'en descendre. C'est l'image du pouvoir.

Maximes et Réflexions, **Duc de LÉVIS.**

Le monde a la démarche d'un sot, il s'avance en se balançant mollement entre deux absurdités : le droit divin et la souveraineté du peuple.

Journal intime, **Alfred de VIGNY.**

précaire

Le mot précaire signifie aujourd'hui une chose ou un état mal assuré et prouve le peu qu'on obtient par la prière, puisque ce mot vient de là.

Fragments et Pensées littéraires (Mercure de France), **RIVAROL.**

prédication

Les prédications des ecclésiastiques servent à retenir les gens bien disposés dans la voie de la vertu, mais y amènent peu ou point les vicieux.

Instructions aux Domestiques, **Jonathan SWIFT.**

préfet

Préfet : un uniforme qui a trop tendance à se changer en livrée.

Le Carnaval du Dictionnaire (Calmann-Lévy), **Pierre VÉRON.**

préjugé

C'est un préjugé de croire qu'on ne peut partager les préjugés que par préjugé.

Journal (G. Crès et Cie), **Marie LENERU.**

La liberté, dit Lénine, est un préjugé de bourgeois. L'égalité est un préjugé de prolétaire.

Derrière Cinq Barreaux (Gallimard), **Maurice SACHS.**

Préjugés, solutions moyennes. De là qu'ils s'imposent et qu'ils révoltent...

Voici l'Homme (Albin Michel), **André SUARÈS.**

présent

Le présent est fait de déformations du passé et d'ébauches imprécises de l'avenir. Et quoi qu'on fasse, le présent n'est jamais qu'une vaste et bruyante fabrique du passé.

Le Livre de mon bord (Mercure de France), **Pierre REVERDY.**

Celui-là seul connaît vraiment l'enfer, qui a appris ce que c'est vraiment que le présent.

L'Affaire Maurizius, trad. Jean Gabriel Guidau (Plon),
Jakob WASSERMANN.

présomption

J'appelle la présomption un mal sacré et la vue un mensonge.

Fragments originaux, trad. Y. Battistini (Cahiers d'art),
HÉRACLITE D'ÉPHÈSE.

Injustice : que la présomption soit jointe à la misère, c'est une extrême injustice.

Pensées, **Blaise PASCAL.**

presse

La presse étant un sacerdoce, il faut bien pourvoir aux frais du culte.

Les Effrontés, **Émile AUGIER.**

La presse, comme la femme, est admirable et sublime quand elle avance un mensonge, elle ne vous lâche pas qu'elle ne vous ait forcé à y croire, et elle déploie les plus grandes qualités dans cette lutte où le public, aussi bête que le mari, succombe toujours.

Monographie de la Presse parisienne, **Honoré de BALZAC.**

La presse est une bouche forcée d'être toujours ouverte et de parler toujours. De là vient qu'elle dit mille fois plus qu'elle n'a à dire et qu'elle divague souvent et extravague.

Journal intime, **Alfred de VIGNY.**

prestidigitation

La prestidigitation est un art charmant qui apprend inutilement ce que vaut le sens commun et ce que pèse l'évidence.

GAVARNI.

prétention

Les prétentions sont des lettres de change tirées sur l'amour-propre du voisin qui les renvoie toujours protestées.

Pensées, Maximes, Réflexions, **Comte de BELVÈZE.**

prêtre

Si pauvre type que soit tel prêtre, il a toujours la supériorité sur la plupart des autres hommes de n'être pas marié.

Carnets (Gallimard), **Henry de MONTHERLANT.**

Ce n'est pas Dieu qui s'assujettit des prêtres. Ce sont eux qui s'en emparent et qui s'en servent. La pureté de leurs intentions ne fait rien à l'affaire.

Derrière Cinq Barreaux (Gallimard), **Maurice SACHS.**

Les prêtres sont aux monarques ce que les précepteurs sont aux pères de famille : il faut qu'ils soient les maîtres des enfants, mais qu'ils obéissent au père.

Le Sottisier, **VOLTAIRE.**

preuve

... Il n'y a que la preuve à faire de ce qu'on pense qui présente de sérieux obstacles.

Correspondance. A Emile Bernard. 21-9-1906 (Grasset), **Paul CÉZANNE.**

prévoyant

Celui qui pourvoit uniquement à l'avenir est moins prévoyant que celui qui ne pourvoit qu'à l'instant, car il ne pourvoit même pas à l'instant, mais seulement à sa durée.

Préparatifs de Noce à la campagne, trad. Marthe Robert (Gallimard),
Franz KAFKA.

prière

Les prières sont pour les hommes ce que sont les poupées pour les enfants. Elles ne manquent ni d'utilité, ni d'agrément, mais il est difficile de les prendre au sérieux.

Carnets, trad. Valery Larbaud (Gallimard), **Samuel BUTLER.**

Il y a certes bien des absurdités dans ces innombrables prières jetées tous les soirs dans la boîte aux lettres de l'infini.

Victor HUGO.

La prière, croyez-moi, n'est souvent pour beaucoup que le besoin, quand on se sent seul, de parler à la seconde personne.

Prétextes (Mercure de France), **André GIDE.**

Prier Dieu c'est se flatter qu'avec des paroles, on changera toute la nature.

Le Sottisier, **VOLTAIRE.**

prince

Dîtes à ce prince qu'il ne doit compte de ses actions qu'à Dieu seul, et bientôt il agira comme s'il n'en devait compte à personne.

Remarques sur le bon sens, Londres 1774, **d'HOLBACH.**

Tous les hommes sont des bêtes. Les princes sont des bêtes qui ne sont pas attachées.

Cahiers (Grasset), **MONTESQUIEU.**

principe

Les meilleurs principes se recommandent plus par le succès que par les moyens mis à leur service.

Vogue la galère (Grasset), **Marcel AYMÉ.**

Ce que les hommes nous pardonnent le moins, c'est de ne pas nous régler d'après leurs principes. Ils voient une bravade dans le seul fait qu'un individu veut être heureux à sa guise. Ils se trouvent tous instinctivement d'accord contre lui.

La Vie amoureuse d'Henri Beyle (Flammarion), **Abel BONNARD.**

La plupart des hommes, en politique comme en tout, concluent des résultats de leurs imprudences à la fermeté de leurs principes.

Journal intime, **Benjamin CONSTANT.**

Les principes sont les principes, dussent les rues ruisseler de sang.

Souvenirs, trad. S. et J. Vallette (Hartmann), **Rudyard KIPLING.**

prison

Pour donner de l'attrait à la prison, il faudrait qu'elle ne fût point gratuite.

Poésies documentaires. Le Manège de Bicyclettes (Gallimard),
Pierre MAC ORLAN.

probité

On fabrique de la probité avec toutes sortes de vices, comme on fait du papier blanc avec des guenilles de mille couleurs.

Sans titre, **Xavier FORNERET.**

La probité est en calcul ce qu'il y a de plus sûr et de plus avantageux à la longue. Beaucoup de friponneries sont des erreurs de calcul.

Considérations sur l'Esprit et les Mœurs, **SÉNAC DE MEILHAN.**

Mais il est d'une haute probité! — Et que diable voulez-vous qu'il soit? C'est la seule vertu laissée aux petites gens.

Mémoires d'un Touriste, 1838, **STENDHAL.**

La probité, qui empêche les esprits médiocres de parvenir à leurs fins, est un moyen de plus de réussir pour les habiles.

Maximes, **VAUVENARGUES.**

prochain

Prochain (n.) : celui qu'on nous ordonne d'aimer comme nous-mêmes, et qui s'emploie par tous les moyens à nous rendre désobéissants.

Le Dictionnaire du Diable, trad. Jacques Papy (Éd. Les Quatre Jeudis), **Ambrose BIERCE.**

Aimer son prochain, certes, mais même le soleil, comme on l'aime — où il est. Imaginez s'il allait se mettre à se rapprocher.

En vrac (Éd. du Rocher), **Pierre REVERDY.**

prodigalité

La libéralité de l'indigent est nommée prodigalité.

Réflexions et Maximes, **VAUVENARGUES.**

profession

Toutes les professions sont des conspirations contre les profanes.

L'Esprit de Bernard Shaw, cit. Léon Treich (Gallimard), **Bernard SHAW.**

progrès

Mille choses avancent; neuf cent quatre-vingt-dix-neuf reculent : c'est là le progrès.

Journal intime, **Henri-Frédéric AMIEL.**

Tout progrès est basé sur le désir, universel et inné chez tout organisme, de vivre en dépensant plus que son revenu.

Carnets, trad. Valery Larbaud (Gallimard), **Samuel BUTLER.**

Ce qu'on appelle le progrès n'est que l'invasion des bipèdes qui n'ont de cesse qu'ils n'aient tout transformé en odieux quais avec bec de gaz et — ce qui est pis encore — avec éclairage électrique.

Correspondance. A Paul Conil, 1-9-1902 (Grasset), **Paul CÉZANNE.**

Le progrès de la connaissance se résume peut-être en une meilleure compréhension de notre ignorance.

La Monnaie (Rivière), **Robert MOSSÉ.**

L'homme raisonnable s'adapte lui-même au monde. Celui qui est déraisonnable persiste à vouloir adapter le monde à lui-même. Aussi tout progrès dépend de l'homme déraisonnable.

Bréviaire du Révolutionnaire, trad. A. et H. Hamon (Aubier), **G. B. SHAW.**

D'être sans noyau c'est un progrès pour la prune, mais du point de vue de ceux qui la mangent.

Les Trois Impostures (Émile-Paul), **Paul-Jean TOULET.**

progresser

Je sens que je progresse à ceci que je recommence à ne rien comprendre à rien.

Journal (Grasset), **C. F. RAMUZ.**

promettre

Nous promettons avec nos espérances et nous tenons avec nos déboires.

Notes d'Album (G. Crès et Cie), **Henry BECQUE.**

prophète

Il y a deux voies pour le prophète : ou annoncer un avenir conforme au passé, ou se tromper.

Promenades philosophiques (Mercure de France), **Remy de GOURMONT.**

propriété

Le premier qui inventa les fossés était sans doute un homme faible, car la société ne profite qu'aux gens chétifs. Placés aux deux extrémités du monde moral, le sauvage et le penseur ont également horreur de la propriété.

La Peau de Chagrin, **Honoré de BALZAC.**

La propriété est nécessaire, mais il ne l'est pas qu'elle reste toujours dans les mêmes mains.

Promenades philosophiques (Mercure de France), **Remy de GOURMONT.**

La propriété, c'est le vol...

Note n° 31 du « Catéchisme social » d'Honoré de Balzac, **PROUDHON.**

prospérité

La prospérité tourne plus la tête que l'adversité; c'est que l'adversité vous avertit et que la prospérité fait qu'on s'oublie.

Cahiers (Grasset), **MONTESQUIEU.**

La prospérité est un état qui ne connaît pas le repos.

Lettres à Lucilius, trad. J. — C. Labracherie, **SÉNÈQUE.**

prostitution

L'amour, c'est le goût de la prostitution. Il n'est même pas de plaisir noble qui ne puisse être ramené à la prostitution.

Journaux intimes, **Charles BAUDELAIRE.**

Il n'y a pour les nobles qu'un moyen de fortune et de même pour tous ceux qui ne veulent rien faire, c'est la prostitution. La Cour l'appelle galanterie.

Paul-Louis COURIER.

On a vu mourir d'amour des demoiselles qui en vivaient jusqu'alors.

L'Esprit d'Henri Duvernois, cit. Léon Treich (Gallimard), **Henri DUVERNOIS.**

Partout où le corps se livre avant que le cœur se donne, dans un palais comme dans un bouge, il y a prostitution et tout mariage sans amour est la prostitution consacrée.

Charles LEMESLE.

Pour la femme, il n'y a qu'un seul point d'honneur : elle doit croire aimer davantage qu'elle n'est aimée. Au-delà de ce point, commence sans transition la prostitution.

Œuvres posthumes, trad. Henri Jean Bolle (Mercure de France), **NIETZSCHE.**

protestant

Les pays protestants manquent de deux éléments indispensables au bonheur d'un homme bien élevé, la galanterie et la dévotion.

Journaux intimes, **Charles BAUDELAIRE.**

protocole

Le protocole est le protocole. Il tue sa mère, mais porter des pantalons gris, ça non !

Ulysse, trad. A. Morel et Stuart Gilbert (Gallimard), **James JOYCE.**

L'étiquette des cours est assez simple, comme tout ce qui est noble. Mais rien n'égale en énigmes le protocole des petites gens.

Le Diable au Corps (Grasset), **Raymond RADIGUET.**

prouver

On prouve tout ce qu'on veut et la vraie difficulté est de savoir ce qu'on veut prouver.

Système des Beaux-Arts (Gallimard), **ALAIN.**

Prouver que j'ai raison serait accorder que je puis avoir tort.

Le Mariage de Figaro, **BEAUMARCHAIS.**

providence

Bénie soit la Providence qui a donné à chacun un joujou, la poupée à l'enfant, l'enfant à la femme, la femme à l'homme, et l'homme au diable !

Journal, janvier 1832, **Victor HUGO.**

Il n'est pas un archevêque, ni un savant illustre, qui ne croie à la Providence, chacun de son côté : le savant en contemplant sa science et l'archevêque en regardant son archevêché.

Remarques (Gallimard), **André SUARÈS.**

province

La province dépasse le roman. Jamais le roman n'inventera la femme d'un commandant de gendarmerie mettant en vers les sermons du vicaire.

Journal (Flammarion-Fasquelle), **E. et J. de GONCOURT.**

En province, la pluie devient une distraction.

Idées et Sensations, **E. et J. de GONCOURT.**

prudence

La Prudence est une riche et laide vieille fille à qui l'incapacité fait la cour.

Le Mariage du Ciel et de l'Enfer, trad. A. Gide (Aveline), **William BLAKE.**

Les hommes prudents savent toujours se faire un mérite des actes auxquels la nécessité les a contraints.

Bréviaire républicain tiré des Décades de Tite-Live, **MACHIAVEL.**

Point d'argent mieux placé que celui dont nous nous sommes laissé voler, car il nous a immédiatement servi à acheter de la prudence.

La Sagesse de la Vie, **SCHOPENHAUER.**

La prudence, c'est la peur marchant sur la pointe des pieds.

Le Figaro..., **Miguel ZAMACOÏS.**

pruderie

La pruderie est l'hypocrisie de la pudeur.

Nicolas MASSIAS.

La pruderie est une espèce d'avarice, la pire de toutes.

De l'Amour, **STENDHAL.**

psychologie

L'objet de la psychologie est de nous donner une idée tout autre des choses que nous connaissons le mieux.

Tel quel (Gallimard), **Paul VALÉRY.**

psychologue

Le psychologue : une crème de menthe qui voudrait passer pour une absinthe.

Bruits de Café (Giraud-Badin), **Léon-Paul FARGUE.**

Les psychologues me font souvent penser à des horlogers habiles à monter et à démonter une montre et qui oublieraient de regarder l'heure qu'elle marque.

Donc.... (Sagittaire), **Henri de RÉGNIER.**

public

Le public est relativement au génie une horloge qui retarde.

L'Art romantique, **Charles BAUDELAIRE.**

L'opinion publique : le public achète ses opinions comme il achète sa viande ou se fait apporter son lait, selon le principe que cela coûte moins cher que d'avoir une vache. Sans doute, mais il y a plus de chance pour que le lait soit mouillé.

Carnets, trad. Valery Larbaud (Gallimard), **Samuel BUTLER.**

Le public est gouverné comme il raisonne : son droit est de dire des sottises comme celui des ministres est d'en faire.

*

Le public ne croit point à la pureté de certaines vertus et de certains sentiments : et en général, le public ne peut guère s'élever qu'à des idées basses.

Pensées, Maximes et Anecdotes, **CHAMFORT.**

Le public a l'esprit juste, solide et pénétrant : cependant comme il n'est composé que d'hommes, il y a souvent de l'homme dans ses jugements.

Les Amusements sérieux et comiques d'un Siamois, **Charles du FRESNY.**

Le public exige d'être traité comme les femmes auxquelles il ne faut surtout rien dire que ce qu'il leur plaît d'entendre.

Maximes et Réflexions, trad. G. Bianquis (Gallimard), **GŒTHE.**

Le public ne connaît du charme, de la grâce des formes, que ce qu'il en a puisé dans les poncifs d'un art lentement assimilé.

Du côté de chez Swann (Gallimard), **Marcel PROUST.**

Le public est prodigieusement tolérant, il pardonne tout sauf le génie.

L'Esprit d'Oscar Wilde, cit. Léon Treich (Gallimard), **Oscar WILDE.**

publier

Publier un livre, c'est parler à table devant les domestiques.

Carnets (Gallimard), **Henry de MONTHERLANT.**

pudeur

Il déteste la vérité par pudeur, parce qu'elle est nue.

Main courante (Grasset), **Maurice CHAPELAN**.

La pudeur est la conception la plus raffinée du vice. Elle parachève l'hypocrisie des sentiments.

Le Pour et le Contre (Publ. Papyrus), cit. Tribouillois et Rousset,
Maurice DEKOBRA.

Celles qui ont perdu la pudeur s'en font une affectée, qui s'effarouche bien plus aisément que la naturelle : j'en connais qui s'alarment au moindre mot équivoque et qui marquent trop de crainte des choses qu'elles ne devraient point savoir.

Les Amusements sérieux et comiques d'un Siamois, **Charles du FRESNY**.

Deux raisons contraires incitent une femme à la pudeur. Elle cache le siège de ses infirmités, le canal de ses impuretés. Et elle cache la fleur de sa beauté, la fleur de son corps. Elle a raison dans les deux cas.

Dernières Pages inédites, publ. M. Corday (Calmann-Lévy), **Anatole FRANCE**.

La pudeur n'est faite que pour les laides; c'est une invention moderne et chrétienne.

Mademoiselle de Maupin, **Théophile GAUTIER**.

La pudeur est la forme délicate de l'hypocrisie.

*

La pudeur sexuelle est un progrès sur l'exhibitionnisme des singes.

Promenades philosophiques (Mercure de France), **Remy de GOURMONT**.

Les femmes font tant de cas de la pudeur qu'elles veulent toutes en avoir, même celles qui, en fait d'hommes, ne craignent que les voleurs.

Charles LEMESLE.

La pudeur n'est qu'un artifice qui confère plus de valeur à l'abandon.

Lui ou les Femmes et l'Amour (Sagittaire), **Henri de RÉGNIER**.

La pudeur est une question d'éclairage.

De l'Amour (Grasset), **Étienne REY**.

La pudeur, dans l'espèce humaine, est l'éloignement de tout ce qui altérerait le plaisir et en détruirait l'illusion.

SÉNANCOUR.

Il est clair que les trois quarts de la pudeur sont une chose apprise. C'est peut-être la seule loi, fille de la civilisation, qui ne produise que du bonheur.

*

Il est beaucoup plus contre la pudeur de se mettre au lit avec un homme qu'on n'a vu que deux fois, après trois mots latins dits à l'église, que de céder malgré soi à un homme qu'on adore depuis deux ans.

De l'Amour, **STENDHAL.**

La pudeur est le parfum de la volupté; la satiété est l'arôme du dégoût. Et la pudeur accroît la volupté, comme la satiété l'écœure.

Voici l'Homme (Albin Michel), **André SUARÈS.**

Ce n'est pas naturellement que les femmes ont de la pudeur et l'on voit bien que cette vertu fut imaginée par les hommes à l'usage de leurs vices.

Les Trois Impostures (Émile-Paul), **Paul-Jean TOULET.**

puissance

La puissance ne consiste pas à frapper fort ou souvent, mais à frapper juste.

Physiologie du Mariage, **Honoré de BALZAC.**

La puissance ne se montre que si l'on en use avec injustice.

Le Diable au Corps (Grasset), **Raymond RADIGUET.**

Dans le Moyen Age, comme de nos jours, la force faisait tous les droits; mais aujourd'hui la puissance cherche à donner à ses actions l'apparence de la justice.

Rome, Naples et Florence, **STENDHAL.**

pureté

La pureté : un vieux mot pour lequel il faut déjà recourir au dictionnaire.

De l'Amour (Grasset), **Étienne REY.**

La pureté est le pouvoir de contempler la souillure.

La Pesanteur et la Grâce (Plon), **Simone WEIL.**

purgatoire

De toutes les inventions qu'on a jamais trouvées, la plus belle est le Purgatoire, celle qui a produit le plus de grandeurs, le plus de dignités et le plus d'argent.

Marquis de LASSAY.

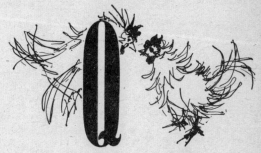

comme Querelle

quadrature

Je disais : « La Nature a donné la quadrature aux mauvais géomètres pour les délices de leur vie. »

Cahiers (Grasset), **MONTESQUIEU.**

qualité

Il y a peu de vices qui empêchent un homme d'avoir beaucoup d'amis, autant que peuvent le faire de trop grandes qualités.

Pensées, Maximes et Anecdotes, **CHAMFORT.**

Croyez-moi, Vicomte, on acquiert rarement les qualités dont on peut se passer.

Les Liaisons dangereuses, **CHODERLOS DE LACLOS.**

La qualité, c'est de la quantité assimilée.

Suite familière (Gallimard), **Léon-Paul FARGUE.**

Je ne sais si on se corrige de ses défauts, mais on se dégoûte de ses qualités, surtout quand on les retrouve chez les autres.

Journal (Gallimard), **Jules RENARD.**

J'ai connu des gens possédant de bonnes qualités qui, très utiles aux autres, ne leur servaient de rien à eux-mêmes : comme d'un cadran solaire qui, placé sur la façade d'une maison, est vu des voisins et des passants mais non du propriétaire qui est chez lui.

Instructions aux Domestiques, **Jonathan SWIFT.**

querelle

Les querelles ne dureraient pas longtemps, si le tort n'était que d'un côté.

Réflexions ou Sentences et Maximes morales, **LA ROCHEFOUCAULD.**

question

Il n'est point nécessaire que toutes les questions trouvent leur réponse. Pour les plus importantes, c'est déjà beaucoup qu'elles aient été posées.

Aphorismes et Réflexions, Almanach des Lettres françaises et étrangères. T. I. 1924 (G. Crès et Cie), **Friedrich HEBBEL.**

Les questions qui ne se donnent pas de réponse elles-mêmes en naissant n'obtiennent jamais de réponse.

Journal, trad. Marthe Robert (Grasset), **Franz KAFKA.**

 comme Révolution

raccommoder

Ce n'a jamais été bien de raccommoder les vêtements. Jetez-les quand ils ont des trous et achetez-en de neufs. Raccommoder, c'est antisocial.

Le Meilleur des Mondes, trad. J. Castier (Plon), **Aldous HUXLEY.**

railleur

Il faut beaucoup d'esprit pour soutenir le personnage de railleur, et peu de bon sens pour l'entreprendre.

Manuel de Morale, trad. d'Antelmy, **G. E. LESSING.**

De la raillerie : tout homme qui raille veut avoir de l'esprit; il veut même en avoir plus que celui qu'il plaisante. La preuve en est que, si ce dernier répond, il est déconcerté.

Cahiers (Grasset), **MONTESQUIEU.**

raison

Je voyais que souvent, pour mettre la raison sur la voie de la vérité, il faut commencer par la tromper; les ténèbres ont nécessairement précédé la lumière.

Mémoires, **CASANOVA DE SEINGALT.**

Il est consolant de penser que si la folie ne gagne rien au contact de la raison, en revanche la raison s'altère au contact de la folie.

La Philosophie de Georges Courteline (Flammarion), **Georges COURTELINE.**

Si la raison est un don du Ciel et que l'on en puisse dire autant de la foi, le Ciel nous a fait deux présents incompatibles et contradictoires.

Addition aux Pensées philosophiques, **DIDEROT.**

La raison est ce qui effraie le plus chez un fou.

Monsieur Bergeret à Paris (Calmann-Lévy), **Anatole FRANCE.**

Les hommes sont toujours contre la raison quand la raison est contre eux.

Maximes et Pensées, **HELVÉTIUS.**

La raison humaine est une plaisante chose : dans votre bouche, comme dans celle de tout le monde, « il a tort » veut dire : « Il ne pense pas comme moi. » « Il a raison » signifie : « Il est de mon avis. »

Alphonse KARR.

Ce que toute la raison ne peut faire, le temps et la paresse en viennent à bout.

Marquis de LASSAY.

La dernière raison des rois : le boulet. La dernière raison des peuples : le pavé.

Journal, août 1830, **Victor HUGO.**

La raison se perd par le raisonnement.

Voix, trad. R. Caillois (Guy Levis-Mano Éd.), **Antonio PORCHIA.**

Je ne puis me persuader que, pour avoir raison, on soit indispensablement obligé de parler le dernier...

Lettre à M. Grimm, **J.-J. ROUSSEAU.**

C'est une grande erreur de considérer que l'homme est un être raisonnable. Le pouvoir de raisonner ne confère pas la raison.

La raison est un merveilleux instrument qui ne sert qu'après coup. Un criminel tue : son avocat raisonne.

Derrière Cinq Barreaux (Gallimard), **Maurice SACHS.**

Quelle jolie créature que l'homme quand il erre en pourpoint et en haut-de-chausses sans avoir sa raison !

Beaucoup de bruit pour rien, **William SHAKESPEARE.**

La raison aussi est un outrage : aux femmes, aux sentiments, à l'instinct. C'est pourquoi la raison peut faire un parti. Et il l'emporte en offenses sur tous les autres.

Voici l'Homme (Albin Michel), **André SUARÈS.**

Les hommes nous pardonnent aussi malaisément d'avoir raison que si cela les mettait à chaque fois dans leur tort.

Les Trois Impostures (Émile-Paul), **Paul-Jean TOULET.**

La raison rougit des penchants dont elle ne peut rendre compte.

La raison ne connaît pas les intérêts du cœur.

Maximes et Réflexions, **VAUVENARGUES.**

raisonnable

On qualifie souvent de raisonnables des gens qui n'ont pas eu assez l'appétit du bonheur pour commettre des sottises qui leur fussent bienfaisantes.

Conjectures et nouvelles Conjectures (Armand Huart), **Hector TALVART.**

raisonnement

Vous faites le ménage de l'univers avec les ustensiles du raisonnement. Bon. Vous arrivez à une saleté bien rangée.

Sous la lampe (Gallimard), **Léon-Paul FARGUE.**

Le raisonnement est une espèce de machine intellectuelle à l'aide de laquelle on conclut, c'est-à-dire on enferme dans une opinion déjà adoptée une autre opinion qui souvent n'y entre pas naturellement.

Le raisonnement n'est bon que dans les matières où nous n'y voyons goutte. C'est le vrai bâton de l'aveugle.

Carnets, **Joseph JOUBERT.**

Un raisonnement demande un raisonnement. La maxime est une loi qui renferme un ensemble de raisonnements. Un raisonnement se complète à mesure qu'il s'approche de la maxime. Devenu maxime, sa perfection rejette les preuves de la métamorphose.

Poésies, **Comte de LAUTRÉAMONT.**

D'idées vraies en idées vraies et de clartés en clartés, le raisonnement peut n'arriver qu'à l'erreur.

De l'Homme intellectuel, **RIVAROL.**

raisonner

Une femme qui raisonne est une femme à bout de sentiments.

Penser par étapes (Éd. Pierre Bettencourt), **Malcolm de CHAZAL.**

Je mets les choses au pire, parce que je trouve que c'est là la vraie façon de raisonner.

Correspondance avec Talleyrand, **LOUIS XVIII.**

De ce qu'il y a quelques poissons qui bondissent hors de leur élément et font mine de vouloir voler, en faut-il conclure que l'espèce entière est destinée à voler, en effet, et à passer, après la mort, à l'état d'oiseau? C'est pourtant ainsi que l'homme a raisonné pour l'homme.

Les Cahiers, **SAINTE-BEUVE.**

Quand on a raison, il faut raisonner comme un homme; et comme une femme, quand on a tort.

Les Trois Impostures (Émile-Paul), **Paul-Jean TOULET.**

rancune

Toutes les rancunes viennent de ce que, restés au-dessous de nous-mêmes, nous n'avons pu nous rejoindre. Cela, nous ne le pardonnerons jamais aux autres.

Syllogismes de l'Amertume (Gallimard), **E.-M. CIORAN.**

rat

Le rat, après deux heures en plein soleil, est perdu. Il va faire du cancer solaire. Qui ne l'excusera, après cela, de préférer à la lumière l'ombre fortifiante des égouts?

Passages (Gallimard), **Henri MICHAUX.**

réaliste

Vous êtes tous les mêmes, vous autres les réalistes : quand vous ne savez plus que dire, c'est le langage des idéalistes que vous empruntez.

Goetz in *Le Diable et le Bon Dieu* (Gallimard), **Jean-Paul SARTRE.**

réalité

La réalité n'est jamais qu'une amorce à un inconnu sur la voie duquel nous ne pouvons aller bien loin.

La Prisonnière (Gallimard), **Marcel PROUST.**

La réalité, elle serait très bonne et très simple, si l'homme ne s'était pas mis en tête de vouloir expliquer ce qu'elle est.

Le Livre de mon bord (Mercure de France), **Pierre REVERDY.**

rebelle

Rebelle (n) : celui qui propose un désordre nouveau et n'a pas réussi à l'établir.

La Dictionnaire du Diable, trad. Jacques Papy (Éd. Les Quatre Jeudis), **Ambrose BIERCE.**

réception

C'est, les trois quarts du temps, des gens que cela excède de recevoir des gens que cela excède de venir et qui n'invitent que par utilité des gens qui ne viennent que par intérêt.

Gens de Qualité (Plon), **Fernand VANDEREM.**

réconciliation

Les réconciliations ont un intérêt tout spécial et qu'il faut savoir apprécier. Ce sont des rechutes légères, dont on revient complètement guéri.

Notes d'Album (G. Crès et Cie), **Henry BECQUE.**

La réconciliation avec nos ennemis n'est qu'un désir de rendre notre condition meilleure, une lassitude de la guerre, et une crainte de quelque mauvais événement.

Réflexions ou Sentences et Maximes morales, **LA ROCHEFOUCAULD.**

Un homme que je sais se réconcilia avec son ennemi, quand celui-ci fut proche de mourir, pour avoir ses entrées à son lit de mort et pouvoir jouir de son agonie.

Carnets (Gallimard), **Henry de MONTHERLANT.**

réconforter

Réconforter l'être devient à la longue une routine, autant que l'acte sexuel.

Le Fond du Problème, trad. M. Sibon (Laffont), **Graham GREENE.**

reconnaissance

En général, j'ai remarqué qu'il fallait remercier les hommes le moins possible parce que la reconnaissance qu'on leur témoigne les persuade aisément qu'ils en font trop! J'ai vu plus d'une fois des gens reculer au milieu d'une bonne action parce que, dans leurs transports, ceux pour qui ils la faisaient leur en exagéraient l'étendue.

Journal intime, **Benjamin CONSTANT.**

La reconnaissance de la plupart des hommes n'est qu'une secrète envie de recevoir de plus grands bienfaits.

Ce qui fait le mécompte dans la reconnaissance qu'on attend des grâces que l'on vous a faites, c'est que l'orgueil de celui qui donne et l'orgueil de celui qui reçoit ne peuvent convenir du prix du bienfait.

Réflexions ou Sentences et Maximes morales, **LA ROCHEFOUCAULD.**

Ce doit être une femme qui a inventé la reconnaissance du ventre.

Le Livre de mes Amis (Sansot), **Charles REGISMANSET.**

recrue

Recrue (n) : celui qui se distingue d'un civil par un uniforme, et d'un soldat par sa démarche.

Le Dictionnaire du Diable, trad. Jacques Papy (Éd. Les Quatre Jeudis),
Ambrose BIERCE.

recueil

La plupart des faiseurs de recueils de vers ou de bons mots ressemblent à ceux qui mangent des cerises ou des huîtres, choisissent d'abord les meilleures et finissent par tout manger.

Pensées, Maximes et Anecdotes, **CHAMFORT.**

réfléchir

Il vaut mieux ne pas réfléchir du tout que de ne pas réfléchir assez.

Triplepatte (Librairie Théâtrale), **Tristan BERNARD.**

Les Français prennent toute obscurité pour un outrage personnel. Ils sont si sûrs de leur subtilité naturelle qu'ils refusent de réfléchir.

Les Profondeurs de la Mer (Plon), **Edmond JALOUX.**

Je me permets quelquefois de réfléchir entre mes repas, ce qui fait perdre énormément de temps.

Avant-propos au compte rendu du Congrès de Dresde Cahier n° 16, V Série°
(Gallimard), **Charles PÉGUY.**

reflet

Le reflet est pour les couleurs ce que l'écho est pour les sons.

Carnets, **Joseph JOUBERT.**

réflexe

On appelle réflexe les mouvements que l'on fait sans réflexion.

Le Retour de Jérusalem (Fasquelle), **Maurice DONNAY.**

réflexion

J'ose presque dire que l'état de réflexion est un état contre nature et que l'homme qui médite est un animal dépravé...

Discours sur l'origine et les fondements de l'inégalité parmi les hommes,
Jean-Jacques ROUSSEAU.

Personne n'est sujet à plus de fautes que ceux qui n'agissent que par réflexion.

Maximes et Réflexions, **VAUVENARGUES.**

refuser

J'ai pris l'habitude de ne jamais donner les raisons d'un refus. Refuser en donnant des raisons, ce n'est point refuser.

Histoire de mes Pensées (Gallimard), **ALAIN.**

Savoir refuser est d'aussi grande importance que savoir octroyer; et c'est un point très nécessaire à ceux qui commandent. Oui et non sont bien courts à dire : mais avant de les dire, il y faut penser longtemps.

L'Homme de Cour, prés. A. Rouveyre (Grasset), **Baltasar GRACIAN.**

réfuter

Si quelqu'un prétend m'avoir réfuté, il ne réfléchit pas qu'il n'a fait qu'opposer une opinion à une autre. Cela ne règle rien. Un tiers aura le droit d'en faire autant à son égard, et ainsi de suite.

Maximes et Réflexions, trad. G. Bianquis (Gallimard), **GŒTHE.**

regard

Le regard chez une jeune femme est un interprète toujours charmant qui se charge de dire avec complaisance ce que la bouche n'ose prononcer.

MARIVAUX.

Il n'y a pas de dureté plus implacable que celle des regards qui sont revenus de la tendresse.

De l'Amour (Grasset), **Étienne REY.**

régime

Quand un régime tombe en pourriture, il devient pourrisseur : sa décomposition perd tout ce qui l'approche.

La Dentelle du Rempart (Grasset), **Charles MAURRAS.**

régner

L'amour de mon peuple a retenti jusqu'au fond de mon cœur. Ah! l'on peut commander ailleurs, mais c'est en France qu'on règne.

Lettre à Marie-Antoinette, **LOUIS XVI.**

religieux

Il ne faut pas oublier que religieux n'est pas plus synonyme de saint que soldat ne l'est de héros.

En vrac (Éd. du Rocher), **Pierre REVERDY.**

religion

Une religion sans surnaturel, cela me fait penser à une annonce que j'ai lue ces années-ci dans les grands journaux : vin sans raisin.

Journal (Flammarion-Fasquelle), **E. et J. de GONCOURT.**

La morale de toutes les religions est à peu près la même : l'histoire de tous les cultes est la même aussi. Les hommes, dans tous les temps, ont fait de la religion un instrument d'ambition et d'injustice.

Correspondance inédite, 1757, **GRIMM.**

La religion est la seule métaphysique que le vulgaire soit capable d'entendre et d'adopter.

Carnets, **Joseph JOUBERT.**

L'avenir appartient à l'Église qui aura les portes les plus larges.

Alphonse KARR.

La religion est le soupir de la créature accablée par le malheur, l'âme d'un monde sans cœur, de même qu'elle est l'esprit d'une époque sans esprit. C'est l'opium du peuple.

Contribution à la critique de la philosophie (Gallimard), **Karl MARX.**

La religion, débarrassée de la foi, est une chose aimable, presque jolie. Certains fruits sont meilleurs secs que frais : c'est le cas de la religion et la religion, quand il n'y reste que l'agréable et familière habitude, peut se défendre.

Mémoires de ma Vie morte, trad. J. Aubry (Grasset), **George MOORE.**

Vous dites que vous croyez à la nécessité de la religion? Soyez sincère! Vous croyez à la nécessité de la police.

Œuvres posthumes, trad. Henri-Jean Bolle (Mercure de France), **NIETZSCHE.**

On croit volontiers qu'une religion est immortelle lorsqu'à sa naissance il y a un peu de sang.

Le Maître de son Cœur (Stock), **Paul RAYNAL.**

La religion est une fatigante solution de paresse.

Mes Inscriptions (Gallimard), **Louis SCUTENAIRE.**

Sous la forme d'Églises, les religions sont l'expression de la race et le conservatoire de tous les préjugés propres à la race. Le charnier aussi.

Xénies (Émile-Paul), **André SUARÈS.**

Nous avons tout juste assez de religion pour nous haïr, mais pas assez pour nous aimer les uns les autres.

Instructions aux Domestiques, **Jonathan SWIFT.**

Il faut avoir une religion, et ne pas croire aux prêtres; comme il faut avoir du régime, et ne pas croire aux médecins.

Pensées (Journal du Siècle 1868), **VOLTAIRE.**

remords

Ce besoin de remords qui précède le mal, que dis-je! qui le crée...

Syllogismes de l'Amertume (Gallimard), **E.-M. CIORAN.**

Le remords, c'est le crime enfoncé dans l'âme, qui s'oxyde.

Victor HUGO.

Ceux qui connaissent les hommes savent que le regret de n'avoir pas fait une mauvaise action profitable est bien plus commun que le remords.

Maximes et Réflexions, **Duc de LÉVIS.**

Un homme quel qu'il soit, ayant toujours suivi l'impulsion de ses instincts, ne peut connaître les remords. Le cannibale ne peut concevoir un doute sur le régime alimentaire qu'il a suivi toute son existence.

Petit Manuel du parfait Aventurier (La Sirène), **Pierre MAC ORLAN.**

Le remords n'est qu'une rouille sur le tranchant d'un acier splendide.

Voici l'Homme (Albin Michel), **André SUARÈS.**

renommée

La renommée, cette sourde sonneuse de fanfares, qui ne s'entend pas elle-même quand elle sonne, car souvent elle s'interromprait.

De l'Histoire (Lemerre), **BARBEY D'AUREVILLY.**

La renommée est un instrument à vent que font résonner les soupçons, les jalousies, les conjectures.

Henri V — La Renommée, **William SHAKESPEARE.**

La renommée est la messagère indifférente du mensonge et de la vérité.

La Jérusalem délivrée, **LE TASSE.**

renoncement

Le renoncement : héroïsme de la médiocrité.

Pensées d'une Amazone (Émile-Paul), **Natalie CLIFFORD BARNEY.**

Il faut laisser les choses avant qu'elles nous laissent.

L'Homme de Cour (Grasset), **Balthazar GRACIAN.**

renvoi

Les renvois interrompent parfois les plus sublimes méditations. Si l'on en a envie, on peut tirer de ce fait différentes conclusions; mais on peut aussi, si l'on veut, n'en rien conclure du tout.

Sur les confins de la vie, trad. Boris de Schloezer (Édit. de la Pléiade),
Léon CHESTOV.

réparer

Quand on s'est mépris, il faut réparer la faute et que nulle considération en empêche, pas même la bonté.

Mémoires pour l'instruction du dauphin, **LOUIS XIV.**

repentir

Le repentir est le dernier profit que l'homme tire de sa faute.

Alexandre DUMAS, fils.

Notre repentir n'est pas tant un regret du mal que nous avons fait
qu'une crainte de celui qui nous en peut arriver.

Réflexions ou Sentences et Maximes morales, **LA ROCHEFOUCAULD.**

répondre

On a beau répondre froidement. Si l'on répond trop vite, c'est la
passion.

Algèbre des Valeurs morales (Gallimard), **Marcel JOUHANDEAU.**

répression

L'époque la plus favorable pour la répression d'un abus, c'est le
jour où on le découvre.

Aurélien SCHOLL.

république

La république est le seul remède aux maux de la monarchie et la
monarchie est le seul remède aux maux de la république.

Carnets, **Joseph JOUBERT.**

Dans les républiques bien constituées, l'État doit être riche et les
citoyens pauvres.

Bréviaire républicain tiré des Décades de Tite-Live, **MACHIAVEL.**

De toutes les républiques, celle des Lettres est sans contredit la
plus ridicule.

Lettre à Marin, 3-11-1764, **VOLTAIRE.**

réputation

Un homme, par la réputation dont il jouit, donne plus souvent la
mesure de ses partisans que la sienne.

L'Enfer, trad. Rivarol, **DANTE.**

Le monde est si corrompu que l'on acquiert la réputation d'homme
de bien seulement en ne faisant point le mal.

Maximes et Réflexions, **Duc de LÉVIS.**

Celui qui sait comment naît une réputation aura de la méfiance même à l'égard de la réputation dont jouit la vertu.

La Volonté de Puissance, trad. G. Bianquis (Gallimard), **NIETZSCHE.**

En voyant la joie de certaines gens à déprécier notre réputation, on dirait que leur vertu s'engraisse de nos vices.

Amédée PICHOT.

Ma réputation... ma ré-pu-ta-tion! dit ce niais, n'est-ce pas le triste effort que je suis obligé de faire pour imiter l'image fausse que vous vous faites de moi?

Tel quel (Gallimard), **Paul VALÉRY.**

résignation

Il est peu de vertus plus tristes que la résignation; elle transforme en phantasmes, en rêveries contingentes, des projets qui s'étaient d'abord constitués comme volonté et comme liberté.

Pour une morale de l'ambiguïté (Gallimard), **Simone de BEAUVOIR.**

La résignation est au courage ce que le fer est à l'acier.

Maximes et Réflexions, **Duc de LEVIS.**

Ce qu'on appelle résignation n'est autre que du désespoir confirmé.

Henry Thoreau sauvage, cit. Léon Balzagette (Rieder), **H. D. THOREAU.**

Lorsqu'elle n'est pas à base de dédain, la résignation est à base de paresse.

Les Traditions à la croque au sel, **WHO KNOWS.**

résolution

Les résolutions sont comme les anguilles; on les prend aisément. Le diable est de les tenir.

Alexandre DUMAS, fils.

Les bonnes résolutions sont des chèques tirés sur une banque où l'on n'a pas de compte ouvert.

Le Portrait de Dorian Gray, trad. E. Jaloux et F. Frapereau (Stock),
Oscar WILDE.

On trouve toujours les responsabilités trop lourdes, le jour où l'on peut s'y soustraire.

L'Affaire Maurizius, trad. J.-Gabriel Guidau (Plon),
Jakob WASSERMANN.

rétractation

Il y a des gens qui retirent volontiers ce qu'ils ont dit, comme on retire une épée du ventre de son adversaire.

Journal (Gallimard), **Jules RENARD.**

Ceux qui ne se rétractent jamais s'aiment plus que la vérité.

Carnets, **Joseph JOUBERT.**

réussir

Rien n'est humiliant comme de voir les sots réussir dans les entreprises où l'on échoue.

L'Éducation sentimentale, **Gustave FLAUBERT.**

J'ai toujours vu que, pour réussir parfaitement bien dans le monde, il fallait avoir l'air fou et être sage.

Cahiers (Grasset), **MONTESQUIEU.**

Pour réussir les gens abusent aussi bien de leurs qualités que de leurs défauts.

Le Livre de nos Amis (Sansot), **Charles REGISMANSET.**

Ce sont deux choses nécessaires pour réussir dans les salons : il faut ressembler aux autres, et se distinguer d'eux pourtant. Il est aussi mauvais, au point de vue mondain, d'être pareil à tout le monde que de n'être semblable à personne.

Adolphe Thiers, **Paul de RÉMUSAT.**

Il y a des moments où tout réussit : il ne faut pas s'effrayer, ça passe.

Journal (Gallimard), **Jules RENARD.**

réussite

C'est par les vieilles femmes qu'on réussit le plus sûrement dans la vie; il faut à tout prix en avoir une dans sa manche; c'est une règle infaillible; retenez-la pour votre gouverne.

Le Roman d'une honnête Femme (Édit. Nelson), **Victor CHERBULIEZ.**

La réussite n'est souvent qu'une revanche sur le bonheur.

Remarques sur l'Action (Gallimard), **Bernard GRASSET.**

Les réussites sont d'ordinaire faites d'un dixième d'inspiration et de neuf dixièmes de transpiration.

Théodore ROOSEVELT.

rêve

Un Anglais a dit : Nos rêves se réalisent lorsqu'ils sont assez beaux. A croire que personne ne rêve!

Pensées d'une Amazone (Émile-Paul), **Natalie CLIFFORD BARNEY.**

Rêver, c'est dormir avec des illustrations dans le texte.

Au Grand Saint-Christophe, trad. M. et Mme Tissier de Mallerais (Corrêa), **Eugenio d'ORS.**

Le rêve est une construction de l'intelligence à laquelle le constructeur assiste sans savoir comment cela va finir.

Le Métier de vivre, trad. Michel Arnaud (Gallimard), **Cesare PAVESE.**

Le rêve est un tunnel qui passe sous la réalité. C'est un égout d'eau claire, mais c'est un égout.

Le Gant de Crin (Plon), **Pierre REVERDY.**

rêveur

Spectateurs habituels de l'agitation du monde, les rêveurs sont terribles quand, tout à coup, le besoin d'agir les saisit. Ils baissent la tête et foncent droit sur les murailles avec la sérénité déconcertante que seule peut donner une imagination désordonnée.

Une Victoire, trad. Ph. Neel (Gallimard), **Joseph CONRAD.**

Un rêveur est celui qui ne trouve son chemin qu'au clair de lune et qui, comme punition, aperçoit l'aurore avant les autres hommes.

Almanach des Lettres françaises et étrangères, 4 janvier 1924 (G. Crès et Cie), **Oscar WILDE.**

révolution

Les vrais ennemis de la société ne sont pas ceux qu'elle exploite ou tyrannise, ce sont ceux qu'elle humilie. Voilà pourquoi les partis de révolution comptent un si grand nombre de bacheliers sans emploi.

Nous autres Français (Gallimard), **Georges BERNANOS.**

Des sottises faites par des gens habiles; des extravagances dites par des gens d'esprit; des crimes commis par d'honnêtes gens... voilà les révolutions.

Considérations sur la Révolution française, **Vicomte de BONALD.**

Une révolution est une opinion qui trouve des baïonnettes.

*

Dans les révolutions, il n'y a que deux sortes de gens : ceux qui les font et ceux qui en profitent.

Napoléon BONAPARTE.

Le scénario des révolutions se répète : des prophètes les rêvent, des apôtres les font, des fripons les défont. Du vent, du sang, du gang...

Main courante (Grasset), **Maurice CHAPELAN.**

Faire une révolution c'est partir en guerre contre l'argent des autres.

Penser par étapes (Éd. Pierre Bettencourt), **Malcolm de CHAZAL.**

On ne peut jamais savoir ce qu'il peut advenir d'un homme qui possède à la fois une certaine conception de ses intérêts et un fusil.

La Mêlée sociale (Fasquelle), **Georges CLEMENCEAU.**

Les révolutions sont de magnifiques improvisatrices. Un peu échevelées quelquefois.

Journal d'un Révolutionnaire de 1830, **Victor HUGO.**

Les révolutions sont des temps où le pauvre n'est pas sûr de sa probité, le riche de sa fortune et l'innocent de sa vie.

Carnets, **Joseph JOUBERT.**

Les révolutions n'ont généralement pour résultat immédiat qu'un déplacement de servitude.

Aphorismes du Temps présent (Flammarion), **Gustave LEBON.**

L'histoire du Neuf Thermidor n'est pas longue : quelques scélérats firent périr quelques scélérats.

Considérations sur la France, **Joseph de MAISTRE.**

L'histoire nous prouve que, seuls, ont fait de bonnes révolutions ceux qui n'avaient rien à y gagner.

Au Grand Saint-Christophe, trad. M. et Mme Tissier de Mallerais (Corrêa)⸴
Eugenio d'ORS.

La défection de l'armée n'est pas une des causes de la révolution : elle est la révolution même.

Journal politique national, **RIVAROL.**

Il faut plutôt, pour opérer une révolution, une certaine masse de bêtise d'une part qu'une certaine dose de lumière de l'autre.

Fragments et pensées politiques (Mercure de France), **RIVAROL.**

Les révolutions n'ont jamais allégé le fardeau de la tyrannie. Elles l'ont seulement changé d'épaule.

Un révolutionnaire est celui qui désire mettre au rancart l'ordre social existant, afin d'en essayer un autre.

Bréviaire du Révolutionnaire, trad. A. et H. Hamon (Aubier), **G. B. SHAW.**

Les hommes à visées révolutionnaires en politique ou en religion sont aussi des révolutionnaires en fait de costumes.

Essai de Morale, de Science et d'Esthétique, trad. A. Burdeau,
Herbert SPENCER.

ricanement

Ce dont nous avons besoin, pour parer à la politique de la tourbe et sauvegarder la forme civilisée du gouvernement, c'est d'un peu de ricanement.

Défense des Femmes, trad. Jean Jardin (Gallimard), **H. L. MENCKEN.**

riche

Le riche, quand il a été bon avec un pauvre, lui demanderait volontiers un certificat de charité.

De la Vanité et de quelques autres sujets (Fasquelle), **Jean ROSTAND.**

richesse

La richesse sans laquelle rien ne se peut dans ce monde voué au veau d'or, à l'âne d'or, à tous les animaux d'or et à leurs excréments...

Le Roman contemporain (Lemerre), **BARBEY D'AUREVILLY.**

La richesse illumine la médiocrité.

L'Argent (Hachette), **Abel BONNARD.**

La noblesse n'est rien, la richesse est tout : l'or élève au premier rang le plus méprisable des hommes.

Alcmène, **EURIPIDE.**

ride

Rides : des sillons où, la plupart du temps, il n'a rien poussé.

Le Carnaval du Dictionnaire (Calmann-Lévy), **Pierre VÉRON.**

ridicule

Le ridicule est comme la mauvaise haleine : on ne le remarque toujours que chez le voisin.

Penser par étapes (Éd. Pierre Bettencourt), **Malcolm de CHAZAL.**

S'il y a des hommes dont le ridicule n'ait jamais paru c'est qu'on ne l'a pas bien cherché.

Réflexions ou Sentences et Maximes morales, **LA ROCHEFOUCAULD.**

Le plus grand ridicule pour une femme, c'est d'être un homme...

Joseph de MAISTRE.

Le ridicule n'existe pas. Ceux qui osèrent le braver en face conquirent le monde.

Les Écrivains (Flammarion), **Octave MIRBEAU.**

Celui qui consent à se dévouer trente ans au ridicule, procure quelquefois des avantages réels à sa postérité.

Considérations sur l'Esprit et les Mœurs, **SÉNAC DE MEILHAN.**

Parmi nous, l'homme ridicule serait celui qui, méprisant et négligeant les richesses, prendrait une autre voie pour y arriver au bonheur, et se tromperait.

Filosofia Nova, **STENDHAL.**

rien

Le rienologue est le dieu de la bourgeoisie actuelle; il est à sa hauteur, il est propre, il est net, il est sans accidents. Ce robinet d'eau chaude glougloute et glouglouterait in saecula saeculorum sans s'arrêter.

Monographie de la Presse parisienne, **Honoré de BALZAC.**

Voici deux vérités que les hommes en général n'admettent jamais : l'une qu'ils ne savent rien, l'autre qu'ils ne sont rien.

Pensées, trad. Giuseppe Ungaretti, Revue « Commerce », Cahier XIV, 1927 (L. Giraud-Badin), **Giacomo LEOPARDI.**

Dieu a tout fait de rien. Mais le rien perce.

Mauvaises Pensées et les autres (Gallimard), **Paul VALÉRY.**

rire

Le rire est le meilleur désinfectant du foie. Ivrogne gai coupe la chopine en deux.

Sens plastique (Gallimard), **Malcolm de CHAZAL.**

Un projet assez vain serait de vouloir tourner un homme fort sot et fort riche en ridicule; les rieurs sont de son côté.

Les Caractères, **LA BRUYÈRE.**

Le rire seul échappe à notre surveillance.

Pensées d'une Amazone (Émile-Paul), **Natalie CLIFFORD BARNEY.**

Le rire est le son de l'esprit : certains rires sonnent bête comme une pièce sonne faux.

Journal (Flammarion-Fasquelle), **E. et J. de GONCOURT.**

Il faut rire avant d'être heureux de peur de mourir sans avoir ri.

Les Caractères, **LA BRUYÈRE.**

L'homme ne rit plus dès qu'il se sait chose comique.

Voix, trad. R. Caillois (Lévis-Mano), **Antonio PORCHIA.**

Mieux est de ris que de larmes écrire. Pour ce que rire est le propre de l'homme.

Gargantua, **RABELAIS.**

Je sais bien rire de moi devant le monde, mais tout seul je ris jaune.

Derrière Cinq Barreaux (Gallimard), **Maurice SACHS.**

Les hommes veulent bien qu'on rie de leur esprit, mais non de leur sottise.

Instructions aux Domestiques, **Jonathan SWIFT.**

On peut souvent juger de l'esprit d'une femme sur ce qui la fait rire, mais aussi sur ce qui ne la fait pas rire.

Gens de Qualité (Plon), **Fernand VANDEREM.**

rival

Il y a un plaisir délicat — aurait dit La Rochefoucauld — à serrer la main du rival pour qui l'on a été trahi, quand il est trahi à son tour.

Physiologie de l'Amour moderne (Plon), **Paul BOURGET.**

Souvent les femmes ne nous plaisent qu'à cause du contrepoids d'hommes à qui nous avons à les disputer.

La Prisonnière (Gallimard), **Marcel PROUST.**

robe

S'il existait une très belle robe, une robe d'une splendeur hors ligne, que l'on ne pût mettre que pour aller à l'échafaud, il ne manquerait pas de femmes qui feraient en sorte de mettre cette robe.

Alphonse KARR.

roi

Les rois disent qu'ils aiment le vrai, mais malheur à qui les croit sur parole.

Maximes et Pensées, **HELVÉTIUS.**

Les rois font des hommes comme des pièces de monnaie, ils les font valoir ce qu'ils veulent et l'on est forcé de les recevoir selon leur cours, et non selon leur véritable prix.

Réflexions ou Sentences et Maximes morales, **LA ROCHEFOUCAULD.**

On dit communément des rois qu'ils ont le bras long; je voudrais bien qu'on en pût dire autant de leurs oreilles.

Instructions aux Domestiques, **Jonathan SWIFT.**

Les rois sont avec leurs ministres comme les cocus avec leurs femmes : ils ne savent jamais ce qui se passe.

Le Sottisier, **VOLTAIRE.**

roman

Le roman est l'histoire éternelle du cœur humain. L'histoire vous parle des autres, le roman vous parle de vous.

Alphonse KARR.

Le roman est un genre faux, parce qu'il décrit les passions pour elles-mêmes : la conclusion morale est absente. Décrire les passions n'est rien; il suffit de naître un peu chacal, un peu vautour, un peu panthère. Nous n'y tenons pas.

Poésies, **Comte de LAUTRÉAMONT.**

Les romans sentimentaux correspondent en médecine à des histoires de malades.

NOVALIS.

Eh! Monsieur, un roman est un miroir qui se promène sur une grande route.

Le Rouge et le Noir, **STENDHAL.**

Le roman d'analyse est né de la confession. C'est le christianisme qui en a donné l'idée par l'habitude de la confidence.

Journal intime, **Alfred de VIGNY.**

romancier

Le romancier est, de tous les hommes, celui qui ressemble le plus à Dieu... Il est le singe de Dieu...

Le Roman (L'Artisan du Livre), **François MAURIAC.**

rose

Les roses ne sont pas à plaindre... Au moins, elles ne savent pas, elles, qu'elles se faneront.

Beauté (Flammarion), **Henri DUVERNOIS.**

royauté

La royauté est une divinité humaine. Or, Dieu ne se prête pas à l'usurpation de la divinité par l'homme et il rappelle au vrai, par certaines restrictions ironiques, les fausses majestés terrestres. Il corrige la perruque de Louis XIV par une fistule à l'anus.

Victor HUGO.

rue

L'insatisfaction dont une rue offre l'image, chacun lève les pieds pour quitter la place où il se trouve.

Journal, trad. Marthe Robert (Grasset), **Franz KAFKA.**

ruine

Nous ne comprenons guère les ruines que le jour où nous-mêmes le sommes devenus.

Pensées, **Henri HEINE.**

rupture

Je me souviens d'avoir vu un homme quitter les filles d'Opéra, parce qu'il y avait vu, disait-il, autant de fausseté que dans les honnêtes femmes.

Pensées, Maximes et Anecdotes, **CHAMFORT**

Il y a une jouissance dans les ruptures si on ne se laisse pas prendre par la pitié.

Propos d'un Jour (Mercure de France), **Paul LÉAUTAUD.**

ruse

Ai-je pris plaisir à enfreindre la loi par la ruse, cette puissance de la faiblesse.

Les Confessions, **SAINT AUGUSTIN.**

Les moins rusées des femmes ont des pièges infinis; la plus imbécile triomphe par le peu de défiance qu'elle excite.

Le Lys dans la Vallée, **Honoré de BALZAC.**

Les ruses et les machinations ténébreuses ont été imaginées par les hommes pour venir en aide à leur lâcheté.

Bellérophon, **EURIPIDE.**

On ruse si volontiers pour faire le mal qu'il pourrait paraître piquant de mettre un peu d'adresse à faire le bien.

Correspondance et Relations avec Bonaparte, **J. FIÉVÉE.**

La ruse, qui est le propre de l'esprit, est souvent employée pour suppléer au manque d'esprit et pour vaincre l'esprit supérieur d'autrui.

Œuvres morales (Lemerre), **LEOPARDI.**

La ruse est la défense des faibles.

Histoire d'Angleterre (Fasquelle), **MACAULAY.**

J'accepte que l'on soit rusé, mais non que l'on soit fier de l'être, car user de la ruse, c'est reconnaître des limites à sa puissance.

Mes Inscriptions (Gallimard), **Louis SCUTENAIRE.**

Russe

Les Russes, sous quelque régime que ce soit, se repaissent frénétiquement de tout ce qui est discipline. La douleur est leur meilleur aliment et le knout fut toujours pour eux un fouet délicieux.

Almanach des Lettres françaises et étrangères, 13 janvier 1924 (G. Crès et Cie), **Francis CARCO.**

S comme Singe

sable

C'est décourageant le sable. Rien n'y pousse. Tout s'y efface.

Ulysse, trad. A. Morel et Stuart Gilbert (Gallimard), **James JOYCE.**

sacerdoce

Il y a une certaine bêtise, un certain accent de bêtise, où je reconnais du premier coup, avec une horrible humiliation, l'orgueil sacerdotal mais dépouillé de tout caractère surnaturel, tourné en niaiserie tourné, comme une sauce tourne.

Le Journal d'un Curé de Campagne (Plon), **Georges BERNANOS.**

sacrifice

A force de faire des sacrifices, un homme s'intéresse à l'être qui les exige. Les femmes du monde, de même que les courtisanes, ont l'instinct de cette vérité; peut-être même la pratiquent-elles sans la connaître.

Une Fille d'Ève, **Honoré de BALZAC.**

Un sacrifice qu'on reproche n'est plus qu'une faute dont on s'accuse.

Sans titre, **Xavier FORNERET.**

L'égoïsme des autres ne nous fait pas plus de mal que l'esprit de sacrifice de ceux qui nous aiment.

Lexique (Gallimard), **Jean GRENIER.**

Le sacrifice est le rôle favori des femmes, il leur sied si bien devant le monde et il leur procure dans la solitude tant de douces larmes et de mélancoliques jouissances.

De l'Angleterre, **Henri HEINE.**

On sacrifie souvent les plus grands plaisirs de la vie à l'orgueil de les sacrifier.

Maximes et Pensées, **HELVÉTIUS.**

On n'aime plus lorsque les sacrifices coûtent; on aime peu lorsqu'on s'aperçoit qu'on en fait.

Maximes et Réflexions, **Duc de LÉVIS.**

En général, est par métier disposé à se sacrifier celui qui ne sait pas autrement donner un sens à sa vie.

Le Métier de vivre, trad. Michel Arnaud (Gallimard), **Cesare PAVESE.**

Les sacrifices que tu fais en rechignant, ta femme estimera qu'ils sont annulés par ta mauvaise grâce; ceux que tu acceptes en souriant, elle arguera qu'ils ne te coûtent point.

Pages d'un Moraliste (Fasquelle), **Jean ROSTAND.**

Le sacrifice de nous-mêmes nous permet de sacrifier les autres sans honte.

Bréviaire du Révolutionnaire, trad. A. et H. Hamon (Aubier), **G. B. SHAW.**

Le sacrifice de soi est une chose qui devrait être condamnée par les lois. Cela démoralise les gens pour lesquels on se sacrifie.

L'Esprit d'Oscar Wilde, cit. Léon Treich (Gallimard), **Oscar WILDE.**

sacrilège

Le sacrilège, la seule manière que les impies ont encore d'être dévots.

Algèbre des Valeurs morales (Gallimard), **Marcel JOUHANDEAU.**

sadique

Au moins, les sadiques ne sont pas indifférents aux souffrances qu'ils causent.

Pensées d'une Amazone (Émile-Paul), **Natalie CLIFFORD BARNEY.**

sage

Les plus sages ne jettent leur bonnet par-dessus les moulins que quand on leur a mis en poche de quoi en acheter deux autres.

Almanach des Lettres françaises et étrangères, mars 1924 (G. Crès et Cie),
Le Clown CARLTON.

J'appellerai un sage un homme qui ne serait affecté que par la souffrance physique.

Journal (Flammarion-Fasquelle), **E. et J. de GONCOURT.**

Que le sage ait le soin d'apprendre du commerce de la vie ce qu'il lui en faut pour n'être ni la dupe ni la risée des autres : savoir vivre est aujourd'hui le vrai savoir.

L'homme de Cour (Grasset), **Baltasar GRACIAN.**

Sage je l'étais, si l'on veut, puisque j'étais prêt à tout instant à mourir, non pas parce que j'étais venu à bout de toutes les tâches qui m'étaient imposées, mais au contraire, parce que je n'en avais accompli aucune et que je ne pouvais pas même espérer en accomplir jamais une partie.

Journal, trad. Marthe Robert (Grasset), **Franz KAFKA.**

Les hommes sages sont toujours vrais dans leur conduite et dans leurs discours. Ils ne disent pas tout ce qu'ils pensent, mais ils pensent tout ce qu'ils disent.

Manuel de Morale, **LESSING.**

Le sage trouve l'édredon dans la dalle.

Face aux Verrous (Gallimard), **Henri MICHAUX.**

Les sages ont plus à apprendre des fols que les fols des sages.

Essais, **MONTAIGNE.**

Si tu es sage, ne le dis pas et n'en montre pas les raisons, car on dira que tu veux tromper.

Gérard de NERVAL.

Heureux celui qui apprend à devenir sage aux dépens d'autrui.

PLAUTE.

Si le sage demeure silencieux, c'est parce qu'il sait que la bougie se consume par la mèche.

Le Jardin des Fruits, trad. Franz Toussaint (Mercure de France), **SAADI.**

Le sage ne peut rien souhaiter sur terre, sinon de rendre un jour le mal qu'on lui a fait.

Electre in *Les Mouches* (Gallimard), **Jean-Paul SARTRE.**

J'en connais qui passent pour des sages uniquement parce qu'ils ne disent rien et qui, j'en suis bien sûr, s'ils parlaient, compromettraient le salut de leurs auditeurs en les forçant de traiter le prochain d'imbécile.

Le Marchand de Venise, **William SHAKESPEARE.**

L'homme sage est occupé dans la dernière partie de sa vie à se guérir des folies, préjugés et fausses opinions qu'il avait contractées dans la première.

Instructions aux Domestiques, **Jonathan SWIFT.**

sagesse

C'est avoir fait un bien grand pas dans la sagesse que de ne pas avoir besoin de société le soir.

Disjecta Membra, **BARBEY D'AUREVILLY.**

Le monde n'est peut-être pas particulièrement sage, mais, en fait de sagesse, nous ne connaissons rien de mieux.

Carnets, trad. Valery Larbaud (Gallimard), **Samuel BUTLER.**

La sagesse? Subir dignement l'humiliation que nous infligent nos trous.

Syllogismes de l'Amertume (Gallimard), **E.-M. CIORAN.**

La seule sagesse que les pauvres humains peuvent avoir, c'est d'extravaguer sur leurs propres folies.

Le Méchant Poète, **Ben JONSON.**

L'esprit de lourdeur est le seul ennemi héréditaire de la sagesse.

Analyse spectrale de l'Europe, trad. A. Hella et D. Bournac (Stock),
Hermann von KEYSERLING.

Le plus sage homme qui fut onques, quand on lui demanda ce qu'il savait, répondit qu'il savait cela, qu'il ne savait rien.

Essais, **MONTAIGNE.**

Ni aimer, ni haïr : voilà la moitié de toute sagesse. Ne rien dire et ne rien croire : voilà l'autre.

La Vie, l'Amour et la Mort (Dentu), **SCHOPENHAUER.**

Ce n'est qu'en soi et de soi-même déchiré, qu'on puise la sagesse : si tu as soif du sçavoir, bois ton sang.

Les Trois Impostures (Émile-Paul), **Paul-Jean TOULET.**

saint

Dieu nous préserve aussi des saints. Trop souvent ils ont été une preuve pour l'Église avant d'en devenir la gloire.

Journal d'un Curé de Campagne (Plon), **Georges BERNANOS.**

Les saints sculptés ont eu beaucoup plus d'influence dans le monde que les saints vivants.

> *Aphorismes*, trad. Marthe Robert (C. F. L.), **G. C. LICHTENBERG.**

En s'adonnant à l'acquisition difficultueuse des biens de ce monde, les hommes surent de combien d'obstacles leur route sur terre est semée. Voilà pourquoi le plus grand agissement que les saints se permettent c'est de prendre du ventre. Voilà pourquoi leur parti pris de ne pas agir s'étend jusqu'à ne pas écarquiller les yeux.

> Trad. Jules Besse (Ernest Leroux), **LAO TSEU.**

Le plus grand saint n'est pas le plus paisible ni le moins sanglant; mais celui qui a vaincu le plus de démons.

> *Valeurs* (Grasset), **André SUARÈS.**

Comment recevez-vous tant de sots dans votre ordre? demandait-on à un jésuite. — Il nous faut des saints...

> *Le Sottisier*, **VOLTAIRE.**

sainteté

La sainteté me fait frémir, cette ingérence dans les malheurs d'autrui, cette barbarie de la charité, cette pitié sans scrupules...

> *Syllogismes de l'Amertume* (Gallimard), **E.-M. CIORAN.**

La sainteté n'est peut-être que le comble de la politesse.

> *De l'Abjection* (Gallimard), **Marcel JOUHANDEAU.**

salon

Quand vous mettez votre cravate blanche, ne jurez pas contre la stupidité de l'usage. Un salon est une exposition permanente, vous êtes une denrée et on ne place une denrée qu'en l'exposant.

> *Vie et Opinions de Monsieur Frédéric Thomas Graindorge* (Hachette),
> **Hippolyte TAINE.**

sang

Il suffit à la foule de la vue du sang pour lui en donner la soif, comme la première coupe de vin est le prélude d'une longue débauche.

> *Marino Faliero*, **Lord BYRON.**

sang froid

Laisser paraître de la colère ou de la haine dans ses paroles ou sur son visage, cela est inutile, dangereux, imprudent, ridicule, commun. On ne doit trahir sa colère ou sa haine que par des actes. Les animaux à sang froid sont les seuls qui aient du venin.

> *Pensées et Fragments*, trad. J. Bourdeau (Alcan), **SCHOPENHAUER.**

saturation

La saturation, il y a un moment où cela vient dans ce repas qu'on appelle vie : il ne faut qu'une goutte alors, pour faire déborder la coupe du dégoût.

Mes Poisons, **SAINTE-BEUVE.**

savant

Je regarde les savants et les hommes d'esprit comme des coquettes : il faut les voir, causer avec eux, mais ne pas prendre plus les unes pour femmes que les autres pour ministres.

Napoléon BONAPARTE.

Le savant est l'homme superficiel par excellence. Et le plus souvent, il est même essentiellement obtus.

Analyse spectrale de l'Europe, trad. A. Hella et S. Bournac (Stock), **Hermann von KEYSERLING.**

Le savant dont les mœurs sont déréglées ressemble à un aveugle qui porte un flambeau dont il éclaire les autres, sans pouvoir s'éclairer lui-même.

Le Jardin des Roses, trad. Gaudin (A l'Enseigne du Pot cassé), **SAADI.**

Un savant est un homme qui sait beaucoup de choses qu'il faudrait connaître mieux que lui pour savoir s'il n'est pas un âne.

Conjectures et nouvelles Conjectures (Armand Huart), **Hector TALVART.**

Un homme qui digère mal et qui est vorace est peut-être une image assez fidèle du caractère d'esprit de la plupart de nos savants.

Maximes, **VAUVENARGUES.**

Plusieurs savants sont comme les étoiles du Pôle, qui marchent toujours et n'avancent point.

Pensées, Remarques et Observations (Journal « Le Siècle » 1868), **VOLTAIRE.**

Les savants entêtés sont comme les Juifs, qui croyaient que le soleil luisait pour eux seuls, quand les Égyptiens étaient dans les ténèbres.

Le Sottisier, **VOLTAIRE.**

savoir

L'homme qui veut s'instruire doit lire d'abord, et puis voyager pour rectifier ce qu'il a appris. Savoir mal est pire qu'ignorer, et Montaigne dit qu'il faut bien savoir.

Mémoires, **CASANOVA DE SEINGALT.**

Ce que l'on sait, savoir qu'on le sait. Ce que l'on ne sait pas, savoir qu'on ne le sait pas : voilà le véritable savoir.

Livre des Rites chinois, **CONFUCIUS.**

Le savoir humain sera rayé des archives du monde avant que nous ayons le dernier mot d'un moucheron.

> *Souvenirs entomologiques* (Delagrave), **J.-H. FABRE.**

Savoir ce que tout le monde sait, c'est ne rien savoir. Le savoir commence là où commence ce que le monde ignore. La vraie science aussi est située au-delà de la science.

> *Promenades philosophiques* (Mercure de France), **Remy de GOURMONT.**

Le peu que je sais, c'est à mon ignorance que je le dois.

> *Toutes réflexions faites* (Éd. L'Élan), **Sacha GUITRY.**

Il est bien plus beau de savoir quelque chose de tout, que de savoir tout d'une chose.

> *Pensées*, **Blaise PASCAL.**

scandale

Il y a dans le scandale recherché en tant que tel quelque chose d'à ce point vulgaire, que la bonne grosse hypocrisie des familles prend figure d'une conduite de qualité.

> *Carnets* (Gallimard), **Henry de MONTHERLANT.**

science

La science est comme une femme; si elle demeure, pudique, auprès de son mari, on l'honore; si elle devient publique, elle s'avilit.

> *Cogitationes privatae*, trad. S. de Sacy (Libraires Associés), **DESCARTES.**

La science m'ordonne de n'aimer que moi, attendu que tout le monde est fondé sur l'intérêt personnel.

> *Crime et Châtiment*, trad. Jean Chuzeville (Gallimard), **DOSTOIEVSKI.**

Toute science a pour point de départ un scepticisme contre lequel s'élève la foi.

> *Journal* (Gallimard), **André GIDE.**

Promesse de la science : la science moderne a pour but aussi peu de douleur que possible — par conséquent, une sorte de félicité éternelle, à la vérité fort modeste en comparaison des promesses des religions.

> *Humain, trop humain*, trad. A.-M. Desrousseaux (Mercure de France),
> **NIETZSCHE.**

La science a fait de nous des dieux avant même que nous méritions d'être des hommes.

> *Pensées d'un Biologiste* (Stock), **Jean ROSTAND.**

Hélas, toute science ressemble en un point à la vieillesse dont le pire symptôme est la science de la vie, qui empêche de se passionner et de faire des folies pour rien.

> *Promenades dans Rome*, **STENDHAL.**

secret

Avec une femme, il faut toujours tirer parti d'un secret; elle vous
en sait gré, comme un fripon accorde son respect à l'honnête homme
qu'il n'a pas pu jouer.

La Fausse Maîtresse, **Honoré de BALZAC.**

Toute révélation d'un secret est la faute de celui qui l'a confié.
LA BRUYÈRE.

Comment prétendons-nous qu'un autre garde notre secret, si nous
n'avons pas pu le garder nous-mêmes?

Réflexions ou Sentences et Maximes morales, **LA ROCHEFOUCAULD.**

La chose la plus commune, dès qu'on nous la cache, devient un délice.

Le Portrait de Dorian Gray, trad. E. Jaloux et F. Frapereau (Stock),
Oscar WILDE.

séisme

Le tremblement de terre est un mouvement de l'écorce terrestre,
qui commence par une oscillation et finit par une tombola.
Aurélien SCHOLL.

seigneur

Un grand seigneur est un homme qui voit le roi, qui parle aux
ministres, qui a des ancêtres, des dettes et des pensions.

Lettres persanes, **MONTESQUIEU.**

semblable

Dans quelque situation d'esprit que je me trouve, haut ou bas,
je n'ai jamais pu me persuader que les hommes étaient vraiment mes
semblables.

Mademoiselle de Maupin, **Théophile GAUTIER.**

L'homme ne peut vivre qu'avec ses semblables, et même avec eux
il ne peut pas vivre, car, à la longue, il lui devient intolérable qu'un
autre soit son semblable.

Maximes et Réflexions, trad. G. Bianquis (Gallimard), **GŒTHE.**

sens

Le témoignage des sens est, lui aussi, une opération de l'esprit où la
conviction crée l'évidence.

La Prisonnière (Gallimard), **Marcel PROUST.**

sens commun

Le sens commun nous apprend que la terre est fixe, que le soleil tourne autour, et que les hommes qui vivent aux antipodes marchent la tête en bas.

Florilège de la Culture française, cit. J. Pascal (Debresse), **Anatole FRANCE.**

sensation

Toutes les sensations qu'une femme apporte à son amant, elle les échange; elles lui reviennent plus fortes; elles sont aussi riches de ce qu'elles ont donné que de ce qu'elles ont reçu. C'est un commerce où presque tous les maris finissent par faire banqueroute.

Physiologie du Mariage, **Honoré de BALZAC.**

Si déjà une sensation est un extrait falsifié du réel, qu'est donc une pensée?

Pensées errantes (Figuière), **J.-H. ROSNY, aîné.**

sensibilité

Les hommes qui passent pour être durs sont de fait beaucoup plus sensibles que ceux dont on vante la sensibilité expansive. Ils se font durs parce que leur sensibilité, étant vraie, les fait souffrir. Les autres n'ont pas besoin de se faire durs, car ce qu'ils ont de sensibilité est bien facile à porter.

Journal intime, 1804, **Benjamin CONSTANT.**

sentences

Les sentences sont les saillies des philosophes.

Réflexions et Maximes, **VAUVENARGUES.**

sentiment

Les sentiments purs se compromettent avec un superbe dédain qui ressemble à l'impudeur des courtisanes.

Une Fille d'Ève, **Honoré de BALZAC.**

En fait de sentiments, ce qui peut être évalué n'a pas de valeur.

Pensées, Maximes et Anecdotes, **CHAMFORT.**

Parler de sentiments à des femmes de chair est aussi offensant que parler littérature à des gens qui ont faim.

Penser par étapes (Gallimard), **Malcolm de CHAZAL.**

Si les choses du sentiment se prêtaient comme les choses de la matière aux analyses chimiques, on serait épouvanté de la quantité de haine et de mépris qui peut être contenue dans l'amour le plus pur.

Alexandre DUMAS, fils.

Quand il n'y a dans un sentiment rien que d'analysable, il n'y a rien.

Algèbre des Valeurs morales (Gallimard), **Marcel JOUHANDEAU.**

Ce sont presque toujours de bons sentiments mal dirigés qui font faire aux enfants le premier pas vers le mal.

Les Confessions, **Jean-Jacques ROUSSEAU.**

Tout sentiment qu'on n'éprouve plus est un sentiment dont on n'admet point l'existence.

Filosofia Nova, **STENDHAL.**

Un sentiment bien circonscrit est un sentiment mutilé.

Mélange (Gallimard), **Paul VALÉRY.**

sentimental

Les sentimentaux sont les hobereaux de l'amour. Ils continuent à sonner du cor même quand ils n'ont plus la chasse.

La Paroisse du Moulin Rouge (Albin Michel), **Jacques DYSSORD.**

Le sentimental est celui qui voudrait le profit sans assumer la dette accablante de la reconnaissance.

Ulysse, trad. A. Morel et Stuart Gilbert (Gallimard), **James JOYCE.**

sentimentalité

La sentimentalité, c'est d'avoir compassion des bourreaux de Jésus-Christ. Pauvres gens si mal payés pour tant de fatigue !

Pensées détachées, cit. Raïssa Maritain (Mercure de France), **Léon BLOY.**

La sentimentalité n'est pas du simple sensualisme, mais du faux spiritualisme : si belles que soient les notes qu'elle tire de notre nature, elles proviennent, filées avec art, de la brute inférieure qui est en nous.

Diane à la croisée des chemins, trad. Lucien Wolf (Gallimard),
George MEREDITH.

sérénité

La sérénité ne peut être atteinte que par un esprit désespéré et, pour être désespéré, il faut avoir beaucoup vécu et aimer encore le monde.

Une Nuit dans la Forêt (Éd. du Verseau), **Blaise CENDRARS.**

sérieux

Le sérieux n'est pas une vertu. Ce serait une hérésie, mais une hérésie beaucoup plus judicieuse de dire que le sérieux est un vice.

Orthodoxie, trad. Grolleau (Rouart et Wattelin), **G. K. CHESTERTON.**

En définissant l'homme, on l'appelle par excellence, et pour le distinguer des bêtes, un animal risible plutôt qu'un animal sérieux; cela prouve comiquement que le sérieux convient mieux à une bête que la plaisanterie.

Les Amusements sérieux et comiques d'un Siamois, **Charles du FRESNY.**

Comment réussir à prendre tout à fait au sérieux tout cela dont le sérieux ne dépend que de nous?

Pensées d'un Biologiste (Stock), **Jean ROSTAND.**

Ceux qui se moquent des penchants sérieux aiment sérieusement les bagatelles.

Réflexions et Maximes, **VAUVENARGUES.**

serment

Le serment d'un amoureux n'est pas plus valable que la parole d'un cabaretier : l'un et l'autre se portent garants de faux comptes.

Comme il vous plaira, **William SHAKESPEARE.**

Les serments les plus forts ne sont que de la paille dans le brasier des sens.

La Tempête, **William SHAKESPEARE.**

serpent

Le premier animal domestique d'Adam après l'expulsion du Paradis fut le serpent.

Préparatifs de Noce à la Campagne, trad. Marthe Robert (Gallimard),
Franz KAFKA.

service

Les hommes ne sont pas très rares qui aiment à faire payer les services qu'on leur rend.

La Philosophie de Georges Courteline (Flammarion), **Georges COURTELINE.**

Un service qu'on rend est une dette que l'on contracte; on en doit un second à la première occasion et l'obligé compte dessus.

Alphonse KARR.

Les hommes ne s'attachent point à nous en raison des services que nous leur rendons, mais en raison de ceux qu'ils nous rendent.

Le Voyage de M. Perrichon, **Eugène LABICHE.**

Évaluation des services rendus. Nous apprécions les services que quelqu'un nous rend d'après la valeur qu'il y attache, non d'après celle qu'ils ont pour nous.

Humain, trop humain, trad. A.-M. Desrousseaux (Mercure de France),
NIETZSCHE.

On reconnaît volontiers les petits services; ils ne valent pas la peine d'être ingrats.

> **Jules PETIT-SENN.**

Un service n'oblige que celui qui le rend.

> *Nouvelles à la main,* **Nestor ROQUEPLAN.**

servir

Il y a des gens qui sont nés pour servir leur pays et d'autres qui sont nés pour servir à table.

> **Victor HUGO.**

servitude

Partout où l'homme veut se vendre, il trouve des acheteurs.

> *Pensées,* **LACORDAIRE.**

La servitude abaisse les hommes jusqu'à s'en faire aimer.

> *Réflexions et Maximes,* **VAUVENARGUES.**

sexe

Les hommes portent leur cœur dans leur sexe, les femmes portent leur sexe dans leur cœur.

> *Sens plastique* (Gallimard), **Malcolm de CHAZAL.**

Comme il y a chien et chat dans chaque sexe, il faut être alternativement chien avec les chats et chat avec les chiens.

> *Codicille politique et pratique d'un jeune habitant d'Epone,* **HÉRAULT DE SÉCHELLES.**

En ce qui concerne le sexe, les simples gens sont trop simples et les gens intelligents ne le sont pas assez.

> *Derrière Cinq Barreaux* (Gallimard), **Maurice SACHS.**

Le sexe est le cerveau de l'instinct.

> *Voici l'Homme* (Albin Michel), **André SUARÈS.**

silence

Le silence, a dit quelqu'un, est une vertu qui nous rend agréable à nos semblables.

> *Erewhon,* trad. Valery Larbaud (Gallimard), **Samuel BUTLER.**

Le silence est le parti le plus sûr de celui qui se défie de soi-même.

> *Réflexions ou Sentences et Maximes morales,* **LA ROCHEFOUCAULD.**

Un sot qui ne dit mot ne se distingue pas
D'un savant qui se tait.

> *Le Dépit amoureux,* **MOLIÈRE.**

Rares sont les mots qui valent mieux que le silence. Comparés à lui, les mots les plus doux, les plus douces musiques sont discordants comme les cris des sourds-muets.

Carnets (Gallimard), **Henry de MONTHERLANT.**

Il est un silence plus calomnieux que le discours et j'ai mieux aimé quelquefois parler mal à propos que de me taire.

Conseils à une Amie, **Madame de PUISIEUX.**

Le silence est la forme la plus haineuse ou la plus modeste de la critique.

Le Livre de mon bord (Mercure de France), **Pierre REVERDY.**

Le silence est l'interprète le plus éloquent de la joie.

Beaucoup de bruit pour rien, **William SHAKESPEARE.**

silencieux

On fait crédit d'esprit aux silencieux comme jadis aux bâtards de naissance.

Les Trois Impostures (Émile-Paul), **Paul-Jean TOULET.**

simplicité

La simplicité affectée est une imposture délicate.

Réflexions ou Sentences et Maximes morales, **LA ROCHEFOUCAULD.**

sincère

Sincère? J'écris afin que ce qui était vrai ne soit plus vrai. Prison montrée n'est plus une prison.

Passages (Gallimard), **Henri MICHAUX.**

Je ne suis pas sincère, et je ne le suis pas, même au moment où je dis que je ne le suis pas.

Journal (Gallimard), **Jules RENARD.**

Il est dangereux d'être sincère, à moins qu'on ne soit stupide aussi.

Bréviaires du Révolutionnaire, trad. A. et H. Hamon (Aubier), **G. B. SHAW.**

sincérité

Les hommes sont toujours sincères. Ils changent de sincérité, voilà tout.

Ce que l'on dit aux femmes (Fayard), **Tristan BERNARD.**

La sincérité ne doit jamais dégénérer en simplicité, ni la sagacité en finesse. Il vaut mieux être respecté comme sage que craint comme trop pénétrant. Les gens sincères sont aimés, mais trompés.

L'Homme de Cour (Grasset), **Baltasar GRACIAN.**

La sincérité absolue ne peut conduire qu'à l'immobilité ou à la folie.

Algèbre des Valeurs morales (Gallimard), **Marcel JOUHANDEAU.**

L'envie de parler de nous et de faire voir nos défauts du côté où nous voulons bien les montrer, fait une grande partie de notre sincérité.

Réflexions ou Sentences et Maximes morales, **LA ROCHEFOUCAULD.**

singe

Les singes sont bien trop bons pour que l'homme puisse descendre d'eux.

Œuvres posthumes, trad. Henri-Jean Bolle (Mercure de France), **NIETZSCHE.**

Quand Nietzsche écrivait que la bonté des singes lui faisait douter que l'homme en eût pu descendre, il s'illusionnait sur les qualités de ces quadrumanes avides, cruels et lubriques. Ce sont bien les aïeux qu'il nous fallait.

Pensées d'un Biologiste (Stock), **Jean ROSTAND.**

On dirait que le singe n'a été fait que pour humilier l'homme et pour lui rappeler qu'entre lui et les animaux, il n'y a que des nuances.

Petit Volume contenant quelques aperçus des hommes et de la société,
Jean-Baptiste SAY.

Ceux que nous appelions des brutes eurent leur revanche quand Darwin nous prouva qu'ils étaient nos cousins.

Bréviaire du Révolutionnaire, trad. A. et H. Hamon (Aubier), **G. B. SHAW.**

snob

Le vrai snob est celui qui craint d'avouer qu'il s'ennuie quand il s'ennuie et qu'il s'amuse, quand il s'amuse.

Mélange (Gallimard), **Paul VALÉRY.**

snobisme

Le snobisme est une maladie grave de l'âme, mais localisée et qui ne la gâte pas tout entière.

La Prisonnière (Gallimard), **Marcel PROUST.**

sociable

Tout individu est d'autant plus sociable qu'il est plus pauvre d'esprit, et, en général, plus vulgaire.

Aphorismes sur la Sagesse dans la Vie, **SCHOPENHAUER.**

socialisme

La bassesse du socialisme, c'est de poursuivre, non pas le plus grand bien, mais le moindre mal.

Les Trois Impostures (Émile-Paul), **Paul-Jean TOULET.**

socialiste

Un socialiste est un homme qui ne fait aucune différence entre une canne et une ombrelle parce que toutes les deux tiennent dans un porte-parapluies.

Almanach des Lettres françaises et étrangères, 23 janvier 1924 (G. Crès et Cie), **Lloyd GEORGE.**

société

La société n'est qu'un jeu où chacun a un but séparé, des intérêts à part, un plan à faire réussir, les dames seules désirant d'être doublées, et les femmes mariées d'épargner de la peine aux vierges.

Lord BYRON.

Si tout homme, comme il a été écrit, renferme en lui-même un fou, qu'en doit-il être pour toute société? La Société qui, dans son état le plus ordinaire, est appelée le miracle permanent de ce monde.

Histoire de la Révolution française. La Bastille. Livre II, 3, **Thomas CARLYLE.**

La société est composée de deux grandes classes : ceux qui ont plus de dîners que d'appétit et ceux qui ont plus d'appétit que de dîners.

Pensées, Maximes et Anecdotes, **CHAMFORT.**

Divisons la société en deux classes : les charlatans qui vendent, et les paysans qui achètent.

Sans titre, **Xavier FORNERET.**

Les sociétés commencent par la polygamie et finissent par la polyandrie.

Journal (Flammarion-Fasquelle), **E. et J. de GONCOURT.**

Ce ne sont pas les philosophes mais bien ceux qui s'adonnent au bois découpé et aux collections de timbres, qui constituent l'armature de la société.

Le Meilleur des Mondes, trad. J. Castier (Plon), **Aldous HUXLEY.**

Les hommes ne vivraient pas longtemps en société s'ils n'étaient les dupes les uns des autres.

Réflexions ou Sentences et Maximes morales, **LA ROCHEFOUCAULD.**

Rois et domestiques ne sont désignés que par leurs petits noms, voilà les deux extrêmes de la société.

Schopenhauer, sa vie son œuvre, cit. A. Cresson (Presses Universitaires), **SCHOPENHAUER.**

La société étant divisée par tranches, comme un bambou, la grande affaire d'un homme est de monter dans la classe supérieure à la sienne et tout l'effort de cette classe est de l'empêcher de monter.

Souvenirs d'Égotisme, **STENDHAL.**

La société humaine, c'est l'état quel qu'il soit. Il en est de toutes sortes. Trois hommes ensemble font un gouvernement et sans doute un tyran, un ministre et un rebelle. Qu'une femme tombe dans ce triumvirat, voilà l'État qui va faire la guerre.

Voici l'Homme (Albin Michel), **André SUARÈS.**

Il paraît donc, ou que la société n'est pas gérée, ou qu'elle n'est pas une affaire sérieuse.

Tel quel (Gallimard), **Paul VALÉRY.**

Quatre sortes de personnes dans le monde : les amoureux, les ambitieux, les observateurs et les imbéciles.

Vie et Opinions de M. Frédéric Thomas Graindorge (Hachette),
Hippolyte TAINE.

soif

Les Latins disaient : « la faim de l'or », *auri fames*. Nous, plus énergiquement, la soif de l'or. La soif est en effet un besoin plus violent et dont la satisfaction cause l'ivresse.

Alphonse KARR.

Il avait soif de la vie, mais il croyait que c'était de la soif tout court, et il but du vin...

Carnets de Notes, trad. Genia Cannac (Calmann-Lévy), **Anton TCHEKOV.**

soi-même

Le moindre de mes soucis est de me trouver conséquent avec moi-même...

Les Pas perdus (Gallimard), **André BRETON.**

C'est à soi-même que chacun prétend le moins ressembler. Chacun se propose un patron, puis l'imite; même il ne choisit pas le patron qu'il imite : il accepte un patron tout choisi...

L'Immoraliste (Mercure de France), **André GIDE.**

Il y a une personne avec laquelle nous n'arrivons jamais à être complètement sincères, bien que nous sachions qu'elle nous connaît à fond et que nous puissions compter sur sa bienveillance : nous-mêmes.

Pensées inédites (Honoré Champion), **Remy de GOURMONT.**

Dans les grandes villes modernes, les gens courent après eux-mêmes ils s'atteignent rarement.

Almanach des Lettres françaises et étrangères, 23 mai 1924 (G. Crès et Cie),
Gerhard HAUPTMANN.

Pour descendre en nous-mêmes, il faut d'abord nous élever.

Carnets, **Joseph JOUBERT.**

Je repose dans le giron de moi-même, ce petit creux.

Algèbre des Valeurs morales (Gallimard), **Marcel JOUHANDEAU.**

Il n'est pas besoin à l'homme d'autre chose que ses pieds pour qu'il trébuche, car sa misérable pierre d'achoppement, chacun la porte en soi.

La Cruche cassée, trad. R. Ayrault, **Heinrich von KLEIST.**

Il faut apprendre à souffrir de soi comme des autres.

Marquis de LASSAY.

Dans le monde, on épouse une femme, on vit avec une autre, et l'on n'aime que soi.

Charles LEMESLE.

Il n'y avait en vérité que deux personnes au monde qu'il aimait ardemment : l'une était son plus grand flatteur et l'autre était lui-même.

Aphorismes, trad. Marthe Robert, **G. C. LICHTENBERG.**

Mon opinion est qu'il faut se prêter à autrui et ne se donner qu'à soi-même.

Apologie de Raimond Sebond, **MONTAIGNE.**

Devant nous-mêmes nous feignons tous d'être plus simples que nous ne sommes : nous nous reposons ainsi de nos semblables.

Par-delà le Bien et le Mal, trad. Henri Albert (Mercure de France),
NIETZSCHE.

On me dit que l'homme s'aime soi-même. Hélas, combien doit être grand cet amour de soi! Combien de mépris n'a-t-il pas à vaincre.

Ainsi parlait Zarathoustra, trad. Henri Albert (Mercure de France),
NIETZSCHE.

Une prison : regardez-vous vous-même.

Papiers posthumes (Au Sans-Pareil), **Jacques RIGAUT.**

Rien de plus original, rien de plus « Soi » que de se nourrir des autres. Mais il faut les digérer. Le lion est fait de mouton assimilé.

Tel quel (Gallimard), **Paul VALÉRY.**

Tu fais semblant de croire que l'univers gravite autour du soleil, mais tu sais bien que c'est autour de toi.

Almanach des Lettres françaises et étrangères, 22 avril 1924 (G. Crès et Cie),
Miguel ZAMACOIS.

soldat

Un soldat est un chômeur armé.

Les Guerres (Payot), **Gaston BOUTHOUL.**

Engraisser les sillons du laboureur anonyme, c'est le véritable avenir du véritable soldat. Ce monde n'est, je vous l'assure, qu'une immense entreprise à se foutre du monde.

Voyage au bout de la nuit (Denoël), **Louis-Ferdinand CÉLINE.**

Le soldat de métier acquiert un pouvoir de plus en plus grand à mesure que le courage d'une collectivité décline.

Hérétiques, trad. Bradley (Plon), **G. K. CHESTERTON.**

J'admire les poilus de la Grande Guerre et je leur en veux un petit peu. Car ils m'eussent, si c'était possible, réconcilié avec les hommes en me donnant de l'humanité une idée meilleure... donc fausse!

La Philosophie de Georges Courteline (Flammarion), **Georges COURTELINE.**

On voit clairement, d'après la guerre actuelle, quel genre d'animal est le soldat. Il se laisse utiliser pour instaurer la liberté, pour l'opprimer, pour renverser les rois et les maintenir sur le trône.

Aphorismes, trad. Marthe Robert (C. F. L.), **G. C. LICHTENBERG.**

Il faut que le soldat reçoive sa solde, c'est de là que lui vient son nom.

Wallenstein, **SCHILLER.**

Le métier de soldat est l'art du lâche; c'est l'art d'attaquer sans merci quand on est fort et de se tenir loin du danger quand on est faible. Voilà tout le secret de la victoire.

Le Héros et le Soldat, trad. A. et H. Hamon (Aubier), **G. B. SHAW.**

Qu'est-ce qu'un homme de guerre? C'est un homme payé pour tuer de sang-froid ses semblables qui ne lui ont fait aucun mal.

Voyages de Gulliver, **Jonathan SWIFT.**

Les soldats se mettent à genoux quand ils tirent : apparemment pour demander pardon du meurtre.

Le Sottisier, **VOLTAIRE.**

solitaire

La vie est essentiellement solitaire et les gens mariés et non mariés diffèrent seulement en ce que nous nous sentons seuls quand nous sommes avec nous-mêmes et qu'ils se sentent seuls quand ils sont ensemble.

Mémoires et Souvenirs, **George MOORE.**

solitude

On est plus heureux dans la solitude que dans le monde. Cela ne viendrait-il pas de ce que dans la solitude on pense aux choses et que dans le monde on est forcé de penser aux hommes?

Pensées, Maximes et Anecdotes, **CHAMFORT.**

Nul ne peut veiller sur sa solitude, s'il ne sait se rendre odieux.

Syllogismes de l'Amertume (Gallimard), **E.-M. CIORAN.**

La solitude est sans attraits pour la plupart des hommes parce qu'elle ne leur fournit pas assez de pensées qui leur plaisent.

Pierre NICOLE.

La solitude est utile. Il faut parfois ne parler qu'avec soi-même. On entend alors de dures vérités ou d'agréables mensonges selon qu'on s'analyse ou qu'on s'imagine.

Donc... (Simon Kra), **Henri de RÉGNIER.**

Si vous craignez la solitude, ne vous mariez pas.

Carnets de notes, trad. Genia Cannac (Calmann-Lévy), **Anton TCHEKOV.**

Dieu créa l'homme et ne le trouvant pas assez seul, il lui donna une compagne pour lui faire mieux sentir sa solitude.

Tel quel I (Gallimard), **Paul VALÉRY.**

La solitude est à l'esprit ce que la diète est au corps : mortelle lorsqu'elle est trop longue, quoique nécessaire.

Réflexions et Maximes, **VAUVENARGUES.**

sommeil

A propos du sommeil, aventure sinistre de tous les soirs, on peut dire que les hommes s'endorment journellement avec une audace qui serait inintelligible si nous ne savions qu'elle est le résultat de l'ignorance du danger.

Journaux intimes, **Charles BAUDELAIRE.**

sophisme

Le sophisme est un fantôme, une apparence de bon raisonnement et de raison.

Carnets, **Joseph JOUBERT.**

sot

La nature n'a fait que des bêtes; nous devons les sots à l'état social.

La Maison Nucingen, **Honoré de BALZAC.**

Ne perdez pas de temps à prendre la mesure d'un sot; il est toujours pressé de la donner.

Pensées, Maximes, Réflexions, **Comte de BELVÈZE.**

Le sot a un grand avantage sur l'homme d'esprit, il est toujours content de lui-même.

Napoléon BONAPARTE.

Le plus mauvais tour que la fortune puisse jouer à un homme d'esprit, c'est de le mettre dans la dépendance d'un sot.

Mémoires, **CASANOVA DE SEINGALT.**

Un sot qui a un moment d'esprit, étonne et scandalise, comme des chevaux de fiacre au galop.

Pensées, Maximes et Anecdotes, **CHAMFORT.**

Un sot est nécessairement original puisqu'il s'occupe uniquement d'un objet auquel les autres n'ont jamais pensé.

Marquis de CHAMPCENETZ.

On est rarement sot de naissance, mais il est aisé de le devenir.

Almanach des Lettres françaises et étrangères, 22 janvier 1924 (G. Crès et Cie), **E. CHARTON.**

Il y a beaucoup à apprendre des sots, à condition que ce soit soi-même qu'on étudie en eux.

Penser par étapes (Pierre Bettencourt, éditeur), **Malcolm de CHAZAL.**

Celui qui cesse un seul jour d'injurier les femmes est un pauvre homme qui mérite le nom de sot.

EURIPIDE.

Le sot cherche à mordre le génie; celui-ci peut saigner, mais sa plaie se guérit tandis que la mâchoire du sot a ses dents cassées, qui ne repoussent plus.

Sans titre, **Xavier FORNERET.**

Les sots ont cette supériorité qu'ils n'ont pas peur d'être bêtes.

Arsène HOUSSAYE.

Rire des gens d'esprit, c'est le privilège des sots, ils sont dans le monde ce que les fous sont à la cour; je veux dire sans conséquence.

Les Caractères, **LA BRUYÈRE.**

Il n'y a point de sots si incommodes que ceux qui ont de l'esprit.

Réflexions ou Sentences et Maximes morales, **LA ROCHEFOUCAULD.**

En fait de sots, les meilleurs sont ceux qui le sont tout à fait.

Nicolas MASSIAS.

Un sot savant est sot plus qu'un sot ignorant.

Les Femmes savantes, **MOLIÈRE.**

Les sots sont ici-bas pour nos menus plaisirs.

Henri MONNIER.

Il est impossible de traiter de bonne foi avec un sot.

Essais, **MONTAIGNE.**

Je disais de deux familles toutes deux sottes, l'une modeste, et l'autre orgueilleuse que l'une représentait les sots tels qu'ils sont, l'autre, tels qu'ils devraient être.

Cahiers (Grasset), **MONTESQUIEU.**

Il m'a dit que j'étais un sot. A cela, j'ai jugé qu'il en était un, puisqu'il ne m'avait pas convaincu et s'était fait un ennemi.

Carnets (Gallimard), **Henry de MONTHERLANT.**

Un sot a beau faire broder son habit, ce n'est toujours que l'habit d'un sot.

RIVAROL.

Il y a des sots pour lesquels le hasard a de l'esprit.

La Camaraderie, **Eugène SCRIBE.**

Il y a un tribunal dont les jugements sont plus prompts et aussi sûrs que celui du public : c'est celui des sots. Ils ont un tact qui approche de la divination pour connaître ou, pour mieux dire, sentir l'esprit. Le premier hommage que reçoit l'homme supérieur est la haine des sots.

Considérations sur l'Esprit et les Mœurs, **SÉNAC DE MEILHAN.**

J'ai trouvé ces jours-ci beaucoup de vérités, entre autres, celle-ci : plus un homme est sot, plus il est de niveau avec le monde.

Journal intime, **STENDHAL.**

Mieux vaut périr par les sots que d'en accepter les louanges.

Carnet de Notes, trad. Genia Cannac (Calmann-Lévy), **Anton TCHEKOV.**

Bienheureux les sots! Ils ne s'aperçoivent pas de leur solitude.

Les Trois Impostures (Émile-Paul), **Paul-Jean TOULET.**

L'homme le plus sot est celui qui, de sa vie, n'a fait ou dit une sottise.

Almanach des Lettres françaises et étrangères, 22 février 1924 (G. Crès et Cie), **Miguel de UNAMUNO.**

Qu'est-ce qu'un sot? Peut-être ce n'est qu'un esprit peu exigeant qui se contente de peu. Un sot serait-il un sage?

Mauvaises Pensées et autres (Gallimard), **Paul VALÉRY.**

Les sots usent des gens d'esprit comme les petits hommes portent de grands talons.

Réflexions et Maximes, **VAUVENARGUES.**

sottise

Les folies des gens raisonnables sont des sottises.

Pensées, Maximes, Réflexions, **Comte de BELVÈZE.**

Quelle que soit la sottise des pronostics, la réalité la dépassera.

Pensées d'une Amazone (Émile-Paul), **Natalie CLIFFORD BARNEY.**

Faire des sottises au lieu d'en dire, voilà trop souvent ce qui distingue l'homme d'esprit du sot.

Baron de STASSART.

La sottise est le bouclier de la honte, comme l'importunité celui de la pauvreté.

Carnets, rec. Ed. MacCurdy, trad. Louise Servicen (Gallimard),
Léonard de VINCI.

soufflet

Il y a certaines têtes que la nature semble avoir prédestinées à recevoir des soufflets. Il faut regretter seulement qu'elles ne reçoivent pas tous les jours leur pitance.

Aurélien SCHOLL.

souffrance

Souffrir passe, avoir souffert ne passe pas.

*

Quand on demande à Dieu la souffrance, on est toujours sûr d'être exaucé.

Pages choisies par Raïssa Maritain (Mercure de France), **Léon BLOY.**

La brièveté de la vie fait peu de différence de l'heureux et du malheureux. La souffrance occupe comme la joie.

Dernières Pages inédites (Calmann-Lévy), **Anatole FRANCE.**

La souffrance est l'élément positif de ce monde c'est même le seul lien entre ce monde et le positif.

Préparatifs de Noce à la Campagne, trad. Marthe Robert (Gallimard),
Franz KAFKA.

Si tu ne hurles pas, personne ne croira que tu as mal.

Carnets (Gallimard), **Henry de MONTHERLANT.**

La souffrance est une sorte de besoin de l'organisme de prendre conscience d'un état nouveau.

Le Côté de Guermantes (Gallimard), **Marcel PROUST.**

Il est des êtres qui se révèlent dans la souffrance si émouvants et si beaux, qu'on peut à peine regretter de les rendre malheureux.

De l'Amour (Grasset), **Étienne REY.**

L'homme est entraîné par son esprit à des souffrances qui sont bien au-dessus de sa condition.

Pensées d'un Biologiste (Stock), **Jean ROSTAND.**

Chacun peut maîtriser une souffrance, excepté celui qui la sent. On n'a encore jamais vu de philosophe qui endurât patiemment le mal de dents.

Othello, trad. Georges Neveux (Gallimard), **William SHAKESPEARE.**

souillure

L'eau sur le canard marque mieux que la souillure sur la femme.

La Guerre de Troie n'aura pas lieu (Grasset), **Jean GIRAUDOUX.**

source

La source désapprouve presque toujours l'itinéraire du fleuve.

Le Rappel à l'ordre (Stock), **Jean COCTEAU.**

sourd

Il y a parfois des gens qui sont sourds jusqu'à ce qu'on leur coupe les oreilles.

Aphorismes, trad. Marthe Robert, **G. C. LICHTENBERG.**

Il n'y a point de pires sourds que ceux qui ne veulent pas entendre.

L'Amour Médecin, **MOLIÈRE.**

sourire

C'est quelque chose d'obtenir un sourire, même des êtres inanimés.

Lettres d'Hartwell, mai 1811, **LOUIS XVIII.**

Le sourire confie au rire la joie dont il ne veut plus.

Donc... (Simon Kra), **Henri de RÉGNIER.**

souvenir

Le souvenir du bonheur n'est plus du bonheur; le souvenir de la douleur est de la douleur encore.

Marino Faliero, **Lord BYRON.**

Ce qu'on appelle se rappeler un être est en réalité l'oublier.

A l'ombre des jeunes filles en fleurs (Gallimard), **Marcel PROUST.**

Les femmes ne se souviennent guère que des hommes qui les ont fait rire, et les hommes que des femmes qui les ont fait pleurer.

Donc... (Simon Kra), **Henri de RÉGNIER.**

spécialiste

La solution du bon sens est la dernière à laquelle songent les spécialistes.

Remarques sur l'Action (Gallimard), **Bernard GRASSET.**

Tout homme qui est un peu spécialiste est, dans le sens strict du mot, un idiot.

Bréviaire du Révolutionnaire, trad. A. et H. Hamon (Aubier), **G. B. SHAW.**

spectateur

Quand un spectateur entre dans un théâtre avec un billet de faveur, il prend aussitôt une âme de juge implacable. Il n'y a d'indulgent que le cochon de payant.

Maximes et Aphorismes d'un Directeur de Théâtre, **Pierre VEBER.**

spermatozoïde

Le spermatozoïde est le bandit à l'état pur.

Syllogismes de l'Amertume (Gallimard), **E.-M. CIORAN.**

sperme

Les vrais poètes et les vraies femmes ont le sens inné de ce qu'il y a de divin dans cette substance de l'être que le monde affecte d'estimer matérielle et grossière.

Diane à la croisée des chemins, trad. Lucien Wolf (Gallimard),
George MÉREDITH.

statue

Il semble qu'on ne puisse faire en France une statue qu'avec les débris d'une autre statue et qu'on n'en élève une que pour avoir un prétexte d'en briser une autre.

Alphonse KARR.

stoïcisme

Le stoïcisme, religion qui n'a qu'un sacrement : le suicide !

Journaux intimes, **Charles BAUDELAIRE.**

Le stoïcisme empêche de crier, mais non de souffrir et c'est moins un remède qu'un bâillon.

Gens de Qualité (Plon), **Fernand VANDEREM.**

stratégie

Il n'y a que deux espèces de plans de campagne, les bons et les mauvais. Les bons échouent presque toujours par des circonstances imprévues qui font souvent réussir les mauvais.

Napoléon BONAPARTE.

stupide

Le stupide est un sot qui ne parle point, en cela plus supportable que le sot qui parle.

Les Caractères, **LA BRUYÈRE.**

style

Les ouvrages bien écrits seront les seuls qui passeront à la postérité : la quantité des connaissances, la singularité des faits, la nouveauté même des découvertes ne sont pas de sûrs garants de l'immortalité. Ces choses sont hors de l'homme, le style est l'homme même.

Discours sur le Style, **BUFFON.**

Le style est comme les ongles : plus facilement brillant que net.

Au Grand Saint-Christophe, trad. M. et Mme Tissier de Mallerais (Corrêa).
Eugenio d'ORS.

Le style doit être comme un vernis transparent : il ne doit pas altérer les couleurs, ou les faits et pensées, sur lesquels il est placé.

Mélanges de Littérature, **STENDHAL.**

subordination

La subordination n'est pas la servitude, pas plus que l'autorité n'est la tyrannie.

La Dentelle du Rempart (Grasset), **Charles MAURRAS.**

subtilité

La subtilité n'abandonne jamais les hommes d'esprit surtout quand ils sont dans leur tort.

Maximes et Réflexions, trad. G. Bianquis (Gallimard), **GŒTHE.**

La trop grande subtilité est une fausse délicatesse et la véritable délicatesse est une solide subtilité.

Réflexions ou Sentences et Maximes morales, **LA ROCHEFOUCAULD.**

succès

Le succès, qui n'est pas toujours le Jugement dernier, en a probablement la trompette. Il réveillerait les morts jusque dans leurs tombeaux.

Les Critiques ou les Juges jugés (Frinzine), **BARBEY D'AUREVILLY.**

La vraie pierre de touche du mérite, c'est le succès.

Marino Faliero, **Lord BYRON.**

Ce qui fait le succès de quantités d'ouvrages est le rapport qui se trouve entre la médiocrité des idées de l'auteur et la médiocrité des idées du public.

Pensées, Maximes et Anecdotes, **CHAMFORT.**

Ils ne se rendent pas assez compte qu'en choisissant le succès, on ne choisit pas son public.

Pensées d'une Amazone (Émile-Paul), **Natalie CLIFFORD BARNEY.**

Un succès ne nous donne jamais une bonne opinion de nous-mêmes :
il la confirme.

Amédée **PICHOT**.

Le succès des autres me gêne mais beaucoup moins que s'il était
mérité.

Journal (Gallimard), **Jules RENARD**.

Dans le succès, tous les individus ne sont pas de même rang, et il faut
souvent y coudoyer des gens très ordinaires. Mais dans l'insuccès,
pareillement, et avec bien moins d'avantages.

Gens de Qualité (Plon), **Fernand VANDEREM**.

suffisance

Contentement de soi-même — La toison d'or du contentement de
soi-même garantit contre les horions, mais non contre les coups
d'épingle.

Humain, trop humain, trad. A.-M. Desrousseaux (Mercure de France),
NIETZSCHE.

suicide

Combien se tuent qui n'ont rien d'autre sous la main pour embêter
leur famille.

Main courante (Grasset), **Maurice CHAPELAN**.

L'inclination au suicide est caractéristique des assassins timorés,
respectueux des lois; ayant peur de tuer, ils rêvent de s'anéantir,
sûrs qu'ils sont de l'impunité.

Syllogismes de l'Amertume (Gallimard), **E.-M. CIORAN**.

Celui qui se donne la mort est une victime qui rencontre son bourreau
et le tue.

Alexandre **DUMAS, fils**.

Le suicide est le doute allant chercher le vrai.

Broussailles de la pensée de la famille des sans titres, **Xavier FORNERET**.

Beaucoup de suicides et de transports au cerveau ne sont dus qu'à
une minute de lucidité.

Algèbre des Valeurs morales (Gallimard), **Marcel JOUHANDEAU**.

J'ai passé ma vie à me défendre de l'envie d'y mettre fin.

Préparatifs de Noce à la Campagne, trad. Marthe Robert (Gallimard),
Franz KAFKA.

C'est sottise de vivre quand la vie est un tourment et nous avons
une ordonnance toute prête pour mourir quand la mort est notre
médecin.

Othello, trad. Georges Neveux (Gallimard), **William SHAKESPEARE**.

se suicider

Que de gens ont voulu se suicider et se sont contentés de déchirer leur photographie!

Journal (Gallimard), **Jules RENARD.**

Suisse

La Suisse n'est plus qu'un magnifique magasin de sites; c'est le Louvre de la nature; le prix est sur tous les sites et tous les abîmes sont marqués en chiffres connus.

L'Affranchie (Albin Michel), **Maurice DONNAY.**

Les sentiments des Suisses sont élevés comme leurs montagnes, mais leur façon de considérer la société est étroite comme leurs vallons.

Pensées, **Henri HEINE.**

sujet

Les mauvais orateurs et les mauvais écrivains font tous les jours un tour de force bien difficile; c'est de percer un sujet de part en part, sans l'avoir seulement entamé.

Rodolphe TÖPFFER.

superficiel

Douter de tout ou tout croire, ce sont deux solutions également commodes, qui, l'une et l'autre, nous dispensent de réfléchir.

La Science et l'Hypothèse (Flammarion), **Henri POINCARÉ.**

superflu

La conquête du superflu donne une excitation spirituelle plus grande que la conquête du nécessaire. L'homme est une création du désir, non pas une création du besoin.

La Psychanalyse du Feu (Gallimard), **Gaston BACHELARD.**

supérieur

On n'est point un homme supérieur parce qu'on aperçoit le monde sous un jour odieux.

CHATEAUBRIAND.

supériorité

La maladie de notre temps est la supériorité. Il y a plus de saints que de niches.

Le Médecin de Campagne, **Honoré de BALZAC.**

C'est surtout l'idée qu'on a besoin d'eux que les hommes ne peuvent absolument pas supporter; elle est toujours suivie inévitablement d'arrogance et de présomption. N'avoir jamais et d'aucune façon besoin des autres et le leur faire voir, voilà absolument la seule manière de maintenir sa supériorité dans les relations.

Aphorismes sur la Sagesse dans la Vie (P. O. F.), **SCHOPENHAUER.**

superlatif

Tous les poètes et écrivains qui sont amoureux du superlatif veulent plus qu'ils ne peuvent.

Le Voyageur et son Ombre, trad. Henri Albert (Mercure de France), **NIETZSCHE.**

superstition

La superstition est un peu plus humaine que la religion, parce qu'elle manque de morale.

Pensées inédites (Honoré Champion), **Remy de GOURMONT.**

La superstition est la seule religion dont soient capables les âmes basses.

Carnets, **Joseph JOUBERT.**

supplication

Chez les modernes, une supplication est une opération d'aplatissement, une manifestation de platitude; le prosternement est une prostration physique et morale; pour tout dire d'un mot, le suppliant est un candidat.

Les Cahiers de la Quinzaine, décembre 1905 (Gallimard), **Charles PÉGUY.**

surmenage

Surmenage (n) : dangereuse maladie affectant les hauts fonctionnaires désireux d'aller à la pêche.

Le Dictionnaire du Diable, trad. Jacques Papy (Éd. Les Quatre Jeudis), **Ambrose BIERCE.**

survie

Dieu n'a rien manifesté qui puisse nous faire croire à une survie. Moïse n'en parle pas non plus. Peut-être ne plaît-il pas à Dieu que les dévots y croient si fermement. Sa bonté paternelle veut peut-être nous faire une surprise.

Pensées, **Henri HEINE.**

susceptibilité

Parmi les gens susceptibles, les meilleurs ont encore ce défaut qu'ils vous pardonnent cent fois par jour des torts qu'on n'a jamais eus envers eux.

P.-J. STAHL.

Il y a des gens qui ont la susceptibilité de l'huître, on ne peut y toucher sans qu'ils se contractent.

Le Carnet de Monsieur du Paur (Émile-Paul), **Paul-Jean TOULET.**

La susceptibilité n'est qu'un sous-produit de la vanité; l'orgueil l'ignore.

Maximes et Aphorismes d'un Directeur de Théâtre, **Pierre VEBER.**

symbole

Le plus excellent symbole du peuple, c'est le pavé. On marche dessus jusqu'à ce qu'il vous tombe sur la tête.

Journal, **Victor HUGO.**

sympathie

La sympathie est une passion animale et même une passion égoïste : mais c'est notre meilleure chance de nous évader de l'égoïsme.

Paroles de Médecin (Éd. du Rocher), **Georges DUHAMEL.**

La sympathie éclate surtout entre deux vanités qui ne se contrarient pas encore.

Journal (Gallimard), **Jules RENARD.**

système

Les systèmes, comme les constitutions, sont les jouets avec lesquels s'amusent les personnes graves.

Réflexions sur la Politique (Plon), **Jacques BAINVILLE.**

Les systèmes sont des béquilles à l'usage des impotents.

Cesser de fumer est la chose la plus aisée qui soit : j'en sais quelque chose, je l'ai fait un million de fois.

Mark TWAIN.

comme Turc

tableau

Ce qui entend le plus de bêtises dans le monde est peut-être un tableau de musée.

Idées et Sensations, **E. et J. DE GONCOURT.**

tact

Les dames ont un tact qui, lorsqu'on leur fait subir un interrogatoire un peu trop pressant, leur sert merveilleusement à se maintenir à distance de la question.

Don Juan, **Lord BYRON.**

Après un habit mal fait, le tact est ce qui nuit le plus dans le monde.

Idées et Sensations, **E. et J. de GONCOURT.**

Le tact est une délicatesse procédant de deux désirs également respectables : ne pas désobliger son prochain et ne pas se l'aliéner.

Gens de Qualité (Plon), **Fernand VANDEREM.**

talent

« Il avait du talent. Pourtant, plus personne ne s'en occupe. Il est oublié. » Ce n'est que justice : il n'a pas su prendre toutes ses précautions pour être mal compris.

Syllogismes de l'Amertume (Gallimard), **E.-M. CIORAN.**

Plus les talents d'un homme sont grands, plus il a le pouvoir de fourvoyer les autres.

Le Meilleur des Mondes, trad. J. Castier (Plon), **Aldous HUXLEY.**

Si, en te lisant, je pense que tu mens bien, c'est que tu as du talent. Si tu parviens à me faire croire que tu es sincère, c'est que tu as beaucoup de talent.

Le Livre de mon bord (Mercure de France), **Pierre REVERDY.**

Le talent se dénonce par cela même qu'il dissimule ses perfections.

Beaucoup de bruit pour rien, **William SHAKESPEARE.**

tambour

Le son du tambour dissipe les pensées; c'est par cela même que cet instrument est éminemment militaire.

Cahiers, **Joseph JOUBERT.**

tango

Le tango, fit-il avec une moue, on ne voit que des figures qui s'ennuient et des derrières qui s'amusent.

L'Esprit de Georges Clemenceau, cit. Léon Treich (Gallimard),
Georges CLEMENCEAU.

témoin

Vous invitez un témoin lorsque vous voulez dire du bien de vous-mêmes; et quand vous l'avez induit à bien penser de vous, c'est vous qui pensez du bien de vous.

Ainsi parlait Zarathoustra, trad. G. Bianquis (Gallimard), **NIETZSCHE.**

tempérament

Quand le tempérament est monté à un certain degré, c'est un cheval fougueux, qui emporte son cavalier à travers champs et presque toutes les femmes sont montées sur cet animal-là.

DIDEROT.

temps

Qu'est-ce que le temps? Si personne ne me le demande, je le sais. Si je veux l'expliquer à qui me le demande, je ne le sais plus.

Les Confessions, **SAINT AUGUSTIN.**

Le temps est un grand maître, dit-on. Le malheur est qu'il tue ses élèves.

Almanach des Lettres françaises et étrangères, mai 1924 (G. Crès et Cie), **BERLIOZ.**

Le temps est un chien qui ne mord que les pauvres.

Journal (Mercure de France), **Léon BLOY.**

Le temps, ce sculpteur, qui réussit parfois si bien les têtes de vieux.

Pensées d'une Amazone (Émile-Paul), **Natalie CLIFFORD BARNEY.**

Le temps dira tout à la postérité. C'est un bavard; il parle quand on ne l'interroge pas.

Fragments, **EURIPIDE.**

Le temps use l'erreur et polit la vérité.

Maximes et Réflexions, **Duc de LÉVIS.**

Ce que le temps apporte d'expérience ne vaut pas ce qu'il emporte d'illusions.

Jules PETIT-SENN.

L'homme juge tout dans la minute présente, sans comprendre qu'il ne juge qu'une minute : la minute présente.

Voix, trad. R. Caillois (Lévis-Mano), **Antonio PORCHIA.**

Le temps dont nous disposons chaque jour est élastique : les passions que nous ressentons le dilatent, celles que nous inspirons le rétrécissent, et l'habitude le remplit.

A la recherche du temps perdu (Gallimard), **Marcel PROUST.**

Le temps est comme un fleuve, il ne remonte pas à sa source.

Fragments et Pensées (Mercure de France), **RIVAROL.**

Le temps est le rivage de l'esprit; tout passe devant lui et nous croyons que c'est lui qui passe.

RIVAROL.

Cette image mobile
De l'immobile éternité

Ode au Prince Eugène, **Jean-Jacques ROUSSEAU.**

Le temps est mesuré par l'impatience du désir et par la crainte d'un terme fatal dont on approche.

Considérations sur l'Esprit et les Mœurs, **SÉNAC DE MEILHAN.**

Le temps est le maître absolu des hommes; il est tout à la fois leur créateur et leur tombe, il leur donne ce qu'il lui plaît et non ce qu'ils demandent.

Périclès, **William SHAKESPEARE.**

On n'écoute d'autre prédicateur que le temps qui nous inculque toutes les idées que les gens plus âgés que nous avaient vainement essayé de nous mettre dans la tête.

Instructions aux Domestiques, **Jonathan SWIFT.**

Le temps qui vole souvent comme un oiseau se traîne d'autres fois comme une tortue; mais il ne semble jamais plus agréable que lorsque l'on ne sait s'il va vite ou lentement.

Pères et Fils, **Ivan TOURGUENIEV.**

ténacité

Allez donc faire abandonner à l'homme de la rue une idée qu'il juge difficile à comprendre et qu'il croit avoir comprise.

Carnets (Gallimard), **Henry de MONTHERLANT.**

tendresse

La tendresse joue le même rôle que les branchages à la guerre. Elle ne sert, la plupart du temps, qu'à masquer les batteries de l'amour.

La Paroisse du Moulin Rouge (Albin Michel), **Jacques DYSSORD.**

Beaucoup de femmes passent pour tendres qui ne portent la tendresse qu'à la pointe de leurs cils.

De l'Amour (Grasset), **Étienne REY.**

tentation

Je peux résister à tout, sauf à la tentation.

Oscar WILDE.

terre

La terre est une colonie pénitentiaire où nous avons à subir la peine de crimes commis dans une existence antérieure.

Inferno, trad. Arthur Adamov (Éd. du Griffon d'Or),
August STRINDBERG.

tête

Il y a des gens, des gens connus (pas autant qu'ils pensent), qui portent leur tête avec des précautions touchantes. C'est à croire qu'elle est pleine d'hosties consacrées — ou bien qu'après qu'on la leur coupa, ils l'ont fait recoller, et que la colle est encore fraîche.

Textes inédits, publ. P. O. Walzer (Seghers), **Paul-Jean TOULET.**

théâtre

Je crois le théâtre un art fini, tournant toujours dans la même spirale, comme le vilebrequin, quand la planche est percée.

Portraits politiques et littéraires (Lemerre), **BARBEY D'AUREVILLY.**

Au théâtre, les gens veulent sans doute être surpris, mais avec ce qu'ils attendent.

Auteurs, Acteurs, Spectateurs (Lahtte), **Tristan BERNARD.**

Au théâtre, l'abstention se traduit par le sommeil et c'est la plus sonore des opinions.

Francis de Croisset, cit. J.-M. Renaitour (Éd. de la Griffe),
Francis de CROISSET.

Au théâtre, l'amusement des yeux et des oreilles entrave fort la réflexion.

Maximes et Réflexions, trad. G. Bianquis (Gallimard), **GŒTHE.**

Seul le théâtre peut donner, autant que la cour d'assises, une impression de convention.

Les Conquérants (Grasset), **André MALRAUX.**

Il ne faut pas craindre les pièces ennuyeuses; quand le public s'ennuie, il croit qu'il pense, et ça le flatte.

Maximes et Aphorismes d'un Directeur de Théâtre, **Pierre VEBER.**

théologie

La théologie joue avec la vérité comme un chat avec une souris.

Tel quel (Gallimard), **Paul VALÉRY.**

La théologie est dans la religion ce que le poison est parmi les aliments.

Pensées, Remarques et Observations, **VOLTAIRE.**

théologien

Égaré dans une forêt immense pendant la nuit, je n'ai qu'une petite lumière pour me conduire. Survient un inconnu qui me dit : « Mon ami, souffle ta bougie, pour mieux trouver ton chemin. » Cet inconnu est un théologien.

Addition aux Pensées philosophiques, **DIDEROT.**

Il y a des théologiens pour souhaiter qu'il n'eût existé au monde qu'un seul homme qui pût être sauvé, car en ce cas, il n'aurait pu y avoir d'hérétiques.

Maximes et Réflexions, trad. G. Bianquis (Gallimard), **GŒTHE.**

Un profane qui assiste à une discussion de théologiens, n'est pas éloigné de penser qu'il découvre un monde où l'on s'applique à déraisonner de compagnie avec la même logique imperturbable que les pensionnaires d'une maison de fous.

De la Grandeur (Grasset), **Marcel JOUHANDEAU.**

Divers théologiens pourraient nous faire croire que Dieu est bête.

Tel quel (Gallimard), **Paul VALÉRY.**

théorie

Ce n'est certes pas le moindre charme d'une théorie que d'être réfutable. Par là, elle attire précisément les cerveaux les plus sensibles. Je crois que la théorie cent fois réfutée du libre arbitre ne doit plus sa durée qu'à cet attrait. Il se trouve sans cesse quelqu'un qui se sent assez fort de cette réputation.

Par-delà le Bien et le Mal, trad. Henri Albert (Mercure de France),
NIETZSCHE.

timidité

Je n'ai cessé d'être timide que le jour où je suis entré dans un salon que je savais m'être hostile; mais ce jour-là, ma timidité est morte de peur d'avoir l'air d'une lâcheté.

Alphonse KARR.

La timidité est une contraction de la sensibilité, une crampe de l'esprit.

Donc... (Simon Kra), **Henri de RÉGNIER.**

toi

Tout ce que tu dis parle de toi : singulièrement quand tu parles d'un autre.

Mauvaises Pensées et autres (Gallimard), **Paul VALÉRY.**

toilette

La toilette est la cuisine de la beauté; chaque femme, chaque jour, imagine des ragoûts pour ses charmes, qu'elle doit servir le soir à l'admiration affamée des regards.

Alphonse KARR.

tolérance

S'il fallait tolérer aux autres tout ce qu'on se permet à soi-même, la vie ne serait plus tenable.

La Philosophie de Georges Courteline (Flammarion), **Georges COURTELINE.**

La tolérance ne devrait être qu'un état transitoire. Elle doit mener au respect. Tolérer c'est offenser.

Maximes et Réflexions, trad. G. Bianquis (Gallimard), **GŒTHE**.

Il est un cas où la tolérance peut devenir funeste à une nation : c'est lorsqu'elle tolère une religion intolérante, telle la catholique.

Maximes et Pensées, **HELVÉTIUS**.

La tolérance que l'on remarque et que l'on loue souvent chez les grands hommes n'est toujours que le résultat du plus profond mépris pour le reste des humains; lorsqu'un grand esprit est tout à fait pénétré de ce mépris, il cesse de considérer les hommes comme ses semblables et d'exiger d'eux ce qu'on exige de ses semblables.

Pensées et Fragments, trad. J. Bourdeau (Éd. Alcan), **SCHOPENHAUER**.

torture

La « question » est une invention merveilleuse et tout à fait sûre pour perdre un innocent qui a la complexion faible et sauver un coupable qui est né robuste.

Les Caractères, **LA BRUYÈRE**.

Celui que le juge a gehenné pour ne le faire mourir innocent, il le fait mourir innocent et gehenné.

Essais, **MONTAIGNE**.

trace

Qui laisse une trace, laisse une plaie.

Face aux Verrous (Gallimard), **Henri MICHAUX**.

traducteur

Les traducteurs sont comme les peintres de portraits; ils peuvent embellir la copie, mais elle doit toujours ressembler à l'original.

Lettres sur quelques écrits de ce temps, **FRÉRON**.

traduction

Les traductions sont comme ces monnaies de cuivre qui ont bien la même valeur qu'une pièce d'or, et même sont d'un plus grand usage pour le peuple; mais elles sont toujours faibles et d'un mauvais aloi.

MONTESQUIEU.

trahir

Trahir, qu'on dit, c'est vite dit. Faut encore saisir l'occasion. C'est comme d'ouvrir une fenêtre dans une prison. Trahir, tout le monde en a envie, mais c'est rare qu'on puisse.

Voyage au bout de la nuit (Gallimard), **L.-F. CÉLINE**.

On ne trahit bien que ceux qu'on aime.

Derrière Cinq Barreaux (Gallimard), **Maurice SACHS.**

trahison

Ce ne sont pas les trahisons des femmes qui nous apprennent le plus à nous défier d'elles. Ce sont les nôtres.

Physiologie de l'Amour moderne (La Vie Parisienne, sept. 1888),
Claude LARCHER.

La trahison peut être le fait d'une intelligence supérieure entièrement affranchie des idéologies civiques.

Passe-Temps (Mercure de France), **Paul LÉAUTAUD.**

On fait parfois des efforts considérables pour souffrir d'une trahison; et l'on y parvient.

De l'Amour (Grasset), **Étienne REY**

traîtresse

C'est une merveilleuse invention de la nature d'avoir créé les femmes traîtresses! Car, si elles n'étaient pas fausses — quelques-unes, du moins, je ne dis pas toutes—, les hommes qui les adorent en deviendraient idolâtres.

Le Châtiment sans Vengeance, **Lope de VEGA.**

transcendance

Il y a des gens qui dansent sans entrer en transe et il y en a d'autres qui entrent en transe sans danser. Ce phénomène s'appelle la transcendance et, dans nos régions, il est fort apprécié.

Spectacle (Gallimard), **Jacques PRÉVERT.**

travail

Il faut travailler sinon par goût, au moins par désespoir. Tout bien vérifié, travailler est moins ennuyeux que s'amuser.

Journaux intimes, **Charles BAUDELAIRE.**

Il n'y a qu'un moyen légitime qui est le travail de se procurer de l'argent, et comme une foule de gens ne veulent pas l'employer, il en résulte une foule de malentendus.

Alexandre DUMAS, fils.

Le travail est une chose élevée, digne, excellente et morale, mais assez fastidieuse à la longue.

La Lanterne magique (Laffont), **Léon-Paul FARGUE.**

Le travail est encore le meilleur moyen d'escamoter la vie.

Gustave FLAUBERT.

Le travail, c'est une punition... Le travail, c'est l'esclavage, et les gens qui sont intéressés à dire le contraire sont précisément ceux qui, ne faisant rien, gagnent leur paix à la sueur du front des autres...

Le Pour et le Contre, cit. Tribouillois et Rousset (Publ. Papyrus),
LA FOUCHARDIÈRE.

Là, le travail est si bien divisé que l'un travaille et que l'autre récolte.

Principes et Préceptes (Denoël), **Lanza DEL VASTO.**

L'esclavage humain a atteint son point culminant à notre époque sous forme de travail librement salarié.

Bréviaire du Révolutionnaire, trad. A. et H. Hamon (Aubier), **G. B. SHAW.**

tricheur

Les tricheurs ne connaissent pas la vraie joie de gagner.

Derrière Cinq Barreaux (Gallimard), **Maurice SACHS.**

tristesse

Tristesse n'est que maladie et doit être supportée comme maladie sans tant de raisonnements et de raisons.

Propos sur le Bonheur (Gallimard), **ALAIN.**

La tristesse : un appétit qu'aucun malheur ne rassasie.

Syllogismes de l'Amertume (Gallimard), **E.-M. CIORAN.**

Tristesse est poésie, toutes les fois que tristesse est sans cause.

Sans titre, **Xavier FORNERET.**

Pourquoi sommes-nous tristes? Nous sommes plus affinés, plus délicats, plus ingénieux à nous tourmenter, plus habiles à souffrir. En ornant nos voluptés, nous avons perfectionné nos douleurs.

La Vie littéraire (Calmann-Lévy), **Anatole FRANCE.**

Et n'allons pas nous imaginer que la tristesse a plus de mérite que la joie... quand on est son propre bourreau.

Journal, trad. K. Ferlov et J.-J. Gateau (Gallimard),
Soeren KIERKEGAARD.

La tristesse est le symptôme de la sécrétion. La joie est le symptôme de la satisfaction, de la nutrition.

NOVALIS.

Nous ne pleurons pas, parce que nous sommes tristes. Nous sommes tristes parce que nous pleurons.

Au Grand Saint-Christophe, trad. M. et Mme Tissier de Mallerais (Corrêa),
Eugénio d'ORS.

La seule vraie tristesse est dans l'absence de désir.

Journal (Grasset), **C. F. RAMUZ.**

La tristesse, lorsqu'on connaît le monde, prouve qu'on a des passions que l'impossibilité de les satisfaire n'a pas encore pu guérir. La tristesse de qui ne connaît pas le monde prouve la lâcheté qui désespère de réussir.

Journal intime, **STENDHAL.**

tromper

Il y a des gens qui ne se trompent jamais, parce qu'ils ne se proposent jamais rien de raisonnable.

Maximes et Pensées, trad. G. Bianquis (Gallimard), **GŒTHE.**

Il est d'un petit esprit, et qui se trompe ordinairement, de vouloir ne s'être jamais trompé.

Mémoires pour l'instruction du dauphin, **LOUIS XIV.**

Si une femme ne vous trompe pas, c'est parce que cela ne lui convient pas.

Le Métier de vivre, trad. Michel Arnaud (Gallimard), **Cesare PAVESE.**

Une femme qu'on aime suffit rarement à tous nos besoins et on la trompe avec une femme qu'on n'aime pas.

Le Temps retrouvé (Gallimard), **Marcel PROUST.**

tromperie

Il est aussi facile de se tromper soi-même sans s'en apercevoir qu'il est difficile de tromper les autres sans qu'ils s'en aperçoivent.

Réflexions ou Sentences et Maximes morales, **LA ROCHEFOUCAULD.**

trompeur

Le trompeur est bien souvent à la merci de celui qu'il a trompé.

Le Décaméron, **BOCCACE.**

trône

Un trône n'est qu'une planche garnie de velours.

Napoléon BONAPARTE.

... Au plus élevé trône du monde, si ne sommes assis que sus notre cul.

Essais, **MONTAIGNE.**

trop

Trop suffit quelquefois à la femme.

Idées et Sensations, **E. et J. de GONCOURT**

tuer

Je ne confierai à personne un pouvoir illimité de vie et de mort. Quand nous enlevons la vie aux hommes, nous ne savons ni ce que nous leur enlevons, ni ce que nous leur donnons.

Sardanapale, **Lord BYRON**.

On tue un homme : on est un assassin. On tue des millions d'hommes : on est un conquérant. On les tue tous : on est un dieu.

Pensées d'un Biologiste (Stock), **Jean ROSTAND**.

Turc

Qu'est-ce que fait un Turc? Il prend une femme, la b... trois jours; puis il voit un jeune garçon, lui soulève son bonnet, le prend chez lui et quitte la femme qui se fait b... par le jeune garçon!

Notes de Voyage, **Gustave FLAUBERT**.

tyran

Le pire tyran n'est pas l'homme qui gouverne par la terreur. Le pire est celui qui gouverne par l'amour et en joue comme d'une harpe.

Almanach des Lettres françaises et étrangères, 23 mai 1924 (G. Crès et Cie), **G. K. CHESTERTON**.

Le temps des tyrans odieux est passé; il n'y a plus que des imbéciles qui laissent faire le mal par qui a intérêt de le faire.

Rome, Naples, Florence, **STENDHAL**.

Quiconque est plus sévère que les lois est un tyran.

Réflexions et Maximes, **VAUVENARGUES**.

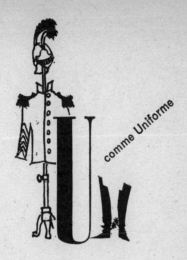

comme Uniforme

uniforme

On devient l'homme de son uniforme.

Napoléon BONAPARTE.

univers

L'univers est une motte de beurre. Il n'est que de s'y enfoncer sans
hésitation. Personne ne fera attention à vous tant que vous ne gênerez
personne. Veuillez donc ce que vous voulez, sans timidité, sans
crainte, sans hésitation.

Conseils à un étudiant (Gallimard), **Max JACOB.**

Il n'y a d'universel que ce qui est suffisamment grossier pour l'être.

Mauvaises Pensées et autres (Gallimard), **Paul VALÉRY.**

université

L'université développe toutes les facultés, entre autres la bêtise.

Carnets de Notes, trad. Genia Cannac (Calmann-Lévy), **Anton TCHEKOV.**

usage

Ils sont si forts qu'on crie l'heure en Allemagne, parce qu'on la
criait avant qu'il y eût des horloges.

Le Sottisier, **VOLTAIRE.**

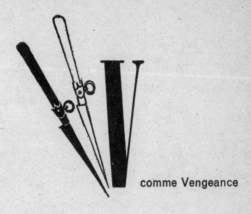

comme Vengeance

vagissement

Vagissement : où l'homme prend le *la* de la douleur.

Le Carnaval du Dictionnaire (Calmann-Lévy), **Pierre VÉRON.**

vaincu

Je ne peux pas voir insulter un grand vaincu sans penser à un lion que j'ai vu taquiner par le parapluie d'un bourgeois.

Idées et Sensations, **E. et J. de GONCOURT.**

valeur

Il s'efforce d'être plus qu'il n'est, pensa la dame. Et insensiblement elle se mit à voir en lui moins qu'il n'y avait.

Richard Féverel, trad. Weill-Raphaël (Gallimard), **George MEREDITH.**

Tout ce que gagne l'homme à connaître ce qu'il vaut, c'est de perdre jusqu'au respect de sa souffrance.

Pensées d'un Biologiste (Stock), **Jean ROSTAND.**

Nous devrions valoir les grands hommes de l'Antiquité quand ce ne serait qu'en commençant par connaître ce qu'ils valaient. Nous ne sommes qu'une race de marmousets, et ne nous élevons guère plus haut en nos vols intellectuels que les colonnes du journal quotidien.

Henry Thoreau sauvage, cit. L. Balzagette (Rieder), **H. D. THOREAU.**

vanité

La vanité humaine est si grande que le plus ignorant croit avoir besoin d'idées.

Les Plus Forts (Fasquelle), **Georges CLEMENCEAU.**

Il n'est pas d'aliment si grossier dont la vanité ne se repaisse.

Antoine FÉE.

La vanité, c'est l'orgueil des autres.

Jusqu'à nouvel ordre (Maurice de Brunhoff), **Sacha GUITRY.**

La vanité rend laid, elle devrait donc, en vérité, se tuer elle-même; au lieu de quoi, elle ne fait que se blesser, devient « la vanité blessée ».

Préparatifs de Noce à la Campagne, trad. Marthe Robert (Gallimard), **Franz KAFKA.**

Ce qui nous rend la vanité des autres insupportable, c'est qu'elle blesse la nôtre.

Réflexions ou Sentences et Maximes morales, **LA ROCHEFOUCAULD.**

La vanité est pour les imbéciles une puissante source de satisfaction. Elle leur permet de substituer aux qualités qu'ils n'acquerront jamais la conviction de les avoir toujours possédées.

Aphorismes du Temps présent (Flammarion), **Gustave LEBON.**

Nous sommes tellement vains que notre grand ennui, lorsque nous avons tué, est qu'on ne sache pas que c'est nous.

Carnets (Gallimard), **Henry de MONTHERLANT.**

La vanité a fait faire bien des fausses démarches à beaucoup de femmes. Combien de soins, combien de mouvements ne se sont-elles pas donnés pour s'assurer qu'on les méprisait?

Conseils à une Amie, **Madame de PUISIEUX.**

La vanité qui veut s'exercer trouve toujours matière : je sais des gens fiers de leur constipation!

Le Livre de mes Amis (Sansot), **Charles RÉGISMANSET.**

On rencontre des hommes si vaniteux qu'ils arrivent à être fiers de ceux qui les font cocus.

De l'Amour (Grasset), **Étienne REY.**

La vanité fait plus d'heureux que l'orgueil.

De l'Homme intellectuel et moral, **RIVAROL**.

La différence entre la vanité et l'orgueil, c'est que l'orgueil est une conviction bien arrêtée de notre supériorité en toutes choses; la vanité au contraire est le désir d'éveiller chez les autres cette persuasion avec une secrète espérance de se laisser à la longue convaincre soi-même.

Pensées et Fragments, trad. J. Bourdeau (Alcan), **SCHOPENHAUER**.

Quand on n'a que de la vanité, toute femme est utile; aucune n'est nécessaire; le succès flatteur est de conquérir, et non de conserver.

De l'Amour, **STENDHAL**.

Il n'est ni vice, ni sottise qui demande à être mené avec autant de délicatesse et de savoir faire que la vanité. Et il n'en est pas qui, mal dirigé, fasse une plus méprisable figure.

Instructions aux Domestiques, **Jonathan SWIFT**.

La vanité, grande ennemie de l'égoïsme, peut engendrer tous les effets de l'amour du prochain.

Tel quel (Gallimard), **Paul VALÉRY**.

Quand on la pince en flagrant délit, la vanité ne donne jamais son véritable nom et prétend toujours s'appeler orgueil.

Gens de Qualité (Plon), **Fernand VANDEREM**.

vengeance

Mille fois l'homme d'honneur, en se vengeant, ne gagne à cela que de publier lui-même son outrage; car sa vengeance révèle ce que l'injure n'avait pas dit.

CALDERON DE LA BARCA.

A l'égard de celui qui vous prend votre femme, il n'est de pire vengeance que de la lui laisser.

Elles et toi (Raoul Solar), **Sacha GUITRY**.

Le plaisir de la vengeance est si agréable qu'afin de pouvoir se venger, l'on désirerait souvent être injurié — et non pas seulement par un ennemi de toujours mais par un indifférent, ou même, surtout dans certains moments d'humeur noire, par un ami.

Pensées, trad. G. Ungaretti (Giraud-Badin), **LEOPARDI**.

Se venger d'un tort qu'on vous a fait, c'est se priver du réconfort de crier à l'injustice.

Le Métier de vivre, trad. Michel Arnaud (Gallimard), **Cesare PAVESE**.

Est-il rien de plus doux; à la fois pour l'orgueil et pour la conscience d'un homme que la conviction d'avoir tiré vengeance des injustices que lui ont fait subir ses ennemis, en usant simplement de justice à leur égard?

Marginalia, trad. V. Orban (Sansot), **Edgar Allan POE.**

Une des plus vraies satisfactions de l'homme, c'est quand la femme qu'il a passionnément désirée et qui s'est refusée opiniâtrement à lui, cesse d'être belle.

Les Cahiers, **SAINTE-BEUVE.**

Il est moins doux d'assouvir son amour que de satisfaire à sa vengeance.

Les Trois Impostures (Émile-Paul), **Paul-Jean TOULET.**

ventre

Ce n'est pas le ventre qui est insatiable, comme le croit la multitude, mais la fausse opinion qu'on a de sa capacité indéfinie.

Doctrines et Maximes, trad. M. Solovine (Hermann), **ÉPICURE.**

Les grosses bedaines accompagnent les maigres cerveaux; et si des mets succulents enrichissent le corps, ils ruinent l'intelligence.

Peines d'Amour perdues, **William SHAKESPEARE.**

vérité

Ne disons surtout pas la vérité. Vous connaissez ma formule : la vérité salit les puits.

Nous irons à Valparaiso (La Table Ronde), **Marcel ACHARD.**

La vérité existe. On n'invente que le mensonge.

Pensées sur l'Art (Confluences n° 4), **Georges BRAQUE.**

Aucune vérité ne mérite de demeurer exemplaire.

Les Pas perdus (Gallimard), **André BRETON.**

La vérité est comme la religion; elle n'a que deux ennemis : le trop et le trop peu.

Nouveaux Voyages en Erewhon, trad. Valery Larbaud (Gallimard),
Samuel BUTLER.

Ce que nous dénommons vérité n'est qu'une élimination d'erreurs.

Aux embuscades de la vie (Fasquelle), **Georges CLEMENCEAU.**

La vérité n'est pas une belle femme cachée au fonds d'un puits, mais un oiseau timide que la ruse seule peut saisir.

Le Duel, trad. Jean Aubry (Gallimard), **Joseph CONRAD.**

La vérité est faite d'une accumulation de suppositions et de légendes que les pères repassent aux fils comme des souvenirs de famille et qui, à son insu, lentement, sont devenues son armature.

La Philosophie de Georges Courteline (Flammarion), **Georges COURTELINE.**

Ce qui arrête souvent de dire la vérité, c'est qu'elle ressemble trop au mensonge des autres.

L'Esprit de Maurice Donnay, cit. Léon Treich (Gallimard),
Maurice DONNAY.

La Vérité est indépendante des faits. Il lui importe peu d'être réfutée. Elle se trouve toujours dépossédée quand elle est proférée.

Balthazar (Corrêa), **Lawrence DURREL.**

La vérité? Un coup de couteau qui peut débrider parfois une plaie, crever un abcès.

Beauté (Flammarion), **Henri DUVERNOIS.**

Un esclave n'a pas le droit de dire la vérité si elle n'agrée à ses maîtres.

Fragments, **EURIPIDE.**

Si je tenais toutes les vérités dans ma main, je me donnerais bien garde de l'ouvrir pour les découvrir aux hommes.

Par amour de la paix, **FONTENELLE.**

La vérité est comme Dieu : elle ne se montre pas à visage découvert.

Maximes et Réflexions, trad. G. Bianquis (Gallimard), **GOETHE.**

Ce qui probablement fausse tout dans la vie c'est qu'on est convaincu qu'on dit la vérité parce qu'on dit ce qu'on pense.

Toutes réflexions faites (Éd. L'Élan), **Sacha GUITRY.**

Les vérités n'ont pas, comme on se l'imagine, la résistance d'un Mathusalem. Une vérité de complexion normale vit d'ordinaire mettons 17, 18, tout au plus 20 ans, rarement davantage.

Un Ennemi du Peuple (Perrin), **Henrik IBSEN.**

Une vérité trop claire cesse bientôt d'être une vérité féconde.

Aphorismes du Temps présent (Flammarion), **Gustave LEBON.**

Parmi tous ceux qui font profession d'être insupportables, le chercheur de la vérité est certainement parmi les plus désolants.

Poésies documentaires. Le Puits de la Vérité (Gallimard), **Pierre MAC ORLAN.**

Le stupide et le bel esprit sont également fermés à la vérité. Il y a seulement cette différence qu'ordinairement le stupide la respecte et que le bel esprit la méprise.

MALEBRANCHE.

Le principal usage que nous faisons de notre amour de la vérité est de nous persuader que ce que nous aimons est vrai.

De la Connaissance de Soi, **Pierre NICOLE.**

Personne ne meurt aujourd'hui des vérités mortelles; il y a trop de contre-poisons.

Humain, trop humain, trad. A.-M. Desrousseaux (Mercure de France),
NIETZSCHE.

La vérité est si obscurcie en ce temps et le mensonge si établi, qu'à moins d'aimer la vérité, on ne saurait la connaître.

Pensées, **Blaise PASCAL.**

Ces philosophes qui croient à l'absolue logique de la vérité n'ont jamais eu à discuter serré avec une femme.

Le Métier de vivre, trad. Michel Arnaud (Gallimard), **Cesare PAVESE.**

La vérité n'a de prix que dans la bouche des menteurs. Pour les autres, où est le mérite?

Éloge du Mensonge (Hachette), **Étienne REY.**

La seule chose qu'on ne peut embellir sans qu'elle en périsse, c'est la vérité.

Pensées d'un Biologiste (Stock), **Jean ROSTAND.**

On a si peu l'habitude du vrai que la moindre vérité, même le plus placidement émise, prend tout de suite un air d'insolence.

Gens de Qualité (Plon), **Fernand VANDÉREM.**

Ne demande la vérité qu'à tes ennemis.

Le Jardin des Fruits. trad. Franz Toussaint (Mercure de France),
SAADI.

Si vous voulez passer pour un menteur, dites toujours la vérité.

Miroitements (Stock), **Logan Pearsall SMITH.**

Une chose n'est pas nécessairement vraie, parce qu'un homme meurt pour elle.

L'Esprit d'Oscar Wilde, cit. L. Treich (Gallimard), **Oscar WILDE.**

vers

Les vers ne s'estiment ni au nombre, ni au poids, mais au titre.

Carnets, **Joseph JOUBERT.**

Des vers, c'est de la prose avec des gants et des bretelles américaines; c'est de la prose qui pose, qui fait plastron comme un invité en soirée.

Journal (Gallimard), **Jules RENARD.**

Le vers alexandrin n'est souvent qu'un cache-sottise.

Racine et Shakespeare, **STENDHAL.**

versatilité

C'est une question de propreté : il faut changer d'avis, comme de chemise.

Journal (Gallimard), **Jules RENARD.**

vertige

Le culte du vertige, mais n'oublions pas que le vertige se prend sur les hauteurs.

Art poétique (Émile-Paul), **Max JACOB.**

vertu

Cependant, il existe des femmes vertueuses : oui, celles qui n'ont jamais été tentées, et celles qui meurent à leurs premières couches, en supposant que leurs maris les aient épousées vierges.

Physiologie du Mariage, **Honoré de BALZAC.**

Les femmes les plus galantes deviennent sincèrement vertueuses quand il s'agit de condamner leurs rivales.

Physiologie de l'Amour moderne (Plon), **Paul BOURGET.**

A quoi peut tenir la vertu d'une femme? Un soutien-gorge sale!

Peau d'Ours (Gallimard), **Henri CALET.**

Hélas! je n'ai encore vu personne qui aimât la vertu comme on aime la beauté corporelle.

Entretiens philosophiques, **CONFUCIUS.**

La vertu est une belle femme sans passions.

Sans titre, **Xavier FORNERET.**

La vertu qui cède va plus loin que le vice.

Vérités et Apparences (Lemerre), **A. HAYEM.**

Je ne sais si elle a été vertueuse, mais elle a toujours été laide, et, en fait de vertu, la laideur, c'est la moitié du chemin.

Pensées, **Henri HEINE.**

La vertu a bien des prédicateurs et peu de martyrs.

Maximes et Pensées, **HELVÉTIUS.**

Il y a des vertus surhumaines qu'on veut exiger des domestiques pour vingt francs par mois, le prix tout au plus d'un vice très ordinaire.

Alphonse KARR.

La vertu du vulgaire ne se laisse pas oublier. C'est même pour cela que le vulgaire n'est pas vertueux.

Trad. Jules Besse (Ernest Leroux), **LAO TSEU.**

Je respecte toujours la vertu, disait-il, car je ne la respecte que devant des imbéciles.

Barnabooth (Gallimard), **Valery LARBAUD.**

Les gens vertueux se vengent souvent des contraintes qu'ils s'imposent par l'ennui qu'ils inspirent.

Aphorismes du Temps présent (Flammarion), **Gustave LEBON.**

La vertu est le plus odieux des calculs, parce qu'il est le plus sûr.

Jules LEMAITRE.

Celui-là, avec sa vertu, il branle ses vices.

Face aux Verrous (Gallimard), **Henri MICHAUX.**

Quoy qu'ils dient, en la vertu mesme, le dernier but de notre visée, c'est la volupté.

Essais, **MONTAIGNE.**

La vertu, chez les uns, c'est peur de la justice; chez beaucoup c'est faiblesse; chez d'autres, c'est calcul.

Gérard de NERVAL.

Ce n'est pas qu'il n'y ait des dames vertueuses, et on peut dire qu'elles sont distinguées; mais elles étaient toujours si laides qu'il faut être un saint pour ne pas haïr la vertu.

Lettres persanes, **MONTESQUIEU.**

La vertu reste le plus coûteux des vices, il faut qu'elle le reste.

La Volonté de Puissance, trad. G. Bianquis (Gallimard), **NIETZSCHE.**

Les femmes tiennent moins à leur vertu qu'à la réputation qu'elles en ont et il leur importerait assez peu d'être vertueuses si elles étaient assurées d'être crues telles.

Lui ou les Femmes et l'Amour (Mercure de France), **Henri de RÉGNIER.**

Une des propriétés de la vertu, c'est de ne pas exciter l'envie.

De l'Homme intellectuel et moral, **RIVAROL.**

L'honnêteté est souvent une question d'ameublement. Il est plus difficile à une femme d'être vertueuse avec un divan qu'avec des fauteuils.

De l'Amour (Grasset), **Étienne REY.**

La vertu accouplée à la beauté c'est du miel qui sert de sauce à du sucre.

*

Donner de la vertu à un pur laideron, c'est servir un bon mets dans un plat dégoûtant.

Comme il vous plaira, trad. J. Supervielle (Gallimard),
William SHAKESPEARE.

Une cicatrice mal effacée, une tache rouge sur la gorge, un peu de duvet trop noir le long des jambes, sont pour la vertu d'une femme de plus sûrs gardiens que l'honnêteté, les grands principes et la religion.

*

Une femme vertueuse est celle qui, avant d'entrer chez son amant, ôte son alliance et enlève de sa chaîne de cou sa petite médaille bénite.

Du cœur (Éd. du Livre), **Gabriel SOULAGES.**

Que d'hommes se croient vertueux parce qu'ils sont austères, et raisonnables, parce qu'ils sont ennuyeux.

Filosofia Nova, **STENDHAL.**

La vertu des femmes n'est souvent que la maladresse des hommes.

Le Carnet de Monsieur du Paur (Émile-Paul), **Paul-Jean TOULET.**

Une chose que j'ai remarquée : les maisons où l'on parle trop de vertu sont comme les chambres de malades où on a brûlé des parfums, on peut être sûr qu'il vient de s'y passer quelque chose de pas propre ! Un si fort parfum de vertu, c'est suspect.

Terres vierges, **Ivan TOURGUENIEV.**

L'utilité de la vertu est si manifeste que les méchants la pratiquent par intérêt.

Réflexions et Maximes, **VAUVENARGUES.**

vice

Un vice est comme un amour, il n'y a rien qu'on ne lui sacrifie.

Pensées inédites (Honoré Champion), **Remy de GOURMONT.**

Avoir des vices c'est dépendre d'autrui. Cela seul devrait rendre vertueux...

Dans la revue *Le Bon Plaisir*, **Raymond GROC.**

Les vices sont comme les bestiaux, qui s'engraissent jusqu'à ce qu'ils soient bons pour la tuerie.

Volpone, **Ben JOHNSON.**

Il n'est point de vice qui n'ait une fausse ressemblance avec une vertu et qui ne s'en aide.

Les Caractères, **LA BRUYÈRE.**

Quand les vices nous quittent, nous nous flattons de la créance que c'est nous qui les quittons.

> *Réflexions ou Sentences et Maximes morales*, **LA ROCHEFOUCAULD.**

Qu'est-ce que le vice? Un goût qu'on ne partage pas.

> *La Nostalgie de la Beauté* (Sansot), **Jean LORRAIN.**

Je n'accuse pas les hommes de ce siècle d'avoir tous les vices; ils n'ont que ceux des âmes lâches; ils sont fourbes et fripons. Quant aux vices qui supposent du courage et de la fermeté, je les en crois incapables.

> *Réponse à M. Bordes*, **J.-J. ROUSSEAU.**

Les vices viennent de la faiblesse; ils périssent avec elle et ne se corrigent point.

> *Esprit de la Révolution*, **SAINT-JUST.**

Il n'est pas de vice si simple qui n'affiche des dehors de vertu.

> *Le Marchand de Venise*, **William SHAKESPEARE.**

Le vice et la vertu sont des produits comme le vitriol et le sucre.

> *Histoire de la Littérature anglaise* (Hachette), **Hippolyte TAINE.**

victoire

Une victoire racontée en détail, on ne sait plus ce qui la distingue d'une défaite.

L'Archevêque in *Le Diable et le Bon Dieu* (Gallimard), **Jean-Paul SARTRE.**

vie

Le bourdonnement de l'homme ne dure pas bien plus longtemps que le bourdonnement de cette mouche qui vole avec tant de zèle autour de mon baba au rhum.

> *On my Way*, **Jean ARP.**

La vie est un ensemble de fonctions qui résistent à la mort.

> *Recherches physiologiques sur la vie et la mort*, **F. X. BICHAT.**

Quand on fait bon marché de sa vie, c'est qu'elle ne vaut pas cher.

> *Cent Millions de Morts* (Sagittaire), **Gaston BOUTHOUL.**

La vie est un long processus pour arriver à la fatigue.

*

Presque tous les lézards ont perdu leur queue vers le moment où ils atteignent le milieu de leur vie. Il en va de même de la plupart des hommes.

> *Carnets*, trad. Valery Larbaud (Gallimard), **Samuel BUTLER.**

Il en est de la vie comme de l'occasion : l'une et l'autre, une fois perdues, ne peuvent plus se retrouver.

Les Trois Châtiments en un seul, **CALDERON DE LA BARCA.**

Une vie est une œuvre d'art. Il n'y a pas de plus beau poème que de vivre pleinement. Échouer même est enviable, pour avoir tenté.

Au fil des jours (Fasquelle), **Georges CLEMENCEAU.**

Quand on voit la vie telle que Dieu l'a faite, il n'y a plus qu'à le remercier d'avoir fait la mort.

Alexandre DUMAS, fils.

Tout le grand charme poignant de la vie vient peut-être de la certitude absolue de la mort. Si les choses devaient durer, elles nous sembleraient indignes d'attachement.

A l'ombre chaude de l'Islam (Fasquelle), **Isabelle EBERHARDT.**

Combien de gens mènent une vie de chien qui nous paraîtraient plus estimables s'ils devenaient enragés.

Malaisie (Stock), **Henri FAUCONNIER.**

Notre vie est une coquette si laide qu'on n'ose la regarder en face de peur d'être effrayé.

Sans titre, **Xavier FORNERET.**

La vie perdrait toute beauté s'il n'y avait la mort.

Cité dans le Dictionnaire Laffont-Bompiani, **Nicolas GOGOL.**

Il me semble voir beaucoup d'hommes sur un toit, les uns glissent, et les autres tombent; la vie n'est pas autre chose.

Œuvres littéraires, publ. E. Dard (Perrin), **HÉRAULT DE SÉCHELLES.**

La vie est une perpétuelle distraction qui ne vous laisse même pas prendre conscience de ce dont elle distrait.

Préparatifs de Noce à la Campagne, trad. Marthe Robert (Gallimard),
Franz KAFKA.

Il n'y a rien que les hommes aiment mieux à conserver et qu'ils ménagent moins que leur propre vie.

Les Caractères, **LA BRUYÈRE.**

La vie, cette goutte de lait et d'absinthe.

Pensées choisies, **LACORDAIRE.**

La vie se passe en canailleries matérielles et en canailleries morales. Ce qu'on appelle l'amour réunit souvent les deux genres. Tout cela pour être un jour un malheureux être agonisant, puis un cadavre qu'on enfouit. Quel rire vous prend !

Propos d'un Jour (Mercure de France), **Paul LÉAUTAUD.**

Une vie ne vaut rien, mais rien ne vaut une vie.

La Condition humaine (Gallimard), **André MALRAUX.**

La vie devient une chose délicieuse dès qu'on décide de ne plus la prendre au sérieux.

Carnets (Gallimard), **Henry de MONTHERLANT.**

Celui qui regarde la vie comme autre chose qu'une illusion qui se détruit elle-même est encore prisonnier de la vie.

NOVALIS.

Il vaut mieux rêver sa vie que la vivre, encore que la vivre, ce soit encore la rêver.

Les Plaisirs et les Jours (Gallimard), **Marcel PROUST.**

La vie mène à tout, à condition d'en sortir.

*

La vie n'est ni longue ni courte; elle a des longueurs.

Journal (Gallimard), **Jules RENARD.**

La vie est une chose grave. Il faut gravir.

Le Livre de mon bord (Mercure de France), **Pierre REVERDY.**

Méprise la vie! C'est une courtisane qui va danser chaque soir chez de nouveaux convives. T'attacherais-tu à ta fiancée, si elle changeait d'amant chaque jour?

Le Jardin des Fruits, trad. Franz Toussaint (Mercure de France), **SAADI.**

De ce que la vie serait, en définitive (ce que je crois), une partie qu'il faut toujours perdre, il ne s'ensuit point qu'il ne faille pas la jouer de son mieux, et tâcher de la perdre le plus tard possible.

Derniers Portraits littéraires, **SAINTE-BEUVE.**

Il n'y a aucun remède contre la naissance et contre la mort, sinon de profiter de la période qui les sépare.

Soliloques en Angleterre, trad. F. Keller (Gallimard), **George SANTAYANA.**

Une vie, c'est fait avec l'avenir, comme les corps sont faits avec du vide.

L'Age de Raison (Gallimard), **Jean-Paul SARTRE.**

On peut considérer notre vie comme un épisode qui trouble inutilement la béatitude et le repos du néant.

*

La vie d'un homme n'est qu'une lutte pour l'existence avec la certitude d'être vaincu.

Pensées et Fragments, trad. J. Bourdeau (Alcan), **SCHOPENHAUER.**

La vie est une ombre qui marche, un pauvre acteur qui se pavane et se trémousse une heure en scène, puis qu'on cesse d'entendre.

Macbeth, **William SHAKESPEARE.**

La vie est risible, et je ris.

Quo Vadis? trad. B. Kosakiavicz et J. L. Janasz (Flammarion),
Henry SIENKIEWICZ.

La vie est à peine un peu plus vieille que la mort.

Tel quel (Gallimard), **Paul VALÉRY.**

La vie est tout simplement un mauvais quart d'heure composé
d'instants exquis.

L'Esprit d'Oscar Wilde, cit. Léon Treich (Gallimard), **Oscar WILDE.**

vieillard

Rien de plus commun qu'un vieillard qui commence à vivre; rien
de plus commun qu'un vieillard qui meurt avant que d'avoir vécu.

Éléments de Physiologie (Éd. d'Assizat), **DIDEROT.**

Tout vieillard est ridicule et se rend ridicule à moins qu'il ne soit
complètement imbécile, ce qui, du reste, est le cas le plus fréquent.

De la Vieillesse (Sansot), **Émile FAGUET.**

Le vieillard perd l'une des principales prérogatives de l'homme,
celle d'être jugé par ses pairs.

Maximes et Réflexions, trad. G. Bianquis (Gallimard), **GŒTHE.**

Les vieillards croient gémir sur leur temps; ils se trompent; ils ne
gémissent que sur leur âge.

Carnets, **Victor HUGO.**

Le vieillard doit faire oublier qu'il a un corps. La logique du langage
appelle vieillard indifféremment les vieux hommes et les vieilles
femmes. Le vieillard sera plus heureux et plus considéré s'il se
persuade bien qu'il est d'un troisième sexe.

Alphonse KARR.

Je n'ai pas vu de vieillards dont l'âge n'eût affaibli l'esprit, et j'en ai
très peu vu qui en fussent convaincus sincèrement.

Œuvres posthumes, **LAMENNAIS.**

Les vieillards aiment à donner de bons préceptes pour se consoler
de n'être plus en état de donner de mauvais exemples.

Réflexions ou Sentences et Maximes morales, **LA ROCHEFOUCAULD.**

Les dignités, un haut rang ou de grandes richesses, sont jusqu'à un
certain point nécessaires aux vieillards afin de tenir les jeunes à
distance qui, sans cela, sont trop disposés à les insulter en raison de
leur âge.

Les vieillards et les comètes ont été vénérés pour la même raison :
leurs longues barbes et leurs prétentions à prédire les événements.

Instructions aux Domestiques, **Jonathan SWIFT.**

vieillesse

La vieillesse condamne les voluptés, c'est pource qu'elle est incapable
de les gouster, comme le chien d'Esope; elle dict qu'elle n'en veust
point, c'est pource qu'elle n'en peust jouyr : elle ne les laisse pas
proprement, ce sont elles qui la desdaignent.

De la Sagesse. Livre I, Chapitre XXXVI, **Pierre CHARRON.**

La vie serait vraiment trop triste, si le rose essaim des pensées
polissonnes ne venait parfois consoler la vieillesse des honnêtes gens.

L'Anneau d'Améthyste (Calmann-Lévy), **Anatole FRANCE.**

Il ne se voit pas d'âmes qui, en vieillissant, ne sentent l'aigre et le
moisi.

Essais, **MONTAIGNE.**

La vieillesse n'est autre chose que la privation de la folie, l'absence
d'illusion et de passion. Je place l'absence des folies bien avant la
diminution des forces physiques.

Lucien Leuwen, **STENDHAL.**

vieillir

En vieillissant, on apprend à troquer ses terreurs contre ses rica-
nements.

Syllogismes de l'Amertume (Gallimard), **E.-M. CIORAN.**

Vieillir c'est quand on dit « tu » à tout le monde et que tout le monde
vous dit « vous ».

Cité par Guillaume Hannotaux dans *7 jours*, 26-3-60, **Marcel PAGNOL.**

vierge

Parfois, nous pensons avec horreur aux vierges. Pénétrer dans leur
passion nous paraît aussi difficile et aussi embêtant que d'ouvrir
une boîte à sardines, alors qu'il est si commode qu'elles nous arrivent
déjà ouvertes, qu'on les ouvre dans les boutiques.

Échantillons, prés. Valery Larbaud (Grasset),
Ramon GOMEZ DE LA SERNA.

L'amour d'une vierge est aussi assommant qu'un appartement
neuf. Il semble qu'on essuie les plâtres. Il est vrai qu'on n'a pas à
redouter les germes maladifs, pestilentiels, d'un autre locataire...

Journal (Gallimard), **Jules RENARD.**

S'il y a encore des vierges c'est uniquement parce qu'il faut bien, pour une femme, débuter par là.

De l'Amour (Grasset), **Étienne REY.**

vin

Les poètes et les buveurs s'épuisent depuis longtemps à louer Bacchus; mais ce qu'on peut dire de plus glorieux pour lui, c'est qu'il ôte la raison, et par conséquent les soins, les inquiétudes, les chagrins dont cette importune raison est la source.

L'Éloge de la Folie. **ÉRASME.**

viol

Quand la force triomphe d'une belle, c'est qu'elle l'a bien voulu.

L'Art d'aimer, **OVIDE.**

violence

Les hommes sont si bêtes qu'une violence répétée finit par leur paraître un droit.

Maximes et Pensées, **HELVÉTIUS.**

virginité

C'est une des superstitions de l'esprit humain d'avoir imaginé que la virginité pouvait être une vertu.

Le Sottisier, **VOLTAIRE.**

visage

Au temps du Carnaval, l'homme se met sur son masque un visage de carton.

Sans titre, **Xavier FORNERET.**

Quoi qu'on en dise, c'est au visage qu'il faut regarder les hommes, mais il ne faut pas prendre leur masque pour leur visage.

Carnets, **Joseph JOUBERT.**

Le plus laid possible. On peut douter si un grand voyageur a trouvé quelque part dans le monde des sites plus laids que dans la face humaine.

Humain, trop humain, trad. A.-M. Desrousseaux (Mercure de France), **NIETZSCHE.**

vivre

Vivre, c'était vieillir, rien de plus.

L'Invitée (Gallimard), **Simone de BEAUVOIR.**

La vie et l'amour. Vivre est comme aimer; toute raison est contre, et tout instinct robuste est pour.

> *Carnets*, trad. Valery Larbaud (Gallimard), **Samuel BUTLER.**

Vivre est une maladie dont le sommeil nous soulage toutes les seize heures. C'est un palliatif. La mort est le remède.

> *Pensées, Maximes et Anecdotes*, **CHAMFORT.**

Tout le monde désire vivre longtemps, mais personne ne voudrait être vieux.

> *Instructions aux Domestiques*, **Jonathan SWIFT.**

vogue

La vogue est à la réputation ce qu'un catafalque est à un mausolée.

> *Carnets*, **Joseph JOUBERT.**

voir

Bien des hommes pourraient voir, s'ils enlevaient leurs lunettes.

> *Aphorismes et Réflexions*, Almanach des Lettres françaises et étrangères, T. I, 1924 (G. Crès et Cie), **Friedrich HEBBEL.**

Voir me coûte d'ouvrir les yeux à tout ce que je ne voudrais pas voir.

> *Voix*, trad. R. Caillois (Lévis-Mano), **Antonio PORCHIA.**

voleur

Les voleurs eurent leur revanche quand Marx prouva la bourgeoisie coupable de vol.

> *Bréviaire du Révolutionnaire*, trad. A. et H. Hamon (Aubier), **G. B. SHAW.**

volupté

La volupté excessive agrandit le cœur, le dévaste et l'oblige à la dureté.

> *L'Alleluiah Catéchisme de Dianus* (K. E.), **Georges BATAILLE.**

Moi, je dis : la volupté unique et suprême de l'amour gît dans la certitude de faire le mal. Et l'homme et la femme savent de naissance que dans le mal se trouve toute volupté.

> *Journaux intimes*, **Charles BAUDELAIRE.**

La volupté, voulant une religion, inventa l'amour.

> *Pensées d'une Amazone* (Émile-Paul), **Natalie CLIFFORD BARNEY.**

Les voluptueux font de la volupté avec tout, même avec l'ennui.

> *De l'Amour* (Grasset), **Étienne REY.**

Il faut pousser sa volupté jusqu'à la douleur, pour être sûr de l'avoir goûtée tout entière.

Les Trois Impostures (Émile-Paul), **Paul-Jean TOULET.**

vouloir

Il y a de certaines gens qui veulent si ardemment et si déterminément une certaine chose que de peur de la manquer, ils n'oublient rien de ce qu'il faut faire pour la manquer.

Les Caractères, **LA BRUYÈRE.**

Un homme passe pour volontaire; mais au fond, il n'a que l'habitude de vouloir. Le vouloir lui est le plus facile.

Mauvaises Pensées et autres (Gallimard), **Paul VALÉRY.**

voyage

Qu'est-ce en général qu'un voyageur? C'est un homme qui s'en va chercher un bout de conversation au bout du monde.

Disjecta Membra, **BARBEY D'AUREVILLY.**

Les voyages prouvent moins de curiosité pour les choses que l'on va voir que d'ennui de celles que l'on quitte.

Alphonse KARR.

C'est de glisser sur les choses qui est le propre du voyage, aussi dit-on d'habitude du postillon qui souffle du cor qu'il ne souffle que le gras du bouillon.

Journal, trad. Knud Ferlov et J.-J. Gateau (Gallimard),
Soeren KIERKEGAARD.

Je réponds ordinairement à ceux qui me demandent raison de mes voyages : que je sais bien ce que je fuis, mais non pas ce que je cherche.

Essais, **MONTAIGNE.**

Le charme de voyager, c'est d'effleurer d'innombrables et riches décors et de savoir que chacun pourrait être nôtre et de passer outre, en grand seigneur.

Le Métier de vivre, trad. Michel Arnaud (Gallimard), **Cesare PAVESE.**

comme Yeux

yeux

Parmi les beaux yeux, les plus beaux sont ceux d'une femme qui reçoit un cadeau. Plus le présent est d'importance, plus les yeux sont beaux. Il n'y a guère qu'un négociant qui soit assez riche pour acheter de tels yeux.

Les Douze Douzains du Négoce (Mercure de France), **René LOBSTEIN.**

Les lions ont une grande force, mais elle leur serait inutile, si la nature ne leur avait pas donné des yeux.

Cahiers (Grasset), **MONTESQUIEU.**

Les yeux sont les interprètes du cœur, mais il n'y a que celui qui y a intérêt qui entend leur langage.

Discours sur les Passions de l'Amour, **Blaise PASCAL.**

Mes yeux, pour avoir été ponts, sont abîmes.

Voix, trad. R. Caillois (Lévis-Mano), **Antonio PORCHIA.**

Les yeux sont les miroirs du corps, ils en disent beaucoup plus long sur l'état de nos viscères que sur celui de notre âme ou de notre esprit. *Le Livre de mon bord* (Mercure de France), **Pierre REVERDY.**

Les yeux sont toujours plus tendres que le cœur.

De l'Amour (Grasset), **Étienne REY.**

zèle

L'affection ou la haine change la justice ; en effet, combien un avocat, bien payé par avance, trouve-t-il plus juste la cause qu'il plaide !

Pensées, **Blaise PASCAL.**

Je compterais plus sur le zèle d'un homme espérant une grande récompense que sur celui d'un homme l'ayant reçue.

Remarques sur les Pensées de Pascal, **VOLTAIRE.**

zéro

Il réalisait parmi les hommes cette figure parfaite que le cercle réalise parmi les lignes géométriques. C'était un Zéro.

Victor HUGO.

BRODARD ET TAUPIN — IMPRIMEUR - RELIEUR
Paris-Coulommiers — France.
05.521-IV-12-306 - Dép. lég. n° 3363, 4ᵉ trim. 1963
LE LIVRE DE POCHE 4, Rue de Galliera — Paris

LE LIVRE DE POCHE

VOLUMES PARUS ET A PARAITRE
DANS LE 2e SEMESTRE 1963

JUILLET

JEAN DE LA VARENDE
Man' d'Arc.

JOHN STEINBECK
A l'Est d'Eden.

GILBERT CESBRON
Avoir été.

ROBERT BRASILLACH
Comme le temps passe.

STEFAN ZWEIG
Amok.

SEPTEMBRE

MORRIS WEST
L'Avocat du diable.
FRANÇOIS MAURIAC
Le Sagouin.
J. HASEK
Le Brave Soldat Chveik.
TENESSEE WILLIAMS
Un Tramway nommé Désir suivi de
La Chatte sur un toit brûlant.
JEAN ANOUILH
Colombe.

NOVEMBRE

HENRI BOSCO
Malicroix.
BORIS PASTERNAK
Le Docteur Jivago.
BLAISE CENDRARS
Rhum.
VICKI BAUM
Prenez garde aux biches.
GUY DE MAUPASSANT
Fort comme la mort.
ROMAIN ROLLAND
L'Ame enchantée (t. I).

AOUT

VIRGIL GHEORGHIU
La Seconde Chance.
MAZO DE LA ROCHE
La Naissance de Jalna.
JEAN GIRAUDOUX
Electre.
FRANÇOISE MALLET-JORRIS
Le Rempart des béguines.
PHILIPPE HÉRIAT
La Foire aux garçons.
MARC BLANCPAIN
La Femme d'Arnaud vient de
mourir.

OCTOBRE

ALPHONSE DAUDET
Contes du lundi.

JEAN GIONO
Le Chant du monde.

LAWRENCE DURREL
Balthazar.

FRANÇOIS MAURIAC
Le Baiser au lépreux.

DÉCEMBRE

ROMAIN ROLLAND
L'Ame enchantée (t. II).
FRANÇOISE SAGAN
Aimez-vous Brahms ?
PAUL VIALAR
La Rose de la mer.
AXEL MUNTHE
Le Livre de San Michele.
MALAPARTE
Le Soleil est aveugle.
PAUL CLAUDEL
L'Otage. Le Pain dur. Le Père
humilié.

LE LIVRE DE POCHE
CLASSIQUE

VOLUMES PARUS et A PARAITRE DANS LE 2ᵉ SEMESTRE 1963